本书受到海南师范大学中国语言文学省级A类重点学科、中国语言文学一级学科博士点资助
国家社科基金项目“黎语和汉语方言接触研究”（16XYY029）成果

黎语与汉语接触研究

杨遗旗　著

中国出版集团　東方出版中心

图书在版编目(CIP)数据

黎语与汉语接触研究 / 杨遗旗著. -- 上海 ： 东方出版中心, 2024. 10. -- ISBN 978-7-5473-2518-6

Ⅰ. H281; H1

中国国家版本馆 CIP 数据核字第 2024E8U629 号

黎语与汉语接触研究

著　　者　杨遗旗
策划编辑　潘灵剑
责任编辑　刘玉伟
封面设计　钟　颖

出 版 人　陈义望
出版发行　东方出版中心
地　　址　上海市仙霞路 345 号
邮政编码　200336
电　　话　021-62417400
印 刷 者　山东韵杰文化科技有限公司

开　　本　890mm × 1240mm　1/32
印　　张　13
字　　数　310 千字
版　　次　2024 年 11 月第 1 版
印　　次　2024 年 11 月第 1 次印刷
定　　价　66.00 元

目　录

绪　论

第一节　黎族、黎语概述

据“海南岛民族宗教事务委员会”官方网站“黎族概况”的介绍，“黎”是汉族对黎族的称呼。黎族称汉族为“美”，意即“客”，他们以汉人为客人，自己则以土著自居。黎族内部因方言、习俗、地域分布等差异有“哈黎”（过去作“侾”）、“杞黎”（又称“岐”）、“润黎”（过去称“本地黎”）、“美孚黎”、“赛黎”（过去称“德透黎”或“加茂黎”）等不同的自称，但在对外交往时一般都自称为“赛”，赛是其固有的族称。

考求黎族的历史源头，黎族属于古代岭南地区越族的一个支系后裔。古代越族有许多支系，因此，常被统称为“百越”。《史记》中，“百越”一词共出现十三次。[①] “百越”具体包括哪些支系，则难以考证。西汉高后（汉高祖刘邦皇后吕雉）掌权时，朝廷欲禁南越关市铁器，南越国武帝赵佗认为是西汉异姓王长沙王想依靠中原王朝吞并南越国，于是发兵攻打长沙国边邑，“败数县而去焉”。高后派遣军队征讨南越，但是因为南方天气湿热，军队内发生严重瘟疫，根本无法逾越大岭，坚持了一年多，只得罢兵而去。“佗因此以

① 本书史料均检索自陕西师范大学历史文化学院袁林和张宇组织开发的“汉籍全文检索系统（第二版，2003 年 9 月）”。

兵威边，财物赂遗闽越、西瓯、骆，役属焉。”这里，“闽越”“西瓯”“骆”是并列的。西汉时，南方还存在一个归降中原王朝的方国“东瓯”，《史记・卷三〇・平准书第八》：“自是之后，严助、朱买臣等招来东瓯，事两越，江淮之间萧然烦费矣。”可见西汉初期，南方地区至少同时存在五个方国：东越（闽越）、南越、东瓯、西瓯、骆。后来，南越国兼并了“东越”“西瓯”“骆”诸方国，遂有“瓯越”“骆越”之称；又因“瓯”“骆”接壤，故有“瓯骆”之称。方国“瓯”“骆”在西周时期应该已经存在。《史记・赵世家》：“夫剪发文身，错臂左衽，瓯越之民也。”针对这段话，《史记（三家注）》有如下注语：

> ［索隐］刘氏云：“今珠崖、儋耳谓之瓯人，是有瓯越。”［正义］按：属南越，故言瓯越也。《舆地志》云：“交趾，周时为骆越，秦时曰西瓯，文身断发避龙。”则西瓯骆又在番吾之西。南越及瓯骆皆芈姓也。《世本》云“越，芈姓也，与楚同祖”是也。

我们再看三家注本针对《史记・南越列传》“佗因此以兵威边，财物赂遗闽越、西瓯、骆，役属焉”这段话的注语：

> 《汉书音义》曰：“骆越也。”［索隐］姚氏案：《广州记》云：“交趾有骆田，仰潮水上下，人食其田，名为骆侯。诸县自名为骆将，铜印青绶，即今之令。后蜀王子将兵讨骆侯，自称为安阳王，治封溪县。后南越王尉佗攻破安阳王，令二使典主交趾、九真二郡，即瓯骆也。”

根据《史记（三家注）》两段注语和相关史料，我们可以初步判断：古代汉时的交趾郡一带存在不少沼泽地，那里的人们在沼泽中以木为架，铺上泥土而成农田，在上面种植谷物，可以随水高下，以免浸淹，因此生活在这些地方的人称为“骆候”，首领为“骆将”。

秦国于公元前 316 年灭古蜀国之后，古蜀国王子辗转到达现在的越南北部，建立瓯雒（骆）国，自称安阳王，定都东汉时的封溪县，即今天的越南河内市东英县古螺。后来南越王赵佗攻破安阳王，设交趾、九真两郡。唐司马贞《史记索隐》引唐初刘伯庄语，说唐朝时期的珠崖郡、儋耳郡两地的土人自称为“瓯人”，因此推测古有“瓯越”一说。

“闽越”“西瓯”“骆”在南越“役属”下，极有可能享有高度自治权，因为南越的统辖权只能依靠“贿赂”财货维持。赵佗孙赵胡为南越王时，闽越王郢曾兴兵攻打南越边邑，南越文王赵胡使人上书说：“两越俱为藩臣，毋得擅兴兵相攻击。今闽越兴兵侵臣，臣不敢兴兵，唯天子诏之。”可见南越与闽越的关系是极为松散的，足以佐证“佗因此以兵威边，财物赂遗闽越、西瓯、骆，役属焉”这样的表述无法证明南越对“闽越”“西瓯”“骆”享有真正的管辖权。但是，在南越国强盛时期，“闽越”“西瓯”“骆”应该在名义上隶属于南越。

赵佗建立的南越国传国五世，共九十三年，于汉武帝元鼎六年（前 110）被汉所灭。当西汉伏波将军卫尉路博德和楼船将军都尉杨仆率领军队攻破南越国国都番禺后，南越各地首领多数都主动归降汉朝。《史记・卷二〇・建元以来侯者年表第八》记载，南越桂林监居翁“闻汉兵破番禺，谕瓯骆兵四十余万降”，后获封湘成侯。汉武帝灭南越后，在原来南越国辖域内设置九郡：儋耳、珠崖、南海、苍梧、九真、郁林、日南、合浦、交址（交趾）；置交址刺史以督管九郡。儋耳郡治在今之儋州市，珠崖郡治在今之海口市琼山区。

汉武帝在海南岛始设珠崖郡和儋耳郡之后，各朝中央政府或南方割据政权多在海南独立设郡，短期或有废除，废除后则并入合浦郡。废郡的原因多数是当地土著造反，而国内又出现不稳定因素，国力难以为继。儋耳郡首次被废的时间是汉昭帝始元五年（公元前 82 年，罢儋耳郡并属珠崖）。珠崖郡首次被废的时间是汉元帝初元三年（前 46）。《汉书・元帝本纪》介绍了罢珠崖郡的缘由：

“珠崖郡山南县反，博谋群臣。待诏贾捐之以为宜弃珠崖，救民饥馑。乃罢珠崖。”东吴孙权赤乌五年(242)，复置珠崖郡。晋平吴后，省珠崖入合浦。南朝宋元嘉八年(431)，于交州复立珠崖郡。

海南黎族先民为上古“骆人”“瓯人”或“瓯骆人”应该没有疑问。汉以后则多泛称“越人”“百越”或“诸越”。《隋书・谯国夫人传》记载：

> 谯国夫人冼氏，世代为南越首领，跨据山峒，部落十余万家。夫人幼贤明，多筹略，在父母家，抚循部众，能行军用师，压服诸越。每劝亲族为善，由是信义结于本乡……海南、儋耳归附者千余峒。

南北朝至隋唐，历代正史谈及岭南土著民族时有称“俚”“獠”“蛮”者，偶尔也并称“俚獠”“蛮俚”。《宋书》出现九次，《南齐书》出现四次，《梁书》出现三次，《陈书》出现六次。我们各摘录一至两例如下：

(1) 中宿县俚民课银，一子丁输南称半两。寻此县自不出银，又俚民皆巢居鸟语，不闲货易之宜，每至买银，为损已甚。又称两受入，易生奸巧，山俚愚怯，不辨自申，官所课甚轻，民以所输为剧。(《宋书・徐豁列传》)

(2) 三年，越州南高凉俚人海中网鱼，获铜兽一头，铭曰“作宝鼎，齐臣万年子孙承宝”。(《南齐书・卷一八・志第一〇・祥瑞》)

(3) 经广州，因破俚帅陈文彻兄弟，并擒之。(《梁书・兰钦列传》)

(4) 服未阕，兄斐起家为郁林太守，征俚贼，为流矢所中，死于阵。(《梁书・荀匠列传》)

(5) 出番禺，征讨俚峒，广州西江督护高祖在广州，颖仍自结高祖。(《陈书・胡颖列传》)

(6) 八年，诏授持节、都督广等十八州诸军事、宁远将军、平越中郎将、广州刺史。岭南俚獠，世相攻伐，君高本文吏，无武干，推心抚御，甚得民和。（《陈书・沈君理列传》）

“蛮”“俚”“獠”均为中原人对南方民族的蔑称，意思是“野蛮、粗鄙之人”。唐章怀太子为《后汉书・南蛮传》“九真徼外蛮里张游”作注：“里，蛮之别号，今呼为俚人。”

《隋书・南蛮列传》有这样一段介绍：

> 南蛮杂类，与华人错居，曰蜒，曰獽，曰俚，曰獠……俱无君长，随山峒而居，古先所谓百越是也。其俗断发文身，好相攻讨，浸以微弱，稍属于中国，皆列为郡县，同之齐人，不复详载。

这段话告诉我们，隋时“南蛮”即古代所谓的“百越”，包括俚、獠、蜒、獽等分支，在势力微弱时逐渐依附、隶属于中原王朝，所居之地被分置为中原王朝郡县。隋时，改梁时所置的崖州为珠崖郡，统十县，共一万九千五百户。这十个县分别为：义伦、感恩、颜卢、毗善、昌化、吉安、延德、宁远、澄迈、武德。但是《隋书》并未提及珠崖俚人，甚至珠崖和所辖十县作为地名也仅仅在介绍郡县设置时出现过一次。《隋书》所提及的俚人生活的地方包括南海、交趾（旧称交州）、始安（梁置桂州）、番禺，具体所述，摘录如下：

(7) 自岭已南二十余郡，大率土地下湿，皆多瘴疠，人尤夭折。南海、交趾，各一都会也。并所处近海，多犀象瑇瑁珠玑，奇异珍玮，故商贾至者，多取富焉。其人性并轻悍，易兴逆节，椎结踑踞，乃其旧风。其俚人则质直尚信，诸蛮则勇敢自立，皆重贿轻死，唯富为雄。（《隋书・卷三一・志第二六・地理下》）

(8) 仁寿中，会交州俚人李佛子作乱，据越王故城，遣其兄子大权据龙编城，其别帅李普鼎据乌延城。（《隋书・刘方列传》）

(9) 衍又诈称桂州俚反，王乃奏衍行兵讨之。(《隋书・郭衍列传》)

(10) (矩)行至南康，得兵数千人，时俚帅王仲宣①逼广州，遣其所部将周师举围东衡州。(《隋书・裴矩列传》)

《宋史》未出现“俚人”一词。称海南土著为黎人，始于宋朝。《宋史》中“黎人”一词出现十四次，其中十二次明确指称海南土著，一次不知所指为何地土著，一次指广西庭州(今河池)和孚州(今广西南丹县西南)。据《宋史・黎峒传》可知，黎峒特指海南岛黎人所居之地。黎土著人居住的核心地带为黎母山。因为俗呼山岭为黎，所以居其间者号称黎人。宋时的儋崖(儋州与崖州合称)、万安(今万宁)都与黎人所居之地相接。

今天，我们已经知道海南黎族人所讲的黎语和广西壮族人所讲的壮语有密切的亲缘关系，同属于侗台语族。侗台语族和苗瑶语族的语言和汉语之间是无法直接进行交流的。东汉时，朱崖(又称“珠崖”)属于合浦郡，合浦郡与交址郡接壤，均归属交址刺史督管。《后汉书・南蛮列传》:“凡交址所统，虽置郡县，而言语各异，重译乃通。”据此可知，黎语自上古时便与中原语言迥异。

岭南民族与中原民族言语不通，风俗各异，中原政权或者汉人割据政权对岭南少数民族的统治，基本上实行的是武力镇压和教化安抚相结合的政策，前者实行驻军制，后者实行土司制兼之以汉化教育制。汉化教育的具体措施通常包括：迁徙犯人至岛内与黎人杂居；传授先进农业技术；建立汉语学校，传授儒家经义礼制。但是，对于海南黎人来说，中原文化并没有那么容易被接受。

《三国志・吴书・薛综传》介绍，自从汉武帝灭南越开九郡之后，经过四百多年的汉化教育，海南土著“颇有似类”。但是，薛综在谈及婚礼习俗时说:“自臣昔客始至之时，珠崖除州县嫁娶，皆须

① 据《隋书・谯国夫人列传》记载，王仲宣是番禺人。

八月引户。人民集会之时，男女自相可适，乃为夫妻，父母不能止。”显然，珠崖郡(此处代指全岛)除州县治所所在地之外，其余地方的百姓并没有接受汉人的嫁娶礼制。《清史稿·卷一三八·志第一一三·兵九·海防》有这样一段记载：

> (光绪)十四年，张之洞、吴大澂以琼州一岛，内绥黎族，外通越南，就琼州原有制兵，酌设练军，并加练饷，一洗绿营积弊，旧额四千九百余人，按七底营抽练，共编练一千七百五十人。崖州等处水师，加以整顿，原有拖船，亦配拨练军，以二艘驻崖州，二艘驻海口，二艘驻儋州，二艘驻海安。其守兵二千人，匀拨紧要塘汛。

从上面这段话可以看出，即使到了清朝末期，中央政府在海南驻兵练军的主要目的仍是镇抚黎族，可见其对黎人的防范心理。黎人也确实常被为政者的剥削勒索和驻军的侵扰激起民变。《宋史·王祖道传》记载，王祖道请朝廷于黎母山心立镇州时，曾奏言：“黎人为患六十年，道路不通。”下面我们仅依据《清史稿》统计一下清朝时黎人民变的情况：

康熙三十九年(1700)：琼州黎人王镇邦为乱。(《清史稿·殷化行传》)

乾隆三十一年(1766)：崖州安岐黎为乱。(《清史稿·杨廷璋传》)

道光十一年(1831)：崖州黎匪乱。(《清史稿·李鸿宾传》)

道光十四年(1834)：儋州黎匪作乱。(《清史稿·宣宗本纪》)

同治十一年(1872)：琼州土匪平，诛匪首何亚万等。(《清史稿·穆宗本纪》)

光绪十三年(1887)：讨平琼州黎匪，降敕褒嘉。(《清史稿·冯子材传》)

黎族人与汉族人语言不通，文化不同，导致整体上相互之间难以取得内心认同，这种整体上的不认同感和不信任感既是文化差异导致的，也是封建社会重视“华贵夷贱”之辨的失败的民族政策导致的。我们在田野调查中也发现，在海南建省以前，许多黎族村寨仍习惯族内通婚，不愿与汉人通婚，这种婚嫁倾向正是这种民族不信任感的反映。

中原文化（汉文化）与海南黎族文化的接触历史，如果以南越国建国算起，至今已经两千二百多年，当然，民间的文化往来接触可能更早。黎语在与汉语的接触过程中，也必然烙上了汉语和汉文化的印记。民族矛盾冲突的核心根源是文化差异，国与国之间的矛盾冲突是这样，一个国家内部民族之间的矛盾冲突也是这样。因此，为了维护国家的长治久安，为了建设好伟大的、和谐的多民族国家，我们必须有意识地加强少数民族历史文化研究，以史为鉴，充分发挥民族区域自治的民族政策优势，在充分尊重少数民族文化的基础上，促进民族团结和民族融合。

黎族是海南省的土著民族，黎族文化是海南本土文化的代表。我们建设旅游岛和自由贸易港都必须在充分研究、了解、尊重黎族历史文化的基础上，充分发掘黎族历史文化资源。语言是一个没有文字的民族的最主要的文化载体，加强民族语言的保护与传承是一件很有意义的事情。至今传承的有声语言和用该语言口耳相传的故事、传说、歌谣便是研究该民族历史文化的最主要资源。

黎族分为五支，故黎语也相应地分为五种方言，即哈方言（分罗活、侾炎、抱显三土语）、杞方言（分通什、保城、堑对三土语）、润方言（分白沙、元门两土语）、美孚方言、赛方言。哈方言的“哈”，黎语的意思是“住在外面的人”。杞方言的“杞”，黎语的意思是“住在中心地区的人”。润方言黎族从前又称“本地黎”，意思是“土著的黎族”。美孚方言的“美孚”，黎语的意思是“下方客人”或“住在下路的客人”。赛方言用自称音译命名，又名加茂方言，是由聚居地

“加茂镇”得名；还有一个名字叫“德透话”，是因为赛方言的“吃饭”，汉语音译为“德透”。哈黎是黎族人口最多的一支，约占黎族人口的60%，主要分布在海南岛的西半部，主要居住在乐东、三亚、东方三县市；此外，白沙、昌江、保亭、陵水、儋州等县市的外围也有分布。杞黎人口约占黎族人口的25%，仅次于哈方言，主要分布在五指山腹地，即五指山、保亭、琼中三县市境内。润黎略占黎族人口的6%，主要分布在白沙县。赛黎占黎族人口约7%，主要分布在保亭，陵水、三亚、儋州等县市也有分布。美孚黎是人数最少的一支，主要分布于东方县的东部，昌化江下游两岸。①②

哈、杞、润、美孚四种方言，彼此之间可以互相对话，差别不大。赛方言与其余四个方言几乎不能直接对话。

上述黎族五个分支的分布反映的是现在的分布状况，但是历史上的黎族是不断在岛内迁徙的。研究语言接触问题，有必要梳理清楚民族的迁徙情况。从以民族语言命名的地名入手是一个不错的视角。许多少数民族语言没有自己的文字，但是肯定会用自己的语言给事物命名，这是语言交际的前提。处所名是正常语言交际所需要的，因此那些在日常生产、生活中重要的处所一定会被命名；而处所名一旦约定，是很难自然改变的，除非行政强制改变。少数民族与汉文化接触后，如用汉字给地方命名，通常采用以当地汉字读音来音译少数民族语言的办法。因此可以通过考察黎语地名的汉字音译名的分布情况来考察黎族在历史上的分布与迁徙问题。高泽强(2001)《黎语地名初探》一文对海南岛内的黎语地名进行了初步的研究分析，大概地勾勒了黎族的迁徙过程。黎语的“村庄”，哈方言读 bou 或 bau，润方言读 faːŋ 或 fuan，杞方言读 faːn，赛方言读 fuən。以 bau 音译汉字作首字命名的地名在海南岛内，除

① 欧阳觉亚、郑贻青：《黎语调查研究》，北京：中国社会科学出版社，1983年，第4—7页。

② 陈有济：《海南儋州话研究》，儋州：儋州市文化馆，2019年，第10—11页。

了乐东、三亚外，还有以文昌、临高为中心的两个地名群，主要分布在沿海地区和深入岛内陆一点的土地肥沃的地区。琼州海峡对岸的徐闻、湛江、高州、宜兴、电白、化州也有分布。高泽强由此勾勒了一条黎族哈方言支的迁徙路径：雷州半岛—文昌（停留时间长）—琼山—临高（停留时间长）—儋州—昌江—乐东。以 fan 音译汉字作首字命名的地名，岛内主要以保亭、通什为中心，乐东、三亚、琼中西部、白沙东部、儋州东部和东南部、临高、澄迈等地也有分布。在海峡对岸的雷州半岛，这类地名也有不少。高泽强由此也勾勒了一条黎族杞方言支的迁徙路径：雷州半岛—琼山—澄迈—临高—儋州东部—白沙东部—琼中西部—通什、保亭。①

因为哈方言是黎语使用人口最多的方言。因此，20 世纪五六十年代创制黎文的时候，确定哈方言为黎语的基础方言，乐东保定村的黎语音为哈方言的标准音。乐东保定村有陈姓和王姓两个汉姓。据发音合作人陈志雄介绍，汉姓是新中国成立之初在政府的建议下选定的，两个姓氏的黎族村民事实上有着共同的祖先。村民不修族谱，对祖先的历史知之甚少。老人传说，保定村民的祖先是因打猎追逐野兽，从三亚鹿回头一带迁来的两兄弟，后来落脚在保定村，从附近的三平村娶了黎族姑娘安家。当然，传说不一定是真实的。保定村现在是三千多人（据陈志雄介绍）的大型村落。如果传说是真实的，参照相同人口数的自然村落的历史，保定村的历史至少也有六百年以上。

第二节　黎语研究现状

国内学者对黎语的全面调查研究始于 20 世纪 50 年代的少数

① 海南岛现在的黎语地名分布情况与历史上的分布情况大致相同，但是黎族的分布已经与地名的分布不一致。那是因为原创地名保留下来了，而民族已经迁徙了。保留下来的黎语汉字地名是研究黎族族群迁徙的重要资料。

民族语言普查。1956 年，中国科学院少数民族语言调查第一工作队海南分队对黎语进行了全面的方言调查。黄思贤(2014)从五个方面对新中国成立以来黎语研究的成果进行了比较详细的总结和评述。我们根据近几年的研究成果，在黄思贤总结评述的基础上稍作补充。

一、黎语的调查与描写

1957 年 9 月至 1958 年 7 月，海南黎族苗族语文研究指导委员会和中国科学院少数民族语言调查第一工作队海南分队合作完成了《黎语农民课本》的编写工作，随后陆续出版了《黎语语音常识》《黎语语法》《黎语文讲义》等黎文教材。1958 年 5 月完成并油印了工具书《黎语简明词典》。1957 年初，以少数民族语言调查第一工作队海南分队的名义，将调查材料整理成《黎语调查报告初稿》，后由欧阳觉亚、郑贻青核对和补充，并于 1983 年出版了《黎语调查研究》一书。该书是目前研究黎语最全面、最权威的著作，描写了 10 种方言土语点的语音系统，编制了 1 630 个常用词词汇表，对黎语词类、词的组合、句子结构和类型进行了调查描写。符镇南《黎语的方言岛——那斗话》(1990)、符昌忠《黎语坡春话概况》(2005)、刘援朝《黎语加茂话概况》(2008)三篇论文主要集中于个别方言土语的描写和个别语言现象的论述，是《黎语调查研究》的延续和有力补充。黎语静态描写成果的形式除了专著和论文，还有另一种形式，就是词典。郑贻青、欧阳觉亚编著的《黎汉词典》以黎语侾方言罗活土语为基础，收录了 6 700 余词条，并进行了较为详细的分析，具体全面地展现了黎语的词汇面貌。黄权为黎语赛方言编撰了《汉黎字典》(2011)。杨文平主编了陵水县哈方言、杞方言、台方言的《汉黎字典》(2016)。张雷编著了《黎汉简明对照词典》(2019)。

二、黎语本体的深入研究

苑中树的专著《黎语语法纲要》(1994)对黎语语法作了较为详

细的分析描写。张雷的博士学位论文《黎语志强话参考语法》(2010)对罗活土语志强话语法进行了全面系统的分析描写。张雷的专著《黎语替代语论析》(2014)研究了罗活土语避讳性、委婉性、礼节性和掩饰性四种类型的词语替换现象。郑贻青在《黎语的形补词组》(1984)一文中论述了黎语中的一种特殊语法结构——形补词组。文明英、马加林在《黎语方言数词表示法》(1984)一文中对黎语基数词、序数词和概数词进行了论述。文明英在《黎语虚词的语法功能》(1993)一文中则以侾方言保定话为代表,描写了四个虚词在语言结构中的构词能力和语法功能。此外还有一些散见于各级期刊的论文:如黄思贤《再析黎语构词中的几个"前加成分"》(2014)、潘立慧《黎语的反身代词和强调代词》(2010)、邱帅《黎语美孚方言名词性短语研究》(2015)、吴艳《黎语"在+NP"结构的语序特征分析》(2016)和《黎语加茂话复合词构成初探》(2018)等。

三、黎语与相关语言的比较研究

首先是黎语内部方言土语之间的比较。欧阳觉亚、郑贻青《黎语调查研究》对各方言的语音、词汇和语法进行了比较研究。刘援朝在《黎语方言声调的对应问题》(2004)一文中比较了多个方言的声调,在《闰黎方言牙叉土语的内部分歧》(2009)一文中比较了元门土语和白沙土语的声韵调。

其次是黎语与相关语言的比较。符昌忠的论文《村语与黎语声调的比较——村语与侗台语族语言比较研究系列论文之一》《村语与黎语词汇差异成因初探》将同属黎语支的黎语和村话进行比较。欧阳觉亚、郑贻青《黎语调查研究》的最后一章,分别从语音、词汇和语法三个方面对黎语和同语族诸语言进行了比较。欧阳觉亚、郑贻青《从词汇上看台湾原住民族语言与黎语的关系》(2004)一文对黎语和台湾原住民族语言中一些语词进行了比较。李钊祥在《傣族和黎族的自称》(1985)一文中对傣族和黎族在汉语中的称呼进行了比较。刘剑三《临高语黎语关系词的文化内涵》(2001)则讨论了临高语和黎语的关系词。张慧英《从海南岛黎语量词"老、爸、郎"说起》(2017)将黎语量词"老、爸、郎"与侗台语族的量词"父、母、翁、奶"作比较,说明这是一组从亲属称谓和对人的尊称而来的量词,从中观察到汉藏语系语言量词来源和发展演变的一个方面。同时指出,亲属称谓词"祖妣父母翁伯"等可作性别词,也可作不辨性别的词头、词尾。对侗台语族的研究也往往包含黎语与别的侗台语族语言的比较,这方面的论文有:李钊祥《现代侗台语诸语言声调和韵尾的对应规律》(1982)、李敬忠《从侗台语族同源词看语音的稳定和发展》(1985)、曹广衢《侗傣语族中表示汉族的名称探源》(1986)、梁敏《原始侗台语构拟中的一些基本观点》(1994)等。

再次是黎语与汉语的比较研究。欧阳觉亚、郑贻青《黎语调查研究》第三章第四节讨论了黎语中的汉语借词与黎语的语音对应问题,第五节编制了含有 100 个词语的黎语 10 种方言土语代表点的汉语新借词表,袁舒婕的硕士论文《黎语中的汉语借词研究》讨论了黎语中汉语借词的历史层次和意义类别,冯青的论文《海南黎语与汉语量词的异同》(2012)、吴艳的硕士论文《汉语量词和黎语量词对比研究》(2007)比较了黎语汉语部分量词的异同。

四、黎语的历史发展研究

刘援朝《黎语方言的语音交替现象》(2006)一文分析了黎语语音发展中的交替现象。罗美珍《黎语声调刍议》(1986)一文探讨了黎语声调的发展。苑中树在《黎语塞音韵尾的演变》(1991)一文中探讨了黎语韵尾的演变规律。J.A.马提索夫《原始黎语的声母和声调——初步近似构拟》(1986)在欧阳觉亚和郑贻青《黎语调查研究》的基础上对黎语的声母和声调作了构拟。吴安其《黎语古音构拟》一文则在马提索夫的基础上构拟了古黎语的辅音、元音和声调系统。杨遗旗系列论文《黎语核心人称代词研究》(2014)、《黎语指示代词比较研究》(2014)、《黎语核心词:"女人""男人""人"》(2105)、《黎语核心词"爪子""脚""手"比较研究》(2016)、《黎语言核心词"多""大""长""小"比较研究》(2016)和专著《黎语核心词研究》(2017),运用历史比较语言学的方法,系统地讨论了100个核心词的词源及其流变问题。杨遗旗《黎语否定语素研究》(2020)对黎语10个否定语素进行了详细描写,主要描写了这些语素的语法功能、构词能力和历史来源。文章指出,在10个否定语素中,有4个是汉语借词,有6个是黎语固有词。汉语借词分别在不同历史时期借入。黎语固有词普遍演变出了表示纯粹否定的语素义,但是并不成熟,没有强大的类推能力,主要原因是汉语借词的出现。

此外,有学者基于对黎语命运的担忧,对黎语的使用现状和生存状态进行了调查,并发表了一系列论文,如高泽祥《黎语的历史与未来走势》(2008),文珍、邢杰伶《海南省乐东县抱串老村黎语的使用状况调查》(2010),李枚珍、王琳《海南黎语使用现状与对策》(2010),冯爱琴《用语言生态学方法研究黎语的保护与传承》(2013),冯广艺、李庆福《黎语生态研究的基本构想》(2014),李津、钟宇《黎语杞方言与汉语生态接触的类型与趋向研究——以保亭黎族苗族自治县为例》(2014),潘梦丽、钟宇《语言生态学视域下的海南黎语发展探究》(2015),吴艳《黎族大学生黎语使用状况调查——以琼州学院为例》(2015),冯广艺、宫笑炎《海南黎语杞方言的语言生态环境》(2015)等。

五、社会、历史、文化、生态等相关研究

一些学者在研究黎语的同时,也关注到了凝固在黎语中的社会、历史、文化等现象。这方面的论文主要有:陈永青《关于黎语"奥雅"的解释及其他》(1982)、刘明真《从黎族的亲属称谓看其婚姻制度的演变》(1992)、高泽强《黎语地名初探》(2001)和《黎语"纹茂"含意考析》(2001)、张雷《黎语志强话亲属称谓的变化》(2009)、

文珍《三亚黎语地名的文化解析》(2015)、《清代黎语地名的历史文化考》(2015)、《三亚黎语地名的文化内涵》(2016)、《黎语地名的清代记忆》(2018)、符天志《"三亚"地名源于黎语的考证》(2015)等。

域外学者对黎语的调查研究最早始于来华的西方传教士和外交官。1892 年,英国外交官庄延龄(E.H. Parker)曾发表有关"琼山黎"的材料,包括 300 个词和短语。1893 年,美籍丹麦人传教士冶基善(Mr. C. C. Jeremiassen)在香港出版的《中国评论》(副名《远东释疑报》)杂志上发表了《海南土著的黎人和他们的语言》一文,列出了 7 个点的语言资料。法国传教士萨维纳神父《海南岛志》(1928)书末附有 298 条黎语法语对照词汇表。德国人类学家史图博(H. Stübel)《海南岛黎族志》(1937)开创黎族研究田野调查的先河,对黎族进行了科学分类,用丰富的民族学、民俗学、语言学知识,将黎族分成本地黎、歧黎、侾黎、美孚黎四种,征引了萨维纳神父《海南岛志》的语言材料。

第三节　本课题研究的学术价值和应用价值

据《海南省第七次全国人口普查报告》,海南黎族现有人口 145.423 4 万人。黎族人主要聚居在海南省的陵水、保亭、三亚、乐东、东方、昌江、白沙、琼中、五指山等县市。目前,除了琼中黎族苗族自治县、陵水黎族自治县、儋州市一些地方以及万宁、屯昌等市县的少数黎族使用汉语外,其他地区的黎族均使用黎语作为日常交际用语,多数的黎族兼通当地的汉语方言和普通话。自汉代起,汉族居民开始移居海南岛。海南的汉族移民来自四面八方,使得海南的汉语方言十分复杂,至少分属闽方言、粤方言、西南官话三大方言系统。黎族和汉族长期杂居,交流融合,使得黎语方言和汉语方言纷繁复杂，比如汉族人讲的徕话和谟话便与黎语非常接近，而不少黎族人转用了汉语方言，不同黎语方言受到不同汉语方言的影响。目前，“真正会讲黎语的估计不足50万。这50万中也汉化越来越严重，口音变化很大”（《海南的语言及研究现状》，海南省人民政府网站）。在历史长河中，黎语与汉语有着怎样的接触历史；在新的语言接触过程中，又会打上怎样的演变烙印，有着怎样的演变事实，表现出怎样的演变规律，至今没有人对此进行过专门系统的研究。对黎语或海南汉语方言的研究，应将其置于与周边语言的接触关系中去考察。虽然黎语的研究已经有了长足进展，但是黎语与汉语接触研究却十分薄弱。基于语言接触视角的研究成果只是零星地讨论了黎语中的汉语借词、黎语语序问题，但是至今无人系统地分析语言接触对语音、语法、词汇造成的影响，未曾探讨语言接触所形成的历史层次。我们拟从单点语言事实的全面细致描写入手，深入探讨黎语与汉语的语言接触的层次与机制，旨在弥补黎语与汉语接触研究的严重不足。本课题研究至少具有下述学术价值和应用价值。

1. 本课题可以为黎语研究、海南汉语方言研究提供新的语言材料。

黎语继20世纪50年代中期大规模调查之后，至今一直没有进行大规模调查，目前引用的黎语语料基本上来自20世纪50年代中期调查整理的语料。我们拟对黎语各方言以及与其有密切接触关系的汉语方言进行语言调查，力求获得第一手语言资料（近十年内其他学者调查整理的语料可以直接使用）。

2. 本课题有助于进一步了解语言接触对语言造成影响的深度和广度。

黎语与汉语方言置身于海南纷繁复杂的语言环境之中，既保存着语言古老的痕迹，又因接触而不断发生新的变异。通过该项研究，我们可以更全面地分析黎族与汉族从汉朝至今一千多年的接触历史对双方语言造成的影响,并可在一定程度上揭示海南汉语方言与少数民族语言的发展历程。

3. 黎语借词层次分析的历史语言学意义在于,如果我们的分层是准确的,那么只有年代最早的层次有可能是同源词,这样就可以严格控制同源词的分布范围,为汉、黎语关系的论证提供可靠材料,有助于解答黎语究竟是属于南岛语系还是属于汉藏语系这一重要问题。

4. 由于使用黎语的人口不断减少,对其语言结构与状况的调查无疑有利于濒危语言的记录与保存,具有重大的现实意义。

第一章　黎语汉语的接触背景及黎族双语社会的形成

语言是最主要的交流工具和思维工具。从交流的角度看，既可以表现为人与人之间的直接的语言交流，又可以表现为人与言语作品之间的交流。前者我们称之为直接语言交流，后者我们称之为间接语言交流。上述两种语言交流都会对参与语言交流的行为主体的思维活动产生影响。进行语言交流所使用的语言，如果不是语言交流行为主体的母语，天长日久之后，就会对行为者的思维产生一定程度的影响，然后外化于母语这一语言符号的能指上，具体表现在语音、词汇、语法结构上。直接语言交流，可以是个体之间，也可以是群体之间，双方的母语可以有所不同。母语不同的人为什么会有语言交流，动机是什么？是主动的还是被动的？是经济的还是文化的，抑或是政治的？我们把这些因素称为语言接触背景。对间接语言交流而言，如果用来交流的语言不是行为主体的母语，就必须以行为主体已经基本习得所使用的交流语言为前提。这种交流形式是在语言接触早已发生，而且影响日久的基础上出现的。我们中国人看英文版的图书、听英文版的广播、看英文版的影视作品，就属于这样一种交流形式。研究黎语与汉语的接触历史，需要研究的重点不是非母语间接语言交流，而是在充分揭示并描述清楚黎语与汉语的接触背景基础上的非母语直接语言交流。

海南岛是古越地的一部分。海南岛上生活的土著也是古百越族的一支。黎族与百越民族的后裔壮、傣、布依、侗、水等民族有共同的族源。对此，早已有学者从考古发现、语言特点和文化习俗等方面进行了令人信服的证明。“海南史志网”上的《海南省志·民族志·黎族》比较详细地介绍了古代黎族的人口与分布。史前，海南岛已有人类活动，而且广泛分布于海南岛各地。两个重要的考古证据是新石器中晚期文化遗址的发现和“三亚人”的考古发现。20 世纪 50 年代中期到 80 年代，考古学界在海南岛发现保存有石器的古遗址两百多处，这些遗址广泛分布于海南岛各地。从发现的石器和陶器分析，在距今六七千年到三四千年间，海南岛不少地方已有人类的活动。1992—1993 年“三亚人”的考古发现，又把海南岛人类活动的历史推前到一万年左右。从文化遗址所反映的文化类型来看，大量分布于海南岛沿海及内陆地区的新石器中晚期的文化遗址，应是黎族的远古祖先活动的遗迹。黎族是海南岛上最早的土著民族是没有疑问的。黎族与汉族文明、黎语与汉语到底有着怎样的接触历史？我们需要进行历史考察。

第一节　黎汉初步接触融合期

中原华夏文化与海南黎族本土文化的较广泛的接触到底始于什么时候？我们推测应该始于南越国时期。根据史料记载，中原王朝在海南建置始于西汉。汉武帝元鼎六年(前 111)，武帝以路博德为伏波将军、杨仆为楼船将军，率兵平定南越，以其地置南海郡、苍梧郡、郁林郡、合浦郡、交趾郡、九真郡、日南郡七个郡。次年，元封元年(前 110)，遣军渡海，在今海南境内设置珠崖、儋耳两个郡。在序言中，我们已经说过，汉武帝平南越之后设置珠崖郡和儋耳郡，可以推测，海南岛本为南越国属地，只不过因远在海外，只能遥领而已。《古南越国史》(余天炽等,1988)在论证西汉越南境内的"交趾、日南、九真"三郡在南越国境内时是这样表述的:"汉武帝平南越时曾在今南越境内设置了交趾、九真、日南三郡,所以南越国的最后疆域应该包括此三郡之地,这在中外学者中没有太大的分歧。"因此,我们遵照这一逻辑推定海南岛也应该在南越国最后的疆域之内。古代史学家也普遍认为,古代南越国疆域包括海南岛,比如《旧唐书·地理志·岭南道》:

> ……佗乃聚兵守五岭,击并桂林、象郡,自称南越武王。子孙相传,五代九十三年。汉武帝命伏波将军路博德、楼船将军杨仆兵逾岭南,灭之。其地立九郡,曰南海、苍梧、郁林、合浦、交址、九真、日南、儋耳、珠崖。

相同民族或者关系极为密切的不同民族之间,往往有着相同的文化习俗。铜鼓是百越文化的重要标志物。余天炽在《南越国小史》称:"越人善铸铜鼓,凡是古代越人居住过的地方,几乎都有铜鼓出土。"清道光《琼州府志》记载,原昌化县、感恩县在明清两代均有铜鼓出土。20世纪50年代后,昌江县、陵水县等许多地区也都有铜鼓出土。王士立(2017: 203)从黎族铜鼓纹饰中的太阳图案与黎族太阳崇拜之间的密切关系这一角度,揭示了海南出土铜鼓的黎族属性。黎族先民的铜鼓文化也佐证了我们的推测。秦汉时期,海南岛土著风俗习惯与岭南地区越民的风俗习惯也相同。《史记·货殖列传》载:"九嶷、苍梧以南至儋耳者,与江南大同俗而杨越多焉。"

南越国的统治基础是始皇三十三年(前214)秦平南越后戍守岭南地区的"中国"士兵和"中国"移民。这些士兵和移民数目庞大。史载,秦始皇首次出征南越即发兵五十万,后来因为遇到越兵的顽强抵抗,死伤惨重,于是又继续派遣大量的罪犯、商人、赘婿

(被父母典押给他人的人,又作“赘子”)跟先前派遣尚在的士卒一道平定南越,设置郡县屯守、开发当地。具体情况,古代史籍有零星记载,我们分别摘录于下:

> 又利越之犀角、象齿、翡翠、珠玑,乃使尉屠睢发卒五十万,为五军,一军塞镡城之岭,一军守九疑之塞,一军处番禺之都,一军守南野之界,一军结余干之水,三年不解甲弛弩,使监禄无以转饷,又以卒凿渠而通粮道,以与越人战,杀西瓯君译吁宋。而越人皆入丛薄中,与禽兽处,莫肯为秦虏。相置桀骏以为将,而夜攻秦人,大破之,杀尉屠睢,伏尸流血数十万。乃发适戍以备之。(《淮南子·人间训》)
>
> 三十三年,发诸尝逋亡人、赘婿、贾人略取陆梁地,为桂林、象郡、南海,以适遣戍。(《史记·秦始皇本纪》)
>
> 尉佗者,真定人也,姓赵氏。秦时已并天下,略定杨越,置桂林、南海、象郡,以谪徙民,与越杂处十三岁。佗,秦时用为南海龙川令。至二世时,南海尉任嚣病且死,召龙川令赵佗语曰:“……且番禺负山险,阻南海,东西数千里,颇有中国人相辅,此亦一州之主也。可以立国。郡中长吏无足与言者,故召公告之。”(《史记·南越传》)

秦亡后,赵佗即因“颇有中国人相辅”攻打兼并了桂林、象郡,自立为南越王,建立南越国。赵佗建立南越国后实行“和集百越”的民族政策,大量起用越民首领进入各级权力机构,而且实行汉越通婚政策。其中最典型的代表就是丞相吕嘉。《史记·南越传》记载,吕嘉“相三王,宗族官仕为长吏者七十余人,男尽尚王女,女尽嫁王子兄弟宗室”。

南越国从建国到灭亡,共九十三年,加上赵佗建国前与越杂处的十三年,汉越两族文化接触和人民交往的时间长达一百多年。

在长达百年的时间里，汉越民族开始了初步融合。余天炽(1988：204)在《南越国小史》这样表述南越国时期的民族关系："在南越国时期，由于执行了比较得当的民族政策，因而逐步缓和了汉越之间的民族矛盾，逐步消除了民族隔阂，在一定程度上促进了汉越民族的融合。结果，在越人的经济生活和文化生活中，由于接受了汉族较先进的技术和文化而有所'汉化'了；而定居岭南的汉人，则由于生活环境的改变，也受到岭南越人的影响而有所'越化'了。"但是，我们需要指出的是，因为南越国的外部威胁主要是来自北方的宗主国汉朝和东边与西边的其他诸侯国或少数民族部族，所以为了内部稳定和对外防范的需要，南越国的汉人武装力量和汉族移民应该是主要分布在南越国的北部地区。因此，南越国时期，尽管汉文化不可能没有影响到海南岛，但是，因为交通阻隔，往来不便，影响也应该是十分有限的。

汉武帝灭南越后，元封元年(前 110)在海南岛建置儋耳郡和珠崖郡，但是因为遴选的官吏贪婪残暴，当地越民并不服膺汉人统治，叛乱时有发生，引起为政者发兵围剿，恶性循环，无法可解。据《汉书·贾捐之传》记载，"自初为郡至昭帝始元元年，二十余年间，凡六反叛"。短短二十多年时间，竟然发生了六次叛乱。西汉政府不得不在昭帝始元五年(前 82)将儋耳郡并属珠崖郡。海南越民叛乱不仅频繁，而且涉及范围广。罢儋耳郡并属珠崖后，至宣帝神爵三年(前 59)，有三个县重新反叛。宣帝甘露元年(前 53)，九个县反叛。元帝初元元年(前 48)，珠崖越民又反。每次越民反叛，政府必发兵围剿，结果导致"诸县更叛，连年不定"。元帝初元三年(前 46)，珠崖郡山南县越民反叛，元帝"博谋群臣"。待诏贾捐之以为宜弃珠崖，救民饥馑。西汉政府于是撤销了珠崖郡，结束了在海南岛的建置。从公元前 110 年到公元前 46 年，西汉王朝在海南岛的持续统治仅为六十五年。

西汉平南越的时候并没有遭遇到越民的顽强抵抗，伏波将军卫尉路博德，楼船将军主爵都尉杨仆共率领数万人从“会暮”（傍晚）开始攻城，仅半天左右的时间便攻克南越首都番禺城（今广州），“黎旦（黎明），城中皆降伏波”。此后，南越各地守将和郡县长官闻汉兵至，均主动投降。比如，苍梧王赵光和越揭阳令定“自定属汉”，越桂林监居翁“谕瓯骆属汉”，均获封侯。结果是，戈船将军、下厉将军的军队和驰义侯所发的夜郎兵还未抵达，南越已平。

但是，西汉设郡后，西汉政府治理海南岛，主要是派兵驻守，注重武功，忽略文治，统治无方，结果岛内越民不断叛乱，战争频仍。可以推断，六十五年的时间里，岛内居民人口数量没有出现增长，人口最多的时候应该是建郡的时候。据《汉书·贾捐之传》记述，汉武帝在海南岛设立儋耳郡和珠崖郡的时候，共有十六个县，总计两万三千余户。

因此，从公元前 214 年秦平南越（以赵佗与越杂处十三年计算，赵佗部应该于公元前 216 年已经抵越），到公元前 46 年西汉政府结束在海南岛的建置，共计一百六十八年的时间里，中原汉民族与海南黎族存在一定程度的接触融合。

第二节　黎汉接触融合滞缓期

自西汉元帝于初元三年（前 46）采纳贾捐之的建议废除珠崖郡后，一直到三国时期，孙权赤乌五年（242）才遣将军聂友、校尉陆凯，以兵三万讨珠崖、儋耳，后重设珠崖郡（见《三国志·孙权传》与《晋书·地理志下》）。其间长达二百八十八年，海南岛不受中原政府管辖。这二百八十八年的时间里，不可能出现有组织的有一定规模的移民，当然民间的自由往来是可能存在的。晋灭吴后，又将珠崖撤销并入合浦郡，吴国复置珠崖郡的时间仅三十七年。

西汉平南越国后，在原南越国境内设置南海、苍梧、郁林、合浦、交址、九真、日南、珠崖、儋耳九郡，其中珠崖、儋耳两郡分别在建置二十九年和六十五年后被先后废除。那么西汉中原地区的先进技术和文化到底对岭南地区有多大的影响呢？我们看看《三国志·吴书·薛综传》上的记述便可知道大概：

> 薛综，字敬文，沛郡竹邑人也。少依族人，避地交州，从刘熙学。士燮既附，孙权召综为五官中郎，除合浦、交址太守。时，交土始开，刺史吕岱率师讨伐，综与俱行。越海南征，及到九真，事毕还都，守谒者仆射。
>
> 吕岱从交州召出，综惧继岱者，非其人。上疏曰："昔帝舜南巡，卒于苍梧。秦置桂林、南海、象郡，然则四国之内属也，有自来矣。赵佗起番禺，怀服百越之君，珠官之南是也。汉武帝诛吕嘉，开九郡，设交址刺史以镇监之。山川长远，习俗不齐，言语同异，重译乃通。民如禽兽，长幼无别，椎结徒跣，贯头左衽，长吏之设，虽有若无。自斯以来，颇徙中国罪人，杂居其间。稍使学书，粗知言语，使驿往来，观见礼化。及后锡光①为交址，任延②为九真太守，乃教其耕犁，使之冠履；为设媒官，始知聘娶；建立学校，导之经义。由此已降，四百余年，颇有似类。自臣昔客始至之时，珠崖除州县嫁娶，皆须八月引户。人民集会之时，男女自相可适，乃为夫妻，父母不能止。交址糜冷、九真都庞二县，皆兄死，弟妻其嫂。世以此为俗，长吏恣听，不能禁制。日南郡男女裸体，不以为羞。由此言之，可谓虫豸，有靦面目耳……"

东汉光武帝建武十七年(41)，为平交址征侧、征贰之乱，光武

① 锡光：字长冲，汉中西城县人，汉哀、平间，为交州刺史，徙交址(今越南河内)太守。
② 任延：东汉南阳宛县(今河南南阳)人，字长孙。年十二学于长安，显名太学，号为"任圣童"。更始元年(23)，任会稽都尉。刘秀即位，他被征为九真太守。

帝拜马援为伏波将军南征。马援的兵力是“楼船大小二千余艘，战士二万余人”（见《后汉书·马援传》）。平定叛乱后，“与越人申明旧制以约束之”，并于建武二十年（44）班师回京。从民族融合和语言接触的角度而言，马援南征几乎没有什么影响。因此，薛综上疏提到了西汉末年的锡光和东汉初年的任延，而没有提及马援。到三国时期，尽管岭南地区从秦设置郡县开始计算，已经四百多年了，但是在时任合浦、交址太守薛综眼里，仍然是“交土始开”。用今天的话说，就是交州这片土地上的人刚开始从原始走向文明。吕岱于汉献帝延康元年（220）接替步骘为交州刺史（见《三国志·吕岱传》），因此，最早当在公元 220 年，薛综与吕岱率军“越海南征”，亲历珠崖、九真、日南之地，发现当地人民仍然不知礼教，野蛮落后，如同禽兽一般。事实上，三国时期吴国尽管复置珠崖郡，但是治所在大陆最南端的徐闻，而且，在海南岛仅设朱卢县，因此对于海南而言也只是遥领而已，在管理上是极为松散的。此后，直至南朝梁大同年间，共二百六十多年的时间里，珠崖郡或置或废，但郡治都不在海南本岛，且海南仅设朱卢一县[晋太康元年（280）改朱卢县为玳瑁县]。需要强调的是，即使在南朝梁大同年间，岭外越人首领冼夫人请命于朝，以儋耳故地立崖州，但管理上依旧是由越人自治。

“海南史志网”上的《海南省志·人口志》记述“三国时有几万户迁居海南。东晋时移居海南的人口达十万户之多”。三国时的移民数量，其根据可能是《三国志·孙权传》上的记载，即赤乌五年（242）“遣将军聂友、校尉陆凯，以兵三万讨珠崖、儋耳”。入岛征讨的三万兵力是否事后驻扎在海南岛，史书并没有言明。但是《三国志·吴书·陆凯传》有这样一段记载：“赤乌中，除儋耳太守，讨朱崖，斩获有功，迁为建武校尉。”以此来看，陆凯领兵驻屯海南的可能性是很大的。王俞春（2003：85）据《琼州府志·聂友传》提及：“聂友担心太多士兵留在海南久会致病，因此只留下少数精锐人马自卫，其余都遣还东吴。”这样看来留守经营海南的中原汉人应远低于三万。至于东晋时期移居海南的十万户移民，史书并未记载，臆测的可能性比较大。何况十万户移民与史载隋初全岛一万九千五百户人口数字相差太大。没有大的战争和严重疫情，数万户人口怎么可能凭空消失？王俞春（2003：86—87）直接用“晋代大批中原人避战乱迁琼”为章节标题，但是文中也未见迁琼的人口统计数字，仅仅是列举了两晋大量战事，推测“在两晋一百三十年的绵连战乱中，大陆不少士兵渡海避难到几乎毫无战事的海南岛定居谋生……”

南梁武帝大同年间（535—546），冼夫人成为南越首领。她自幼贤明、足智多谋，劝亲为善，信义结于本乡，深获百越人民爱戴，远在海南岛的越民也多有归附。据《隋书·谯国夫人传》记载，“海南、儋耳归附者千余峒”。高凉（治所在今天的广东恩平北）冼氏，世为南越首领，冼夫人兄冼挺担任南梁州刺史。冼夫人夫君为高凉太守冯宝。冯宝及其父亲冯融、爷爷冯业三世虽均为守牧，但是“他乡羁旅，号令不行”，时任罗州刺史冯融听闻冼夫人有志行，于是为其子高凉太守宝聘以为妻。冯氏为北燕皇族后裔，而北燕（407—436）是十六国时期汉人冯跋建立的政权。可见冼夫人与其夫家均深受汉文化熏陶。至德（583—586）中，冼夫人儿子冯仆逝世，随后陈朝灭亡，岭南人民无所依附，于是“数郡共奉夫人，号为圣母，保境安民”。隋朝建立后，冼夫人被封为“谯国夫人”，隋高祖准许其“仍开谯国夫人幕府，置长史以下官属，给印章，听发部落六州兵马，若有机急，便宜行事”。由此可见冼夫人在岭南地区的影响。造成这种深远影响的，我想主要是冼夫人非凡的个人魅力。冼夫人家族冼氏统领的部落达“十余万家”，合计数十万人口。汉族政权要治理好岭南，必须仰仗高凉冼氏。恰好聪慧贤明的冼夫人奉行越汉一家的民族政策，因此换来了岭南的和平与安宁。

从东汉元帝初元三年（前 46）珠崖郡被废弃，到隋大业六年

(610)在海南设三郡十二县,共六百五十六年的时间里,海南岛均附属于大陆别郡,汉人政权对海南只是遥领而已。而且因为移居海南岛的汉人移民数量极为有限,海南岛的管理权事实上仍在岛上的越民手里。王俞春(2003：62)便明确指出:"在长达六个多世纪岁月中,岛上的汉人数量也不多,各黎峒的事务都由峒首管治。"在这段时间里,民间的交往当然不可能停滞,但是考虑到政治、文化治理层面的因素已经停滞,有组织的汉族移民、汉黎文化交流应该不复存在,因此,我们姑且将这段时间确定为"黎汉接触融合滞缓期"。

第三节　黎汉接触融合平稳发展期

进入隋朝以后,中原政府逐渐加强了海南岛的建置和管理。因冼夫人以隋使者身份招降岭南十余州少数民族(时称俚僚)有功,隋文帝不仅赏赐临振县(治所在今天的三亚市崖城镇)一千五百户作为冼夫人的汤沐邑(收取赋税的私邑),并且赠其子冯仆(已逝)为崖州总管、平原郡公。因此,尽管隋朝最后在海南建置三郡十二县,派去了少量汉人担任海南郡县官员,但是隋朝在海南的地方行政管理者应该是冯、冼家族。从海南各地建有不少冼夫人庙,世世代代祭祀纪念她来看,海南人自古都把冼夫人当作恩人和祖先看待。冼夫人极有可能率军登陆过海南岛。王俞春(2003：91)便指出:"据古人世代传说,冼夫人及其子孙曾多次率军从澄迈县的石礶港(今澄迈老城一带)登陆,并曾在琼山县的梁沙坡、高坡(今属海口城西镇)和澄迈县的石礶港一带安营扎寨,维护海南社会安定,加强民族团结,发展生产,人民安居乐业。"冯、冼家族派往海南管理自己封地的族人、士兵和仆人等,与海南本地人相比,应该更早受到汉文化洗礼,是汉化程度较高的南越人。

据《旧唐书》记载，隋文帝大业三年（607）时，海南岛珠崖郡十县共有一万九千五百户。

唐朝比过去王朝更加重视海南的开发，一度在海南设置了五州二十五县。根据《旧唐书》的记载，各州统辖县数和户数如下：

崖州：旧领县七，户六千六百四十六。天宝，户十一乡。

儋州：旧领县五，户三千九百五十六。天宝，户三千三百九。

琼州：领县五，户六百四十九。

振州：领县四，户八百一十九，口二千八百二十一。

万安州：领县四，无户口。

据上述《旧唐书》史料可知，全岛有一万二千零七十户。参考振州的户人均数，全岛在籍人口数约为四万一千五百七十四人。如果参照儋州天宝年间的户数计算，全岛天宝年间的总户数应该低于一万二千零七十户，总人口数应该低于四万一千五百七十四人。

唐朝时，海南岛多数黎人（当时称“俚”）应该还没有被统计入政府户籍。《旧唐书》中记载的海南岛五个州的户口数只是汉人和少数已经归化的黎人。万安州辖四县，却无户口，最合理的解释就是，万安州的土著均不入籍。《旧唐书·李暠传（附李复）》载：“琼州久陷于蛮獠中，复累遣使喻之，因奏置琼州都督府以绥抚之。”从李复上奏朝廷，建议设置琼州都督府的事由来看，长期以来，黎人（蛮獠）是不受汉人政府管辖的。史载，唐高宗乾封二年（667），琼州全境被黎酋占领，直到唐德宗贞元五年（789），岭南节度使李复才派兵征黎，恢复琼州，并上奏朝廷，请置琼州都督府，以控压黎峒。琼州全境完全为黎人自治的时间长达一百二十三年。

海南岛人口户数，隋文帝时为一万九千五百户，唐朝初年为一万二千零七十户，这一巨大的差额该如何解释？我们认为这与战争和民族政策有关。隋朝时期，黎峒归附冼氏，冯、冼家族直接治理海南岛，深受黎人爱戴，统计中含有大量归附的黎族家庭。唐朝取代隋朝后，加强了对海南岛的开发和统治，但是终唐一代，海南岛各州县首领仍多由冯氏后裔世袭，黎峒仍由黎酋管治。唐朝政府派至海南岛州县的地方官并未获得当地黎民的支持。黎民反而攻陷州县，赶走地方官，实行自治。上述“琼州久陷于蛮獠中”的记述便是明证。因此，唐朝初年，大量黎民脱离了户籍。

自元初三年（前46），汉元帝罢弃珠崖郡，至唐武德四年（621），冼夫人孙冯盎以南越之众降唐，数百年来，各王朝政府并未派遣过官员渡海直接治理海南岛。隋朝唯一登岛者，是宗室藤穆王杨瓒之子杨纶，他因遭诬陷被除名为民，携妻子流寓儋耳，后来归顺唐朝。到了唐朝，朝廷则将海南岛视为流放之地，常将政治斗争中落败的或犯了错误的官员贬谪、流放至海南岛。这些贬官为开发、治理海南岛作出了重要贡献。仅依据《旧唐书·本纪》记载的情况，有唐一朝被贬至海南岛崖州、儋州、琼州、振州、万州者便有二十三人。①

任职海南或被贬海南的汉人官员一般都携家眷入琼，不少人后来定居海南，繁衍生息。《五代史·南汉世家》载：“唐世名臣谪死者往往有子孙，或当时遭乱不得还者，皆客岭表。”比如，曾任顺宗朝宰相的韦执谊和曾任武宗朝宰相的李德裕均有后人在琼定居繁衍。虽然，唐朝将海南视为流放之地，但是客观上对海南的政治、经济、文化和社会发展产生了较大影响，促进了海南的开发和发展。王俞春（2003：105）便指出：“唐代大批汉人迁居海南，传播中原文化和生产技术，开启了海南的教育文化。逐渐改变了原住民的陋俗。”比如，太宗朝贞观二十年（646），王义方因连坐刑部尚书张亮谋反罪，被贬为儋州吉安丞，他见海南“蛮俗荒梗”，便“召诸

① 《广东通志》《琼州府志》记载到海南任地方官的仅三人：张鹏，懿宗朝任琼管五州招讨使，知琼州军事；韩瑗，贬振州刺史；张少逸，崖州刺史。王俞春《海南移民史志》附录十人：其中崖州刺史七人，张少逸、贾思由、杨请、张鹏、韦明、王宏夫、黄僚；儋州刺史一人，薛云朋；万安刺史一人，韩绍；振州刺史一人，韩瑗。

首领，集生徒，亲为讲经，行释奠之礼”，结果是“清歌吹籥，登降有序，蛮酋大喜”。

五代十国时期，南汉刘氏政权管辖海南岛，但统治区域和统治力量与唐朝时期比较有所缩小，其州县设置从唐代的五州二十二县（唐初二十五县）变为五州十四县，整整省掉了八个县。① 五代十国时期，天下由治趋乱，海南岛因孤悬海外，受战乱影响甚微，中原人多有避乱于海南者。《五代史·南汉世家》载：“是时天下已乱，中原人士以岭外最远，可以避地，多游焉。”王俞春（2003：102）在讨论五代中原人避乱迁琼者日增的情形时，引用了苏东坡《伏波庙记》的记述：“自汉以来，珠崖、儋耳，或置或否。扬雄有言：‘珠崖之弃，捐之之力也，否则介鳞易我冠裳。’此言于当时可也。自汉末至五代，中原避乱之人，多家于此，今衣冠礼乐班班然矣。”

宋朝初期在海南建置四州十三县。神宗熙宁之后，建置调整为一司三军十县二镇。琼管安抚司兼广南西路安抚都监，统辖全岛军政。三军为昌化军（后称“南宁军”）、万安军、珠崖军（后称“吉阳军”）。宋朝设置“军”的地方一般是边境或者关隘要地。比如，宋太宗时期，在与契丹、西夏接壤的边境就建置有十五个军。在边境地区设军，是为了适应制御外敌的需要；而在内地的关隘口设军，则主要是为了方便弹压兵民的叛乱。宋代虽然强化了对海南的汉化治理，但是“三军”的建置显然也加强了对黎民的防范。宋朝南宁军辖宜伦、昌化、感恩三县，万安军辖万宁、陵水两县，吉阳军领临振、藤桥两镇。需要提及的是，北宋为了加强对岛内黎族的统治，于徽宗大观元年（1107）在黎族人生活的核心区域黎母山一带建立镇州，并且为镇州赐军额“靖海”，意思是驻扎有专门番号的军队。但是，很快又在政和元年（1111）废弃镇州建置，并入琼州，“靖海”军额也一并归入琼州。前后仅有四年时间。究其原因，很

---

① 据清代吴任臣《十国春秋》卷一百一十二，可知省去的八县为：琼州之曾口、颜罗，儋州之富罗，振州之颜德、临川、罗屯，万安之富立、博辽。

有可能是受到了黎族人的强烈抵制。

宋朝委派至海南任职的州（军）、县长官多为科举出身的文臣。这些来琼的各级官员，不少人卸任后合家落籍海南，大大促进了海南社会文化的发展。王俞春（2003：110）依据《宋史》和《正德琼台志》《琼州府志》等地方志史料，统计两宋渡琼任州（军）级长官的有八十四人，任职期满后落籍海南的各级官员共有四十余人。落籍海南者则成了各姓过琼先祖。王俞春整理罗列了落籍海南的四十二人的具体情况。我们发现，其中有三十三人籍贯为福建，有二十九人为福建莆田人。这在某种程度上可以解释何以海南闽语近似于闽南话。

唐朝之后落籍海南者，除职官之外，还有被贬的高官名臣、驻琼官兵、逃避战乱的庶民等。宋朝与唐朝一样，把海南岛视为贬谪、流放官员的首选之地，不少高官名臣被贬至海南，如丁谓、苏轼、李纲、赵鼎、李光等。宋朝在海南驻兵屯田，一方面防黎乱，另一方面防海寇，特别是宋末元兵南逼，海南屯兵和南移水师也越发增多。因海南少战事，驻琼官兵就地落籍定居的不少。另外，被元军打败的南宋官兵也大多数逃散择地而居。

《宋史・地理志》记载有宋神宗元丰年间的海南人口户数：琼州，八千九百六十三户；南宁军，八百三十三户；万安军，二百七十户；吉阳军，二百五十一户；总计一万零三百一十七户。《宋史・地理志》如此描述琼州的乐会县①："乐会，下，唐置，环以黎峒，寄治南管，大观三年，割隶万安军，后复来属。"可见当时的乐会县四周都是黎境。海南岛的汉人主要集中在琼州，另外三军，除却南宁军因为辖三个县人数超过八百户以外，其余两军人数都不到三百户。显然黎人绝大多数都没入户籍。我们推测，南宁、万安、吉阳三军

① 公元660年（唐高宗显庆五年），首设乐会县，始建县治于今天的琼海市烟塘镇。1958年12月1日，经国务院批准，琼东、乐会、万宁县合并为琼海县。今琼海市辖古乐会县和琼东县。

之地“与黎为境”，黎民与汉人关系并不和谐，故在籍的汉民也不多。政府对黎民则采取慰抚之策，通过给予耕田、免除赋税的方式吸引到政府管辖之地入籍。比如，《宋史·黎峒》记载，南宋乾道二年（1166），孝宗采纳广西经略转运司的建议，“诏海南诸郡倅守慰抚黎人，示以朝廷恩信，俾归我省地，与之更始。其在乾道元年以前租赋之负逋者，尽赦免之。能来归者，复其租五年。民无产者，官给田以耕，亦复其租五年。守倅能慰安黎人及收复省地者，视功大小为赏有差，失地及民者有重罚”。但是尽管如此，黎民仍然频繁侵掠、作乱：乾道六年（1170），黎人王用休为乱；乾道九年（1173）八月，乐昌县黎贼劫省民，焚县治为乱；淳熙四年（1177）冬，万安军王利学寇省地，盖旻进率众拒之，兵弱战没；淳熙十二年（1185）正月，乐会县白沙峒黎人王邦佐等率贼众五百为寇，杀掠官军。宋朝政府的有效办法仍然是重用黎首抚降、弹压本界黎峒。比如，绍兴间，琼山民许益为乱，黄氏妇人（夫家王氏）抚谕诸峒，无敢从乱者，以功封宜人；此后，其后代则一直承袭封号，统领三十六峒。①

元朝海南的行政建置与宋朝基本相同，仍然为一司三军，三军名同，琼管安抚司更名为乾宁军民安抚司。但是《元史》记载的人口却远多于《宋史》记载的人口。《元史·地理志》记载：乾宁军民安抚司有七万五千八百三十七户，十二万八千一百八十四人，领琼山、澄迈、临高、乐会、安定七县；南宁军有九千六百二十七户，二万三千六百五十三人，领宜伦、昌化、感恩三县；万安军有五千三百四十一户，八千六百八十六人，领万安、陵水两县；吉阳军有一千四百三十九户，五千七百三十五人，领宁远一县。

元朝记载的海南户籍人数合计达九万二千三百三十一户，十六万六千二百五十八人，远高于以往朝代。产生这一现象的主要

---

① 《宋史》记载：“嘉定九年五月，诏宜人王氏女吴氏袭封，统领三十六峒。”如果仅从绍兴三十二年（绍兴纪年共三十二年）算起，也足足长达五十四年。

原因是黎民普遍被征服落籍和强制性移民屯田。元朝是民族矛盾尖锐化的时代，整个元代，海南岛黎族暴动连年不断。元朝统治者对黎族人民进行前所未有的武装镇压。比如，至元二十八年(1291)派军队深入黎母山、五指山，持续三年的战争，“剿平”“归降”黎峒六百二十六个，得户四万七千多户。元统治者采取军事组织形式，强制性移民屯田，每次军事行动之后，就采取军队屯田，以此作为久居和防止黎族反抗的对策，曾设海南黎兵万户府及黎蛮屯田万户府。① 至元三十年(1293)，兵屯人数达一万三千人，六千五百户。② 明洪武元年(1368)，元朝将领陈乾富归附明朝，屯兵子孙尽革为民。

元朝也有不少官吏落籍海南，王俞春(2003：131—132)整理出十位落籍海南的官员概况，其中七位是福建人。

元朝闽粤商贾落籍海南者越来越多。据清道光《琼州府志》记载，元朝时，白沙门和海口所建有天后(妈祖)庙，这显然是渡琼福建商人带来的信仰。因为天后(妈祖)庙发祥于宋代的福建，是福建人信奉的海上保护神。

据《海南省志·人口志》的描述，明朝洪武二十四年(1392)，海南岛共有六万八千五百二十二户，二十九万一千零三十人，比元朝人口增长了百分之四十四，岛上移民数量明显增加。明朝移民的来源、方式和民族成分也有很大变化，其中一部分是从征性质的移民。明朝洪武以来，开始开拔派遣到海南的军队士兵以江苏、浙江一带占多数，后来河南、河北人逐渐增加，再后来又调遣福建、潮州的士兵来海南。此后，中原各地官吏充军到海南的不断增加。另

---

① 元统二年(1334)十月，湖广行省咨：“海南僻在极边，南接占城，西邻交趾，环海四千余里，中盘百峒，黎、獠杂居，宜立万户以镇之。”中书省奏准，依广西屯田万户府例，置黎兵万户府。万户三员，正三品。千户所一十三处，正五品。每所领百户所八处，正七品。

② 参见海南省史志网/地方志书/海南省志人口志/人口志，网址：http://www.hnszw.org.cn/xiangqing.php? ID=47277。

一部分是由于经商贸易留居海南的移民。还有一部分是苗人入居。明朝苗人作为军队多次调入海南岛，参加镇压岛上人民的起义，后来留居岛上。此外，明代海南移民还有一部分来源于屯田这一强制性移民措施。明代比元代更加重视屯田，在海南岛设有一卫十一所，常备驻军约一万六千人，按明制规定，边疆地区军士十分之三守城，十分之七屯田。

明朝时期，海南岛黎人多数已经归化，但仍叛服不定，政府则剿抚并举。据《明史·土司传》记载："永乐三年，广东都司言：'琼州所属七县八峒生黎八千五百人，崖州抱有等十八村一千余户，俱已向化，唯罗活诸峒生黎尚未归附。'帝命遣通判刘铭赍敕抚谕之。御史汪俊民言：'琼州周围皆海，中有大、小五指，黎母等山，皆生熟黎人所居。比岁军民有逃入黎峒者，甚且引诱生黎，侵扰居民。朝廷屡使招谕，黎性顽狠，未见信从。又山水峻恶，风气亦异，罹其瘴毒，鲜能全活。近访宜伦县熟黎峒首王贤祐，尝奉命招谕黎民，归化者多。请仍诏贤祐，量授以官，俾招谕未服，戒约诸峒，无纳逋逃。其熟黎则令随产纳税，悉免差徭；其生黎归化者，免税三年；峒首则量所招民数多寡授以职。如此庶几黎人顺服。'从之。遣知县潘隆本赍敕抚谕。""（永乐）十四年，王贤祐率生黎峒首王撒、黎佛金等来朝贡，帝嘉纳之。命礼部曰：'黎人远处海南，慕义来归，若朝贡频繁，非存抚意。自今生黎土官峒首俱三年一贡，著为令。'"

黎民自宋朝开始便有"生黎""熟黎"之别。《宋史·黎峒传》：

> 黎峒，唐故琼管之地，在大海南，距雷州泛海一日而至。其地有黎母山，黎人居焉……俗呼山岭为黎，居其间者号曰黎人，弓刀未尝去手。弓以竹为弦。今儋崖、万安皆与黎为境，其服属州县者为熟黎，其居山峒无征徭者为生黎，时出与郡人互市。

宋代周去非(1134—1189)《岭外代答》(刊刻于 1178 年)卷二:“黎人半能汉语,十百为群,变服入州县墟市,人莫辨焉。日将晚,或吹牛角为声,则纷纷聚会,结队而归,始知其为黎也。”周去非的描述与《宋史》大体相同,其所指黎人当为“熟黎”。可见,熟黎在宋时已操黎汉双语。

明万历钦差海南道兵巡兼提学副使戴熺任总裁编撰的《琼州府志·原黎》对黎族也有较详细的介绍:

> 其去省地远不贡赋役者,名生黎。质直犷悍,不受欺触,不服王化,亦不出为人患,足迹不履民地,而自相仇斗。居民入其地,以熟黎为援……以射猎为生,以刻箭为信誓,以割鸡为问卜。重报仇,有杀其父祖及乡人者,易世必复……与省地商人贸易甚有信,不少受欺诒,商人信则相与如至亲,借贷不吝,或负约,见其乡人,擒之以为质,枷以横木,必负者来偿始释……熟黎旧传本南恩藤梧高化人,多王符二姓,言语皆六处乡音,因从征至者,利其山水田地,占食其间,开险阻置村峒。以先入者为峒首,同入共力者为头目。父死子继,夫亡妇主。又多闽广亡命,有纳粮当差之处,有纳粮不当差之处。性习为横,不问亲疏,一语不合,持弓刀相向,其妻当中一过即解……按:黎分生熟二种。有此地即有此人。生黎虽犷悍,不服王化,亦不出为民害。为民害者,熟黎耳。初皆闽商,荡质亡命,及本省土人,贪其水田,占其居食,本夏也,而夷之间,有名为贸易,图其香物之利,实为主谋,予以叛敌之方,往往阴阳生黎,凭陵猖獗。吁!此古今黎祸之媒孽也。

根据上述两段文字,我们可以了解到黎族人与汉人的平时交往情况。在宋代,生黎时常出境与郡县居民互市。而明代,生黎则“足迹不履民地”,郡县居民进入黎境做买卖,须有熟黎相助,原因可能是言语不通和对商人不信任。熟黎服属州县管辖，是来自南恩、藤、梧、高化的征夫的后裔，另外一部分是闽广商人后裔。《琼州府志·原黎》编者按语“初皆闽商”，则认为熟黎当初都是来自福建一带的商人。考虑到《琼州府志》总裁官戴熺是福建漳州人，他或许是从熟黎的语言角度作出这样的判断的。

清朝初期，统治者加强对海南人口的管理，凡有黎峒的地方设置总管，一村或数村又设有哨官，每村置有黎长或甲长。中央政府的威令可浸透到各个黎村的内部。黎族与汉族在清代是一种怎样的民族关系？我们从《崖州志·海防志》和《崖州志·黎防志》的新增序言可见一斑。《海防志序》：“崖州内黎外海。环海一带仅为民居。故常受剽掠之患。然黎有形可见，扼险可守……”《黎防志序》：“崖黎世为民患，从古称为难治。黎人畏威而不怀德，地势则彼险而我夷，气习则彼悍而我驯，攻守则彼逸而我劳。前明建乐安城，乐平汛，设重兵驻守。剖黎峒腹心而扼其冲，为虑至深且远。自乐安失守，汛兵拆撤，内外已成扞格之势。一旦有事，剿之则巢穴难穷，抚之则适以滋玩，徒为民害而已……”从上述引文来看，中国古代中央政府在海南岛建置郡县以来，一直是把黎族作为异族看待的，并未把黎民视为域内之民，对黎政策以防守征剿为主，安抚为辅。对于黎族所居之地，即“黎境”，地方政府也没有真正享有管辖权，换句话说，海南建置的“州境”很有可能没有包括“黎境”。《崖州志·黎防志一·黎情》载：“崖州黎，其地大于州境，其人十倍之，分东西二界，生、熟、半熟三种。屡为民害，而州之户口日耗，膏腴田地尽为黎有。”这段记载明确告诉我们，光绪年间，海南崖州黎人所居之地，即“黎境”，面积比“州境”面积大，黎人总人口数是“州境”内户籍人口数的十倍左右，而崖州籍民也为黎人所害，户口日益减少。

清末海南岛的建置是北为琼州府，南为崖州。《崖州志》虽然只是描述了崖州黎族的情况，但从中也可见一斑。

清朝,海南岛生产力得到一定的发展,岛内外贸易增加,人口剧增。从康熙三十一年(1692)到嘉庆年间,百余年间,人口增至一百五十万,增加了三倍。乾隆十八年(1753),清政府发布《勒开垦琼州荒地》命令之后,移民大批进入海南岛。道光年间,荒地较多的儋州,就有来自雷州、廉州、潮州、嘉州的人民潜逃入山峒之中,借耕黎人的土地,这些人被称为老客。道光以后,从广州、肇庆府属之恩平、开平、高明、鹤山、新宁、阳江等地迁来海南的移民则被称为“新客”。据史书统计,在清代,移居海南岛者达二百一十七万人。[①]

语言接触的广度和深度显然与民族接触的广度和深度有密切关系。我们考察黎语与汉语的接触关系,自然要考察海南岛汉人的移民历史以及汉人与黎人的民族关系。前面我们比较系统地梳理了大陆政权在海南的建置、人口变迁和对黎政策等情形。从历史记载来看,海南的户籍人口(主要是汉族),从汉朝到宋朝是递减的,元朝时出现爆炸性增长,此后明清均出现大幅增长。我们认为,宋以前,户籍人数下降主要与黎人是否入籍有关,岛上的汉人整体上应该是逐步增多的。坚守自己生活习惯的黎族人的生活空间日益狭小,逐渐退缩到岛内核心区域;汉人的生活区域则逐渐扩大。出版于1932年的《海南岛志》对岛内移民和黎人生活空间有过总结:

> 海南孤悬海外,距中土辽远。在昔水土气恶,视为虫蛇所居,汉晋之间,一再罢弃。洎乎唐代,乃复置版籍,移军屯戍,而谪宦罪囚,窜逐流配之迹,遂由是日繁。自唐讫宋,其间五百年,中土之人,流寓岛中,子姓蕃衍,已万有余户。高雷对海之民,或远渔留居,或避乱南徙,生聚日众。滨海之地,编氓散

① 陈铭枢:《海南岛志》,上海:神州国光社,1933:73。

> 布，北部犹稠。其先据有此岛之黎苗俸伎诸族，遂不能不退居山间，以行其狩猎生活。环五指山麓，有瓯脱地数十里，莽莽荒野，阒无人烟，其中即黎族之所居也。
>
> 海南户版，始于唐代，宋明清之世，亦尝从事编审，其额代有增加，溯其原因，一则屯戍落籍，二则宦裔流寓，三则避乱迁徙。史乘所载，每逢内地骚乱，则岛中户口，为之激增，以知避乱来居者为特众也。而其中黎俸就抚，原杂居者，亦所尝有。民国十七年，南区善后公署，编办全岛保甲，清查户口，除五指山中黎苗俸伎四族不计外，其户数为三十七万二千九百，其丁口数为二百一十九万五千六百四十五。

需要强调的是，由于历代统治者的剥削和压迫，历史上黎汉关系的总基调是不和谐的。比如，直到民国，清查户口也没有将“五指山中黎苗俸伎四族”计算在内。清朝冯子材平黎后曾设抚黎局，大规模编查黎人户口，建立保甲制度。但是“当时调查户口推行甚难”。即使是到了民国十七年，在黎人区编办保甲，“虽经再三开喻，而黎人之规避瞒匿如故”（陈铭枢，2003：86）。

黎族是个内向保守、热爱和平的民族，特别是黎区的黎族，他们喜欢固守自己原始的生活方式和生活习惯。直到 1882 年，美国传教士香便文走进海南岛，进行了为期四十五天的徒步考察，发现黎族人的生活状态几乎仍然与原始无异。① 同济大学医科生理学教授史图博（德国人），1931 年和 1932 年先后两次来海南岛的黎族地区进行游历和考察，后出版专著《海南岛民族志》，在书中谈及黎族语言学知识和民族关系时，重点提到了白沙峒的黎族。那时的白沙黎族多少懂得一些汉语，但是“仅限于与汉族商人接触的成年人所能理解的程度”；黎族还不懂汉字，“在比较偏僻而未开化的

① 香便文：《岭南纪行》，伦敦：伦敦出版社，1886。

打空，对汉族文化连一点关心也没有”。当然在富裕的海猛村已经设立了教授汉文化的学校(仅四个学生)。史图博认为:“设立学校这件事是汉族精神文化开始向半文明的民族生活中浸透的现象，是值得惊叹的。”根据史图博先生的描述，20 世纪 30 年代，海南的苗族和海南的黎族关系紧密和睦，苗族要学黎族的语言，但是黎族根本不学苗族的语言；黎族同汉族关系良好，但只是极少数的汉族同黎族的接触，接触密切的是原来住在白沙峒或从邻村到白沙峒地方旅行的少数汉族商人。①

1951 年 9 月，新中国中央访问团第二分团访问海南岛兄弟民族，发现乐东县生铁黎和人口最多的四星黎生活方式仍然保留原来状态，少与汉人接触。②

但是，历时地看，黎族人民与汉族人民的交往必然是日益频繁密切的。民族融合不可避免。当黎人多的时候，散居其间的汉人则逐渐融入了黎人社会；当汉人多的时候，散居其间与汉人交往密切的黎人则融入了汉人社会。《海南岛志》记载，民国时期的熟黎，“谙汉语，入市交易，着汉人衣服，第其语言风习，则仍与蛰居腹地生黎无殊”；“又黎人多用汉姓，如王、邢、罗、李、陈、杨、廖、唐、韦、吴、麦等姓，此盖由汉人初至，杂居黎村，非教法所及，久而与之同化”。

由此看来，古代黎人的语言生活状况可能是这样的：核心黎区的黎族人仅说黎语，不懂汉语；边缘黎区的黎族人则普遍使用双语，既说黎语，又懂汉语。

因为历史上海南岛的汉人移民成分复杂，所以海南汉族语言也特别复杂。陈铭枢主编的《海南岛志》(1932：75)对民国时期的海南汉族语言是这样描述的：

---

① 王献军：《黎学文献选读》，海口：南方出版社，2020：91—113。

② 《广东海南黎苗回族情况调查》，广东省民族事务委员会印，1951 年 10 月。

> 海南汉族语言，至为繁复，大别之，可分为六，即琼州语、儋州语、临高语、客语、(舟延)家语六种。琼山、文昌、澄迈、定安、琼东、乐会、陵水、万宁、感恩各县人民所操语言，谓之琼州语。就中虽因县别而有微差，然大致可通，略似闽之漳泉音。儋州语似普通正音，为儋之王五长坡一带，及崖县城、昌江城人民所习用，土人称之曰官话。海滨语为儋县沿海，及感恩沿海居民所习用，其语似粤官客三种音混合而成者。临高语最为特别，与各语全不同，临高县北部之民用之，或谓似缅甸语。客语即粤之东西北三江之客籍人民移家来居者，散布于澄迈之大云，儋县之落居、海头、那大，临高之阑洋、和舍，崖县之三亚，定安之恩河，陵水万宁交界之牛岭等处。(舟延)家语即粤省语，操是语者，多聚居于崖县之三亚港，儋县之海头港，昌江之昌江港，悉以刺(舟延)为业。总上六种语言，就中以操琼州语者为多。

从隋文帝大业三年(610)到 1912 年中华民国建立，共计一千三百余年的历史中，中原王朝一直比较重视海南岛的统治和管理，对黎境和汉区的划分比较清晰，针对黎境内黎族人生产生活的管理，基本采取的方法是不予过问，不问户籍，不问劳役税赋。因此，我们将这段时期确定为“黎汉融合平稳发展期”。

第四节　黎汉接触融合加速期

近代后，黎族地区与外界的接触交流增多，政治上、经济上、文化上的联系增强，黎汉接触融合比以往要深广得多。黎汉接触融合情况，我们从三个方面来讨论 ①。

---

① 黎汉融合加速期的史料主要参考两本著作：王雪萍主编的《中国黎族》(民族出版社，2004 年)，王献军、程昭星撰写的《黎族现代史》(海南出版社，2019 年)。

一、在黎区建置政权，方便黎区治理，为促进黎汉融合提供行政支持

重视黎区治理，建立统一管辖黎区的机构，始于清朝末年。清光绪十年至十五年，两广总督张之洞意识到海南岛战略位置的重要性，开始重视海南岛局势和黎区的治理工作，在海南岛设立“抚黎局”，并制定《抚黎章程十二条》，意在“剿除乱黎，招抚良黎，渐被冠裳之化”①。

张之洞的抚黎政策是依靠著名将军冯子材来付诸实践的。清光绪十三年(1887)，冯子材率兵平黎后，多管齐下治理黎区。

第一，在军事上实施“少镇压，多抚黎”的政策，缓和了民族矛盾。

第二，以五指山腹地水满峒为中心，开通十字大路，打通了黎区和汉区的交通，方便人民往来和物产流通。

第三，实行以黎治黎之策。设抚黎局三处，局下设黎团总，管辖黎境；团总下有总管，管辖全峒。十户人家为一排，三排为一甲，三甲为一保，总管、保长、甲长、排长都由黎族各级头领担当。

第四，鼓励开发黎区，发展黎区经济。具体措施是，鼓励垦荒造田，免费提供生产工具，三年之内免交赋税；开挖矿山，给钱租赁，获利则黎汉共享。

第五，以汉带黎，开化黎民。在五指山腹地开设义学馆，数村设一义学，延请塾师，教育黎族子弟学习汉语汉文；把一部分懂生产技术的汉人带入黎区教示黎族人民使用犁耙，耕田种稻。

民国对黎区的治理承袭清制。1932 年，改“琼崖抚黎局”为“琼崖抚黎专员公署”。公署驻海口，下设岭门、保亭、南丰、兴隆四个黎务局。民国时期对黎区建置的一个重要改变是建立“黎区三

---

① 卢苇：《清代海南的“黎乱”和清朝政府的“治黎”政策》，《广东社会科学》，1993 年第 1 期。

县”。为加强对黎族地区的治理，1935年，国民党广东省政府把黎族、苗族聚居的五指山地区划分为白沙、保亭、乐东三县。“黎区三县”是由琼山、定安、乐会、儋州、昌江、万宁、陵水、崖县、感恩等九县的黎族地区划出来七十余峒组成。每县除县府之外，分设两个办事处。

中华人民共和国成立后，海南岛的建置为行政区。在海南岛南半部地区建立了海南黎族苗族自治州，州府驻保亭县冲山镇(今五指山市冲山镇)。1987年撤销海南行政区和海南黎族苗族自治州。1988年海南建省，包括四个黎族自治县和两个黎族苗族自治县：白沙黎族自治县、昌江黎族自治县、乐东黎族自治县、陵水黎族自治县，保亭黎族苗族自治县、琼中黎族苗族自治县。各黎族、黎族苗族自治县的黎族人民在《中华人民共和国民族区域自治法》的保障下，充分享受到了本民族自治的权利。自治区内，民族关系是平等、团结、统一、互助的社会主义民族关系。

二、加强黎区交通建设，各族人民经济与文化交往变得便捷顺畅

民国时期，由于政局动荡和外地入侵，海南地区的经济建设事业乏善可陈，但公路交通建设取得了非常大的进步。

海南大规模的公路建设，始于1922年。从1922年到1924年，政府强制筑路，共修路五百五十多公里。但这一时期的公路还没有修到黎族地区。1925年到1928年是民众自动筑路时期，黎族地区修建了一条从陵水到新林港的公路，全长四十里。1929年到1932年是政府直接筑路时期。政府利用收取已经修好的现代公路的过路税费作为修建西南部干线和黎境十字路的经费，即所谓的“取东北部之有余，供西南部之不足”，每年收入预计三十万元；西南部干线和黎境十字路，长达一千八百多里，五年可以竣工。[①] 这

① 广东省建设厅编辑股：《琼崖实业调查团报告书》，广州：广东省建设厅铅印本，1932：347。

一时期公路已经进入黎族地区。1935 年，海南环岛公路全线通车。

民国时期，海南的公路建设取得很大成就，到日军入侵海南之前的 1938 年，海南公路建设达到高峰，全岛公路里程已经达到 3 427.1公里，其中黎族地区所建成的公路达到 591.35 公里。① 这些黎族地区的公路主要分布在南部和西部的沿海地区，中部黎族聚居程度高的常被称为"黎境"的地区，公路修建仍不尽如人意。

中华人民共和国建立后，1953 年，为了改变黎族地区交通闭塞的状况，中国人民解放军工程兵部队开进了五指山区的深山老林，和当地各族人民群众一起开山修路，修通了海口市贯通五指山腹地，途经通什抵榆林的海榆中线公路，全长 296 公里，黎区通车里程 185 公里。不久，又修通了全长 433 公里的海榆西线，黎区通车里程 250 公里。到 1956 年，海南黎族苗族自治州全州共修建公路 32 条，总长 840 多公里。1957 年，全部修通了连接各县县城到各区的公路。

1980 年，重点建设偏远山区公路，动工修建白沙至什运、毛阳至五指山、什岭至八村、七差至王下、红岛至中平等 11 条难度较大的公路，全长 182 公里。

20 世纪 80 年代以后，公路建设主要是改造升级。经过多年的建设，到 2004 年，海南的公路形成了"三纵一横一个圈"的网格局。三横指从海口到三亚的东、中、西三条国线干道。四横由东至西分别是文昌—黄竹—屯昌—澄迈；牛漏—琼中—乌石—儋州；陵水—保亭—五指山—什运—白沙—邦溪；崖城—抱由—江边—大田，后三横基本是位于黎族地区。一个圈是指环岛高速公路。②

截至 2019 年 9 月，海南全省累计有 20 270 个自然村修通了水泥路，占具备通行条件的自然村总数的 99.9%。海南省高速公路

① 海南省地方志办公室：《海南省志.交通志》，海口：海南出版社，2010：63—71。
② 王学萍：《中国黎族》，北京：民族出版社，2004：314—315。

格局也逐渐向“丰”字形升级，实现“县县通高速”。随着海南省公路网的不断完善，全岛正在逐步形成3小时交通生活圈。[①]

从清末冯子材在五指山修筑十字路，到如今公路四通八达，实现县县、乡乡、村村互联互通，交通状况发生了翻天覆地的变化。不同民族之间的交往已经十分密切。

三、黎族人民接受汉式教育，汉文字和汉文化得以在黎区传播

清代，黎族子弟入学已经比先前普遍了，虽然大多数是黎族首领的子女，但是客观上推动了黎族地区的教育发展和汉文化传播。清光绪年间，黎族地区仿汉区建立了好几家书院，教授经书、史学、文学和科考八股文。具体有名的书院有：崖州珠崖书院、龙山书院、德化书院、昌化双溪书院、感恩九龙书院和陵水顺湖书院。清末废除科举，各州县儒学、书院陆续改为新式学堂。有些黎族地区还办起了启蒙学堂，据梁定鼎主编的《琼中县志》记载：清光绪二十八年(1902)，在岭门有蒙馆一所，蒙师三人，蒙生七十余人。课程有修身、字课、读经、史学、地理、算学、体操。

五指山一带山高林深，生活在五指山地区的黎族同胞在清朝仍然少有机会接触汉族文化，更不用说有接受汉式教育的机会了。这种状况直到清朝末期，才有所改观。清末，冯子材到五指山腹地平黎后，先后在太平峒(今吊罗山乡)、水满峒等地开设义学馆，聘请老师教授附近黎族子弟汉语汉文。可以说在五指山黎区开设义学馆是黎汉文化接触融合逐渐进入加速期的一个标志。

民国时期，黎族地区教育进一步发展，既保留了一部分私塾，又普遍采用新学制。据《海南岛志》记载：1925年前后，陵水有小学一百零九所，学生三千五百零五人；崖县四十九所，学生三千四

① 《海南70年公路发展：从南到北最早按天算，如今形成3小时交通圈》，《南国都市报》2019年9月23日。

百零七人；感恩两所，学生六十五人；昌江九所，学生七百一十八人。即使在核心黎区保亭、白沙、琼中，也兴办了十多所小学。民国时期还创办了一批中等学校，比如陵水县立初级中学、崖县县立中学、陵水县简易师范学校。中国共产党领导下的革命根据地的黎族教育也有了一定的发展。五指山革命根据地创办的"琼崖公学"，学社设高、中、初三个班级，先后办学三期，培养了党政军干部三千多人，为琼崖革命培养了诸多方面的急需人才。此外，还先后在乐东县番阳乡、琼中县军坡乡、陵水县南桥乡等地创办了琼崖妇女学校、琼崖军事学校和人民小学。需要强调的是，1948 年，白沙民主政府还在打空（今白沙镇和荣村）创办了两所比较正规的小学——"打空小学"（今白沙县第一小学）、白沙什运小学。

新中国成立后，海南教育事业进入了崭新的发展时期。黎族地区创办了各类中小学校。1952 年底，黎族地区兴办小学 452 所，在校的民族学生达 1.54 万人，占当时人口的 9.05%。还有业余夜校的学生 10 万多人。1966 年，民族地区小学 1 778 所，普通中学 36 所，在校学生达 8 万多人。当然，到现在，黎族山区已经是村村有小学，乡镇有中学，全面实现了九年制义务教育。所有黎族学生和汉族学生使用统一标准的教材。

四、黎汉人民并肩作战，共同参与进步的革命斗争

封建社会时期，黎区人民不断发动反抗统治阶级压迫和剥削的斗争，更多的是为争取自己民族的生存空间。进入近代以后，黎族人民已经自觉或不自觉地将本民族的利益和命运与中华民族的利益和命运融合在一起，与汉族人民一道组织起来加入了为争取民族独立和民族解放的反帝反封建斗争、抗日战争和解放战争（第三次国内革命）中。

从 19 世纪 40 年代到 20 世纪初，仅见于历史记载的黎族人民的反抗斗争就有十多次，持续地反抗着封建阶级的黑暗统治和帝

国主义侵略。下面介绍几次典型的起义斗争：

19 世纪 60 年代末期，黎族首领黄有庆领导陵水县红鞋、红袍等十八村黎族农民起义。

19 世纪 80 年代中期，汉族黄揍强、陈忠明，黎族王打文、文高山领导汉黎农民起义。这次起义首先在临高、儋州爆发，得到了万州、乐会、陵水、崖州等地黎汉族人民的响应。

辛亥革命后，袁世凯称帝，黎族首领钟奇、钟孟君兄弟率领四千多名黎族农民武装加入讨袁革命军。

第一次国共合作时期，黎族地区农民运动蓬勃发展。黎族人民在开展土地革命、创建红色政权的过程中，除了在黎族地区参与创建琼崖第一个县级苏维埃政权——陵水县苏维埃政府之外，还参与创立了太平峒、琼桂、新富等乡苏维埃政府。

在抗日战争中，黎族人民积极加入了抗日图存的斗争中。

1939 年 2 月日本侵占海南岛后，崖县（今三亚）罗浩地区的落马村黎族首领唐天祥组织农民打响了崖县黎族人民抗日斗争的第一枪。此后在共产党领导下，不少黎族地区或村落都组织成立了抗日游击队、建立革命根据地，比如洪水沟村在 1939 年 10 月建立了以 46 个黎族青年为骨干，以黄运秀为中队长的民兵武装中队；仲田岭地区一带的黎族村庄建立了仲田岭抗日根据地；乐东尖锋岭一带是抗日游击革命军根据地，根据地的黎族村落黑眉村，1941 年组织成立了以麦亚恳为主任“青年抗日会”，后发展为成员多达 50 多人的民兵队伍。

日军侵占海南后，国民党琼崖地方当局在进行了一些抵抗后，便退守到五指山区白沙县境内。身为大总管的王国兴认识到，要想取得民族的自由解放，只有拿起武器与国民党顽固派作斗争，于是精心策划后发动了声势浩大的白沙起义。1944 年 5 月白沙县抗日民主临时政府正式宣告成立，1945 年 7 月白沙县抗日民主政府正式成立。

抗日斗争胜利后，国民党46军奉命进驻海南，对中国共产党领导下的琼崖军民发动进攻，广大黎族人民又在共产党领导下坚决支持和参加了自卫反击和解放战争。1948年，白沙、保亭、乐东三个黎苗聚居县全部解放，原来分散于五指山外围地区的小块根据地连接起来，形成了五指山中心根据地。五指山根据地通过土地革命、减租减息、清匪反霸等系列斗争，彻底推翻了各族人民的共同敌人——封建势力，广大黎苗同胞翻身做了主人，这大大调动了黎族人民的革命积极性。仅1948年，保亭、乐东、白沙三县就有2 000多黎族苗族青壮年参加琼崖纵队，当然还有更多的青年参加地方武装和民兵组织。在1948年的秋季攻势中，白沙全县人民积极捐赠钱粮，有1 100多黎族苗族青年报名参军。可以说，五指山黎苗区革命根据地的建立对推动海南解放发挥了巨大作用。

在革命斗争中，黎族人民和汉族人民亲密接触沟通，并肩作战，建立起了相互信赖的革命友谊。

随着黎族汉族人民交往的逐渐增多，特别是学校教育的普及，以及政府对黎族地区治理的加强，汉语汉文在黎族地区的普及推广程度超过了任何一个时代。古代，黎族中能说汉语的只是少数黎族首领和少数靠近汉区的黎族同胞，能认识汉字、会写汉字的就更少了。到了民国时期，这种状况发生了根本改变，能说汉语的不再局限于少数人，而是“无论黎、苗、歧、俘之人，多能操本地汉语，唯居于深山中者，则仍仅能操其本族之语言”①。

1887年，清朝对黎区的治理第一次深入了五指山核心黎区，在核心区修建了十字大路，建立了义学，在黎区开挖了矿产，可以说是为黎汉接触融合进入加速期作了准备。但考虑到进入民国，黎族人民才自觉地将本民族的命运与整个中华民族的命运连接在一起，我们将“黎汉接触融合加速期”起始时间确定在1912年。

---

① 左景烈：《海南岛采集记》，《中国植物学杂志》，1934年第1—2期。

黎汉接触融合进入加速期后，在语言上的典型表现就是黎族人逐渐放弃自己的本族语，而转用当地的汉语方言。比如，我们在曾经的黎族聚居地——儋州调查时发现：儋州雅星镇雅星老村、可习村、通共村、通蕊村、新让村、打和村、红胜村、槟榔头村、雅星新村、昌隆村、大沟村、通乐村、通科村、南坊村、图修村、可立村，在新中国成立前全部是讲黎语的。但是现在，除了通共村、雅星老村、图修村、南坊村三个村还在一定程度上使用本族语外，其他各村的本族语已经完全被儋州话取代了。

第二章　汉语对黎语语音系统的影响

黎语哈方言使用人口占总黎族人口近60%，黎语杞方言使用人口占总黎族人口近25%，两者合计占黎族总人口达85%。因此，我们把黎语哈方言和杞方言作为主要的调查研究对象。海南的汉语方言使用人数有一定规模，由多到少分别是海南话（海南闽语）、儋州话、客家话和军话。

海南话又称海南闽语、琼文话。海南当地的儋州话和临高话称海南话为客语，显然海南话入岛时间要远晚于临高话和儋州话。宋元时期的闽南人移民到海南岛，他们说的闽语因为受到当地语言的影响，逐渐演变成了闽方言的一支。学者一般认为，海南话是在明代成型，因为明朝建国后十分重视海南岛的开发，大批闽南人被迁徙到海南。海南话是海南岛的第一大汉语方言，几乎遍布海南岛全境，使用人口达500多万人。依据刘新中（2004a：44）的划分，海南话分为海府片、文万片、四镇片、昌感片四个大片。海府片主要分布在海口、定安、澄迈、屯昌；文万片主要分布在文昌、琼海、万宁、陵水、三亚的中东部沿海地区；四镇片主要分布在琼中、五指山、白沙、保亭；昌感片又分为崖城小片、感城小片、昌化小片。崖城小片分布在三亚南部、西部沿海一带，乐东西部、东南部沿海地区；感城小片分布于东方八所及南部新龙到板桥一带及昌江县北部沿海；昌化小片零星分布在新近开拓的地方，包括乐东县城抱由镇，昌江县城石碌镇，西部港口昌化镇，东方北部的新街、四更等地方。

儋州话主要分布在儋州，在白沙、昌江、东方、乐东、三亚等县市都有分布，使用人数有 100 多万，仅次于海南话。儋州话，学界一般称为“儋州方言”。儋州话过去很多人将其归为粤方言，但是现在学界倾向于认为是一种混合型的方言，与粤方言最为接近。

客家话在海南主要分布于儋州，琼中、临高、澄迈也有客家话分布。海南岛客家人约有 40 万，近半数客家人仍能说客家话。

军话在儋州、三亚、昌江、东方等县市都有分布，有 10 万多人使用。学界一般认为海南军话属于西南官话桂柳片。海南军话与明朝卫所制度有关。卫所军人使用当时的官话进行交流，最后流传下来，成为今天的军话。海南军话分为三个片区，东方市为一片，昌江县和三亚崖城区为一片，儋州军话为一片。

我们重点考察黎语哈方言罗活土语、侾炎土语、抱显土语和杞方言通什土语，对这四种土语进行了田野调查，整理描写出音系，并将音系与 20 世纪五六十年代中国社会科学院欧阳觉亚夫妇调查整理的音系进行比较，进而与上述几种主要汉语方言音系进行比较，以考察汉语方言与黎语之间在音系上反映出来的接触影响关系。

四种土语语言点发言合作人简介：

1. 哈方言罗活土语主要发音合作人

(1) 陈志雄：男，黎族，62 岁，初中文化，农民，从小生长、生活在乐东保定村，在乐东本县就读，毕业后在保定村委会工作，会说黎语、海南话、普通话。

(2) 王提：男，黎族，25 岁，大专文化，农民，从小生长、生活在乐东县抱由镇保定村，初中、高中在乐东本县就读，大学在海口就读，毕业后在乐东县抱由镇保定村委会工作，会说黎语、海南话、普通话。

2. 哈方言俘炎土语主要发音合作人

(1) 符成育：男，黎族60岁，初中文化，农民，从小生长、生活在东方市的中沙村，初中在本县就读，会说黎语、海南话、普通话。

(2) 陈运红：女，黎族，33岁，大专文化，幼儿园教师，从小生长、生活在东方市的中沙村，初中、高中都在本县就读，大学在海口就读，毕业后在中沙村幼儿园工作，会说黎语、海南话、普通话。

3. 哈方言报显土语主要发音合作人

(1) 董青才：男，黎族，65岁，初中文化，农民，从小生长、生活在三亚市红塘村，在本村务农，会说黎语、海南话、普通话。

(2) 罗永雄：男，黎族，60岁，初中文化，农民，从小生长、生活在三亚市红塘村，在本村务农，会说黎语、海南话、普通话。

(3) 董龙天：男，黎族，33岁，高中文化，农民，从小生长、生活在三亚市天涯区黑土村，初中、高中都在三亚就读，毕业后在家务农，会说黎语、海南话。

(4) 罗丹丹：女，黎族，30岁，高中文化，农民，从小生长、生活在三亚市天涯区黑土村，初中、高中都在三亚就读，毕业后在家务农，特别熟悉本村的语言和风俗，会说黎语、海南话。

4. 杞方言通什土语主要发音合作人

(1) 黄运青，男，黎族，60岁，初中文化，农民，从小生长、生活在五指山市通什镇番茅村，在通什读书，毕业后在番茅村委会工作，会说黎语、海南话、普通话。

(2) 黄航列，男，黎族，29岁，高中文化，农民，从小生长、生活在五指山市通什镇番茅村，在通什读书，毕业后在番茅村委会工作，会说黎语、海南话、普通话。

第一节　黎语和汉语方言音系

一、黎语音系

(一) 哈方言侾炎音系(语言点：乐东保定村)

1. 声母

表 2-1-1　哈方言侾炎音系声母表

唇音	p	ph	pl	b	m	w		f	v			
舌尖中音	t	th		d	n		l	ɬ		r		
舌尖前音	ʦ										s	z
舌面音			ȵ			j						
舌根音	k	kh		g	ŋ							
喉音											h	
唇化音或腭化音	kw	khw		gw	ŋw						hw	hj

声母说明：

(1) b、d 两个声母带有喉塞音 ʔ，发音时喉部同时闭塞，气流流量微弱。[①] 拼写黎语时一般不需要写上。g 是不带喉塞音的舌根浊塞音，略带摩擦，近似 ɣ 。w、j 有喉塞化现象，喉音 ʔ 只是 w、j 的附带成分，记音时不需要标注出来。

(2) f、v 发音时齿唇间的摩擦较重。

(3) r 单独发音时可以读作闪音，也可以读作颤音，但在连续或出现在复音词中的第一个音节外的音节时，是多次颤动的 r。

---

① 欧阳觉亚在讨论黎语的 ʔb、ʔd 时，指出：ʔb 不适宜看作吸气音，ʔd 与 ʔb 的发音方法近似，不发生吸气现象。

（4）ts、s、z 的读音舌位较靠后，z 有轻微的塞音成分。s 在元音 i 之前读成舌面前的擦音 ɕ。

（5）kw、khw、gw、ŋw、hw、hj 是 k、kh、g、ŋ、h 的唇化音或腭化音。发音时，k、kh、g、ŋ、h 与半元音 w 或 j 同时发出，两个成分结合紧密。唇化音或腭化音虽然用两个符号表示，但是只能作单辅音看待。hj、hw 中的 h 很微弱。

2. 韵母

表 2－1－2　哈方言侾炎音系韵母表

韵尾＼元音	a	e	i	o	u	ɯ
-o	a	e	i	o	u	ɯ
-a			ia		ua	ɯa
-i	aːi　ai	ei		oːi	uːi　ui	ɯːi
-u	aːu　au	eːu	iːu　iu	ou		
-ɯ	aɯ	eɯ				
-m	aːm　am	eːm　em	iːm　im	oːm　om		ɯːm　ɯm
-n	aːn　an	eːn　en	iːn　in	oːn	uːn　un	ɯːn　ɯn
-n̥	an̥		iːŋ　iŋ		uːn̥	
-ŋ	aːŋ　aŋ	eːŋ　eŋ		oːŋ　oŋ	uːŋ	ɯːŋ　ɯŋ
-p	aːp　ap	eːp　ep	iːp　ip	oːp　op		ɯːp　ɯp
-t	aːt　at	eːt　et	iːt　it	oːt	uːt　ut	ɯːt　ɯt
-t̥		et̥			uːt̥	
-k	aːk　ak	eːk　ek	iːk　ik	oːk　ok	uːk	ɯːk　ɯk

韵母说明：

（1）i 略开，相当于 ɪ。

（2）长 eː（在-ŋ、-k 之前除外）相当于 ɛː；长 oː 相当于 ɔː；e 在-ɯ 之前舌位偏央偏低近似 ə。

（3）短 a 相当于 ɐ。

（4）长高元音 iː、uː、ɯː，带韵尾时，后面有不同过渡音。iː 在-u、-m、-p 之前的过渡音是 ə，在-n、-t 之前的过渡音是 e，在-ŋ、-k 之前的过渡音是 ɐ。uː 在-i、-n、-ȵ、-t、-ȶ、-m、-p 之前的过渡音是 ə，在-ŋ、-k 之前的过渡音是 o。ɯː 在各韵尾之前的过渡音都是 ə。

（5）ia、ua、ɯa 三个韵母的 i、u、ɯ 是主要元音，a 是韵尾。ua 中的 u 开口度较大，接近 o。

（6）eŋ、ek 两个韵母只出现在汉语借词。

3. 声调

表 2－1－3　哈方言侼炎音系声调表

调类		调值	例字	
舒声调	1	53	de¹茶	za¹烟
	2	55	aːn²饼干	ta²米饭
	3	11	ȵaːu³盐	nom³水
促声调	7	55	kiːk⁷帽子	sat⁷穿戴
	8	11	tsut⁸巴结	eːp⁸鸭子
	9	53	vaːt⁹袜子	fiːt⁹稀（不密）

声调说明：

（1）促声调第 7 调、第 8 调、第 9 调短促，韵母元音为长元音时，第 7 调与第 2 调近似，第 8 调与第 3 调相同，第 9 调与第 1 调近似。

（2）低平调调值 3 有低降的感觉，近似 21。

（二）哈方言侾炎土语（语言点：东方中沙）

1. 声母

表 2-1-4　哈方言侾炎土语声母表

唇音	p　ph　pl　b　m　w　f　v
舌尖中音	t　th　d　n　l　ɬ　r
舌尖前音	ʦ　s　z
舌面音	ȵ　j
舌根音	k　kh　g　ŋ
喉音	h
唇化音或腭化音	kw　khw　ŋw　hw　hj

声母说明：

（1）f、v 发音时齿唇之间的摩擦比较轻。

（2）其他说明与保定音同。

2. 韵母

表 2-1-5　哈方言侾炎土语韵母表

韵尾＼元音	a	e	i	o	u	ɯ	-i-	-u-
-o	a	e	i	o	u	ɯ	io*	
-a			iːa ia		ua			
-i	aːi ai	ei		oːi oi*	uːi ui	ɯi		
-u	aːu au	eːu	iːu iu	ou			iau*	
-ɯ	aɯ	eɯ						
-m	aːm am	eːm em	iːm im	oːm om		ɯːm ɯm	iam*	

续 表

韵尾＼元音	a	e	i	o	u	ɯ	-i-	-u-
-n	aːn an	eːn	iːn in	oːn	uːn un	ɯːn ɯn		uan*
-ŋ	aːŋ aŋ	eːŋ eŋ*	iːŋ iŋ	oːŋ oŋ	uːŋ uŋ	ɯːŋ ɯŋ	iaŋ*	
-p	aːp ap	eːp	iːp ip	oːp op		ɯːp ɯp	iap*	
-t	aːt at	et	iːt it	oːt	uːt ut	ɯt		
-k	aːk ak	eːk	iːk ik	oːk ok	uːk uk	ɯːk ɯk	iak* iok*	uak*

韵母说明：

(1) 打 * 号的韵母仅出现在汉语借词。

(2) 其余说明与保定音同。

3. 声调

表 2-1-6　哈方言侾炎土语声调表

调　类		调　值	例　　字	
舒声调	1	53	hwiu¹ 风	fun¹ 雨
	2	55	khaːi² 冷	ta² 水田
	3	11	pho³ 坡地	hau³ 山
促声调	7	55	geːk⁷ 芋	rap⁷ 米
	8	11	tsut⁸ 巴结	kai⁸ 蜥蜴
	9	53	vaːk⁹ 墨斗	baːk⁹ 围裙

声调说明：

(1) 汉语借词中的高平调有时读作第 2 调，有时读作第 3 调。

（2）其余特点与保定音同。

（三）哈方言报显土语(语言点：三亚红塘村)

1. 声母

表 2-1-7　哈方言报显土语声母表

唇音	p	ph		b	m		f	v			
舌尖中音	t	th		d	n	l	ɬ				r
舌尖前音	ʦ								s	z	
舌面音			ȵ					j			
舌根音	k	kh		g	ŋ						
喉音									h		
唇化音或腭化音	kw	khw					hw	hj			

声母说明：

（1）浊擦音 z 的摩擦比较松弛。

（2）v 在元音 u 之前，双唇稍闭，近似 bv。

（3）其他特点与保定音同。

2. 韵母

表 2-1-8　哈方言报显土语韵母表

韵尾＼元音	a	e	i	o	u	ɯ	-i-	-u-
-o	a	e	i	o	u	ɯ		
-a			ia		ua			
-i	aːi ai	ei		oːi	uːi ui			
-u	aːu au	eːu	iːu iu	ou				
-ɯ	aɯ	eɯ						

续 表

韵尾＼元音	a	e	i	o	u	ɯ	-i-	-u-
-m	aːm am	eːm em	iːm im	oːm om		ɯːm ɯm		
-n	aːn an	eːn en	iːn in	oːn	uːn un	ɯːn ɯn	ian*	
-ŋ	aːŋ aŋ	eːŋ eŋ*	iːŋ iŋ	oːŋ oŋ	uːŋ uŋ	ɯːŋ ɯŋ		
-p	aːp ap	eːp	iːp ip	oːp op		ɯːp ɯp		
-t	aːt at	eːt et	iːt it	oːt	uːt ut	ɯːt ɯt		
-k	aːk ak*	ek	iːk ik	oːk ok	uːk uk	ɯːk ɯk		

韵母说明：

(1) i 不论长短都较开，近似 ɪ。

(2) ɯ 比保定音稍闭。

(3) ia 韵母有两种读法，在本民族和早期汉语借词中，i 是介音，a 是主要元音，比如 gia¹"咳嗽"；在近期汉语借词中 i 是主要元音，a 是韵尾，a 的读音近似 ə，比如 hia²"乡"。

(4) 带 * 号的韵母仅出现在汉语借词。

(5) 其余特点与保定音同。

3. 声调

表 2-1-9　哈方言报显土语声调表

调　类		调　值	例　　字	
舒声调	1	45	raːu¹ 星星	viu¹ 风
	2	24	khai² 冷	na² 水田
	3	11	nom³ 水	hau³ 山

续 表

调类		调值	例字
促声调	7	45	daːt^{7} 血　vat^{7} 袜子
	8	11	tsut^{8} 巴结　kai^{8} 蜥蜴
	9	13	khap^{9} 结巴　vak^{9} 扔(把没用的东西丢掉)

声调说明:

(1) 第 1 调的调值是高升降调,下降部分不太明显。第 7 调的调值是高升调,与第 1 调相似。

(2) 第 2 调是低升调,调值为 24;第 9 调促声调,在元音为长元音情况下与第 2 调近似。

(3) 汉语借词阴平调的字,多数读作第 2 调。

(四) 通什音系(语言点:五指山番茅村)

1. 声母

表 2-1-10 通什音系声母表

唇音	p	ph	pl	b	m	w		f	v	
舌尖中音	t	th		d	n		l	ɬ		r
舌尖前音	ʦ							s	z	
舌面音					ȵ	j				
舌根音	k	kh		g	ŋ					
喉音								h		
唇化音或腭化音	kw	khw		gw	ŋw			hw		

声母说明:

(1) g 是舌面后浊塞音声母,破裂成分不明显,近似 ɣ。

(2) f 在发音前双唇音紧闭,实际读音是 pf。ɬ 之前的塞音成分，实际读音 tɬ。

(3) 保定 j、hj 声母，通什有的人大部分读成 z 声母，有的人读 ʔj，但保定原来读 z 声母的，通什仍读 z。

2. 韵母

表 2-1-11 通什音系韵母表

韵尾＼元音	a	e	i	o	u	ɯ	-i-	-u-
-o	a	e	i	o	u	ɯ		
-a			ia		ua	ɯa		
-i	aːi ai	eːi ei		oːi oi	uːi ui			
-u	aːu au	eːu	iːu iu	ou			iau*	
-ɯ	aɯ	eːɯ eɯ						
-m	aːm am	eːm	iːm im	oːm om		ɯːm ɯm		
-n	aːn an	eːn en	iːn in	oːn	uːn un	ɯːn ɯn	ian*	
-ŋ	aːŋ aŋ	eːŋ eŋ*	iːŋ iŋ	oːŋ oŋ	uːŋ	ɯːŋ ɯŋ	iaŋ	uaŋ*
-p	aːp ap	eːp	iːp ip	oːp op		ɯːp ɯp		
-t	aːt at	eːt et	iːt it	oːt	uːt ut	ɯːt ɯt		
-k	aːk ak	eːk ek*	iːk ik	oːk ok	uːk uk	ɯːk ɯk		

韵母说明：

(1) 元音 i 不论长短都是很闭前高元音 i。

(2) 短 o 舌位偏高，长 oː 舌位偏低，近似 ɔː。

(3) 短 ɯ 舌位稍开，尤其是出现在舌根辅音前面时，近似 ɤ。

(4) 长高元音 iː、uː、ɯː，带韵尾时，后面有不同过渡音。iː 在-u、-m、-p 之前的过渡音是 ə，在-n、-t 之前的过渡音是 e，在-ŋ、-k 之前的过渡音是 ɐ。uː 在-i、-n、-t、-m、-p 之前的过渡音是 ə，在-ŋ、-k 之前的过渡音是 o。ɯː 在各韵尾之前的过渡音都是 ə。

(5) 短 e 在-ɯ 之前，舌位偏央偏低，近似 ə。

(6) 打 * 号的韵母仅出现在汉语借词。

3. 声调

表 2-1-12　通什音系声调表

调类		调值	例字	
舒声调	1	433	za^1 茅草	tshu^2 tsha^1 眼睛
	2	121	tal^2 水田	pau^2 年、岁
	3	45	hwan^3 咸	fa^3 酸
	4	11	get^4 辣	gwei^4 胖
	5	51	ɬo^5 深	khiːu^5 绿
	6	14	ka^6 马	gam^6 肉
促声调	7	55	mut^7 帽子	khit^7 别针
	8	13	put^8 蚂蚁	kut^8 针
	9	43	thoːk^9 茄子	veːt^9 鱼篓

声调说明：

(1) 第 1 调先微降而后平，快读的时候是中平调 33。

(2) 第 2 调先微升而后降，快读的时候近似低平调 11。

(3) 第 3 调是高升调型，在连读时是高平调 2。

(4) 第 5 调在连读时变为高平调。

二、汉语方言音系

（一）海南话音系①

课题组选择海南话音系调查描写的原则是：(1) 每个片区至少一个语言点；(2) 片区再分小片的则每个小片选择一个语言点；(3) 同一片区内选择黎族人口占比较多的县市作为语言点。

1. 乐东音系（昌感片崖城小片）

(1) 声母（16 个）

ʔb 八布白　ph 派浮爬　m 明门闷　v 忘副服
ʔd 端多稻　t 三修西　th 透拖通　n 南泥人　l 老梨吕
ts 精早袖　s 次抽曹　z 日用以
k 高叫件　kh 葵敲溪　h 灰好回　ŋ 泥硬溺

(2) 韵母（38 个）

i 制椅欺　u 朱布故　a 柴炒差　ɛ 坐爬姐　ɔ 河何荷
ie 茄瓦叫　uə 多蛇瓜
ui 堆水村　ai 排蔡盖　oi 改街碑　eu 苦租五　iu 酒手油
au 豆走九　uai 怪乖坏
iau 交腰　en 连年联　in 升枕金　un 村春温　an 含范山
en 嫌蒸井　aŋ 旁棚公
iaŋ 江将想　uaŋ 王窗狂　oŋ 公孔红　ioŋ 用永穷　iʔ 及橘剧
ɛʔ 粒百隔　aʔ 塔甲落
ɔʔ 落剥国　oʔ 足　ioʔ 学育确　aiʔ 法十贼　uaʔ 郭廓
uiʔ 骨出滑　iaʔ 绿鹿曲
ieʔ 食尺药　uəʔ 辣月缺　uaiʔ 刷活刮

(3) 声调（7 个）

阴平 34　高开害　　阳平 211　穷寒鹅　　阴上 32　古口好

---

① 海南话各地音系的概括参考了东方语言学网上的海南闽语的单字音描写。

阳上 53　五近共　　去声 213　盖抗汉　　阴入 5　急曲缺

阳入 3　月局合

2. 昌江音系(昌感片昌化小片)

(1) 辅音声母(16 个)

ʔb 八爬肥　　ph 派非浮　　m 明门命　　v 忘蚊服

ʔd 端多洞　　th 透拖台　　n 南泥念　　l 老梨路

ts 精曹知　　tsh 曹悄祠　　s 次心除　　z 日用以

k 高叫渠　　kh 敲溪葵　　h 灰好化　　ŋ 疑鹅硬

(2) 韵母(33 个)

i 雨制椅　　u 布朱故　　a 柴炒塔　　ɔ 河多落

e 姐　　ɛ 坐爬牙　　ai 排蔡盖

au 豆走九　　ɔi 街低碑　　ou 苦租五　　ia 瓦

ie 茄姐叫　　iau 交腰条　　iu 手酒油

uɔ 瓦皮山　　ui 堆水村　　uai 怪乖坏　　am 含范寒

in 嫌品金　　un 春温吞　　aŋ 旁公张

iaŋ 窗江良　　uaŋ 王狂黄　　eŋ 蒸升京　　oŋ 公共宫

ioŋ 用永熊　　at 贼力　　uat 刷

it 粒及橘　　ut 骨出滑　　ap 法十笛　　ok 国服

iok 学育　　ek 特则

(3) 声调(8 个)

阴平 23　开婚抽　　阳平 21　穷寒鹅　　阴上 31　古口好

阳上 32　五近共　　去声 35　盖抗世

阴入 5　曲出　　阳入 3　局合入

说明：古清入声字中有不少字已经丢掉塞音韵味，声调为拉长的 55，如“割”“缺”“歇”。

3. 东方话音系(昌感片感城小片)

(1) 辅音声母(19 个)

ʔb 八　　p 肥布白　　ph 派片爬　　m 爬明蚊　　v 非副蜂

ʔd 焦　t 端多通　th 透拖台　n 泥南年　l 老梨蓝
ʧ 精早焦　ʧh 蔡草曹　ʃ 次祠抽　ʒ 以任然
s 三修西　z 人日用
k 高叫葵　kh 敲溪开　h 灰好厚　ŋ 眼硬鹅

(2) 韵母(43 个)

i 雨制欺　u 朱句珠　a 爬牙柴　ɛ 坐牙短
au 豆走九　ou 苦租布　ai 排盖拜
ei 碑杯美　oi 多高低　ia 佳加洽　ie 茄瓦叫
iu 手酒油　iau 交腰柱　ua 瓦瓜寡
ui 水村　uə 蛇皮半　ye 瓜　uai 怪没坏
an 含范山　ian 嫌　en 年蒸升
in 品枕金　un 堆村春　aŋ 旁王公　iaŋ 江良想
uaŋ 窗狂黄　oŋ 公用红　iʔ 及橘剧
aʔ 落剥北　iaʔ 绿鹿竹　uaʔ 郭　ɛʔ 百隔
ouʔ 郭国服　iouʔ 学觉　ɔʔ 落学
ieʔ 食尺石　uəʔ 辣割刮　uiʔ 骨出核　eiʔ 色踢
aʔ 塔甲墨　aiʔ 法十贼　iaiʔ 粒接夹
uaiʔ 刷

(3) 声调(7 个)

阴平 33　高开婚　阳平 21　穷寒鹅　阴上 11　古口展
阳上 42　五近共　去声 35　盖抗汉
阴入 54　急曲割　阳入 3　局合俗

4. 定安音系(海府片)

(1) 辅音声母(16 个)

ʔb 八布爬　m 明问门　f 派片非　v 忘尾闻
ʔd 多端稻　t 早族三　n 泥南年　l 老梨
ʧ 焦匠知　ʃ 精次切　ʒ 日月以　s 草曹山
k 高叫件　ŋ 眼　x 敲葵渠　h 透拖通

(2) 韵母(39 个)

i 雨制椅　u 苦布朱　iu 手酒九　a 柴教

ia 瓦佳野　ua 蛇瓜山　e 姐短坐

ue 瓜皮碑　ɛ 爬牙星　ɔ 河江何　io 茄腰叫

ai 排柴盖　ɔi 多街低　ui 堆水村

au 炒豆走　iau 交教校　ɔu 苦租布　in 品年斤

im 枕金深　un 村春孙　am 含山男

iam 嫌　an 范汉寒　aŋ 旁房当　iaŋ 窗江像

uaŋ 王狂爽　eŋ 蒸升京　oŋ 棚公用

it 日质　at 法踢乏　uat 刮活括　ut 出滑忽

ak 力北落　iak 鹿绿　ek 直力色

ok 百落鹿　ap 合颌　ip 急立入　iap 接夹叶

(3) 声调(8 个)

阴平 213　高开婚　阳平 31　穷寒鹅　阴上 315　古口好

阳上 33　五近岸　去声 35　盖抗汉

阴入 5　急曲黑　阳入 2　局入六

说明：阴入字丢掉塞音韵尾，调值则为 55，例如“割”“缺”“歇”。

5. 陵水音系(文万片)

(1) 辅音声母(13 个)

ʔb 八布白　b 闻忘尾　ph 派非副　m 明蚊目

ʔd 端稻洞　t 多族三　n 泥年人　l 老梨早

ts 精焦匠　s 次草切　z 日用以

k 高叫渠　x 透葵窗

h 灰红胡

ø 换晚安

(2) 韵母(37 个)

i 制椅欺　u 朱猪虎　a 柴炒塔　ia 瓦食

ua 蛇山半	e 短	ue 瓜街皮	
ɛ 坐爬牙	ɔ 河落学	io 茄腰叫	ui 碑水村
ai 排佳盖	uai 怪拐坏	ɔi 多	
iu 手酒油	au 苦租豆	iau 交孝校	in 斤枕金
un 春暖温	an 含范寒	ian 嫌兼廉	
uan 管关还	aŋ 旁房当	iaŋ 窗江像	uaŋ 王狂慌
eŋ 蒸升京	oŋ 棚公用	it 及橘直	
ut 骨出滑	at 法十贼	iat 粒接夹	uat 刷夺
ak 落剥北	iak 绿鹿	ek 色特踢	
ok 国服足	iok 学竹		

(3) 声调(8 个)

阴平 33	开婚猪	阳平 11	寒鹅床	上声 31	古口好
阴去 35	盖抗汉	阳去 41	共厚月		
阴入 5	急曲竹	次阴入 54	割缺歇	阳入 3	局合入

(二) 儋州话音系

儋州话音系摘自陈有济(2019：13—16)整理的音系。

1. 声母

表 2－1－13　儋州话音系声母表

唇音		ʔb	ph	m		v		
舌尖中音	t	ʔd		n				l
舌尖前音	ʦ					s	z	
舌根音	k				ŋ	x		
喉音	ø			h				

声母说明：

(1) ʔb、ʔd 是带喉塞音的浊塞音，发音时喉塞音和塞音同时爆破。

（2）ph发音不太稳定，有变体双唇轻擦音变体和唇齿轻擦音变体。

（3）v的浊唇齿擦音，摩擦较弱，有时读似w。

（4）ts、s的实际读音分别倾向于tɕ、ɕ。

（5）z的实际读音倾向于ʑ，有时读似j。

（6）x的摩擦强烈，有时前面带有送气的塞音kh。

（7）零声母发音时带喉塞音ʔ。

（8）文读音比白读音少一个t声母。

2. 韵母

表2-1-14　儋州话音系韵母表

元音/韵尾	i	u	a	ɐ	e	ɔ	o	-i-	-u-
o	i	u	a		e	ɔ	o		uɔ
i		ui	ai	ɐi		ɔi	oi	iɐ	uɔi
u			au	ɐu		ɔu	ou	iɐu	uɔu
m	im		am			ɔm	om	iɐm	uɔm
n	in	un	an	ɐn		ɔn	on		uɔn
ŋ	iŋ	uŋ		ɐŋ		ɔŋ	oŋ	iɐŋ	uɔŋ
p	ip		ap	ɐp		ɔp	op	iɐp	uɔp
t	it	ut	at	ɐt		ɔt	ot	iɐt	uɔt
ʔ	iʔ	uʔ	aʔ	ɐʔ	eʔ/eiʔ	ɔʔ	ouʔ		uɔʔ

韵母说明：

（1）ou、op、ɐt、eʔ、m（m^{21}：应答声）五个韵母有音无字。

（2）o、ɐu、uɔu、ou、am、ɐm、om、uɔm、uŋ、ɐp、op、ɐt、ot、ɐʔ、eʔ、eiʔ、m这十九个韵母不用于文读音。

3. 声调

白读声调：

阴平 55　阳平 53　上声 22　去声 21　阴入 2　阳入 5

文读声调：

阴平 22　阳平 21　上声 53　去声 55　入声 5

说明：

(1) 白读系统有六个声调，平声和入声分阴阳；文读系统只有五个声调，平声分阴阳，入声不分阴阳，只有一个入声调。

(2) 极个别的入声字由于受到白读声调的影响，偶尔念成与白读阴入声调相同的调值。

（三）军话音系

海南岛军话一般分为三个片区，东方市为一片，昌江县和三亚崖城为一片，儋州为一片。东方军话最接近北方军话，儋州军话则距北方方言最远，昌江军话和崖城军话介于前面两个片的军话之间。我们从丘学强所著《军话研究》(2005)中摘录儋州中和、三亚崖城、东方八所三个语言点的军话音系。

1. 儋州中和镇军话音系

(1) 辅音声母

表 2-1-15　儋州中和镇军话音系辅音声母表

唇音	ʔb　ph　m　f　v
舌尖中音	ʔd　t　th　n　l
舌叶音	ʧ　ʧh　ʃ　ʒ
齿间音	θ
舌根音	k　kh　ŋ
喉音	h

（2）韵母

表 2-1-16　儋州中和镇军话音系韵母表

开　口　呼	齐　齿　呼	合　口　呼
ɿ	i	u
a	ia	ua
o	io	
e		
ə	iu	ui
ai		uai
æu	iau	uai
ɐu		
	in	un
an		
		uŋ
æŋ	iaŋ	
əŋ	iuŋ	uæŋ
eŋ		

（3）声调

阴平 33（分衣）　阳平 31（魂时）　上声 51（粉史）　去声 55（饭试）　入声 11（佛湿）

2. 三亚崖城军话音系

(1) 辅音声母

表 2-1-17　三亚崖城军话音系辅音声母表

唇音	p	ph	m		v		
舌尖中音	t	th	n				l
舌尖前音						z	
舌叶音	ʧ	ʧh		ʃ			
舌根音	k	kh	ŋ				
喉音				h			

(2) 韵母

表 2-1-18　三亚崖城军话音系韵母表

开　口　呼	齐　齿　呼	合　口　呼
ɿ	i	u
a	ia	ua
o	io	ui
e	ie	
ə	iu	
ai		uai
ɐu	iau	
an		
en	in	un
aŋ	iaŋ	uaŋ

续　表

开　口　呼	齐　齿　呼	合　口　呼
eŋ	iuŋ	uŋ
e(鼻化)		
æ(鼻化)		

(3) 声调

阴平 33(分夫)　阳平 21(魂时)　上声 11(粉武)　去声 55(饭雾)　入声 214(忽物)

3. 东方八所军话音系

(1) 辅音声母

表 2-1-19　东方八所军话音系辅音声母表

唇音	p	ph	m	f	v	
舌尖中音	t	th	n			l
舌叶音	ʧ	ʧh		ʃ	ʒ	
舌根音	k	kh	ŋ			
喉音				h		

(2) 韵母

表 2-1-20　东方八所军话音系韵母表

开 口 呼	齐 齿 呼	合 口 呼	撮 口 呼
ɿ	i	u	y
a	ia	ua	
o		uo	

续　表

开口呼	齐齿呼	合口呼	撮口呼
	iu	ui	
e	ie		ye
ə			
ai		uai	
au	iau		
ou			
ei			
an	ien	uan	
ən	in	un	
	iŋ	uŋ	
aŋ	iaŋ	uaŋ	
əŋ	iuŋ		
	iʔ	uʔ	yʔ
aʔ		uaʔ	
oʔ	ioʔ	uoʔ	
əʔ	ieʔ		yeʔ
aiʔ		uiʔ	
		uoiʔ	

(3) 声调

阴平 33(分衣)　阳平 31(魂时)　上声 51(粉史)　去声 24(饭试)　入声 33(佛湿)

（四）海南儋州客家话音系

海南客家话主要分布在儋州，儋州南丰镇是客家人最为集中的地区。下面我们转录刘新中(2004b)整理的儋州南丰客家话音系。

（1）辅音声母(18 个)

表 2-1-21　海南儋州客家话音系辅音声母表

唇音	p	ph	m	f	v	
舌尖中音	t	th	n			l
舌面前音			ȵ			
舌尖前音	ts	tsh		s	z	
舌面后音	k	kh	ŋ			
喉音				h		

（2）韵母(61 个)

表 2-1-22　海南儋州客家话音系韵母表

开 口 呼	齐 齿 呼	合 口 呼	撮 口 呼
ɿ	i	u	
a	ia		
ɔ			
e	ie	ui	
ai			
au	iau		
ɔi			

续 表

开口呼	齐齿呼	合口呼	撮口呼
eu	iu		
am	iam		
əm	im		
em			
an	ian	uan	
en	ien		
ən	in	un	iun
ɔn			
aŋ	iaŋ		
ɔŋ		uŋ	iuŋ
ŋ			
	ip		
	it	ut	
	ik		
	iuk	uk	
		uat	
		uɔk	
ap	iap		
at	iat		

续　表

开口呼	齐齿呼	合口呼	撮口呼
ak	iak		
ɔit			
ɔik			
ɔt			
ɔk	iɔk		
ep			
et	iet		
ek			
ət			

（3）声调

阴平 44（诗普）　阳平 22（棉常）　上声 31（使免）　去声 53（是事）　阴入 2（识六）　阳入 4（月食）

第二节　黎语音系变化和黎汉音系的相互影响

一、当代黎语音系的变化

我们将调查整理的黎语哈方言音系与前人调查整理的音系（欧阳觉亚 20 世纪 60 年代调查整理，文明英 20 世纪 80 年代调查整理）进行比较，发现黎语的音系并没有什么显著变化，但是声母和韵母仍表现出来一些细微的演变差异。

（一）声母 hj-在部分词语中的变化

1. hj——ȵ

山腰：hja² hwou³（欧阳觉亚）　　ȵa² hwou³（文明英）
　　ȵa² hwou³（陈志雄）

毛巾：khoːn³ hja²（欧阳觉亚）　　khoːn³ ȵa²（文明英）
　　khou³ ȵa²（陈志雄）

2. hj——z

湖：hjuːk⁷（欧阳觉亚）　　hjuːk⁷ loŋ¹（文明英）
　　zuːk⁷ beːŋ¹（陈志雄）

池塘：hjuːk⁷（欧阳觉亚）　　hjuːk⁷（文明英）
　　zuːk² nom³（陈志雄）

肘：hjuːŋ² tsim¹（欧阳觉亚）　　hjuːŋ²（文明英）
　　zuːŋ²（陈志雄）

疤：reːŋ¹ hjaːn³（欧阳觉亚）　　reːŋ¹ hjaːn³（文明英）
　　reːŋ¹ zaːn³（陈志雄）

3. hj——j

腰：hjau¹ hja²（欧阳觉亚）　　hjau¹ hja²（文明英）
　　jau¹ ja²（陈志雄）

蚕儿：hjan² ti³（欧阳觉亚）　　hjan² ti³（文明英）
　　jan² ti³（陈志雄）

树梢：hjoːn³ tshai¹（欧阳觉亚）　　hjoːn³ tshai¹（文明英）
　　joːn³ tshai¹（陈志雄）

（二）塞擦音 tsh 演变成擦音 s

我们发现黎语原来声母系统中的送气音中的 tsh 发生了变化，变成了同部位的擦音 s。这种变化，最早是从美孚方言开始的。20 世纪 60 年代，欧阳觉亚整理的美孚方言（西方）语音系统里，海南话借词中已经有一部分词语声母读成 s 了，一部分借词和自有词仍然保留 tsh 的读音，请看下面的例子：

市：tshi^{2}　　树：tshai^{1}　　抬：tshaːm^{1}

太阳：tsha^{3} vaŋ^{1}　　病：tshɔk^{7}

试$_{\text{试一试}}$：si^{3}　　摔$_{\text{投掷}}$：soːp^{7}　　水牛：sui^{3}

苏醒：seɯ^{1}　　酸：saŋ^{2}

算盘：sian^{3} phon^{1}　　伤：siaŋ^{3}　　师傅：sai^{3} be^{2}

在今天的黎语哈方言(保定)里,已经没有了 tsh 声母,所有 tsh 都演变成了 s,请看下面的例子：

树：tshai^{1}(欧阳觉亚、文明英)——sai^{1}(陈志雄)

病;痛：tshok^{2}(欧阳觉亚、文明英)——sok^{2}(陈志雄)

油漆：tshet^{2}(欧阳觉亚、文明英)——set^{2}(陈志雄)

赶(狗)：tshet^{3}(欧阳觉亚、文明英)——set^{3}(陈志雄)

车：tshia^{1}(欧阳觉亚、文明英)——sia^{1}(欧阳觉亚、文明英)

石头：tshiːn^{1}(欧阳觉亚、文明英)——siːn^{1}(陈志雄)

买：tshat^{2}(欧阳觉亚、文明英)——sat^{2}(陈志雄)

木杵：tsheːk^{2}(欧阳觉亚、文明英)——seːk^{2}(陈志雄)

石灰：tshei^{1}(欧阳觉亚、文明英)——sei^{1}(陈志雄)

火把：tshen^{1}(欧阳觉亚、文明英)——sen^{1}(陈志雄)

近几十年来,在海南岛,海南话是具有强势影响力的汉语方言,军话和客家话这些使用人口相对较少的汉语方言本身处于方言岛的状态,对周围语言的影响是极为微弱的。送气塞擦音 tsh,军话和客家话都有,海南话和儋州话没有,黎语的 tsh 演变成了今天的 s,最有可能是海南话影响的结果。因为在乐东、五指山、琼中这些哈方言、杞方言人口最为集中的黎区,说儋州话的人是极为稀少的,但是普遍会说海南话。可以说,上述黎语声母 tsh 演变为 s、hj 演变为 z 是最为典型的接触性音变。海南闽语中的送气音从北到南正处于大面积消失过程中,辛世彪(2013：222)明确指出："南部地区也不是保留都很完整,只有少数地区完整保留 p^{h}/t^{h}/k^{h}/ts^{h} 四个送气音,而这些地方的 ts^{h} 跟擦音 s 也相混。"看来,黎语的送气音首先是舌尖前塞擦送气音消失了。事实上，黎语一些方言的其他送气塞音也开始出现擦音化，如白沙土语、元门土语 k^{h}、x 为自由变体。海南闽语没有舌齿音 j，黎语、临高语的舌齿音 j，海南闽语对应的是舌尖前浊擦音 z，今天部分黎语词的声母 hj 受海南闽语影响，便演变成了 z。

（三）韵母系统的变化情况

近几十年来，黎语韵母系统最大的变化是舌面鼻音韵尾-ȵ 和舌面塞音韵尾-ȶ 的逐步消失。欧阳觉亚整理的哈方言保定音韵母系统有五个带鼻音韵尾-ȵ 的韵母：aːȵ、aȵ、eȵ、uːȵ、uȵ，有六个带舌面塞音-ȶ 的韵母：aːȶ、aȶ、eȶ、oːȶ、uːȶ、uȶ，但是只是保留在下面几个常用词语中：hwaȵ^{1}“溜”、uːȵ^{3} zoŋ^{1}“无用的人”、veȶ^{2} pha^{3}“爷儿们”、tuːȶ^{2}“痔”、feȶ^{2}“狐臭”。除了保定音系的韵母有上述两种韵尾的韵母之外，其他黎语方言土语都没有这两类韵尾。所有海南的汉语方言也都没有这两类韵尾的韵母。这种情况表明，即使是黎语保定音系中的这两类韵尾也在汉语方言的影响下消失了，-ȵ 演变成了 n，-ȶ 演变 t，我们调查的和张雷调查的韵母，都没有这两个韵尾，比如表 2－2－1 中的几个词语。

表 2－2－1　黎语韵母系统中韵尾-ȵ 和-ȶ 消失的例子

	aːȵ	eȵ	uȵ	aːȶ	aȶ	oːȶ	uȶ
欧阳觉亚	咬 kaːȵ^{3}	好 ɬeȵ^{1}	脊背 tsɯ^{2} tshuȵ^{3}	血 ɬaːȶ^{2}	短 thaȶ^{2}	凸 tsoːȶ^{3}	针 kuȶ^{2}
陈志雄	咬 kan^{3}	好 ɬen^{1}	脊背 riːm^{1} tshun^{3}	血 ɬaːt^{2}	短 that^{2}	凸 tsoːt^{3}	针 kut^{2}
张雷	咬 kan^{3}	好 ɬen^{1}	脊背 riːm^{1} tshun^{3}	血 ɬaːt^{2}	短 that^{2}	凸 tsoːt^{3}	针 kut^{2}

二、黎语音系与汉语方言音系的相互影响

刘新中(2004)在讨论不同于大陆闽语语音系统的海南闽语的语音系统时，尝试从语言接触视角到海南非汉语方言的语音系统中去寻求答案。该研究思路是科学的。这一部分，我们参照这一比较分析的思路，并吸收其研究成果，将黎语音系与海南的汉语方言音系进行比较，对黎语与汉语方言中存在，而大陆汉语方言中不存在的语音特点进行重点分析。①

(一) 先喉塞音 ʔb、ʔd

先喉塞音 ʔb、ʔd(有的学者记作 ɓ、ɗ)是侗台语族语言中普遍具有的辅音音位。泰语、壮语、布依语、莫语、水语、高郎语、苗语等侗台语族语言的方言都有先喉塞音 ʔb、ʔd。海南的黎语、临高语、村话(哥隆话)都拥有这个辅音音位，海南的儋州话、海南话、儋州军话也都有这个辅音音位。真正意义上的海南本地语言是黎语，因为黎族是海南岛的土著民，是最早从大陆迁徙过来的百越族的一支。入岛的汉语方言，本身是不存在先喉塞音音位的。今天的粤语、闽语都没有这个音位。赵元任先生(1931)在描述这类先喉塞音时，曾经指出："在调查过的中国方言里，这类音只见于海南岛的东北部。"②这样看来，海南岛上汉语方言中的先喉塞音声母 ʔb、ʔd，其来源就只能是从先登岛的处于优势地位的某种语言中吸收过来的。海南岛黎族一直具有规模优势，早期迁入的汉语方言免不了在与黎语的接触中受到黎语或大或小的影响。受到影响大的可能成了混合语，比如村语、临高语，都有学者主张归入混合语；受到影响小的则可能是语音系统发生了调整。我们认为，海南汉语方言中的先喉塞音 ʔb、ʔd 是从海南黎语吸收的。后来，海南话在

---

① 刘新中：《海南闽语的语音研究》，暨南大学，2004：191—211.

② 赵元任：《中国方言当中爆发音的种类》，《中研院史语所集刊》，1935：第 5 本第 2 分册。

政治经济生活中的地位逐渐提高，于是慢慢在海南全境得以传播流通，反过来又对黎语施加影响，让黎语的先喉塞音得以强化和巩固。

有学者主张，是生活在琼北地区的临高语对宋元时期不断迁入岛内的闽语产生影响，导致后来的海南话吸收了 ʔb、ʔd 这两个声母，因为海南岛内的海南话是从琼北地区开始逐渐沿着东海岸扩散的，西南地区的感城、板桥一带的海南话就没有这两个辅音声母。民国时期才设立的中部民族地区县市的海南话是很晚由琼北直接传入的，也有这两个先喉塞音。这种推论的假设是，宋元时期生活在琼北地区的是临高人，黎族人已经生活在中部地区。这里，我们不讨论临高人和黎族人是否泾渭分明，我们可以讨论的是，临高语照样受到黎语的影响，而且临高语的最后形成是受到黎语和不断迁入的汉语方言两方面影响的结果，前者影响在前，后者影响在后。据梁敏、张均如(1997：189)对《侗台语族语言简志》附录的 1 000 个常用词的统计，临高语常用词中有 20%以上是仅跟黎语同源的词。因此，我们没有理由怀疑，临高语的先喉塞音也是从黎语中吸收的。事实上，临高语或是临高话是在 20 世纪 80 年代才由学者提出来的，在这以前，一直被操海南话的人称为“黎话”。宋元以来，史书上也一直把生活在琼北一带的土著称为所谓的“熟黎”。

海南的儋州客家话、崖城军话没有先喉塞音，那是因为，一方面入岛的时间较晚，都在明清时期迁入；另一方面使用人群集中。还有一方面可能是，海南话已经形成且逐渐形成了规模优势，在岛内政治生活和日常生活中处于支配地位，黎语的地位相对下降了。

一个音位能对所接触的语言产生影响，一般要满足四个条件：一是这种语言要与被影响的语言频繁地接触；二是施加影响的语言与被施加影响的语言相比较，处于更被需要的地位；三是施加影响的语言的某个音位音节组配能力强大，能与大多数韵母组合；四是这个音位发音难度不大，是被影响语言族群容易发出来的音。

“发 ʔb 这个音时，双唇和喉部同时闭塞，同时发 b 和 ʔ，整个过程很短暂，气流极为微弱，只相当于吃东西时嘴巴一张一闭空气在口腔的进出量。这与一般靠肺部的压力而喷出来的送气音和哭泣时的吸气截然不同。ʔd 发音时舌头与齿龈接触，同时喉部闭塞，发音方法与 ʔb 近似。”① ʔb、ʔd 的发音并不难，对于有 b、d 两个浊音的汉语方言来说就更容易了。黎语中的另外两个特殊的辅音声母，边擦音 ɬ 和舌尖颤音 r，因为发音难度大，就没有被临高语、儋州话、村话、海南话、军话这些语言或汉语方言吸收。

刘新中(2004a：191—195)对海南岛各语言中先喉塞音的分布情况进行了详细描写和统计。根据他的统计，我们对黎语以及与黎语有密切接触关系的语言或汉语方言中的喉塞音 ʔb、ʔd 的声韵组合能力进行考察。

根据欧阳觉亚整理的保定声韵配合表进行统计，黎语 99 个韵母中，有 68 个可以与先喉塞音 ʔb 拼合，占比 68.7%。这些韵母分别是：a、aːi、aːu、ai、au、aɯ、aːn、aːŋ、an、aŋ、aːt、aːk、at、ak、e、eːu、eɯ、eːp、eːt、eːk、em、eːŋ、en、eȵ、eŋ、eȶ、ek、i、iːu、ia、iu、iːn、iːŋ、iŋ、iːp、iːk、it、o、oːi、ou、oːm、oːn、oːŋ、oːp、oːt、oːk、oŋ、op、ok、u、uːi、ua、ui、uːŋ、uːn、un、uȵ、uːt、uːȶ、uːk、ut、ɯ、ɯa、ɯːn、ɯm、ɯŋ、ɯːp、ɯk。其中阴声韵韵母 21 个，阳声韵韵母 22 个，入声韵韵母 25 个，能和任何主要元音相拼。

黎语 99 个韵母中，有 66 个韵母可以与先喉塞音 ʔd 拼合，占比 66.7%。这些韵母分别是：a、aːi、aːu、aːm、aːn、aːȵ、aːŋ、aːk、ai、au、aɯ、an、aȵ、aŋ、at、aȶ、ak、e、eːu、eːŋ、eːp、eːt、eːk、eɯ、em、en、eȵ、eŋ、eȶ、ek、i、iːu、iːm、iːn、iːŋ、iːt、iːk、ia、iu、im、iŋ、o、oːi、oːm、oːn、oːŋ、oːk、ou、om、oŋ、op、ok、u、uːn、uːŋ、uːȶ、uːk、ua、ui、un、ut、ɯ、ɯːm、

① 欧阳觉亚、郑贻青：《黎语调查研究》，北京：中国社会科学出版社，1983：14.

ɯːn、ɯːŋ、ɯt。其中阴声韵韵母 20 个，阳声韵韵母 27 个，入声韵韵母 19 个，能和所有主要元音相拼。

临高语有韵母 84 个，能与先喉塞音 ʔb 相拼的有 64 个，占比 76.2%。这些韵母分别是：a、e、i、o、ɔ、u、ə、ia、ua、ai、oi、ɔi、ui、əi、au、iau、eu、iu、ɔu、əu、an、ian、uan、en、in、on、ɔn、un、ən、iam、em、om、aŋ、iaŋ、uaŋ、eŋ、iŋ、oŋ、ɔŋ、əŋ、op、up、at、iat、uat、et、it、ot、ɔt、ut、ət、ak、uak、ek、ik、ok、ɔk、uk、ək、aʔ、uaʔ、eʔ、iʔ、oʔ、uʔ、əʔ。其中阴声韵韵母 20 个，阳声韵韵母 20 个，入声韵韵母 24 个，能和所有主要元音相拼。

临高语能与先喉塞音 ʔd 相拼的有 73 个，占比 85.9%。这些韵母分别是：a、e、i、o、ɔ、u、ə、ia、ua、ai、uai、oi、ɔi、ui、əi、au、iau、eu、iu、ɔu、əu、an、ian、uan、en、in、on、ɔn、un、on、am、iam、em、im、om、ɔm、um、aŋ、uaŋ、eŋ、iŋ、oŋ、ɔŋ、uŋ、əŋ、ap、iap、op、ɔp、up、at、iat、uat、et、it、ot、ɔt、ut、ət、ak、uak、ek、ik、ok、ɔk、uk、ək、aʔ、iaʔ、 eʔ、iʔ、oʔ、oʔ。其中阴声韵韵母 21 个，阳声韵韵母 24 个，入声韵韵母 29 个，能和所有主要元音相拼。

村话韵母有 102 个，能与先喉塞音 ʔb 相拼的有 61 个，占比 59.8%，这些韵母分别是：a、aːu、aːn、aːp、aːt、aːk、ai、au、an、aŋ、at、ak、ɛ、ɛi、ɛm、ɛn、ɛŋ、ɛt、ɛk、en、et、ek、i、iəŋ、iək、iu、in、iŋ、it、ɔ、ɔi、ɔn、ɔŋ、ɔt、ɔk、ou、on、op、ok、u、uː(i)、uə、uən、uəŋ、uət、ui、un、uŋ、ut、ɯn、ən、ət、ək、iau、ian、iaŋ、iat、iak、ua、uan、uat。其中阴声韵韵母 17 个，阳声韵韵母 21 个，入声韵韵母 23 个，能和所有主要元音相拼。

村话能与 ʔd 相拼的有 68 个，占比 66.7%。这些韵母分别是：a、aː(i)、aːu、aːn、aːp、ai、au、am、an、aŋ、ap、at、ak、ɛ、ɛi、ɛŋ、ek、eːu、eŋ、ek、i、iə、iəŋ、iək、iu、im、iŋ、ip、it、ik、ɔ、ɔː(i)、ɔi、ɔm、ɔn、ɔŋ、ɔt、ɔk、o、ou、om、oŋ、op、ok、u、uː(i)、uə、uən、uət、uək、um、uŋ、ut、ɯn、ən、əŋ、ət、ək、iau、iam、ian、iap、iak、uan、uaŋ、uat、uak。其中阴声韵韵

母 20 个，阳声韵韵母 23 个，入声韵韵母 25 个。

海口话有 42 个韵母，能与 ʔb 拼合的韵母有 34 个，占比 71.4%，这些韵母分别是：a、i、u、e、ɛ、o、ai、ɔi、au、ɔu、ia、io、iau、iu、ua、ue、ui、in、un、aŋ、eŋ、ɔŋ、oŋ、iaŋ、iɔŋ、uaŋ、it、ut、ak、ek、ɔk、ok、iak、uak。其中阴声韵韵母 16 个，阳声韵韵母 9 个，入声韵韵母 9 个，能和所有主要元音相拼。

海口话能与 ʔd 拼合的有 40 个，占比 95.2%，这些韵母分别是：a、i、u、e、ɛ、o、ai、ɔi、au、ɔu、ia、io、iau、iu、ua、ue、ui、am、ɔm、iam、im、in、un、ŋ、aŋ、eŋ、ɔŋ、oŋ、iaŋ、iɔŋ、uaŋ、ap、iap、it、ak、ek、ɔk、ok、iak、iɔk、uak。其中阴声韵韵母 15 个，阳声韵韵母 14 个，入声韵韵母 3 个，能和所有主要元音相拼。

儋州话韵母 68 个，有 48 个能与 ʔb 拼合，占比 70.6%，这些韵母分别是：a、i、e、u、o、ɔ、ai、ɐi、ui、ɔi、uɔi、au、ɐu、iɐu、ɔu、uɔu、am、an、ɐn、ian、in、un、on、ɔn、uɔn、ɐŋ、iɐŋ、iŋ、uŋ、oŋ、ɔŋ、uɔŋ、ap、op、at、ɐt、iɐt、it、ut、ɔt、uɔt、aʔ、iaʔ、iʔ、eʔ、uʔ、ɔʔ、uɔʔ、eiʔ、ouʔ。其中阴声韵韵母 16 个，阳声韵韵母 16 个，入声韵韵母 16 个，能和所有主要元音相拼。

儋州话有 62 个能与 ʔd 拼合，占比 91.2%，这些韵母分别是：a、i、e、u、o、ɔ、ia、uɔ、ai、ɐi、ui、oi、ɔi、uɔi、au、ɐu、iɐu、ɔu、uɔu、am、ɐm、iɐm、im、ɔm、an、ɐn、ian、in、un、on、ɔn、uɔn、ɐŋ、iɐŋ、iŋ、uŋ、oŋ、ɔŋ、uɔŋ、ap、ɐp、iɐp、ɔp、uɔp、at、ɐt、iɐt、it、ut、ɔt、uɔt、aʔ、iaʔ、iʔ、eʔ、uʔ、ɔʔ、uɔʔ、eiʔ、ouʔ。其中阴声韵韵母 19 个，阳声韵韵母 20 个，入声韵韵母 23 个，能和所有主要元音相拼。

看来，强大的声韵拼合能力是先喉塞音 ʔb、ʔd 得以传入汉语方言，并反过来让黎语这一音位得以强化，最后形成了一个良好的语言生态的重要原因。

（二）对立性辅音音位 x 和 h

黎语中的美孚方言和润方言的白沙土语有一组对立的辅音音

位——舌面后擦音 x 和喉擦音 h。这两个声母可以跟相同的韵母拼合,具有区别意义的作用。我们对 1 650 个常用词进行了穷尽式检索,将美孚方言(西方)和润方言(白沙)中声母是 x 和 h 的词语整理出来,同时将这些词语在哈方言(保定)和杞方言(通什)中的读音列出来进行比较,请参看表 2-2-2 和表 2-2-3。

表 2-2-2　美孚方言和润方言的 h 声母常用词

	凹	扒	拨开	步	番(外国人)
西方					
白沙	hau^{3}	hɯk^{8}	haːi^{2}	haːm^{2}	huan^{3}
保定	boːk^{8}	hwɯn^{2}	pla^{2}	tsaːm^{2}	hwan^{3}
通什	boːk^{8}	hɯn^{5}	pla^{5}	haːm^{5}	hwan^{1}
	分(分数、工分)	分界	赶(牲畜)	谷粒	挂(搭)
西方	hun^{3}	haŋ^{1}		haːp^{7}	hui^{1}
白沙	hun^{1}	haŋ^{1}	hu^{1}	haːp^{8}	hui^{1}
保定	hun^{3}	gan^{2}	luːt^{7}	haːp^{7}	huːi^{1}
通什	huːn^{1}	gan^{2}	luːt^{7}	haːp^{7}	kha^{5}
	海	横	吼	晾	垄
西方		haŋ^{1}	hɔk^{7}		
白沙	huai^{2}	haŋ^{1}	hɔk^{8}	ha^{2}	haːŋ^{2}
保定	laːŋ^{3}	han^{1}	hok^{7}	koːi^{1}	hwaːŋ^{1}
通什	laːŋ^{3}	han^{1}	hok^{7}	rɯːŋ^{2}	lek^{7}

续　表

	鹿茸	明天	木棉	容易	杀
西方	hau^{1} zoŋ^{1}	ho^{2} vaːŋ^{3}	haːu^{3}	heːn^{1}	hau^{3}
白沙	hau^{1} ʔuk^{8}	ho^{5} ho^{2}	haːu^{3}	haːn^{1}	hau^{3}
保定	hau^{1} zoŋ^{1}	ʔɯ^{2} hau^{2}	haːu^{3}	heːn^{1}	hau^{3}
通什	hau^{1} zoŋ^{4}	po^{6} ho^{6}	haːu^{3}	ʔaːi^{4}	hau^{3}
	屎	市	腿	歪斜	弯腰
西方	haːi^{3}		ha^{1}		
白沙	haːi^{3}	heɯ^{1}	ha^{1}	hiŋ^{1}	hom^{2}
保定	haːi^{3}	ʦhi^{2}	ha^{1}	ŋia^{2}	hwom^{2}
通什	haːi^{3}	tsh^{5}	ha^{1}	kiaŋ^{1}	hom^{5}
	我	戏	下巴	闲	嫌
西方	hou^{1}	hi^{1}	heːŋ^{1}	heːn^{1}	him
白沙	ho^{1}	hi^{1}	hiaŋ^{1}	haːn^{3}	ʔiːm^{2}
保定	hou^{1}	hi^{3}	heːŋ^{1}	heːn^{1}	ʔiam^{5}
通什	hou^{1}	hi^{6}	heːŋ^{1}	ʔaːi^{4}	
	学	引（带引）		咒骂	削（削刀柄等）
西方	hoːk^{8}	hon^{1}		hin^{3}	hut^{8}
白沙	hoʔ^{8}			hen^{3}	hut^{8}
保定	ʔo^{1}	gui^{3}		hiːn^{3}	huːt^{7}
通什	ʔoːʔ^{7}	gui^{6}		hiːn^{3}	huːt^{7}

表 2-2-3　美孚方言和润方言的 x 声母常用词

	薄	从（一丛竹子）	蝉	抽（抽出一本书）	打猎
西方	xeɯ^{1}		pɯ^{3} xoːi^{1}	xaːŋ^{1}	
白沙	xeɯ^{1}	xɔŋ^{3}			xep^{8}
保定	geɯ^{4}	goŋ^{3}	pɯ^{1} goːi^{1}	hut̚^{7}	gip^{7}
通什	geɯ^{4}	goŋ^{6}	ɯ^{3} gaːi^{4}	hut^{7}	gip^{8}
	堆砌	肥胖	供饭	行（量词）	红色
西方	xoːp^{7}	xui^{3}	xuk^{7}	xoːi^{2}	xaːŋ^{3}
白沙	xuap^{8}	xui^{3}		xuai^{1}	
保定	goːp^{7}	gwei^{3}	guːk^{7}	goːi^{2}	gaːn^{3}
通什	goːp^{7}	guːi^{6}	guːʔ^{8}	gaːi^{2}	geːŋ^{4}
	葫芦	搅拌	糠	咳嗽	空
西方	xaːi^{2}	xoŋ^{2}	xom^{1}	xi^{1}	xo^{3}
白沙	xaːi^{2}	xoŋ^{2}	xom^{1}	xi^{1}	xo^{3}
保定	gaːi^{2}	gun^{2}	gom^{1}	gia^{1}	gau^{3}
通什	gaːi^{2}	gun^{2}	gom^{4}	gia^{4}	gau^{6}
	拉（绳）	辣	捞（水底物）	垒	凉
西方	xiu^{2}	xet^{7}		xoːp^{7}	xaŋ^{1}
白沙	xeu^{2}	xet^{7}	xuai^{3}		xaŋ^{1}
保定	giu^{2}	get̚^{7}	khun^{3}	haːn^{1}	gan^{1}
通什	giu^{4}	get^{8}	khun^{3}	mo^{3}	gan^{4}

续　表

	卖	瞄准	蛀(蛀、咬)	母鸡(未孵过小鸡的)	排列
西方	xiu^{3}	xan^{1}	tham^{3}	xo:i^{1} khai^{1}	xai^{1}
白沙	xiu^{3}	xan^{1}	xam^{3}/thom^{3}	xuaikhai^{1}	xai^{1}
保定	zu:ŋ^{3}	gaŋ̥^{1}	thom^{3}	pai^{3} khai^{1}	gai^{1}
通什	gi:u^{6}	gan^{4}	tham^{3}	pi^{6} khai^{1}	gai^{4}
	油	切(切菜)	请(叫)	劝解	日常
西方	xui^{3}	xak^{7}	xai^{3}	xɯ^{2}	xo:m^{1} vaŋ^{1}
白沙	zou^{1}	xak^{8}	xai^{3}		xuam^{1} vaŋ^{1}
保定	gwei^{3}	gat^{7}	gai^{3}	ge:k^{7}	go:m^{1} hwan^{1}
通什	gu:i^{6}	gat^{8}	gai^{3}	ge:ʔ^{8}	go:m^{4} van^{4}
	肉	撒(撒沙)	森林	铁	网
西方	xam^{3}	ɣui^{1}	xaŋ^{1}	xo:i^{1}	xo:i^{3}
白沙	xam^{3}	xoi^{1}	xaŋ^{1}	xuai^{1}	xuai^{3}
保定	gom^{3}	gui^{1}	gaŋ^{1}	go:i^{1}	go:i^{3}
通什	gam^{6}	gui^{4}	gaŋ^{1}	ga:i^{4}	ga:i^{6}

在美孚方言和润方言白沙土语中，x 和 h 确实是对立的两个辅音音位，它们可以跟相同的韵母拼合，而表示不同的概念，比如 xui^{3}“胖”——hui^{1}“挂(搭)”；xaŋ^{1}“凉”——haŋ^{1}“分界”；xa:i^{2}“葫芦”——ha:i^{3}“屎”。

我们发现，美孚方言和润方言的声母为 h 的词语，如果是黎语共有词语，在别的方言里，通常声母也是 h，比如“扒”“步(一步)”

“谷粒”“挂”“吼”“垄”“鹿茸(角)”“屎”“腿”“我”“戏”“下巴”等词语,哈方言、润方言、杞方言、美孚方言的声母均为 h。早期从汉语借入的匣母字“学”和“嫌”,哈方言和杞方言则念喉塞音 ʔ。美孚方言和润方言里声母为 h 的词语有一部分是汉语新借词,而且都是从海南话中借入的。从声母对应情况来看,h 可以对应普通话的 x、f、ɕ、j、t,比如表 2-2-4 中的几个词语。

表 2-2-4　美孚方言和润方言从海南话中借入的声母为 h 的词语

	发　展	翻　身	合作社	会　计	县
美孚方言(西方)	huat^{7} tsin^{3}	huan^{2} ten^{2}		hui^{1} ki^{3}	
润方言(白沙)			hap^{7} tsoʔ^{7} ʦhe^{3};kap^{7} toʔ^{7} te^{4}	hui^{3} ki^{3}	hin^{2}
海南话(海口)	huat^{5} tsin^{213}	huaŋ^{23} tin^{23}	hap^{3} to^{2} te^{33}	hui^{33} ki^{35}	hin^{35}(文读)
	优　点	拥　护	乡		
美孚方言	hiu^{2} diam^{3}	ʔoŋ^{3} hu^{1}	hiaŋ^{2}		
润方言	hiu^{3} diam^{1}	ʔoŋ^{1} hu^{4}	huaŋ^{3}		
海南话(海口)	hiu^{33} ʔdiam^{213}	oŋ^{213} hu^{33}	hiaŋ^{23}		

黎语美孚方言和润方言白沙土语的声母为 x 的词语,都不是海南话新借词,而是使用时间很久了的常用词语。这些词语的声母 x 在哈方言和杞方言中几乎一律念成浊舌根塞音 g。这些词语从来源看,显然绝大多数都是黎语自有词。黎语中声母 x 和 h 的对立极有可能是黎语自身演变出来的,那么演变的动机是什么?

早期汉语借词“糠”“咳”“空”这三个词语的读音,可能可以提供一些线索,具体情况见表 2-2-5。

表 2-2-5 早期汉语借词"糠""咳""空"的读音

	保 定	西 方	白 沙	元 门	通 什	海 口
糠	gom^{1}	xom^{1}	xom^{1}	ʦom^{4}	gom^{4}	xo^{23}(白)
咳	gia^{1}	xi^{1}	xi^{1}	khi^{1}	gia^{4}	xat^{5}
空	gau^{3}	xo^{3}	xo^{3}	fai^{2}	gau^{6}	xoŋ^{23}

黎语中的这几个词语显然是早期汉语借词，哈方言、杞方言都念成舌根浊塞音 g。匣母字"咳"按照"匣"母字演变的规律，在海南话中应该读成 h 或 ʔ，今天在海南话中读 x，应该是在大多数汉语方言里演变成了送气塞音之后，再依规律念成了 x。这时候，黎语再按照溪母字的读音规律，统一念成了 g。黎语美孚方言和润方言白沙土语因为音系中没有 g，于是念成了 x。

近代以后，操海南话的海南人在学习国语或普通话时，往往把送气声母 kh 念成舌面后清擦音 x(因为海南话没有 kh 声母)。而在黎族人民的工作、学习和日常生活中，海南话和普通话近代以来逐渐成了重要的交际工具，因此在遇到声母是 x 的词语或声母是 kh 的词语时，常会出现类推混读的情况。黎语润方言元门土话把"咳"读成了 khi^{1}，极有可能是这种类推的结果。我们在进行田野调查时，也经常发现这种现象，比如我们调查了一位在海口读书的白沙黎族自治县芽牙叉镇南作村的学生(名叫符缘怀，23 岁)，和一位在白沙黎族自治县芽牙叉镇南仲村小学任教的女老师(名叫王蓉，51 岁)，发现他们的读音存在明显的对应关系，后者(王蓉)声母念 kh 的词，前者(符缘怀)则念 x，比如下面表 2-2-6 中的词语。

表 2-2-6 声母 kh、x 的类推混读情况

凉水：nam^{2} xau^{2}——nam^{1} khaŋ^{2}	木炭：xuai^{4} xei^{2}——ia^{2} khei^{1}
鸡：xai^{2}—khai^{2}	女人：pai^{1} xo^{3}——pai^{1} kho^{3}
发冷：xai^{3}——pa^{1} khai^{3}	白糖：thɑŋ^{2} ȵiɑu^{1} xaːɯ^{2}——thaŋ^{1} khaːɯ^{2}
考试：xau^{3} si^{1}—khau^{3} si^{2}	腿：xɔk^{2}—khɔk^{2}

除黎语外，海南岛内，存在 x、h 两个对立音位的语言还有琼北地区的海南话、临高语、儋州话。从地理位置上看，临高、海口、澄迈、定安、儋州、白沙从北向南连成一片。

辛世彪(2013：39)指出："海南闽语中凡是[kh]消失的方言，都有[x]与[ɦ]或[h]的对立，分合的重点是北部方言的透母字。溪母北部都读，透母北部东片同溪母，北部西片同匣母。"历史上，闽南话逐渐进入海南岛后，在与本土的临高语、黎语长期接触中才逐渐形成了 x 与 h 对立的格局。因为，闽语本身是没有 x 和 h 的对立的，雷州半岛和福建一带的闽语都没有 x 和 h 的对立。刘新中(2004：199—200)将临高语和琼北的海口话进行了比较，主张闽南话入岛后受到琼北地区的临高语影响，然后形成了 x 与 kh 对立的格局。这是极有可能的。遗憾的是，他没有论及黎语跟临高语和海南话的关系。

黎语的哈方言、杞方言、赛方言都没有舌面后清擦音声母 x，只有喉擦音 h。美孚方言使用人口很少。哈方言区的人称美孚黎为 moːi¹ fau¹，意思是"下面的汉人"，可见美孚方言跟汉语方言存在着密切的关系。从语言关系看，尽管润方言区和美孚方言是隔开的，但是两个方言关系密切，从我们在表 2-2-1 和表 2-2-2 中罗列出来的词语可见一斑。事实上润方言与汉语方言也有着密切关系。"说润方言的黎人一般会说儋州话，也兼通海南话。"①因此，我们推测，美孚方言和润方言白沙土语的拥有 x 和 h 两个对立音位是受到了汉语方言儋州话和海南话的影响。儋州话、海南话都有 x 和 h，同时都没有 ɡ。这样就很好解释了。我们假设，东方东部地区和白沙地区的黎语当初也是有舌面后浊塞音声母 ɡ 的，从汉语方言中借入"糠""空"这样的溪母字时，声母也是念 ɡ 的；但是后来新接触的方言没有 ɡ 这个声母，原来对应的汉语借词一律

① 欧阳觉亚、郑贻青：《黎语调查研究》，北京：中国社会科学出版社，1983：6。

念 x 时，就悄然地发生了声母替换，然后随着时间的推移，这种替换行为进一步类推到其他声母为 g 的非汉语借词上。这种替换逻辑，从我们调查的符缘怀的发音上很好地反映出来，只不过，他是用 x 替换 kh。这种替换关系得以发生，必须满足三个基本条件：一、能熟练使用双语；二、所参考语言或方言已经成为重要的交际工具；三、原来已经从所参考语言中借用过词语。因此，早期用 x 替换 g 的黎族同胞一定是能熟练使用黎语和儋州话或海南话的人。当代黎族人用 x 替换 kh，那是因为他会海南话，还会普通话，他用海南话的发音规律用舌面后清擦音 x 去替换了普通话的送气清塞音 kh，然后类推到黎语中别的声母为 kh 的非汉语借词上。

这种类似的音位替换，还表现在 s 对 tsh 的替换上。前面我们在论述 tsh 演变成了 s 的时候，已经举例说明了。

（三）黎语和相关语言中唇音韵尾韵母 om、op

何大安(1981)在其《澄迈方言文白异读》一文中，谈到澄迈方言韵母系统中的 om、op 两个韵找不到相应的汉语同源字。刘新中和詹伯慧(2006)认为海南闽语中的 om、op、ɔm、ɔp 几个韵母是海南岛上诸语言的主要区别性特征，可能来自岛内的临高语。既然不少学者主张海南闽语中的 om、op 不是汉语性质的，而是来自岛内非汉语的语言，那么就很有必要从黎语入手对这两个韵母进行详细的描写和讨论。

岛内黎语以及与黎语关系密切的临高话、村话、儋州话、海南话都有这两个韵母，海南的疍家话和客家话都没有这两个韵母。下面我们对这几种语言中的相关音节和相关词语进行讨论。

1. 黎语中的 om、op 有长短音的对立

在哈方言、杞方言、润方言、美孚方言中都有分布，但是杞方言保城土语和加茂方言都没有这两个韵母，而是对应的 ɔm、ɔp 两个韵母。我们重点考察黎语哈方言罗活土语(保定)。韵母与声母的组合情况，请看表 2-2-7。

表 2-2-7　黎语哈方言韵母 om、op 与声母的组合情况

声母＼韵母	o:m			om		
	1调	2调	3调	1调	2调	3调
p						嘴巴
ph						
pl	吮(指头)	鱼名	鸟类的胃	镶边、颠倒(～plai¹)	蒙盖	煨
b		妨碍(挡)				
m						
ʔw						汗(nom³～)
f	含					闭着嘴嚼
v				飞虫多貌		
t		接着、继续		六、碎、盖(被子)	踩、蹬	(给情人)送礼
th		凝结	水坝、堵(～水)	中间、但是	牛车后面的横木	伏击、(老鼠)咬

续 表

韵母 声母	o:m			om		
	1调	2调	3调	1调	2调	3调
d			浸(粮食)	大竹子、早晨、还(副词)		黑
n	肾			(往死里)打		水
l	命中、满意	各		地方、周围(～lua^{1})	小箩	再、又、手腕子(～luɯk)
ɬ	感冒(～khat^{7})	砍	树名	溺水	埋、谷仓	堵住
r	诱捕(野兽)		热(加热食物)	掺杂(～rop^{7})、夜盲(～sa^{1})、瞒		蟑螂(puɯ^{1}～)
ts				潜水	溶化	染
s	果子、锋利	黎明(～hau^{2})	赎	蝴蝶、竹墙	按住、抓捕	口袋、淤血(～ɬat^{7})
z				光滑貌		倾覆,翻
ȵ		合在一起				(嚼烂后)喂婴儿
ʔj		吞		转动	恶心	

续 表

韵母 / 声母	oːm			om		
	1 调	2 调	3 调	1 调	2 调	3 调
k	对、对抗		鞋	地方、埋、到处	黄昏、朦胧、天阴	就、吃(草)
kh		探访、巡视		痒、盖章	应该	连(介词)
g	平常、正面、靠拢		得到	糠、蒲葵		肉
ŋ	体贴			哑、风筝(ŋa^{1}～)		
h				(一)个、粒儿		
kw	苦					
khw						
gw						
ŋw						
hw			俯伏	酒药、圆	弯腰	地上的小圆土堆
hj						
ø	怀孕			雷		又

续 表

韵母 声母	o:p			op		
	7 调	8 调	9 调	7 调	8 调	9 调
p						
ph						
pl						
b	蛇名（za^2～）					东西落地声
m						
ʔw						
f						
v						
t	投、掷			昏迷		
th	连（介词）			老实、咬（小的东西）		
d				布、补种		

续 表

韵母 / 声母	o:p			op		
	7 调	8 调	9 调	7 调	8 调	9 调
n		逼着(吃)				
l	鳞、套	呈圆头状之物	可以、大约	注意(～lei^{1})		
ɬ				绝种		突然(～$ɬa:p^{9}$)
r	一层一层			熄灭(灭火)、渗透、双生子(～rou^{2})		
ts	闭(眼)			熄灭(火灭)		(洪水)泛滥貌
s	结束			夜晚、蜘蛛(～$tshei^{2}$)、关(门)		
z						光滑貌
ȵ				缝		
ʔj						
k	篱笆、放进(口袋)		合拢	关节、阴暗		迷迷糊糊

续　表

声母＼韵母	oːp			op		
	7 调	8 调	9 调	7 调	8 调	9 调
kh			相遇	抓(一把)、捧、盖		
g	打柴舞、堆砌			耳语(～gaːu³)、拳(～meɯ⁷)、剪		
ŋ				想、记得、安装		
h	盒			忍		
kw						
khw						
gw						
ŋw						
hw						
hj	捕鼠器			漏(雨)		
ø	爱			抱(小孩)、忍受(～ŋaːn¹)		

从表 2－2－7 可以看出，黎语哈方言的韵母 oːm 可以与 20 个声母组合，om 可以与 24 个声母组合，oːp 可以与 14 个声母组合，op 可以与 18 个声母组合。短音的组合能力都强于长音的组合能力。都对唇音声母和唇化声母组合有限制，原因可能是韵尾 m、p 唇音性质限制了与唇音声母和唇化声母的组合。

上面每一个音节都列举例词。穷尽式考察黎语含有这类韵母的词语，可以发现这些词语的意义都辗转跟某些语义特征有关联。

含韵母 om、oːm 的词语，含［声音］语义特征的词有：

om^{1}：雷声　　nom^{1}nom^{1}：叽咕　　kom^{3}（牛）吃草

含韵母 om、oːm 的词语，含［一半］这一语义特征义的词有：

thom^{1}半；段　　thom^{1}中间；中央　　thom^{1}但是

thom^{1}phɯːn 中年　　thom^{1}fa^{3}空中　　thom^{1}toŋ^{3}半夜

thom^{3}伏击　　thom^{1}ŋan^{1}仍旧

含韵母 om、oːm 的词语，含［液体］这一语义特征的词有：

nom^{3}水；江；河　　nom^{3}ploːŋ^{2}精液

nom^{3}beɯ^{1}ʦhai^{1}菜汁；汤药　　nom^{3}tsei^{1}乳汁

nom^{3}tsha^{1}眼泪　　nom^{3}kan^{1}水银

nom^{3}hkat^{6}鼻涕　　nom^{3}koːi^{1}蜂蜜

nom^{3}haːk^{6}痰　　nom^{3}dou^{1}尿液

nom^{3}gwei^{3}煤油　　nom^{3}thaːŋ^{3}糖

rop^{6}渗　　tsom^{1}潜（水）

tsom^{2}溶化；溶解　　tsom^{3}染

noːm^{3}肾

含韵母 om、oːm 的词语，直接或辗转含［重复］［遮盖］［向下］这类语义特征的词有：

dom^{1}还　　lom^{3}再，又　　lom^{3}tsau^{2}还有

lom^{3}peɯ^{1}再嫁　　lom^{3}doːm^{2}重做　　lom^{3}leːŋ^{3}重新

lom² lau¹ 来往频繁貌　lom³ luk⁶ 手腕子　rom³ 疲劳
rom¹ rop⁶ 混合　rom³ 码稻穗　thom³ 蛀咬
tom¹ 盖　plom² 遮住、盖住　lom² 埋葬
kom¹ 埋葬　gom¹ 糠　plom¹ 镀
ɬom¹ 溺水　lom² fei¹ 灭火　rom¹ 隐瞒，包庇
rom¹ tsa¹ 夜盲；眯眼　ŋom¹ 哑　vom¹（飞虫）多貌
dom³ 黑　kom² kom² 阴暗　kom² raːu 蒙蒙亮
plom³ 煨　tshom³ 舀　doːm³ 浸泡
loːm¹ 命中　loːm¹ hwoːk⁶ 合意　ɬoːm² 说中要害
tsɯ² hwoːm³ 伏、趴　thoːm² 凝结，沉淀　goːm¹ pou² 常年
ŋoːm¹ 体贴，关怀　goːm¹ li¹ 商量　goːm¹ fei¹ 点火
goːm¹ 合并，靠拢　tsoːm³ 触及　goːm¹ 正面
khoːm² 巡视，探访　ʔjoːm² 吞咽　ɬoːm² ho³ 打记号
ɬoːm² 砍　ɬoːm² 伤风，感冒

含韵母 om、oːm 的词语，含直接或辗转[圆弧形]语义特征的词有：

lom¹ lua¹ 环绕；周围　lom² 小箩筐；谷仓　ɬom³ 堵、拦阻
tshom¹ 竹门、竹栏　tshom² 捕捉　tshom³ 口袋
hjom¹ hjuːt⁶ 弯弯曲曲　kom¹ kaːi³ 周围；盘旋　pom¹ piɯn² 倒
hom¹ 量词（常用于圆形、球形物）　ʔjom¹ ʔjai¹ 转动
zom¹ zun³ 来回转　zom¹ zom¹ 光滑　zom¹ zop⁶ 周围
ʔjom² ʔjuːk⁹ 反胃　pom³ 嘴，口　plom¹ pien³ 翻转
oːm 怀孕　thoːm³ ŋat⁶ 封锁，堵塞　roːm² 诱捕
tshoːm¹ 果子，果实　tshoːm¹ khoːk⁶ 喉结　tshoːm³ 赎
hwoːm³ 翻，扣　thoːm³ 水坝、堵（水）　foːm¹ 含
boːm² 挡，阻挡　ploːm¹ 吮

含韵母 op、oːp 的词语，含[声音]语义特征的词有：

bop⁹ 东西落地的声音　gop⁶ gaːu³ 嚼食物时发出的声音

含韵母 op、oːp 的词语，直接或辗转含[重复][遮盖]语义特征的词有：

op^{6}憋着　　top^{6}昏迷，昏倒　　top^{6} zeːŋ 癫痫

thop^{6}嗑　　thop^{6} pom^{3}闭嘴，抿嘴　　dop 布

dop^{6}补苗　　lop^{6} lei^{1}注意　　ɬop^{6}消灭

rop^{6}灭（火）　　tsop 熄灭　　tshop^{6}夜晚

tshop^{6}关闭　　tshop^{6} tshan^{1}徘徊　　tshop^{6} tshei^{2}蜘蛛

kop^{9}阴暗　　khop^{6}抓（一把）　　gop^{6} gɯːŋ^{1}古里古怪的

ŋop^{6}想念，惦念，留念　　hop^{6}保守秘密，忍着

khop^{6}遮盖　　ʦoːp^{6}闭眼 loːp^{6}鳞　　khoːp^{9}相遇，碰巧

goːp^{6}堆砌　　roːp^{6}层　　koːp^{9}合并，归并，配

含韵母 op、oːp 的词语，直接或辗转含[圆弧形]语义特征的词有：

op^{6}抱　　fɯːk^{6} dop^{6}织布　　tshop^{6} tshun^{1}虹

tshop^{6} ȵaːn^{1}轮　　tshop 老实　　zop^{9} zop^{9}光滑貌

kop^{6}关节，腿腕子　　gop^{6}握（拳）　　loːp^{6}鳞

loːp^{6}套，扣（口子，）戴（手套）　　loːp^{6} ziːŋ^{1}戒指

loːp^{8}疖子，疙瘩　　koːp^{6}篱笆，园子　　koː p^{6}装，放进口袋里

koːp^{6} pou^{1}猪圈　　loːp^{9}足够，圆满　　tsoːp^{6}完结，结束

2. 海南话中的韵母 om、op

依据《汉语方言调查字表》调查整理的海南话韵母系统，通常是看不到 om、ɔm、op、ɔp 这几个韵母的，比如梁猷刚主编的《海南音字典》就没有这几个韵母。各地海南话中如果有上述四个韵母的词语，通常是写不出汉字的。我们重点考察一下海口话中的 ɔm（无 om）、ɔp（无 op）。海南方言（海口）的韵母 ɔm 能与 11 个声母相拼，ɔp 能与 9 个声母相拼，两个韵母都不能与唇音声母相拼，这一点上与黎语是一样的。

据陈鸿迈《海口话音档》可知，海南话含有 ɔm、ɔp 韵母的词语

并不多，含有韵母 ɔm 的词语有 32 个，含有 ɔp 韵母的只有 10 个，具体情况见表 2-2-8。

表 2-2-8　海南话(海口)ɔm、ɔp 韵母声韵拼合

声母＼韵母	ɔm	ɔp
n	nɔm²⁴喂婴儿前把食物放到嘴里嚼碎；　nɔm³⁵鱼肉腐烂后发出的臭味；　nɔm³³松软；　nɔm⁵⁵小堆(量词)	
l	lɔm²⁴放在嘴里慢慢咀嚼；　lɔm²¹⁴急促的撞击声；　lɔm³³～泻，山坡、楼梯等斜陡；　lɔm⁵⁵拍～，聊天	lɔp⁵凹入；　lɔp³漉
k	kɔm²¹⁴拱；　kɔm³³足够	kɔp⁵浮肿
ŋ	ŋɔm²¹⁴～猫，唠叨，咕哝	ŋɔp⁵向下跌倒；　ŋɔp³没牙齿的人吃食物的动作
x	xɔm²¹⁴刚开始；　xɔm³⁵盖，罩；　xɔm³³按住	xɔp⁵竹折断；　xɔp³ xek³地面、床板等不平
h	hɔm²⁴生长茂盛；　hɔm²¹⁴茅草；　hɔm³³写字的时候，墨水等液体在纸、布上扩散	hɔp⁵塌
ts	tsɔm²¹⁴小声说话；　tsɔm⁵⁵一撮(量词)；	tsɔp⁵砸
s	sɔm²¹⁴ lɔm²¹⁴衣着不洁，精神不振；　sɔm²¹⁴刺；　sɔm³³把食物放入液体后立即取出	sɔp⁵把凸的部分套入凹的部分；　sek³ sɔp³走路时的声音
ø	ɔm²¹⁴大声说话；　ɔm²¹⁴揞；　ɔm³³用调羹或手把食物送嘴里	ɔp⁵买东西找顾客钱

上面这些海南话的词语，绝大多数是写不出汉字的，这些词语的意义多数与[反复][遮盖][水][声音][圆弧形]等语义特征有关联。

需要强调的是，海南话中的 ɔm/om、ɔp/op 在方言中的分布是不均衡的，据刘新中(2004)的研究，这类韵母主要分布于海府片、文万片一部分地区，别的方言片区没有这两个韵母，比如乐东、东方、三亚这些地方是没有的。这种情况只能说明海南闽语是在琼北地区与具有这类韵母的语言的密切接触中吸收的。

3. 儋州话中的韵母 om、op

儋州话有 ɔm 与 om 的对立，也有 ɔp 与 op 的对立。儋州话的 om 拼合能力很弱，但奇怪的是，仅有的音节是与唇音拼合的。韵母 ɔm 的拼合能力要强大得多，能够跟 11 个声母相拼，与黎语、海南话一样不能与唇音声母相拼。儋州话的 op 也仅有与唇音声母 ʔb、ph 相拼的两个音节。ɔp 能与 10 个声母相拼，但同样不能与唇音相拼。

儋州话中含有这四个韵母的词语，有一部分是汉字词语，比如：

ʔbom^{22}禀　phom 品　tɔm^{55}深　tɔm^{22}审　tɔm^{11}甚
lɔm^{53}林　lɔm^{11}廪　tsɔm^{55}镇　tsɔm^{22}浸　tsɔm^{11}揕
zɔm^{53}檐　zɔm^{11}润　hɔm^{53}谭　hɔm^{22}探子　xɔm^{53}琴

有音无字的词语有 21 个：

nɔm^{55}人或动物肥胖　nɔm^{21}松软　lɔm^{55}凹陷
lɔm^{22}取得　ʦɔm^{53}从物体内取出东西
sɔm^{55}～柴(往火炉里添柴)　sɔm^{22}无目的地行走
sɔm^{21}～酒(从窄口容器里取酒)　zɔm^{22}一～(一小撮)
kɔm^{21}蹲下　xɔm^{55}痒　xɔm^{21}一种捉拿动作
hɔm^{55}香～(馨香)　ɔm^{53}吞食　ʔbop^{5}掉落
phop^{5}物体掉下的声音　lɔp^{2}套住　ʦɔp^{5}摔下
sɔp^{2}从瓮罐里取　xɔp^{2}用手抓取　ɔp^{2}捂住

上述这些词语绝大多数直接或间接跟[声音][反复][遮盖][动作向下][圆弧形]之类的语义特征有关联。另外几个 uɔp(可以看作 ɔp 的变体)韵母的字也是这样：luɔp^{5} 双手抱住；suɔp^{2} 舀取；zuɔp^{5} 树枝摇动；uɔp^{5} 适合。

4. 临高话中的韵母 om、op

临高话也有 om 与 ɔm 的对立，op 与 ɔp 的对立。临高语的 om 可以跟 17 个声母中的 11 个声母相拼；ɔm 能跟 10 个声母相拼，但同样不能跟唇音声母相拼。临高语的 op 能跟 12 个声母相拼；ɔp 能跟 11 个声母相拼，同样不能跟唇音声母相拼。

具体拼合情况请看表 2-2-9 和表 2-2-10。

上面声韵调拼合音节，我们已经穷尽式罗列了临高词语的汉语意义。从音节与汉语概念意义对应的情况看，我们发现，表示的意义主要与[声音][遮盖][反复][动作向下][圆弧形]等语义特征有关。这些词语的音和义是与黎语有关联的，比如：

含[遮盖]语义特征的词：

临高语——xom^{2} 盖子(名词)；xɔm^{4} 盖(动)；hɔp^{8} 合，盒，打赌，布；hɔp^{7} 塔，关，使合拢

黎语——plom^{3} 蒙盖；tom^{1} 盖(被子)；khop^{7}；koːp^{9} 合并，归并，配；goːm^{1} 合并，靠拢；loːm^{1} hwoːk^{7} 合意

含[圆弧形]语义特征的词：

临高语——lop^{7} 用筒状物套

黎语——loːp^{7} 套，扣(口子)，戴(手套)

上述词语，临高语和黎语明显存在音义对应关系。不仅如此，这些词语在儋州话和海南话中也存在明显的音义对应关系：

儋州话——uɔp^{5} 适合

海南话——xɔm^{35} 盖，罩；xɔp^{3} 容(盖住)

儋州话——lɔp^{2} 套住

海南话——lɔp^{5} 簏(套进衣物)；sɔp^{5} 插(套入管状物)

表 2－2－9 临高话韵母 om、ɔm 声韵调拼合

声母＼韵母	om				ɔm			
	1 调 13	2 调 55	3 调 33	4 调 21	1 调 13	2 调 55	3 调 33	4 调 21
ʔb	强调量词,大个			象声词,枪击声或鞭炮声				
m								
f		象声词,物体落水的声音	强调式量词,大把	形容很快的样子				
v							仆	
ʔd	强调式量词,大个	秧田;秧苗		声讨;数落	颠簸		低	
t	强调式量词,大个		～lom4,拾人所弃	长,指衣物过长	攀缘			
n				软	男			
l	浮子	捅	罩在外面	平底锅的一种	插秧	下(零星小雨)	擂,打	脱下;掉下

续　表

韵母 声母	om				ɔm			
	1 调 13	2 调 55	3 调 33	4 调 21	1 调 13	2 调 55	3 调 33	4 调 21
ʦ	一种无底的捕鱼竹器	蘸						
s		捅;戳	打气筒	瘸	木炭			
ȵ								
j								
k							敢,敢于	晚上
ŋ								
x		某些物体的盖子或外套		瘫痪	神龛		岸;田埂	摁;盖
ʔ		驼		弯	低沉,不高扬	阴雨	酿;浸;沤	
h					闻;吻	含;池塘	赴宴	

表 2-2-10　临高话韵母 op、ɔp 声韵调拼合

声母＼韵母	op			ɔp		
	7 调 33	8 调 55	9 调 21	7 调 33	8 调 55	9 调 21
ʔb			象声词，形容心跳的声音			
m						
f			象声词，形容物体落地的声音			
v	物体内部组织松软					
ʔd		刺；扎		肝；闭（目）		
t	塌陷	象声词，敲击硬物或牲畜吃食物的声音	象声词，形容敲击软物的声音；大口吞吃			
n					缴纳	
l	吞；用筒状物套	颅腔，头颅剔除肉后的空架			米	
ʦ		簇，把，量词	撮（量词）	量词，绕满一圈为一～		

续　表

韵母 / 声母	op			ɔp		
	7 调 33	8 调 55	9 调 21	7 调 33	8 调 55	9 调 21
s		在水中漂洗		笼子;折叠	凑,拼凑	
ȵ					缝,指手工缝制	
j				暗;潜		
k		某些竹器边沿起加固作用的部分		鸽子		
ŋ	哑	象声词,形容狗叫的声音				
x	吃的别称	玩纸牌时候分数已够,不再叫牌;咬硬物的声音	～xau^2：象声词,形容炒东西不均匀	磕碰	约好	
ʔ	戽斗	青蛙	沉默寡言	把容器等口子封起来;掌掴;迎合		
h				塔;关,使合拢	合;盒;打赌;布	

不同语言中的词语却存在明显的音义对应关系,最合理的解释就是语言接触引起的词语借用,某种语言是源语言,其他语言是借入语言。从不同语言的入岛先后情况和迁徙分布情况来看,黎语是源语言,其他语言或汉语方言是借入语言。借入的模式或者说影响的模式可能是波浪传导型模式:黎语影响到临高语,临高语再影响到海南话。

研究结果表明,黎语的 om、op 这两个韵母在黎语语音系统里具有很强的音节组合能力,除了不能跟唇音声母和唇化音相拼合外,几乎能与所有声母拼合。由这两个韵母组成的音节构成的词语在概念意义上有明显的倾向性,基本上是由[反复][遮盖/覆盖][圆弧形][声响]这些语义特征直接或间接引申出来的。比如,不间断的“重复”,从时间上看便是“时常/长期”,导致的主体结果是“疲劳”,导致的客体结果是“堆砌”“淤积”“沉淀”或者“堆的性状”,甚至是可以作为复数量词表达汉语“束”“撮”这类量的意义。又比如“遮盖/覆盖”,用一般的工具实施该类行为是“罩住”,用土是“埋葬”,用金属是“镀”,用眼皮子则是“闭眼”,徒手是“摁”“按”“揞”,所用的工具可以是“布”“长衣服”,导致的结果可能是“合适”“相遇”“碰巧”“黑暗”“朦胧”“隐瞒”“阴沉”“阴暗”,等等。再比如“圆弧形”,弧形物、圆形物、球形物都可以因此命名:“虹”“猪圈”“园子”“戒指”“鳞片”“轮”“疙瘩”“孕妇(由肚子鼓起的圆弧形状判断)”,作出这样形状的行为有“抱”“握(拳)”,这样的形状给人带来的感觉是“结束”“足够”“圆满”“光滑”“柔和”“老实”等,把手或工具放进圆形之物便是“套”“扣(口子)”“戴(手套)”。可以说,在黎语里,用由音衍义的方式,黎语的 oːm/om、oːp/op 已经演绎出了丰富的概念意义。与黎语相比较,临高语都没有这么丰富。从这个角度而言,临高语应该是受到了黎语的影响;海南话的海府片和文万片也许受到了临高语的影响,但最终是受到了黎语的影响。

刘新中和詹伯慧(2006)考察了黎语、临高语、村话、海口方言、琼海方言、回辉话、迈话之后，明确指出，海南闽语中的韵母-ɔm、-ɔp是从非汉语中借入的，由黎语、临高语而来是没有问题的，并且认为从临高语借入的可能性更大。我们认为这种推测是正确的，但是如若深究源头，还是来自黎语。

（四）黎语中汉语新借词声调对应关系

黎语哈方言的声调是6个；其中舒声调3个，1调调值53，2调调值55，3调调值11；促声调3个，7调调值55，8调调值11，9调调值53。因为哈方言是黎语的基础方言，保定音是黎语的标准音，这一小节我们主要考察黎语哈方言保定话中的汉语新借词的声调对应情况。保定话新借词的声调比较复杂，在借入时参照本地海南话的声调情况，比较有规律地与自己的声调系统进行匹配，但也有少数例外。海南话中的阴平34主要与黎语的2调55对应，一部分与3调11对应；海南话中的阳平211与黎语的3调11对应；海南话中的阴上32与黎语的3调11对应；海南话中的阳上53多数与1调53对应，少数与2调55对应；海南话中的去声213多数与黎语的3调11对应，少数与2调55对应。海南话的阴入和阳入都与黎语的7调对应，极少数阴入与黎语的9调对应。

具体调类调值对应情况，见表2-2-11。

表2-2-11　黎语新借词声调对应

<table>
<tr><th>黎语(保定)</th><th>海南话(乐东)</th><th>普 通 话</th></tr>
<tr><td>2调55</td><td rowspan="2">阴平34</td><td rowspan="4">阴平55</td></tr>
<tr><td>3调11</td></tr>
<tr><td>7调55</td><td rowspan="2">阴入5</td></tr>
<tr><td>2调55</td></tr>
</table>

续 表

<table>
<tr><th>黎语(保定)</th><th>海南话(乐东)</th><th>普 通 话</th></tr>
<tr><td>3 调 11</td><td>阳平 211</td><td rowspan="3">阳平 35</td></tr>
<tr><td rowspan="2">7 调 55
(极少数海南话读入声的字读 1 调 53)</td><td>阴入 5</td></tr>
<tr><td>阳入 3</td></tr>
<tr><td rowspan="2">3 调 11</td><td>阳平 211</td><td rowspan="6">上声 214</td></tr>
<tr><td>阴上 32</td></tr>
<tr><td>1 调 53</td><td>阳上 53</td></tr>
<tr><td>3 调 11</td><td>去声 213</td></tr>
<tr><td>7 调 55</td><td>阴入 5</td></tr>
<tr><td>1 调 53</td><td rowspan="2">阳上 53</td><td rowspan="7">去声 51</td></tr>
<tr><td>2 调 55</td></tr>
<tr><td>2 调 55</td><td rowspan="2">去声 213</td></tr>
<tr><td>3 调 11</td></tr>
<tr><td>3 调 11</td><td>阴平 34</td></tr>
<tr><td>7 调 55
(极少数读 9 调 11)</td><td>阴入 5</td></tr>
</table>

具体对应例字见表 2 - 2 - 12。

表 2 - 2 - 12 声调对应例词

调值 / 例字	黎语(保定)	普 通 话	海南话(乐东)
帮(助)	baŋ^{3}	55	ʔbaŋ^{34}
参(加)	sam^{3}	55	san^{34}

续　表

例字＼调值	黎语(保定)	普 通 话	海南话(乐东)
发(展)	hwaːn^{3}	55	huəʔ^{5}
丰(收)	phoŋ^{2}	55	voŋ^{34}
工(厂)	kaːŋ^{2}	55	kaŋ^{34}
光(明)	kwaːŋ^{2}	55	kui^{34}/kuaŋ^{34}
积(积)	ʦek^{7}	55	tsɛʔ^{5}
经(济)	keŋ^{2}	55	kin^{34}
开(会)	khui^{3}	55	khui^{34}/khai^{34}
科(学)	khwa^{2}	55	khuə^{34}
批(评)	phuːi^{2}	55	phoi^{34}
区	khi^{3}	55	khi^{34}
缺(点)	khuːi^{2}	55	khuəʔ^{5}
生(产)	te^{2}	55	tɛ^{34}
书(记)	tu^{2}	55	tsu^{34}
思(想)	ti^{3}	55	tie^{53}/si^{213}/si^{34}
先(进)	taːi^{2}	55	tai^{34}
宣(传)	tuːn^{2}	55	ten^{34}
医(院)	i^{2}	55	i^{34}
(表)扬	zaːŋ^{3}	35	ziaŋ^{211}
(党)员	zuːn^{3}	35	zuan^{211}
(工)人	naːŋ^{3}	35	naŋ^{211}

续 表

例字 \ 调值	黎语(保定)	普通话	海南话(乐东)
(光)明	meŋ^{3}	35	mɛ^{211}/min^{211}
(光)荣	zoŋ^{3}	35	zioŋ^{211}
(检)查	kiːm^{3} sa^{3}	35	sa^{211}
(解)决	kiːt^{7}	35	kɛʔ^{3}
觉(悟)	khiːk^{7}	35	khioʔ^{5}
(科)学	o^{1}	35	ɔʔ^{3}/hioʔ^{5}
(民)族	tok^{7}	35	tsɔʔ^{3}
(农)民	miːn^{3}	35	min^{211}
(批)评	pheŋ^{3}	35	phin^{211}
团结	thuːn^{3} kiːt^{7}	35	kiʔ^{5}
文(化)	vuːn^{3}	35	vun^{211}
(委)员	zuːn^{3}	35	zuan^{211}
(问)题	doːi^{3}	35	ʔdoi^{211}
(宣)传	suːn^{3}	35	suan^{211}
银行	haːŋ^{3}	35	haŋ^{211}
(英)雄	hjoŋ^{3}	35	hioŋ^{211}
保(卫)	bo^{3}	214	ʔbɔ^{32}/ʔbau^{32}
北(京)	bak^{7}	214	ʔbaʔ^{5}
表(扬)	biːu^{3}	214	ʔbiau^{32}
(部)长	tsiːŋ^{3}	214	tsaŋ^{32}

续　表

调值 例字	黎语(保定)	普 通 话	海南话(乐东)
党(员)	daːŋ^{3}	214	ʔdaŋ^{213}
(发)展	tsiːn^{3}	214	tsen^{32}
管理	kwan^{3} li^{3}	214	kuan^{32} li^{32}
广(东)	kwaːŋ^{3}	214	kuaŋ^{32}
(立)场	diːu^{3}	214	ʔdie^{211}
(缺)点	diːm^{3}	214	ʔden^{32}
(生)产	taːn^{3}	214	san^{32}
(思)想	tiːu^{1}	214	tie^{53}/tiaŋ^{32}
委(员)	ui^{3}	214	ui^{32}
(选)举	ki^{3}	214	ki^{32}
(政)府	fu^{3}	214	vu^{32}
主(席)	tu^{3}	214	tsu^{32}
总理	toŋ^{3} li^{3}	214	tsoŋ^{32} li^{32}
报(纸)	bo^{2}	51	ʔbɔ^{213}
部(长)	bu^{1}	51	ʔbu^{53}
电话	diːn^{2} uːi^{3}	51	ʔden^{213} uə^{34}
斗(争)	dau^{2}	51	ʔdau^{32}/ʔdeu^{213}
(反)对	dui^{2}	51	ʔdui^{213}
干(部)	kan^{2}	51	kan^{213}
(纪)律	luːt^{7}	51	luiʔ^{3}

续 表

例字＼调值	黎语(保定)	普通话	海南话(乐东)
技术	ki^{2} $tu{:}t^{9}$	51	ki^{213} $tuiʔ^{5}$
教育	ka^{2} zok^{7}	51	ka^{213} $zioʔ^{5}$
进步	$tsi{:}n^{2}$ bou^{3}	51	$tsin^{213}$ $ʔbeu^{34}$
(经)验	$ni{:}m^{1}$	51	nen^{53}
(开)会	hui^{2}	51	hui^{53}
会计	hui^{1} ki^{2}	51	hui^{53} ki^{213}
落后	la^{7} $a{:}u^{1}$	51	$lɔʔ^{3}$ au^{53}
任务	$zi{:}m^{1}$ mu^{1}	51	zin^{53} vu^{53}
态度	$tha{:}i^{2}$ dou^{3}	51	$thai^{213}$ $ʔdu^{53}$
(讨)论	lun^{1}	51	lun^{53}
卫(生)	ui^{3} te^{2}	51	vui^{213}

第三章　汉语方言词汇与黎语词汇的相互影响

第一节　黎语汉语借词整体考察

一、黎语汉语借词概况

词汇是一个开放的系统，所以一种语言在与别的语言接触过程中，最容易受到影响的是词汇系统。词汇系统受到影响，首先是从别的语言中引入新的概念，然后随着接触日益深入和广泛，词汇系统原有的词语有可能出现被别的语言表达同样概念的词语替换的情况。因此，我们可以通过考察黎语借词的整体面貌来考察黎语与别的语言的接触关系。

我们对欧阳觉亚(1983)编制的黎语五大方言八个语言点(杞方言只选择通什，不含堑对和保城两个语言点)1 630 个常用词(都是基本词)的词汇表进行了统计，发现在 1 630 个概念中有 387 个概念出现了汉语借词(只要有一个语言点出现了汉语借词便可计算在内)，占比 23.74%。有的语言点汉语借词多一些，有的语言点汉语借词少一些，其中哈方言保定语言点 213 个，汉语借词率为 13.07%；美孚方言西方语言点 233 个，汉语借词率为 14.29%；润方言白沙语言点 239 个，汉语借词率为 14.67%；赛方言加茂语言点281个，汉语借词率为17.24%。比较而言，赛方言常用词汉语借词的数量是最多的，比黎语基础方言哈方言保定语言点多出68个。纳入统计的基本词都是日常生活中使用的词。如果是政治、经济、科技领域的词语，几乎都是汉语借词了。因此，黎族人在与政治、经济、科教相关的会议上的讲话内容，使用的汉语借词的数量会大大增加。

侗台语族语言中汉语借词分为早期借词和近期借词。有学者把早期借词叫作旧借词，把近期借词叫作新借词。欧阳觉亚(1983：358)认为，有的语言的新老借词很容易分辨，只要看借词的读音是否近似中古语音系统就可以准确地判定了，比如壮语的老借词跟中古音近似，新借词跟西南官话音近似；但是黎语的这两种借词并不好分辨，因为它在新中国成立以后借入的源语言主要是海南话，而海南话属于闽方言系统，闽语是保留了中古音特点的。一般是看黎语的汉语借词与海南话读音是否有明显差异，如果读法很不同，就很可能是早期汉语借词。但是与海南话读音高度近似并不能证明就是新借词。这种情况下可能就要参照这个词语的所指跟日常生活的相关度了，比如"笔"这种常见的事物，黎族人不可能在近代才接触到，应该是很早就接触、使用的事物了，但是黎语的读音就和海南话的读音高度一致。欧阳觉亚的处理办法是将借词的语音形式与文昌话比较，如果相差较大就基本判定是较早的时候借入的；相反，如果是语音近似就判定是近期借入的。我们把这作为重要的参考标准，但在此基础上还要参考该语素在明显属于新借词中的读音。比如表3-1-1中"铜""同"这两个词的读音在黎语各点的读音。

"铜""同"在黎语里显然有两个读音，虽然两个读音借入的时间不同，文昌音很有可能是后来才借入的，但是也没有十足的把握，于是我们参考新借词"同志"的读音就可以作出肯定的判断。"同志"一词在黎语各方言土语中读音相同，一律读作 daŋ tsi。

表 3－1－1　黎语方言中的“同”与“铜”

	文昌	保定	通什	白沙	西方	加茂
同	ʔdaŋ^{2}	ʔdoŋ^{1}	ʔdoŋ^{1}	ʔdoŋ^{1}	ʔdoŋ^{1}	ʔdaːŋ^{2}
铜	ʔdaŋ^{2}	ʔduːŋ^{1}	ʔdaːŋ^{4}	ʔduŋ^{1}	ʔduŋ^{1}	tuːŋ^{1}/ʔdaːŋ^{4}

因此，文昌音是后来借入的，借入之后逐渐取代了旧读音，加茂话两者并存则是取代还没有完成。

美孚方言主要分布在东方市的东部地区。东方市操军话的人口今天约有 10 万人，且主要集中分布在八所镇和三家镇。因此美孚方言与军话区比较接近，老一辈讲美孚方言的黎族人是通过当地的“军话”吸收汉语借词的。我们比较表 3－1－2 中几个词语的读音，便可见一斑。

表 3－1－2　美孚方言借自军话的几个词语

	军话(八所)	文昌	西方	保定	通什	白沙	加茂
敲	khau^{33}	hau^{1}	khaːu^{3}	thoŋ^{2}	khoːʔ^{8}	khok^{7}	duak^{7}
鞋	xai^{31}	oi^{2}	xaːi^{1}	koːm^{3}	koːm^{3}	kuam^{3}	ləm^{2}
砖	tsuan^{33}	tui^{1}	ʦuan^{2}	ʦɯːn^{3}	ŋua^{5}	tsun^{3}	tuːi^{3}
税	sui^{24}	tuɛ^{4}	sui^{3}	hiːŋ^{1}	hiaŋ^{4}	huaŋ^{3}	—
酸	suan^{33}	tui^{1}	saŋ^{2}	fa^{3}	fa^{2}	fa^{3}	fou^{1}
饭	fan^{24}	pan^{5}/mue^{2}	faːn^{2}	tha^{2}	tha^{5}	tha^{2}	thou^{1}
钢	kang^{33}	ko^{4}	kaŋ^{2}	kaːn^{1}	ko^{6}	ko^{5}	kɔ^{4}

润方言的白沙土语，老一辈黎族人是通过儋州话吸收汉语借词的。我们看表 3－1－3 几个词语可以发现端倪。

表 3－1－3 润方言借自儋州话的几个词语

	儋州话	文昌	白沙	保定	西方	通什	加茂
拜	ʔbai^{22}	ʔbai^{4}	baːi^{2}	phut^{7}	phot^{7}	phut^{7}	phut^{7}
叠	hiɐp^{2}	tiap^{8}	liap^{7}	leːp^{7}	leːp^{7}	leːp^{7}	baːk^{9}
棺材	kuɔn^{55} sai^{53}	kua^{1} sai^{2}	kuan^{1} saːi^{2}	sai^{1} koŋ^{2}	sai^{1} koŋ^{2}	sai^{1} koŋ^{5}	tshatɔ^{2}
海	huɔi^{22}	hai^{3}	huai^{2}	laːŋ^{3}	laːŋ^{3}	laːŋ^{3}	laːŋ^{1}
夹	kiɐp^{5}	kiap^{8}	kiap^{7}	heːp^{7}	heːp^{7}	heːp^{7}	kəp^{9}
三	tam^{55}	ta^{1}	taːm^{3}	ta^{3}	fu^{3}	ta^{1}	ta^{3}
霜	tuɔŋ^{55}	to^{1}	ɬuaŋ^{3}	zen^{1}	zen^{1}	ɬen^{4}	nɔːu^{4} vuəi^{1}
油	zɔu^{53}	iu^{2}	zou^{1}	gwei^{3}	xui^{3}	guːi	kui^{1}
(科)学	hɔʔ^{5}	ʔoʔ^{8}	hoʔ^{8}/ʔoʔ^{7}	ʔo^{1}	ʔo^{1}	ʔoːʔ^{7}	ʔɔ^{5}
(合)作	tsɔʔ^{2}	toʔ^{7}	tsoʔ^{7}	to^{2}	to^{2}	toːʔ^{9}	to^{1}

表 3－1－3 中的几个词语，润方言白沙土语的读音跟其他四个方言的读音都明显不同，但是跟儋州话读音却十分一致，特别是"棺材""海""三""霜""油""学""作"这七个词语明显是通过儋州话借入的。

新中国成立以后，美孚方言和润方言地区的干部和年轻人逐渐学会了海南话，海南话在这些地区的影响力越来越大，最后新借入的词语逐渐改用了海南话的读音。另外三种方言哈方言、杞方言和赛方言是通过海南话吸收汉语借词的。因此对黎语影响最大的是海南话。海南话以文昌话为代表，我们可以讨论一下文昌话音系跟黎语汉语借词音系之间的对应关系。

文昌话有 18 个声母：ph、ʔb、b、m、t、ʔd、d、n、l、ts、dz、s、k、g、ŋ、x、ʔ、ø(零声母)。

欧阳觉亚(1983：361)发现，黎语各方言的汉语借词，凡是属于文昌话的 ph、ʔb、m、t、ʔd、n、l、ts、k、ŋ、ʔ 等声母的字，一般是与文昌话一样的。但是借词声母属于文昌话的 b、s、dz、ø 的，黎语分别以 v、tsh/s、z、h 对应。比如表 3-1-4 中的几个借词。

表 3-1-4　黎语各方言借自海南话的几个词语(一)

	文昌	保定	西方	通什	白沙	加茂
称	$seŋ^{1}$	$soŋ^{2}$	$tshɔŋ^{3}$	$tshɯŋ^{5}$	$tshɔŋ^{2}$	$tshɔŋ^{9}$
任(务)	$ʥim^{5}$	$ziːm^{1}$	$ziːm^{1}$	zin^{1}	zim^{4}	$ziəm^{5}$
万	ban^{1}/van^{1}	$vaːn^{3}$	$vaːn^{3}$	$vaːn^{1}$	$vaːn^{2}$	$vaːn^{3}$
吼	ou^{5}/hou^{5}	hok^{7}	$hɔk^{7}$	hok^{7}	$hɔk^{7}$	$hɔːk^{8}$
和(平)	ua^{2}/hua^{2}	hua^{3}	ha^{3}	hua^{4}	vo^{4}	hua^{4}

文昌话的 x 声母有来源于中古透母的，有来源于溪母的，还有来源于定母和群母部分字的。欧阳觉亚(1983：361)发现，这部分字对应普通话的 th、kh、ʨh。黎语的汉语透母(或定母平声)借词声母一般读 th，黎语的汉语溪母(或群母平声)借词声母一般读 kh。比如表 3-1-5 中的几个词语。

表 3-1-5　黎语各方言借自海南话的几个词语(二)

	文昌	保定	西方	通什	白沙	加茂
跳(舞)	$xiao^{4}$	$tɯn^{3}$	$thiau^{3}$	$thiau^{6}$	$hiau^{3}$	$thiau^{1}$
态(度)	xai^{4}	$thaːi^{2}$	$thaːi^{2}$	$thai^{3}$	hai^{1}	$thai^{2}$
科(学)	xua^{1}	$khwa^{2}$	$khua^{2}$	$khwa^{1}$	$khua^{3}$	kua^{3}
旗	ki^{2}	$khei^{3}$	$khei^{3}$	khi^{4}	$khei^{3}$	ki^{2}

文昌话的 g 声母字,黎语借入时候声母一般读作舌根鼻音 ŋ。如表 3-1-6 所示。

表 3-1-6　文昌话的 g 声母黎语借入后读作 ŋ 的情况

	文昌	保定	通什	白沙	西方	加茂
(错)误	gou¹	ŋou²	gou¹	ŋou³	ŋou³	ŋɔːu³

文昌话韵母有 54 个：a、e、i、o、u、ai、au、am、an、aŋ、ap、at、ak、aʔ、ia、iau、iam、iaŋ、iap、iak、iaʔ、ua、uai、uan、uaŋ、uat、uak、uaʔ、eŋ、ek、eʔ、ue、ueʔ、iu、in、it、iʔ、oi、ou、om、oŋ、op、ok、oʔ、io、iom、ioŋ、iop、iok、ioʔ、ui、un、ut、uʔ。韵母中含塞音韵尾-p、-t、-k 的正好与含鼻音韵尾-m、-n、-ŋ 的相匹配。收喉塞音韵尾 ʔ 的韵母与单元音韵母和带介音的单元音韵母相配。

欧阳觉亚(1983：362)还发现,黎语吸收海南话不含介音的语素,不同方言的读音基本上与文昌话相同。吸收带介音的语素,如果黎语有相应的带介音的韵母,则用带介音的韵母来读;如果黎语没有带介音的韵母与海南话对应,则将主要元音读为长元音。比如表 3-1-7 中的几个词语。

表 3-1-7　黎语各方言借自海南话的几个词语(三)

	文昌	保定	西方	白沙	通什	加茂
广(东)	kuaŋ³	kwaːŋ²	kuaŋ²	kuaŋ¹	kwaːŋ⁴	kuaŋ³
表(扬)	ʔbiau³	biːu³	biau³	biau⁴	biau⁴	biau²
检(查)	kiam³	kiːm³	kiam³	kiam²	kiam⁴	kiam²
(先)进	tsin⁴	tsiːn²	tsin³	tsin²	tsiːn⁶	tsiən²
(工)业	ŋiap⁸	ŋiːp⁷	ŋip⁷	ŋip⁷	ŋiap⁷	ŋiap⁹
命	mia¹	miːŋ²	miŋ²	miŋ²	miaŋ³	mia⁵
玻璃	kia⁴	kia³	keŋ³	kiaŋ¹	kia⁶	kia⁴

续 表

	文昌	保定	西方	白沙	通什	加茂
肥皂(碱)	kiam³	keːn¹	kiːn⁴	kaːn¹	—	kiən²
桥	kio²	kiːu¹	kiau¹	khi⁴	kiːu²	kiə²

如果是吸收海南话中带喉塞音韵尾的字，杞方言也一般带喉塞音韵尾，其他方言则一般不带喉塞音。润方言的白沙土语借自儋州话的词语有时也带喉塞音韵尾，也有可能带喉塞音和不带喉塞音都可以。比如前面列举过的"科学""学生"的"学"，"和平"的"和"。

各地黎语在吸收汉语借词后，都增加了一些韵母，也就是说在具体某个语言点的韵母系统中，有一些韵母只是在汉语借词中出现，在非借词中是不出现的。这类韵母的数量有多少？不同语言点是不一样的，比如同属于哈方言的保定、中沙、黑土三个语言点专用于借词的韵母数量就不同，其中保定有两个：eŋ、ek；中沙有15个：eŋ、ek、oi、iau、iam、iaŋ、iak、ie、io、oŋ、iok、uai、uan、uat、uak；黑土有10个：eŋ、ek、iau、iam、iaŋ、ioŋ、io、uai、uat、uo。

二、黎语代表点常用词汉语借词表

我们将1 630个常用词中黎语各方言的汉语借词摘取出来，以方便直观感受各方言代表点中常用汉语借词的分布情况。具体情况见表3-1-8。

表3-1-8 黎语各方言常用汉语借词分布

	凹陷	熬(酒)	把 (一把刀)	把 (一把工具)	耙
保定	—	ŋaːu²	phiːn²(片)	—	—
中沙	—	ŋau³	phiːn²	—	—

续 表

	凹陷	熬(酒)	把(一把刀)	把(一把工具)	耙
黑土	—	ŋaːu²	phiːn²	—	—
西方	voːk⁸(窝)	ŋaːu²	—	—	pe¹
白沙	biat⁷(瘪)	—	—	veʔ⁸	—
元门	—	—	—	viaʔ⁷	—
通什	—	—	phiːn⁵	—	—
加茂	—	ŋaːu⁵	—	—	phə¹

	白菜	百姓	摆手(挥)	班	搬
保定	taːi³	be² te³	uːi¹	—	baːn³
中沙	taːi³	beːʔ⁷ te¹	uːi¹	—	baːn³
黑土	sai¹	baːʔ⁹ teːŋ¹	ui¹	—	baːn²
西方	taːi³	puɯ³ seŋ³	ui²	—	baːn³
白沙	taːi³	beʔ⁸ tiaŋ	vet⁸	—	baːn³
元门	—	be⁵ te³	—	—	baːn¹
通什	taːi³	beːʔ⁷ te⁶	—	—	baːn¹
加茂	—	beːʔ⁷ te⁴	fit⁷	—	baːn³

	斑鸠	半(二分之一)	帮助	绑(缚)	拜
保定	khou¹	—	baŋ³	foːt⁷	—
中沙	khou¹	boːn¹	baŋ³	foːt⁷	—
黑土	khou¹	boːn¹	baŋ³	phoːt⁷	—
西方	khou¹	—	baŋ³	foːk⁷	—

续 表

	斑鸠	半（二分之一）	帮助	绑（缚）	拜
白沙	khou^{1}	—	baŋ^{3}	foʔ^{8}	baːi^{2}
元门	khou^{1}	—	baŋ^{1}	fut^{7}	—
通什	khou^{1}	—	baːŋ^{1}	foːt^{7}	—
加茂	tsau^{4}	bua^{4}	baːŋ^{3}	—	—

	宝	抱（抱小孩）	豹子	刨子	杯子（盅）
保定	bo^{1}	——	—	phaːu^{2}	tsiːŋ^{3}
中沙	bo^{1}	—	—	phaːu^{2}	tsiːŋ^{3}
黑土	bo^{1}	baːu^{3}	—	phaːu^{1}	tsiːŋ^{2}
西方	bo^{1}	—	—	phaːu^{1}	tsoŋ^{1}
白沙	bau^{3}	—	—	phaːu^{5}	tsoŋ^{3}
元门	bo^{4}	—	—	phaːu^{2}	tsiaŋ^{4}
通什	bo^{4}	—	—	phaːu^{4}	tsiaŋ^{1}
加茂	bo^{2}	—	bou^{1}	phaːu^{4}	diːn^{5}

	北	被子	本（一本书）	笨	鼻箫
保定	—	fai^{3}	bui^{1}	poːi^{1}（跛）	—
中沙	bak^{7}	fai^{3}	bui^{1}	poːi^{1}	—
黑土	—	pei^{3}	bun^{1}	poːi^{1}	—
西方	bak^{7}	fai^{3}	bon^{2}	poːi^{1}	—

续 表

	北	被子	本 （一本书）	笨	鼻箫
白沙	—	fai^{3}	bui^{1}	puai^{1}	—
元门	bak^{7}	fui^{3}	bui^{4}	bu:n^{3}（笨）	tiao^{1}
通什	—	fai^{3}	bui^{4}	pa:i^{4}	—
加茂	ba:k^{7}	phuəi^{5}	bu:i^{2}	buən^{5}	—

	比	笔	编（编辫子）	编（竹器）	扁
保定	bi^{1}	bit^{7}	phan^{1}	—	be::n^{2}
中沙	bi^{1}	bit^{7}	—	—	be::n^{2}
黑土	bi^{1}	bit^{7}	phen^{1}	—	be::n^{2}
西方	bei^{3}	pet^{8}	phan^{1}	—	be::n^{2}
白沙	bi^{2}	bet^{7}	phan^{1}	—	bian^{2}
元门	bi^{4}	bi:t^{7}	phan^{1}	—	bi:n^{5}
通什	bi^{4}	bi:t^{7}	phan^{1}	—	be::n^{5}
加茂	bi^{2}	biət^{7}	ta^{1}（打）	ta^{1}（打）	phe::n^{2}

	变	表	瘪	兵	柄
保定	—	bi:u	be:t^{8}/be:p^{7}	bi:ŋ^{3}	—
中沙	—	bie^{3}	be:t^{8}	bi:ŋ^{3}	—
黑土	—	bi:ʔ^{8}	be:t^{8}/be:p^{7}	bi:ŋ^{3}	—
西方	—	piau^{1}	be:t^{7}	biŋ^{3}	—
白沙	—	biau^{2}	biat^{7}	biŋ^{1}	—

续　表

	变	表	瘪	兵	柄
元门	—	bi:u^{4}	bi:n^{5}（扁）	zoŋ^{4}/bia^{1}	—
通什	—	bi:u^{4}	pe:t^{8}/be:p^{7}	biaŋ^{3}/bia^{1}	—
加茂	biən^{1}	biə^{2}	pe:p^{9}	bia^{3}	buən^{1}
	饼	玻璃（镜）	捕鼠器	补（补衣服）	不
保定	—	kia^{3}	—	fo:n^{1}	—
中沙	bia^{3}	kie^{2}	—	fo:n^{1}	—
黑土	bia^{3}	kaŋ^{1}	—	—	—
西方	—	keŋ^{3}	—	fo:ŋ^{1}	—
白沙	bia^{1}	khiaŋ^{1}	—	fuaŋ^{1}	—
元门	bia^{4}	kia^{3}	—	fu:n^{1}	
通什	—	kia^{6}	—	fo:n^{1}	vei^{4}
加茂	bia^{2}	kia^{4}	khiap^{4}（夹）	bɔ:m^{5}	bɛ^{5}
	不是（非）	步枪	擦	猜测	猜拳
保定	—	pha:u^{1} ve^{1}	sa:t^{8}	—	sa:i^{3} khi:n^{1}
中沙	—	suŋ^{1} ve^{1}	suak^{7}	—	sa:i^{3} khen^{1}
黑土	—	suŋ^{2}（铳）	sa:t^{7}	—	sa:i^{3} khɯn^{3}
西方	—	suŋ^{3} ve^{3}	se:t^{8}	—	sai^{2} khen^{1}
白沙	vai^{2}	suŋ^{2}	suʔ^{8}	—	sa:i^{3} ma^{2}
元门	vai^{5}	suŋ^{5}	suak^{7}	—	sai^{3} khi:n^{4}

续 表

	不是(非)	步枪	擦	猜测	猜拳
通什	—	bou^{1} siːu^{1}	sua^{7}	—	saːi^{1} khiːn^{4}
加茂	vai^{1}	bou^{3} tshiːu^{3}	sua^{7}	saːi^{3}	saːi^{1} khuəːn^{1}

	踩	菜刀	餐(一餐)	蚕	苍蝇
保定	—	daːu^{2}	saːn^{3}	—	pɯ^{1} hweːŋ^{3}
中沙	—	—	duːn^{3}	—	pei^{3} veːŋ^{3}
黑土	—	daːu^{2}	duːn^{3}	—	mei^{3} vaːŋ^{3}
西方	—	—	duːn^{3}	—	pɯ^{3} veːŋ^{3}
白沙	—	—	duan^{2}	—	—
元门	—	sai^{3} do^{5}	duːn^{5}	—	—
通什	—	bak^{7} thau^{3}	—	—	—
加茂	sɛ^{1}	sai^{1} do^{3}	dui^{4}	thaːŋ^{2} ti^{3}	—

	茶	槽(牲口槽)	草木灰	叉子	插(用力插)
保定	de^{1}	sou^{1}	tau^{3}	sa^{2}	soŋ^{3}
中沙	de^{1}	sou^{1}	tau^{3}	sa^{2}	suŋ^{3}
黑土	de^{1}	sou^{1}	tou^{3}	sa^{2}	suŋ^{3}
西方	de^{1}	sou^{1}	sau^{3}	sa^{2}	sɔŋ^{3}
白沙	de^{1}	sou^{1}	sau^{3}	sa^{3}	doŋ^{2}
元门	de^{4}	sou^{3}	sau^{3}	sa^{3}	toŋ^{5}
通什	de^{1}	sou^{1}	—	sa^{1}	soŋ^{3}
加茂	də^{4}	—	—	—	saːŋ^{5}

续表

	铲	炒	车	沉	撑(撑伞)
保定	—	—	sia¹	—	—
中沙	—	—	sia¹	—	—
黑土	—	—	sia¹	—	—
西方	—	—	si¹	—	—
白沙	—	—	si¹	—	—
元门	—	—	sia¹	tuːn¹	—
通什	—	—	sia¹	—	thaŋ¹/thaːi³
加茂	tshaːn²	tsha²	sia³	tsen⁴	theŋ⁴/təp⁸
	称呼	盛(盛饭)	称	吃	尺
保定	hwan¹	—	soŋ²	—	siːu²
中沙	van¹	—	suŋ²	—	se⁵⁵
黑土	van¹	za¹	soŋ²	—	se⁵⁵
西方	vaːŋ¹	—	sɔŋ³	—	sek⁸
白沙	vaŋ¹	—	sɔŋ²	—	sɯ⁵⁵
元门	van⁴	—	səŋ⁵	—	siə⁵⁵
通什	van¹	—	sɯŋ⁵	—	siu⁵
加茂	seːŋ¹	—	sɔŋ⁵	tei⁵	siə¹
	舂(舂米)	锄地(刨地)	穿插(打横穿插)	船	床
保定	—	bou²	tuːn¹	—	—
中沙	—	—	tuːn¹	—	—

续 表

	舂(舂米)	锄地(刨地)	穿插(打横穿插)	船	床
黑土	—	—	tuːn^{1}	—	—
西方	—	—	sun^{1}	—	—
白沙	suŋ^{3}	—	sun^{1}	—	—
元门	sun^{3}	—	tuːn^{1}	tun^{2}	taŋ^{1}
通什	tɯːŋ^{3}	—	suaʔ^{9}	tuːn^{2}	—
加茂	sɯ^{5}	bɔːu^{5}	—	—	—
	次(回)	葱	聪明(精)	粗(粗糙)	窜(飙)
保定	faːi^{1}	toŋ^{1}	tsen^{3}		phiu^{1}
中沙	foːi^{1}	tuŋ^{1}	tsin^{3}	seːu^{3}	phiu^{1}
黑土	paːi^{1}	tuŋ^{1}	tsin^{3}	sou^{3}	phiu^{1}
西方	ɣoːi^{1}	soŋ^{1}	—	—	phiu^{1}
白沙	fuai^{1}	soŋ^{1}	tseŋ^{1}	—	phiu^{2}
元门	vat^{8}	saŋ^{1}	tseŋ^{1}	—	phiu^{1}
通什	faːi^{1}	toŋ^{1}	tseŋ^{1}	—	phiu^{1}
加茂	fuəi^{1}	sɔŋ^{1}	tseŋ^{3}	—	phiu^{1}
	寸	锉子	错	打赌	大约
保定	sun^{3}	—	so^{1}	du^{2}	—
中沙	sun^{1}	do^{1}	so^{1}	du^{2}	—
黑土	sun^{1}	tho^{3}	so^{1}	du^{2}	—

续　表

	寸	锉子	错	打赌	大约
西方	son^{3}	so^{3}	so^{3}	tu^{2}	—
白沙	son^{3}	—	so^{3}	du^{2}	zop^{8}
元门	$suan^{3}$	do^{2}	so^{3}	du^{4}	zop^{7}
通什	$su\text{ː}n^{6}$	—	so^{6}	du^{4}	—
加茂	$su\text{ə}n^{4}$	do^{1}	$s\text{ɔ}^{4}$	du^{2}	—
	胆	石(一石米)	倒伏	倒塌	稻谷
保定	dai^{1}	da^{3}	$bu\text{ː}k^{7}$	$thau^{2}$	—
中沙	dai^{1}	$da\text{ː}m^{1}$	$bu\text{ː}k^{7}$	$thau^{2}$	—
黑土	dai^{1}	da^{2}	dau^{2}	$thou^{2}$	—
西方	dai^{1}	da^{3}	do^{2}	$thau^{2}$	kuk^{8}
白沙	dai^{1}	—	do^{2}	$thau^{2}$	$k\text{ɔʔ}^{7}$
元门	dai^{1}	—	do^{5}	$thau^{5}$	$k\text{ɔʔ}^{7}$
通什	dai^{1}	—	—	$thou^{1}$	—
加茂	di^{1}	da^{4}	fok^{7}	—	—
	得到	灯	凳子	滴(动词)	滴(量词)
保定	—	$de\text{ŋ}^{2}$	$da\text{ŋ}^{2}$	dak^{7}	—
中沙	—	$da\text{ŋ}^{2}$	—	dak^{7}	—
黑土	—	$de\text{ŋ}^{2}$	—	dak^{9}	—
西方	—	$de\text{ŋ}^{2}$	$da\text{ŋ}^{3}$	$d\text{ə}k^{7}$	—

续 表

	得到	灯	凳子	滴(动词)	滴(量词)
白沙	dɔʔ^{8}	daŋ^{3}	daŋ^{2}	dək^{7}	dək^{7}
元门	diːt^{7}	deŋ^{1}	diːn^{3}	dək^{7}	—
通什	—	deŋ^{2}	daŋ^{3}	dak^{7}	—
加茂	—	deŋ^{3}	—	dek^{7}	dek^{7}

	笛(箫)	抵押(当)	第(第一)	电线	(垫高)
保定	—	den^{1}	doːi^{3}	—	ten^{1}
中沙	—	den^{1}	doːi^{2}	diːn^{2} ɬua^{2}	thim^{2}
黑土	—	doːŋ^{1}	doːi^{2}	tin^{1} raːi^{1}	thim^{2}
西方	—	taŋ^{3}	doːi^{3}	xoːi^{1} tian^{3}	—
白沙	tiau^{1}	deŋ^{3}	—	—	—
元门	tiau^{1}	deŋ^{4}	dai^{1}	—	thiam^{5}
通什	—	deːʔ^{7}	doːi^{1}	diːn^{3} tua^{6}	thiam^{5}
加茂	—	deːʔ^{7}	dɔːi^{3}	diəntua^{4}	thiam^{5}

	雕刻	掉(果子掉落)	叠(一叠纸)	钉子	冬瓜
保定	khek^{7}	—	leːp^{7}	daːn^{3}	—
中沙	khek^{7}	—	leːp^{7}	daːn^{3}	daːŋ^{3} kuːi^{3}
黑土	khek^{7}	—	leːp^{7}	diːŋ^{3}	—
西方	khək^{8}	thui^{1}(坠)	teːp^{7}	teŋ^{1}	peːŋ^{3} kui^{2}
白沙	—	—	liap^{7}	den^{3} deŋ^{1}	—

续 表

	雕刻	掉（果子掉落）	叠（一叠纸）	钉子	冬瓜
元门	khek⁷	—	leːp⁷	dan¹	—
通什	khai³	—	leːp⁷	daːn¹	—
加茂	ʔiak⁷	—	leːp⁷	daːn³	—
	东	恐吓	斗（一斗米）	豆子	读
保定	—	—	daːu¹	—	rau²
中沙	—	—	dau²	—	thak⁷
黑土	—	—	dau²	thau²	thuk⁷
西方	—	—	dau²	deːu²	thuk⁸
白沙	—	—	dau³	dou³	niam²（念）
元门	—	—	dau³	daːu¹	thak⁷
通什	—	—	daːu⁴	—	thak⁷
加茂	daːŋ³	heːʔ⁷	—	—	thak⁹
	肚子（腹）	堆积	墩子	炖	鹅
保定	pok⁷	—	thun³	ui³煨	ŋe¹
中沙	pok⁷	—	thun³	ui³	ŋe¹
黑土	mok⁷	—	thun³	tsiːn³蒸	ŋe¹
西方	pɔk⁷	—	—	—	ŋe¹
白沙	pɔk⁸	—	thən³	baːu¹煲	—
元门	pɔk⁷	—	thun³	baːu¹	—

续 表

	肚子(腹)	堆积	墩子	炖	鹅
通什	pok^{7}	—	thun^{3}	tseːŋ^{3}	ŋaːn^{5}
加茂	pok^{7}	duən^{1}	—	duən^{5}	ŋəːn^{2}
	二(第二)	发抖	烦乱	烦闷	繁殖(生)
保定	zi^{3}	—	—	muːn^{3}	theːŋ^{1}
中沙	zi^{3}	—	—	muːn^{2}	theːŋ^{1}
黑土	zi^{3}	—	—	muːn^{2}	theːŋ^{1}
西方	—	—	—	mun^{3}	theːŋ^{1}
白沙	—	—	—	mon^{1}	thiaŋ^{1}
元门	zi^{3}	—	—	muːn^{1}	thiaŋ^{1}
通什	zi^{1}	—	—	muːn^{1}	theːŋ^{1}
加茂	zi^{3}	tan^{2} 弹	luːi^{4}	muən^{1}	theːŋ^{1}
	犯人	房间	防止	放(放置)	放走
保定	vaːn^{2}	baːŋ^{1}	vaŋ^{1}	—	phɯːŋ^{3}
中沙	vaːn^{2}	baːŋ^{1}	vaːŋ^{1}	—	phɯːŋ^{3}
黑土	phaːn^{1}	baːŋ^{1}	phaːŋ^{3} tsi^{3}	—	phɯːŋ^{3}
西方	vaːn^{2}	—	faŋ^{1} tsi^{1}	—	phɯŋ^{3}
白沙	fam^{2}	—	—	—	phɯŋ^{3}
元门	—	—	phaŋ^{4}	—	phɯŋ^{3}
通什	—	faːŋ^{3}	—	—	phɯːŋ^{3}
加茂	phaːn^{5}	baːŋ^{1}	phaːŋ^{2}	bɔŋ^{5}	bɔŋ^{5}

续　表

	飞机	肥胖	肥皂(碱)	吠	分(分数、分工)
保定	—	gwei^{3}	keːn	—	hun^{3}
中沙	—	guːi^{3}	kaːn^{3}	—	hun^{3}
黑土	—	ruːi^{3}	ken^{3}	—	hun^{2}
西方	—	xui^{3}	—	—	hun^{3}/fon^{3}
白沙	—	xui^{3}	—	—	hun^{1}
元门	bui^{1} ki^{1}	khui^{3}	—	—	hun^{1}
通什	bui^{1} ki^{1}	—	kiːn^{4}	—	huːn^{1}
加茂	bui^{3} ki^{3}	kui^{1}	kiən^{2}	kiːu^{1}	huən^{3}
	分别	坟墓	粪箕	风筝	封(一封信)
保定	—	en^{3}	bun^{3} ki^{3}	—	baːŋ^{3}
中沙	—	in^{3}	bun^{3} ki^{3}	—	baːŋ^{3}
黑土	—	in^{3}	pan^{2} ki^{3}	—	baŋ^{3}
西方	—	zen^{3}	fon^{23} ki^{3}	—	vaːŋ^{3}
白沙	—	zen^{3}	fon^{2} kei^{1}	—	foŋ^{1}
元门	—	en^{3}	bun^{3} ki^{4}	huaŋ^{3} tseŋ^{3}	baŋ^{1}
通什	—	en^{3}	bun^{3} ki^{3}	hwaŋ^{1} tseŋ^{1}	baːŋ^{1}
加茂	buən^{3} biət^{9}	phuən^{2} məːu^{3}	buən^{1} ki^{3}	huaŋ^{3} tseŋ^{3}	baːŋ^{3}
	浮	斧子	父亲	富	干饭
保定	bou^{1}	—	—	—	—
中沙	bau^{1}	—	—	—	—

续 表

	浮	斧子	父亲	富	干饭
黑土	bau¹	—	—	—	—
西方	bau¹	—	—	—	faːn²
白沙	bau¹	bu²	ba²	—	—
元门	bau¹	bu⁵	ba⁵	fu³	—
通什	bau¹	—	—	—	—
加茂	fu⁴	fɔ⁵	—	—	—
	干净	缸	钢	高兴	更加
保定	—	koːŋ³	kaːn¹	—	ŋuːn² ke³
中沙	siːŋ²	koːŋ³	koːŋ¹	—	ŋuːn² ke³
黑土	siːŋ²	koːŋ³	koːŋ¹	—	keŋ² ke³
西方	siːŋ²	kaŋ²	kaŋ²	—	kɯŋ³ kia²
白沙	siːŋ²	kuaŋ³	ko⁵	—	ke³
元门	siːŋ²	kuaŋ³	ko³	—	keŋ³ ke¹
通什	—	kɔːŋ³	ko⁶	—	keŋ³ ke³
加茂	tshiəŋ⁵	kɔːŋ¹ / tshui³ tsiaŋ¹	kɔ⁴	khaːu¹ heŋ⁴	keŋ¹
	工作	公路	钩住	瓜棚	棺材
保定	koŋ¹	—	—	—	sai¹ koŋ²
中沙	kuŋ¹	—	—	phaːŋ³	sai¹ kuŋ²
黑土	kuŋ¹	koŋ² leːu²	kau³	—	sai¹ kuŋ²

续　表

	工作	公路	钩住	瓜棚	棺材
西方	koŋ^{1}	—	ma^{1} kau^{1}	—	sai^{1} koŋ^{2}
白沙	koŋ^{3} tso^{2}	—	—	—	kuan^{1} saːi^{2}
元门	koŋ^{1}	koŋ^{3} lau^{3}	—	—	kua^{6} sai^{2}
通什	koŋ^{1}	—	—	phaːŋ^{3}	sai^{1} koŋ^{5}
加茂	koŋ^{1}	koŋ^{3} lɔːu^{3}	kau^{1}	—	—
	柜子	跪	过	海	旱田（坡）
保定	kui^{2}	—	—	—	pho^{3}
中沙	kui^{2}	khuːi^{2}	kua^{3}	—	pho^{3}
黑土	khui^{2}	—	kua^{3}	—	pho^{3}
西方	kui^{3}	—	—	—	phɔ^{3}
白沙	kui^{2}	khui^{2}	ku^{2}	huai^{2}	pho^{1}
元门	kui^{5}	khui^{5}	kuːi^{3}	hai^{4}	pho^{1}
通什	kui^{5}	—	—	—	pho^{1}
加茂	kuːi^{5}	phut^{7}（扑）	kua^{5}	—	phɔ^{3}
	横	红色	换钱（找钱）	荒地	灰色
保定	han^{1}	—	tsaːu^{1}	puːŋ^{1}	—
中沙	han^{1}	—	tsaːu^{1}	puːŋ^{1} / huaŋ^{3}	—
黑土	hen^{1}	—	tsaːu^{1}	—	hui^{2}
西方	haŋ^{1}	xaːŋ^{3}	—	phuŋ^{1}	—

续 表

	横	红色	换钱(找钱)	荒地	灰色
白沙	haŋ¹	—	ʦiau¹	—	—
元门	—	—	daːu¹	—	—
通什	han¹	—	—	puːŋ⁴	—
加茂	—	—	ʦiau²	—	—
	夹 (夹着书包)	假	架 (一架飞机)	减	剪刀
保定	—	ke¹	ka³	kiːm³	—
中沙	—	ke¹	ka³	kiam³	—
黑土	—	ke¹	ka³	kiam³	ʦin¹ do³
西方	—	ke¹	ka³	kiam¹	—
白沙	kiap⁷	—	ka³	kiam²	—
元门	kip⁷	—	ke³	kiam⁴	ka¹ do¹
通什	—	ke⁴/vau⁴	ka³	kiam⁴	kap⁷
加茂	—	—	ke⁴	kiam²	ka³ do³
	剑	缰绳	教	搅拌(混)	缴
保定	—	—	—	—	kiːu³
中沙	—	—	—	hun²	keːu¹
黑土	—	—	—	hun¹	keːu³
西方	—	doːi¹	—	—	keːu¹
白沙	kiam³	—	—	—	kiau¹

续　表

	剑	缰绳	教	搅拌(混)	缴
元门	kiam^3	—	ka^3	—	kiau^1
通什	kiam^6	—	—	—	kiau^4
加茂	kiam^1	—	ka^4	—	kiau^2
	劫	借	斤	金	紧
保定	kiːt^7	te^1	kin^3	kin^3	—
中沙	kiːt^7	te^1	kan^3	khim^1	—
黑土	kiap^7	te^1	kan^3	khim^1	—
西方	kit^7	—	ken^1	khem^1	—
白沙	kiap^7	tia^1	ken^1	khem^1	—
元门	kiap^7	—	kiːn^1	kem^1	—
通什	kiap^7	—	kiːn^1	kiːm^1	—
加茂	kiap^7	tsiəʔ^7	kiən^5	kiəm^1	kiːn^2
	浸泡	经过	精明	镜子	酒
保定	—	dua^3	ʦen^3	kia^3	—
中沙	—	kua^3	ʦin^3	kie^2	—
黑土	—	kua^3	ʦin^3	kaŋ^1	—
西方	—	—	—	ʦau^3 keŋ^3	—
白沙	—	ku^2	ʦeŋ^1	—	ʦiu^1
元门	—	kuːi^3	ʦhoŋ^3 meŋ^4	kia^3	—

续 表

	浸泡	经过	精明	镜子	酒
通什	—	—	tseŋ¹	kia⁶	—
加茂	tsiəm⁴	kua	tseŋ³	kia⁴	—
	旧	开始	砍	看	蝌蚪
保定	khau²	—	—	kiu¹	tou²
中沙	khau²	—	—	kiu¹	tou²
黑土	khau²	—	—	—	tou²
西方	—	—	—	—	tou²
白沙	—	—	—	—	—
元门	kaːu³	khui¹ hau²（开头）	—	—	—
通什	—	—	—	—	tou²
加茂	hiːu¹	khui³ ti⁴	thaːn¹	—	—
	可以	口袋	纽扣	空	裤子
保定	—	—	—	—	khou³
中沙	—	tai²	nau¹	—	hu¹
黑土	—	tai²	nau¹	—	hu¹
西方	—	—	—	—	khu³
白沙	—	daːi³	nau⁵	—	kho²
元门	kho⁴ zi⁴	duai³	—	—	kho⁵

续　表

	可以	口袋	纽扣	空	裤子
通什	—	tai^{2}	—	—	khou^{6}
加茂	—	—	—	khaŋ^{1}	—
	捆 （捆行李）	拉 （拉车等）	蜡烛	懒惰	捞
保定	khoːn^{3}	—	—	laːn^{3}	—
中沙	khoːn^{3}	—	—	laːn^{3}	—
黑土	khoːn^{3}	—	la^{1} tsut^{7}	laːn^{3}	—
西方	khoːŋ^{3}	—	tsok^{7}	laːŋ^{3}	—
白沙	khuaŋ^{3}	to^{1}（拖）	dap^{7} tsuk^{7}	dai^{5}（怠）	—
元门	khuːn^{3}	—	—	—	—
通什	khoːn^{3}	thua^{1}	—	—	—
加茂	—	thɯi	—	—	lu^{3}
	里（一里路）	鲤鱼	镰刀	脸盆	龙
保定	li^{1}	—	liːm^{1}	min^{3} phun^{3}	taŋ^{1}
中沙	li^{3}	—	liːm^{1}	min^{2} phun^{3}	taŋ^{1}
黑土	li^{3}	—	liːm^{1}	min^{2} phun^{3}	noŋ^{1}
西方	li^{1}	—	liːm^{1}	phon^{2}	taŋ^{1}
白沙	li^{2}	—	liːm^{2}	min^{1} phun^{5}	taŋ^{1}
元门	li^{2}	—	liam^{2}	miːn^{3} bua^{5}	tɔŋ^{4}

续 表

	里(一里路)	鲤鱼	镰刀	脸盆	龙
通什	li^{4}	—	liːm^{1}	miːn^{1} phuːn^{2}	taŋ^{4}
加茂	li^{2}	li^{2} hu^{4}	liam^{2}	miən^{3} phuən^{2}	təːŋ^{4}

	楼	鹿茸	乱(头发乱)	萝卜	锣
保定	laːu^{3}	hau^{1} zoŋ^{1}	zoŋ^{3}	—	lo^{3}
中沙	laːu^{3}	hau^{1} zoŋ^{1}	ŋuŋ^{3}	la^{1} bak^{7}	lo^{3}
黑土	laːu^{3}	—	—	la^{1} bak^{9}	lo^{3}
西方	lou^{1}	hau^{1} zoŋ^{1}	—	—	lo^{3}
白沙	laːu^{2}	—	ȵuŋ^{2}	—	lo^{3}
元门	laːu^{2}	—	—	—	lo^{6}
通什	laːu^{4}	hau^{1} zoŋ^{4}	ȵoŋ^{1}	—	—
加茂	laːu^{4}	hau^{4} zoŋ^{2}	ȵuŋ^{1}	la^{4} baːk^{9}	—

	麻袋	麻木	瞒	蛮	满意
保定	beːu^{1}	—	—	maːn^{3}	—
中沙	baːu^{1}	—	—	maːn^{3}	—
黑土	—	—	—	maːn^{3}	—
西方	—	—	—	maːn^{3}	—
白沙	—	—	—	maːn^{3}	—
元门	—	—	—	man^{2}	—
通什	mua^{6} de^{1}	—	—	maːn^{4}	—
加茂	de^{5}	ma^{2}	mua^{2}	maːn^{2}	mua^{2} ʔi^{4}

续　表

	慢腾腾	忙(紧)	芒果	猫	帽子
保定	ŋaːi¹	kin¹	—	miːu²	maːu²
中沙	ŋaːi¹	ken¹	maŋ² ko¹	miːu²	maːu²
黑土	ŋai¹	ken¹	—	miːu²	—
西方	ŋai¹	ken³	—	miu²	—
白沙	—	ken²	moŋ³ ko³	miu¹	—
元门	—	maŋ²	moŋ³ ko³	miu²	—
通什	—	ken⁵	moŋ³ ko³	miːu⁵	—
加茂	—	maːŋ⁴ /ken⁵	maŋ³ kɔ³	—	—
	煤油	每	门	朦胧	苗族
保定	—	—	—	—	miːu²
中沙	—	—	pei³ muːn¹	—	miːu²
黑土	—	—	—	—	miːu²
西方	nam³ ziu¹	—	—	—	miu²
白沙	zou¹	—	—	—	miau²
元门	zou⁴	—	pom⁶ muːn⁵	muŋ² muŋ²	miau²
通什	—	—	—	—	miau⁴
加茂	—	mui²	min⁴ muan¹	moŋ² moŋ²	miau²
	摸	墨	磨(磨米)	模子	木板
保定	mo³	mok⁸	kaːn² (杆)	—	beːn²
中沙	mo³	mok⁸	mo²	—	beːn²

续 表

	摸	墨	磨(磨米)	模子	木板
黑土	mo³	muk⁸	mo²	mu¹	beːn²
西方	mɔ³	mok⁸	mo³	—	beːn²
白沙	mo³	mɔk⁷	mo²	—	ban³
元门	mo³	vak⁷	mo²	—	ban³
通什	—	mok⁷	mo⁶	—	beːn⁵
加茂	mɔːu²	vaːk⁹	kaːn⁵	—	beːn⁵
	那(中指)	那(远指)	耐久	排列	派遣
保定	—	—	—	—	bai¹
中沙	—	—	—	—	bai¹
黑土	—	—	—	—	bai¹
西方	—	—	—	—	bai¹
白沙	na³	na³	nai⁵	—	bai¹
元门	no⁵	no⁵	naːi⁵	—	—
通什	—	—	naːi⁵	—	bai¹
加茂	—	—	—	baːi²	phaːi¹
	胖	赔	盆	捧	碰见
保定	gwei³	buːi¹	—	—	suːŋ²
中沙	guːi³	buːi¹	—	phuŋ¹	suːŋ²
黑土	—	baːi¹	—	phuŋ¹	suːŋ²

续　表

	胖	赔	盆	捧	碰见
西方	xui³	bui¹	phon²	—	tshuŋ²
白沙	xui³	bui²	phun²	—	tshuŋ²
元门	khui³	bui⁴	phuːn⁴	—	phuŋ¹
通什	guːi⁶	buːi⁴	—	—	suːŋ⁵
加茂	kui¹	buəi⁴	phuən²	—	phoŋ⁴
	匹（量词）	平	潽（粥潽了）	扑克（牌）	旗
保定	phit⁷	—	—	phe²	khei³
中沙	phit⁷	biːŋ¹	—	phe²	ki³
黑土	phit⁷	biːŋ¹	—	phe¹	khi³
西方	phit⁸	biŋ⁴	—	phe²	khei³
白沙	phit⁸	—	—	pheʔ⁷	khei³
元门	phit⁷	—	—	phe⁵	ki⁶
通什	phit⁷	biŋ⁴	—	pheːʔ⁷	khi⁴
加茂	phiət⁷	piːŋ¹	puːt⁹	phe¹	ki²
	乞丐	气	钱	钳子	欠
保定	—	—	tsiːn¹	—	khiːm³
中沙	kau¹ hua²	—	tsiːn¹	—	khɯːm³
黑土	kau¹ hua²	—	tsiːn¹	—	khiːm¹
西方	kaːu³ hua³	—	tsiŋ¹	—	khɯm³

续 表

	乞丐	气	钱	钳子	欠
白沙	—	—	tsiŋ^{1}	khiam^{5}	khiam^{3}
元门	—	—	tin^{4}	khiam^{2}	khiam^{3}
通什	—	—	tsiːn^{1}	—	khiam^{6}
加茂	—	khui^{4}	tsin^{1}	khiam^{2}	khiam^{1}

	千	枪	墙	敲（用指节敲）	桥
保定	—	ha^{1} phaːu^{1}	—	—	kiːu^{1}
中沙	—	suŋ^{1}	—	—	kie^{1}
黑土	—	suŋ^{1}	—	—	khiːu^{1}
西方	—	soŋ^{3}	—	khaːu^{3}	khiau^{1}
白沙	—	soŋ^{2}	—	—	khi^{4}
元门	—	soŋ^{5}	siaŋ^{2}	—	kiə^{2}
通什	saːi^{1}	thoŋ^{3}	giaŋ^{6}	—	kiːu^{2}
加茂	saːi^{5}	phaːu^{5}	ʦhiə^{2}	—	kiə^{2}

	撬	切	勤劳	青梅树	清
保定	—	ʦiːt^{8}	—	muːi^{1}	—
中沙	—	siːt^{9}	—	kɯ^{3} muːi^{1}	—
黑土	—	siːt^{7}	—	muːi^{1}	—
西方	—	siːt^{8}	—	mui^{1}	—
白沙	khiau^{2}	—	—	—	ɬɯŋ^{3}

续　表

	撬	切	勤劳	青梅树	清
元门	—	—	—	muːi^{5}	ɬɯŋ^{3}
通什	—	—	—	tsɯ^{3} muːi^{1}	ɬɯŋ^{3}
加茂	—	siːt^{9}	khiən^{2}	sai^{1} muːi^{1}	ɬaːŋ^{2}
	清醒	晴	秋	球	趣味
保定	—	ɬɯːŋ^{3}	ȵaːn^{1} khiːu^{2}	khiu^{1}	vi^{3}
中沙	—	ɬɯːŋ^{3}	—	khiu^{3}	vi^{3}
黑土	—	dɯːŋ^{3}	—	khiu^{3}	mi^{2}
西方	—	ɬɯŋ^{3}	—	khiu^{1}	vi^{3}
白沙	—	ɬɯŋ^{3}	—	khau^{5}	mei^{2}
元门	ɬɯŋ^{3}	ɬɯŋ^{3}	—	khiu^{2}	—
通什	—	ɬɯːŋ^{3}	—	khiu^{4}	vi^{1}
加茂	seŋ^{3} se^{2}	ɬaːŋ^{2}	—	khiːu^{2}	vi^{4}
	泉水（井水）	拳头	群（一群牛或人）	裙子	染
保定	nom^{3} tsaŋ^{1}	—	khun^{1}	kun^{1}	—
中沙	nam^{3} tsaŋ^{1}	—	khun^{1}	kun^{1}	—
黑土	nom^{3} tsaŋ^{1}	—	khun^{1}	kun^{3}	—
西方	nam^{3} tsaŋ^{1}	—	khoŋ^{1}	kon^{1}	—
白沙	nam^{3} tsaŋ^{1}	—	khoŋ^{1}	kun^{4}	zaŋ^{1}
元门	nam^{3} tən^{3}	—	khun^{1}	kun^{2}	zan^{1}

续 表

	泉水（井水）	拳头	群（一群牛或人）	裙子	染
通什	nam^{3} tsaŋ^{6}	—	khun^{1}	ku:n^{4}	—
加茂	—	khuən^{2} tha:u^{2}	khuən^{2}（指人）	kuən^{2}	—
	绕过（弯过）	容易	溶化	闰月	洒（洒水）
保定	—	—	—	zu:n^{3} ȵa:n^{1}	phun^{1}（喷）
中沙	—	—	—	zun^{1} ȵa:n^{1}	phun^{1}
黑土	—	—	—	zun^{1} ȵa:n^{1}	phun^{1}
西方	—	—	—	zon^{1} ȵa:ŋ^{1}	pho:ŋ^{3}
白沙	—	—	zuŋ^{1}	—	—
元门	—	zuŋ^{3} zi^{5}	—	zu:n^{4} ȵuan^{4}	—
通什	—	—	zuŋ^{2}	zu:n^{3} -	—
加茂	uan^{4}	zoŋ^{4} zi^{5}	zəŋ^{4}	zuən^{3} vuəi^{5}	phəŋ^{1}
	三（第三）	傻（呆）	杀	伤	什么
保定	ta^{3}	ŋaŋ^{2}	—	ɬi:ŋ	me^{3} he^{3}
中沙	ta^{3}	ŋaŋ^{2}	—	ɬiaŋ^{3}	—
黑土	ta^{3}	—	—	tɯ:ŋ^{3}	—
西方	—	ŋaŋ^{2}	—	siaŋ^{3}	—
白沙	ta:m^{3}	—	—	tiaŋ^{1}	—
元门	ta^{2}	ŋaŋ^{4}	—	tiaŋ^{1}	—

续　表

	三（第三）	傻（呆）	杀	伤	什么
通什	ta^{1}	ŋaːŋ^{4}	—	tiaŋ^{1}	me^{3} he^{1}
加茂	ta^{3}	ŋaːŋ^{2}	tse^{2}（宰）	tiaŋ^{3}	—
	神	升（量词）	生命	生气	绳子
保定	tiŋ^{3}	—	miːŋ^{2}	khi^{3} -	doːi^{1}
中沙	—	tiŋ^{1}	miːŋ^{2}	khi^{3} -	doːi^{1}
黑土	—	tiŋ^{1}	miːŋ^{2}	khi^{3} -	daːi^{1}
西方	ten^{3}	—	miŋ^{2}	thɯŋ^{1} khui^{3} / khui^{3}	doːi^{1}
白沙	ten^{3}	ten^{2}	miŋ^{2}	—	duai^{1}
元门	—	—	miŋ^{6}	—	duːi^{1}
通什	ten^{3}	—	miaŋ^{3}	—	daːi^{1}
加茂	—	—	mia^{5}	—	tɯi
	师傅	石灰	时候	市	是
保定	sai^{3} be^{2}	huːi^{3}	si^{1}	si^{2}	—
中沙	tai^{3} be^{2}	huːi^{3}	si^{1}	si^{1}	—
黑土	taːi^{2} be^{2}	huːi^{3}	—	si^{1}	—
西方	sai^{3} be^{2}	kui^{2}	sei^{1}	si^{2}	—
白沙	ta^{1} be^{4}	huai^{1}	si^{3}	—	—
元门	ta^{3} be^{5}	huːi^{1}	si^{3}	si^{5}	—

续 表

	师傅	石灰	时候	市	是
通什	ta¹ be⁵	—	ti²	si⁵	ti⁴
加茂	tau¹ bɛ⁵	hɔːi¹	ti⁴	si¹	ti⁵

	霜	水车	水牛	税	睡觉
保定	—	—	—	—	kau²
中沙	—	—	—	—	kau²
黑土	—	sia¹ nom³	—	—	ŋau²
西方	—	—	—	sui³	kau²
白沙	ɬuaŋ³	—	—	—	kau²
元门	ɬuaŋ³	sia¹ nam⁶	—	tui³	kau²
通什	—	sia¹ nam³	—	hiaŋ⁴(饷)	kau²
加茂	—	naːm¹ sia³	—	—	ŋɔ⁴

	饲料	送	搜查	酸	碎
保定	khan¹	tuːŋ³	seːu²	—	—
中沙	khan¹	tuːŋ³	seːu²	—	—
黑土	khɯːn¹	tuːŋ³	saːu²	—	—
西方	khaŋ¹	tuŋ³	thaːu²	saŋ²	—
白沙	khaŋ¹	tuŋ¹	siau³	—	—
元门	khan¹	suŋ³	siau³	—	—
通什	khan¹	tuŋ³	seːu¹	—	—
加茂	haŋ¹	taːŋ⁴	siau³	—	sui¹

续　表

	锁	炭	糖	梯子	剃头
保定	to^{2}	—	-thaːŋ^{3}	—	—
中沙	—	—	thaːŋ^{3}	—	thai^{1}
黑土	—	—	thoːŋ^{3}	tui^{2}	thai^{1}
西方	—	—	thaːŋ^{1}	—	—
白沙	to^{2}	thua^{5}	—	—	—
元门	to^{1}	hua^{3}	—	—	—
通什	to^{4}	—	—	—	—
加茂	sɔ^{5}	—	—	—	—
	填（填土）	跳舞	铁铲	听说	通
保定	—	—	—	ɬiːŋ^{1}	thoŋ^{1}
中沙	—	thiau^{1} mou^{1}	—	ɬiːŋ^{1}	thuŋ^{1}
黑土	—	thiau^{2} meːu^{1}	—	tiːŋ^{1}	thuŋ^{3}
西方	—	thiau^{3} mou^{1}	—		thoŋ^{2}
白沙	—	hiau^{3} mau^{5}	—	ɬiːŋ^{1}	thoŋ^{1}
元门	—	hiau^{3} mou^{1}	—	hiŋ^{1}	thoŋ^{3}
通什	—	thiau^{6} mou^{5}	—	—	thoŋ^{1}
加茂	thiam^{2}	thiau^{1} mɔːu^{5}	seːn^{2}	—	thoŋ^{3}
	同	铜	吐（吐痰）	兔子	驼背（弓背）
保定	doŋ^{1}	duːŋ^{1}	phi^{2}	thua^{3}	goŋ^{2}
中沙	duŋ^{1}	duːŋ^{1}	phi^{2}	thua^{3}	guŋ^{2}

续 表

	同	铜	吐(吐痰)	兔子	驼背(弓背)
黑土	duŋ^{1}	duːŋ^{1}	phi^{2}	thua^{3}	guŋ^{2}
西方	doŋ^{1}	duːŋ^{1}	phi^{2}	thu^{3}	—
白沙	doŋ^{1}	duːŋ^{1}	phui^{5}(呸)	thu^{3}	—
元门	duŋ^{1}	duːŋ^{1}	phi^{1}	thu^{1}	—
通什	doŋ^{1}	duːŋ^{1}	phi^{5}	thua^{3}	khoŋ^{1}
加茂	daːŋ^{2}	duːŋ^{1}	phi^{1}	thau^{4}	kɔŋ^{1} ku^{4}

	挖(挖洞)	瓦	袜子	歪斜	弯腰
保定	—	—	vat^{7}	—	—
中沙	—	—	vaːt^{9}	—	—
黑土	—	ŋua^{1} phen^{1}	vaːt^{7}	—	guŋ^{2}
西方	—	va^{2}	vaːt^{9}	—	—
白沙	viat^{7}	—	vaːt^{7}	hiŋ^{1}(倾)	—
元门	khou^{1}(扣)	va^{6} hia^{5}	vat^{7}	hiŋ^{1}	—
通什	—	ŋua^{5}	—	—	—
加茂	—	hia^{5} bua^{2}	vaːt^{9}	uai^{4}	-kɔŋ^{1}

	万	网袋	围	西	西瓜
保定	vaːn^{3}	daːi^{3}	—	—	—
中沙	vaːn^{3}	daːi^{3}	—	—	—
黑土	vaːn^{2}	daːi^{3}	—	—	—

续　表

	万	网袋	围	西	西瓜
西方	vaːn^{3}	daːi^{3}	—	—	—
白沙	vaːn^{2}	daːi^{3}	—	—	—
元门	vaːn^{3}	duai^{3}	—	—	—
通什	vaːn^{1}	daːi^{3}	—	—	—
加茂	vaːn^{3}	maːŋ^{5} di	ui^{2}	taːi^{3}	taːi^{3} kuəi^{4}

	锡	戏	先	先生	闲
保定	tiːk^{9}	hi^{3}	—	tiːn^{3} te^{3}	heːn^{1}
中沙	tiːʔ^{8}	hi^{3}	—	ɬin^{3} ɬe	haːn^{3}
黑土	daːʔ^{7}	hi^{1}	—	tin^{2} te^{2}	heːn^{1}
西方	tik^{9}	hi^{3}	—	sin^{2} se^{3}	heːn^{1}
白沙	ɬeʔ^{8}	hi^{3}	—	sen^{1} siaŋ^{1}	heːn^{1}
元门	tiaʔ^{7}	hi^{3}	—	tiːn^{4} te^{1}	—
通什	ɬeʔ^{7}	hi^{6}	—	tiːn^{4} te^{4}	—
加茂	ɬap^{8} ɬiən^{2}	hi^{4}	tin^{1}	tiən^{3} te^{3}	—

	咸	嫌	线	乡	相信
保定	—	ʔiːm^{2}	ɬua^{3}	hia^{3}	sim^{1}
中沙	haːn^{3}	ʔiːm^{2}	ɬua^{2}	hie^{3}	tin^{2}
黑土	haːn^{3}	ʔiːm^{2}	—	hia^{2}	sim^{1}
西方	—	him^{2}	—	hiaŋ^{2}	sen^{3}

续 表

	咸	嫌	线	乡	相信
白沙	—	ʔi^{4}	tua^{3}	—	—
元门	kiam	hiam^{2}	—	hiu^{1}	
通什	—	ʔiːm^{5}	—	hiːu^{1}	sim^{1}
加茂	—	hiam	—	hiə^{3}	tiːn^{4}
	向着	鞋	写	漏气	心肠
保定	—	—	—	—	—
中沙	—	—	—	—	—
黑土	—	—	te^{1}	—	—
西方	—	xaːi^{1}	—	—	
白沙	—	—	—	—	sem^{1}
元门	—	—	tia^{4}	—	—
通什	—	—	—	—	—
加茂	hiə^{4}	—	tia^{2}	laːu^{3} khui^{1}	tiəm
	信（书信）	姓	缝补	修理	癣
保定	tiːn^{2}	te^{3}	bu^{1}	—	—
中沙	ɬin^{2}	—	bou^{1}	—	sin^{3}
黑土	sia^{3}	te^{2}	bu^{1}	—	—
西方	sen^{3}	seŋ^{3}	foːŋ^{1}	—	—
白沙	—	tiaŋ^{1}	fuaŋ^{1}	—	—

续　表

	信(书信)	姓	缝补	修理	癣
元门	tiːn^{3}	te^{3}	fhuːn^{1}	—	—
通什	tiːn^{6}	te^{6}	foːn^{1}	—	—
加茂	tiən^{4}	tɛ^{2}	bɔːm^{5}	tiu^{3} li^{2}	—

	旋转	学	学生	寻找	鸭
保定	—	ʔo^{1}	ɬɯːk^{7} ʔo^{1} / ʔo^{1} te^{2}	—	ʔeːp^{8}
中沙	—	ʔo^{1}	ʔo^{1} ɬe^{3}	—	ʔeːp^{8}
黑土	—	ʔo^{1}	ʔo^{1} te^{2}	—	ʔeːp^{8}
西方	—	hoːk^{8}	ɬɯːk^{7} hoːk^{8} / ʔo^{1} te^{2}	thaːu^{2}	—
白沙	—	hoʔ^{8}	ɬɯːk^{7} hoʔ^{8}	thaːu^{2}	—
元门	—	ʔoʔ^{7}	ɬɯʔ^{7} ʔoʔ^{7} / ʔo^{1} te^{2}	thaːu^{5}	—
通什	tuan^{2}	ʔoːʔ^{7}	di^{3} ʔoːʔ^{7} / ʔo^{1} te^{1}	—	—
加茂	—	ʔɔ^{5}	ʔɔ^{5} te^{3}	—	—

	牙刷	烟	沿着	眼镜	砚
保定	—	—	niːn^{3}	kiːŋ^{2} sa^{1}	hi^{3}
中沙	ŋe^{3} suaʔ^{7}	—	niːn^{3}	mak^{8} kie^{2}	hi^{3}
黑土	ŋe^{3} sua^{1}	—	niːn^{3}	kaŋ^{1}	hi^{3}
西方	—	ʔen^{1}	niŋ^{3}	—	—

续　表

	牙刷	烟	沿着	眼镜	砚
白沙	—	ʔin^{1}	niŋ^{3}	kiapsa^{1}	—
元门	—	—	niŋ^{6}	mak^{7} kia^{3}	ŋi^{5}
通什	—	—	niːn^{3}	mak^{7} kia^{3}	hi^{1}
加茂	ŋɛsua^{1}	—	—	maːk^{9} kia^{4}	hi^{3}
	羊	钥匙	也	一(第一)	医治
保定	—	-to^{2}(锁)	—	ʔiːt^{7}	—
中沙	—	-tua^{1}	—	ʔit^{7}	—
黑土	—	-tua^{1}	—	ʔit^{7}	—
西方	—	—	—	—	—
白沙	ziaŋ^{1}	—	za^{1}	ʔɔt^{8}	—
元门	ziaŋ^{4}	to^{1}-	za^{4}	ʔiːt^{7}	—
通什	—	-to^{4}	—	ʔiːt^{7}	—
加茂	—	—	ʔia^{3}	ʔiət^{7}	ʔi^{3}
	依靠	椅子	因为	银子	引诱
保定	—	—	—	—	—
中沙	—	i^{1}	in^{3}	—	—
黑土	—	i^{1}	in^{2}	ŋen^{1}	
西方	—	—	in^{2} vi^{3}	—	—
白沙	—	—	in^{1}	—	—

续 表

	依靠	椅子	因为	银子	引诱
元门	ʔua^{6}（偎）	i^{4}	iːn^{3} ui^{4}	—	tui^{3}
通什	—	i^{4}	iːn^{3}	—	—
加茂	ʔua^{2} khau^{1}	i^{2}	iən^{3} ui^{4}	—	tuːi^{4}
	印	应该	油	又	愿意
保定	ʔin^{3}	—	—	—	—
中沙	ʔin^{2}	—	—	—	—
黑土	ʔin^{2}	ʔeŋ^{1} kaːi^{2}	—	—	—
西方	ʔin^{3}	ʔeŋ^{1} koːi^{3}	—	—	—
白沙	ʔen^{2}	—	zou^{1}		
元门	ʔiːn^{3}	—	zou^{4}	ziu^{3}	
通什	ʔiːn^{3}	—	—	—	—
加茂	ʔiən^{5}	—	—	ziu^{4}	zuan^{5} i^{4}
	灶	增加	丈	招待	照（用灯照）
保定	-tau^{3}	—	do^{1}	daːi^{2}	sau^{1} / ʦiːu^{2}
中沙	-tau^{3}	—	do^{2}	daːi^{2}	ʦiːu^{2}
黑土	-tou^{3}	—	do^{1}	daːi^{2}	ʦiu^{3}
西方	—	—	ʦaŋ^{3}	—	—
白沙	—	ʦaŋ^{3} ka^{3}	ɬaŋ^{2}	—	ʦiu^{2}
元门	—	—	do^{5}	—	sau^{1} / siu^{5}

续 表

	灶	增加	丈	招待	照(用灯照)
通什	-tau^{6}	—	doːʔ^{7}	—	ʦiːu^{6}
加茂	—	tseŋ^{3} ke^{3}	dɔ^{5}	daːi^{5}	ʦiə^{4}

	折(折树枝)	只	纸	钟	种(一种东西)
保定	—	—	sia^{3}	ʦiːŋ^{3}	—
中沙	—	—	sia^{3}	ʦiaŋ^{3}	—
黑土	—	—	sia^{3}	ʦiaŋ^{2}	—
西方	—	—	tsei^{2}	ʦoŋ^{2}	—
白沙	sit^{8}	—	si^{3}	ʦuŋ^{3}	—
元门	siʔ^{7}	na^{3}	si^{3}	ʦiaŋ^{4}	—
通什	—	na^{3}	sia^{3}	ʦiaŋ^{1}	—
加茂	—	na^{1}	tse^{5}	ʦiaŋ^{3}	ʦiaŋ^{2}

	竹排	砖	蛀(蛀、咬)	赚	撞
保定	bai^{1}	ʦɯːn^{3}	—	than^{3}	taŋ^{2}
中沙	bai^{1}	ʦɯn^{3}	—	thaːn^{2}	taŋ^{2}
黑土	baːi^{3}	ʦɯːn^{3}	—	ʦaːn^{2}	taŋ^{2}
西方	bai^{1}	ʦuan^{2}	—	than^{3}	taŋ^{1}
白沙	bai^{1}	ʦun^{3}	—	than^{3}	ʦhuŋ^{2}
元门	bai^{1}	tui^{1}	—	than^{3}	daŋ^{3}
通什	bai^{1}	—	—	than^{6}	taŋ^{5}
加茂	—	tuːi^{3}	tsiːu^{4}	thaːn^{4}	phoŋ^{1}(碰)

续　表

	追赶	锥子	准备	桌子	浊
保定	—	-dui^{1}	—	so^{1}	nɯm^{1}
中沙	—	-dui^{1}	—	—	nɯm^{1}
黑土	—	-dui^{1}	tun^{3} bi^{1}	—	nuːŋ^{1}（浓）
西方	—	ʦui^{2}	ʦun^{1} pi^{3}	—	—
白沙	ʦui^{3}	thø^{5}	—	—	—
元门	—	thui^{2}	—	so^{2}	—
通什	—	—	tun^{4} bi^{5}	doːʔ^{7}	nɯm^{1}
加茂	—	—	tun^{2} bi^{5}	doːʔ^{7}	—
	字	自己	粽子	钻子	嘴唇
保定	-sia^{3}	—	—	—	tun^{3}
中沙	sia^{3}	—	—	—	tun^{3}
黑土	si^{2}	si^{1} ka^{1}	—	—	tun^{3}
西方	—	—	—	ʦui^{2}	—
白沙	—	—	—	—	—
元门	—	—	taŋ^{3}	—	suːi^{1}
通什	tu^{1}	—	—	—	tun^{3}-
加茂	tu^{3}	—	taŋ^{4} buaʔ^{8}（粽粑）	tui^{4}	—
	最	罪			
保定	tui^{2}	—			
中沙	tui^{2}	—			

续 表

	最	罪			
黑土	tui^2	—			
西方	$tsui^2$	—			
白沙	—	—			
元门	tui^3	—			
通什	tui^3	—			
加茂	tui^5	tui^5			

第二节　保定黎语常用词借词语料与语言接触

一、常用词借词语料

前面我们针对 1 630 个基本词对五个方言区的代表语言点中的汉语借词进行了整体考察。下面，我们对黎语基础方言哈方言标准音的保定话进行更大范围的词汇调查。我们对黎语词汇进行田野调查，选用的词汇调查表来源于教育部语言文字信息管理司中国语言资源保护研究中心针对侗台语族和南亚语系编制的《中国语言资源调查手册》，其中包括 1 200 个通用词和 1 800 个扩展词，并在此词表基础上，添加了部分词语。

发音合作人是乐东抱由镇保定村委会的两位黎族村干部，62 岁的陈志雄和 25 岁的王提。他们两人的情况，我们在第二章已有说明。

下面，我们按照词表逐类描写。我们的目的主要是考察语言接触导致的汉语借词问题，因此，我们的描写以年轻人王提的发音为主，如果某个具体的词语陈志雄说法有不同，则在括号中用“又”标示。

常用借词语料包括四种情况：一是借用汉文化中的概念，用黎语语素对译；二是词语中含有某个海南话语素；三是整个词语是从海南话中借入的；四是直接采用普通话读音。第二种和第三种情况，涉及海南话语音的，我们会把海南话语音罗列出来，以便于直观比较；先列出乐东海南话的读音，如果该读音与黎语借词的读音有距离，则进一步列出一个读音更接近的其他地方的海南话读音。

（一）天文

1. 用黎语语素对译借入概念

日蚀：taːn^{3} joːm^{2} hwan^{1}“天狗吞太阳”（又 taːn^{3} la^{2} hwan^{1}“天狗吃太阳”）

日晕：kop^{9} hwan^{1}“合并太阳”（又 hwaːn^{55} hwan^{53}“追逐太阳”）

月蚀：taː n^{3} joːm^{2} ȵaːn^{1}“天狗吞月亮”（又 taːn^{3} la^{2} ȵaːn^{1}“天狗吞吃月亮”）

月晕：kop^{9} fa^{3}“合并天”（又 hwaːn^{55} ȵaːn^{53}“追逐月亮”）

流星（名词）：raːu^{1} thok^{7} haːi^{3} taːi^{3}“前面落屎的星星”

彗星：haːi^{3} raːu^{1}“星星屎”

2. 借用海南闽语语素

旋风：hwoːt^{7} thuːn^{3}——* tui^{32}/tsuan^{32}转（乐东）

3. 海南闽语（闽南语）借词

冰：beŋ^{55}——* ʔbeŋ^{34}/ʔbin^{34}（乐东）

结冰：kiːt^{7} beŋ^{2}——* kiʔ^{5} ʔbeŋ^{34}（乐东）

4. 普通话借词

北斗星，启明星，银河，霞，冰锥，霜，下霜，涝（说明：“涝”，黎语本来有一个词 vat^{55}）

(二) 地理

1. 用黎语语素对译借入概念

滩地：van^{1} phou^{2}“沙地”

2. 借用海南闽语语素

城内：uːk^{8} si^{2}——* si^{53} 市(乐东)

城外：zɯːn^{1} si^{2}

城门：thiu^{1} mui^{3}(又 thiu^{1} ŋe^{1})——* mui^{211} 门(乐东)

街道：thom^{1} si^{2}

河岸：ŋaːi^{2} nom^{3}——nan^{21}(乐东)；ŋan^{41}(陵水)

堤坝：joːn^{1} ba^{3}——* ʔba^{213} 坝(乐东)

每晚：mui^{3} tsɯ^{3} sop^{7}(ran^{2} sop^{7})——mui^{211}(乐东)

3. 海南闽语(闽南语)借词

荒地：buːŋ^{1}——huaŋ^{34}(乐东)

水渠：dui^{2} saːu^{3}——水槽 tsui^{32} tsɔ^{211}(乐东)；tui^{213} sau^{21}(海口)

洪水：aːŋ^{3} tui^{3}(又 nom^{3} loŋ^{1})——aŋ^{211}(乐东)

金子：kiːm^{2}——kin^{34}(乐东)；kim^{23}(海口)

银子：ŋin^{3}——ŋin^{211}(乐东)

煤：hwuːi^{3}/vuːi^{3}——vue^{211}(乐东)

煤油：hwuːi^{3} sui^{3}——煤水 vue^{211} tsui^{32}(乐东)

汽油：khui^{2} iu^{3}

水泥：tui^{3} ni^{3}——ŋi^{211}(乐东)；ni^{21}(海口)

玉：zi^{1}——zi^{213}(乐东)

市：si^{2}

4. 普通话借词

山坳，山谷，发大水(又 nom^{3} thiːk^{7} seːk^{7})，沙滩(又 seːk^{7} phou^{2})

(三) 时令、时间

1. 用黎语语素对译借入概念

春天：ȵaːn^{1} ɬun^{2}“暖和的月份”(又 ȵaːn^{53} aŋ^{53}“春耕时节”)

夏天：ȵaːn^{1} fou^{3}“热的月份”（又 ȵaːn^{53} ta^{55}“农忙时节”）

秋天：ȵaːn^{1} hwiu^{1}“凉快的月份”（又 ȵaːn^{53} khiːu^{55}“秋收时节”）

冬天：ȵaːn^{1} khaːi^{2}“冷的月份”

立春：ȵaːn^{1} kiːu^{2}“早春月份”

雨水：nom^{3} fun^{1}“雨水”

惊蛰：ȵaːn^{1} ɯm^{3}“发芽的月份”

春分：fa^{3} ɬun^{2}“暖和天”

立夏：baːn^{1} ȵaːn^{1} fou^{3}“像热的月份”

夏至：ȵaːn^{1} fou^{3}“热的月份”

小暑：en^{2} fou^{3}“小热”

大暑：loŋ^{1} fou^{3}“大热”

立秋：ȵaːn^{1} bau^{1} meːu^{1}“早稻抽穗的月份”

秋分：ȵaːn^{1} hwiu^{1}“凉快的月份”

寒露：gan^{1} khaːi^{2}“冷凉”

霜降：thok^{7} khaːi^{2}“到达寒冷”

立冬：ȵaːn^{1} khaːi^{2}“冷的月份”

小雪：en^{2} zen^{1}“小雪”

大雪：zen^{1} loŋ^{1}“大雪”

冬至：ȵaːn^{1} khaːi^{2} loːk^{7}“黑的寒冷月份”

小寒：khaːi^{2} gan^{1}“凉冷”

大寒：khaːi^{2} loːk^{7}“黑冷”

历书：pau^{2} ȵaːn^{1}“岁月”

端午节：hwan^{1} thuːk^{7} tsiːt^{7}“包粽子的日子”

中元节：hwan^{1} tiŋ^{3}“鬼的日子”

正月：gwou^{3} ȵaːn^{1}“头月”

2. 借用海南闽语语素

整年：tsiːŋ^{1} pou^{2}——tsen^{32}（乐东）

3. 海南闽语(闽南语)借词

清明：seŋ^{1} meŋ^{1}——sen^{34} mɛ^{211}(乐东)；seŋ^{23} meŋ^{21}

农历：noŋ^{3} liːp^{9}——noŋ^{32} lɛʔ^{3}(乐东)

公历：koŋ^{2} liːp^{9}——koŋ^{34} lɛʔ^{3}(乐东)

除夕：ta^{2} tap^{7} me^{3} hui^{2}——三十岁夜 ta^{34} tap^{3} mɛ^{211} huə^{213}

(大)年初一：so^{3} iːt^{7}——soi^{34} iʔ^{5}(乐东)；so^{23} it^{5}(海口)

元宵节：so^{2} tap^{7} ŋoːu^{1}——初十五 soi^{34} tap^{3} ŋeu^{53}(乐东)

中秋节：toŋ^{2} siu^{2} tat^{7}——tsoŋ^{34} siu^{34} tsoiʔ^{5}(乐东)；toŋ^{23} siu^{213} tak^{5}(海口)

星期天：siŋ^{2} khi^{3}——siŋ^{34} khi^{211}/sɛ^{34} khi^{211}(乐东)

4. 普通话借词

拜年，重阳节，前年，闰月(又 zun^{3} ȵaːn^{1})

(四) 农业

1. 借用海南闽语语素

灌水(使水入地)：siu^{2} nom^{3}“抽水”——抽 siu^{34}(乐东)

井绳：doːi^{1} thaːi^{2} nom^{3}“打水的绳索”——tɔʔ^{5}(乐东)；to^{55}(海口)

2. 海南闽语(闽南语)借词

化肥：huːi^{2} bui^{3}——huə^{213} ʔbui^{211}(乐东)

水车：tui^{3} sia^{1}(又 van^{2})——sie^{34}(乐东)；sia^{23}(海口)

镰刀：liːm^{53}——len^{211}(乐东)；liam^{21}(海口)

撮箕：ʔbun^{11} ki^{11}——粪箕 ʔbun^{213} ki^{213}(乐东)

箩：lo^{1}“箩筐”——lɔ^{211}(乐东)

3. 普通话借词

粪坑(又 phoŋ^{3} haːi^{3})，牛笼嘴(又 lom^{3} lou^{3})，石磨(又 tsɯ^{3} kaːn^{2} siːn^{1})，梿枷，铡刀，扫帚(指用高粱穗等扎成的。用竹枝扎成的叫 rau^{1} gui^{1})

（五）植物

1. 用黎语语素对译借入概念

庄稼：khan^{1} la^{2}“吃的食物”

粮食：khan^{1} la^{2}“吃的食物”

稻子（指籽实）：meːk^{9} muːn^{3}“稻肉”

莲子：uːk^{7}“果仁”

姜：khɯːŋ^{1}“茎”

水果：som^{1} sai^{1}“树果”

橘络：fuːt^{7} tsɯ^{3} bem^{1}“柚子膜”

2. 借用海南闽语语素

葵花籽：uːk^{7} kuːi^{2} tsi^{3}“葵子仁”（又 uːk^{7} tsɯ^{3} siːp^{7}“夹子仁”）——khui^{32} tsi^{32}（乐东）

葱：ʔbəɯ^{53} toŋ^{53}——saŋ^{34}（乐东）

青蒜（嫩的蒜叶和蒜梗）：khɯːŋ^{2} tun^{3} thaːu^{2}“蒜头的茎”——蒜头 tun^{213} thau^{211}（乐东）

蔬菜、青菜：ʔbəɯ^{53} taːi^{11}（又 ʔbəɯ^{53} sai^{53}）——sai^{213}（乐东）

树苗：miːu^{1} khɯːŋ^{2} sai^{1}——miau^{211}（乐东）

桐油树：khɯːŋ^{1} iu^{3} toŋ^{2}——油桐 iu^{211} thaŋ^{211}（乐东）

桐子：som^{1} iu^{3} toŋ^{2}

桐油：hwei^{3} iu^{3} toŋ^{2}

枣儿：som^{1} tau^{3}——tsau^{32}（乐东）

梨：som^{1} li^{3}——li^{213}（乐东）

石榴：tsɯ^{3} lou^{2}——lau^{211}（乐东）

3. 海南闽语（闽南语）借词

高粱：kau^{2} liːŋ^{1}——kau^{34} liaŋ^{213}（乐东）

向日葵：siaŋ^{1} ziːk^{9} khui^{3}——hie^{213} ziʔ^{3} khui^{32}（乐东）

黄豆：ui^{3} daːu^{3}（又 hjau^{1} thaːi^{2} zeːŋ^{1}）——ui^{211} ʔdau^{34}（乐东）

绿豆：liːk^{7} daːu^{3}——liaʔ^{3} ʔdau^{34}（乐东）

蒜苗：miːu^{3} tun^{3} thaːu^{2}

西红柿：taːi^{2} aːŋ^{3} si^{1}（又 tsɯ^{55} thok^{55} hwan^{11}）——tai^{34} aŋ^{211} si^{213}（乐东）

菠菜：bo^{2} saːi^{3}——ʔbɔ^{34} sai^{213}（乐东）

芹菜：khin^{3} saːi^{2}——khen^{211} sai^{213}（乐东）

萝卜：lo^{3} bak^{7}（又 bəɯ^{1} taːi^{3} meːk^{7}）——lo^{211} ʔbaʔ^{3}（乐东）

松树：toŋ^{2} sa^{3}——toŋ^{34} siu^{34}

苹果：peŋ^{3} kuːi^{3}（又 som^{1} peŋ^{3} kuːi^{3}）——ʔbɛ^{211} kuə^{32}（乐东）

橘子：kiːt^{7} tsi^{3}（又 som^{1} kiːt^{7} tsi^{3}）——kiʔ^{5} tsi^{32}（乐东）

瓜子：kuːi^{2} tsi^{3}——kue^{33} tsi^{32}（乐东）

甜瓜：diːm^{3} kuːi^{2}——ʔden^{211} kue^{33}（乐东）；ʔdiam^{21} kue^{23}（海口）

4. 普通话借词

麦子，马铃薯，藕，豌豆，蚕豆，菜瓜，瓠子，土豆，菠菜，油菜，松树，杨树，柳树，桃，李，杏，核桃，桂花，菊花，梅花，荷花，荷叶，牵牛花（又 seːŋ^{1} wu^{2} me^{2}），仙人掌（又 ʦɯ^{3} phaːŋ^{2} laːŋ^{3}），花蕊（又 ŋaːn^{1} sai^{1}），芦苇（又 faːu^{1}）

（六）动物

1. 用黎语语素对译借入概念

野鸭：eːp^{8} nom^{3}“水鸭”

鹭鸶：eːp^{8} nom^{3}“水鸭”

鸬鹚：eːp^{8} nom^{3}“水鸭”

蚕：hjan^{2}“虫”

墨鱼、鱿鱼、带鱼、黄鱼等海里的鱼：ɬa^{1} laːŋ^{3}“海鱼”

山羊、绵羊：zeːŋ^{1}“羊”

2. 借用海南闽语语素

母老虎：pai^{3} lau^{2} hou^{3}——lau^{53} heu^{32}（乐东）

鱼苗儿：en^{2} miːu^{3} ɬa^{1}——vie^{211}/miau^{211}（乐东）

3. 海南闽语(闽南语)借词

老虎：lau^{2} hou^{3}——lau^{1} heu^{32}(乐东)

草鱼：saːu^{3} hu^{3}——sau^{32} hu^{21}(乐东)

鲤鱼：li^{3} hu^{3}(又 ɬa^{1} men^{3})——li^{32} hu^{21}(乐东)

金鱼：kiːm^{3} hu^{3}——kin^{34} hu^{21}(乐东)

4. 普通话借词

牲口，骟马，骆驼，狮子，豹，啄木鸟，鹦鹉

(七) 房舍

1. 借用海南闽语语素

屋子：tsɯ^{3} baːŋ^{1} poŋ^{3}(又 tsɯ^{3} baːŋ^{1} ploŋ^{3})——房 ʔbaŋ^{211}(乐东)

洋房(旧指新式楼房)：laːu^{3} moːi^{1}(又 ploŋ^{3} muːn^{1})——楼 lau^{211}(乐东)

门扇：mui^{3} hiːp^{7}(又 koːt^{7} ploŋ^{3})——mui^{211}

楼下：fou^{1} laːu^{3}

楼上：daɯ^{1} laːu^{3}

钥匙：pha^{3} to^{2}——锁 tɔ^{32}(乐东)；to^{213}

2. 海南闽语(闽南语)借词

客厅：khe^{2} thia^{2}(又 meːk^{7} ploŋ^{3} loŋ^{1})——khɛʔ^{5} thie^{34}(乐东)

楼房：laːu^{3}

楼梯：laːu^{3} thui^{2}——lau^{211} thui^{34}(乐东)

后门：aːu^{1} mui^{3}(又 duːn^{3} ploŋ^{3})——au^{53} mui^{211}(乐东)

锁：to^{2}

走廊：tau^{3} lan^{3}(又 la^{1} feːŋ^{1})——tsau^{32} laŋ^{211}(乐东)

过道：kuːi^{2} daːu^{1}——kuə^{213} ʔdau^{1}(乐东)

厕所：sek^{7} to^{3}(又 ploŋ^{3} keːk^{7})——tsɛʔ^{5} tɔ^{32}(乐东)；sek^{5} to^{213}(海口)

3. 普通话借词

阳台(又 hau^{1} fa^{1})，梁(又 sai^{1} tau^{3} ploŋ^{3})，台阶，天花板(又

leːk^{8} ploŋ^{3}），门槛（ploŋ^{3} thiu^{1}），窗台，楼道（又 kuːn^{1} ploŋ^{3}），楼板

（八）器具、用品

1. 用黎语语素对译借入概念

梳妆台：so^{1} tuːi^{3} hwou^{3}"梳头桌"

马桶：eːŋ^{2} haːi^{3}"屎盆子"

2. 借用海南闽语语素

方桌：so^{3} kak^{7}（又 meːt^{8}）——桌 sɔ^{211}（乐东）

纺车：ki^{2} ȵom^{1} phaŋ^{3} bou^{3}——机 ki^{34}（乐东）

织布机：ki^{2} fɯːk^{7} dop^{7}

缝纫机：ki^{2} ȵop^{7} veːŋ^{3}（又 sia^{1} ȵop^{7} veːŋ^{3}）——车 sie^{34}（乐东）；sia^{23}（海口）

墨斗：viːt^{7} mok^{8}（又 ruːk^{55} mok^{11}）——vaʔ^{3}（乐东）；mok^{5}（海口）

刨子：tsɯ^{3} phaːu^{2}——phɔ^{53}（乐东）

钉锤：tsɯ^{3} dui^{1}——thui^{211}（乐东）

3. 海南闽语（闽南语）借词

家具：ke^{2} ki^{1}——kɛ^{34} ki^{53}（乐东）

柜：kui^{1}——kui^{1}（乐东）

抽屉：so^{3} daːu^{3}——桌斗 sɔ^{211} tau^{211}（乐东）

办公桌：baːn^{1} koŋ^{2} so^{3}（又 so^{1} thaːi^{3} sia^{3}）——ʔban^{53} koŋ^{34}

椅：i^{3}——i^{32}

书桌：tu^{55} ʔdo^{55}——tsu^{34} sɔ^{211}（乐东）；tu^{23} ʔdo^{55}（海口）

床单：so^{3} daːn^{2}——sɔ^{211} ʔdan^{34}（乐东）

枕头：tsiːn^{3} haːu^{3}——tsin^{32} thau^{211}（乐东）；tsim^{213} hau^{21}（海口）

枕套：thaːu^{3} tsiːn^{3} haːu^{3}——枕头套 thau^{213} tsin^{32} thau^{211}（乐东）

镜子：kia^{3}——kie^{213}（乐东）；kia^{35}（定安）

晾衣架：ta^{3} ke^{3}（又 goi^{1} siːŋ^{3} veːŋ^{1}）——衣架 ta^{34} kɛ^{213}（乐东）

水壶：tui^{3} hu^{3}——tsui^{32} hu^{211}（乐东）；tui^{213} hu^{21}（海口）

茶杯（瓷的，带把儿）：tsiːŋ^{2}——tsiaŋ^{34}（乐东）；tsiŋ^{55}（厦门〈白〉）

水缸：koːŋ^{3}（又 buːn^{1}）——kɔ^{34}（乐东）

抹子/灰板：huːi^{2} baːi^{3}——hui^{34} ʔbai^{32}（乐东）

麻刀/灰刀（抹墙用的碎麻，放在泥灰中增加凝聚力）：huːi^{2} do^{2}——hui^{34} ʔdɔ^{33}（乐东）

脸盆：min^{3} phun^{3}——min^{34} phun^{211}（乐东）

脸盆架：ke^{3} min^{3} phun^{3}

洗衣粉：toːi^{3} ta^{2} hun^{3}（又 hun^{3} toːk^{7} veːŋ^{3}）——toi^{32} ta^{34} hun^{32}

蜡烛：la^{2} tsiːp^{7}——laʔ^{3} tsiaʔ^{5}（乐东）；laʔ^{5} tsik^{32}（厦门〈白〉）

灯笼：deːŋ^{2} loŋ^{3}——ʔden^{34} loŋ^{211}（乐东）

钱包：tsi^{3} de^{2}（又 son^{3} soːŋ^{1} kan^{1}）——tsi^{211} ʔdɛ^{34}（乐东）

图章：tsaŋ^{2}（又 iŋ̥^{3}）——tsiaŋ^{34}/in^{213}（乐东）

4. 普通话借词

围桌（挂在桌子前面的布），梳妆台（又 so^{1} tuːi^{3} hwou^{3}），手提箱（又 tsɯ^{3} kui^{2}），马桶（又 eːŋ^{2} haːi^{3}），暖水瓶，锅烟子（又 thiŋ^{1} thau^{1}），茶托，面（做面食用），锛子（又 phuːn^{1}），墨斗（又 viːt^{7} mok^{8}），泥板（又 ni^{3} baːi^{1}），澡盆（又 eːŋ^{2} doŋ^{1}），顶针儿

（九）称谓

1. 用黎语语素对译借入概念

婴儿：ɬɯːk^{7} law^{2}（与“小孩”同）

外地人：bou^{3} aːu^{1}（与“客人、顾客”同）

内行：khuːŋ^{1} koŋ^{1}“懂工”（又 laːi^{53} haːŋ^{11}）

外行：ɬɯm^{3} koŋ^{1}“不懂工”（ʔgwa^{55} haːŋ^{11}）

长工、雇工、短工、零工、奶妈、仆人、丫鬟：vuːk^{7} vaːt^{7}“干穷人活的人”

长辈：aːu^{1} za^{1}“老人”

养子：ɬɯːk^{7}“子女”（又 ɬɯːk^{55} uːŋ^{55} aːu^{53}“同别人生的孩子”）

2. 借用海南闽语语素

城里人/市里人：moːi^{1} si^{2}

本地人：aːu^{53} ʔbun^{11} ʔdi^{53}（又 pou^{3} tsauɯ^{3}“自己村的人”）——ʔbun^{32} ʔdi^{1}（乐东）

外人（不是自己人）：aːu^{1} hwai^{2}——vuə^{34}（乐东）；ŋuai^{33}（澄迈）

做买卖的：vuːk^{7} te^{2} i^{3}“做生意”——tɛ^{34} i^{213}（乐东）

学生：ɬuɯːk^{7} o^{1} te^{2}“学生娃”——ɔʔ^{3} tɛ^{34}（乐东）

同学：thoːŋ^{3} daŋ^{1} o^{1}“同学的伙伴”（又 daŋ^{1} o^{1}）——ʔdaŋ^{211} ɔʔ^{3}（乐东）

补锅的：bu^{1} thau^{1}——ʔbu^{32}

管家：kwan^{3} ploŋ^{3}——kuan^{32}（乐东）

伙计（合作的人）：kap^{7} thoŋ^{3}——合作 kaiʔ^{5}（乐东）；kap^{55}（定安）

艄公：pha^{3} seːu^{1} bai^{1}“撑木排的”——排 ʔbai^{211}

3. 海南闽语（闽南语）借词

外地人：ʔgwa^{55} ʔdi^{53} naːŋ^{11}（又 aːu^{53} ʔgwa^{55} ʔdi^{53}）——vuə^{34} ʔdi^{53} naŋ^{211}（乐东）

外国人：ʔgwa^{55} kok^{7} naːŋ^{11}（又 moːi^{1} taːu^{3} khat^{7}“长鼻子外人”）——vuə^{34} kɔʔ^{5} naŋ^{211}（乐东）

工人：kaŋ^{2} naːŋ^{3}——kaŋ^{34} naŋ^{211}（乐东）

老板：lau^{2} baːn^{3}——lau^{1} ʔban^{32}

老板娘：lau^{2} baːn^{3} niːu^{3}——娘 ŋiaŋ^{34}（乐东）；nio^{21}（海口）

伙计：do^{3} kaŋ^{3}“做工的”——tsɔʔ^{5} kaŋ^{34}（乐东）；to^{35} kaŋ^{23}（海口）

学徒：o^{1} thu^{3}——ɔʔ^{3} thu^{211}（乐东）

老师：lau^{1} se^{2}——lau^{1} tai^{34}；lau^{33} se^{22}（澄迈）

兵（相对百姓而言）：piːŋ^{3}（又 vuːk^{7} vaːt^{7} moːi^{1}）——ʔbie^{34}（乐东）

警察：koŋ^{2}aːn^{2}“公安”——koŋ^{34}an^{34}

医生：i^{2}te^{2}——i^{34}tɛ^{34}(乐东)

司机：si^{2}ki^{2}——si^{34}ki^{34}

木匠：mok^{7}kaŋ^{2}“木工”——mɔʔ^{5}kaŋ^{34}(乐东)

4. 普通话借词

流氓(又pha^{3}lak^{7}),土匪(又pha^{3}kiːt^{7}aːu^{1}),强盗(又pha^{3}kiːt^{7}aːu^{1}),东家,厨师(又pha^{3}vuːn^{1}thaːu^{1}),接生婆(pai^{3}ɯ^{3}za^{1}voːŋ^{1}ɬuːk^{7}ɬaɯ^{2}),和尚,尼姑,道士

(十) 身体

1. 海南闽语(闽南语)借词

筋：kin^{2}(又giːu^{1}loŋ“长血管”)——kin^{34}(乐东)

2. 普通话借词

喉结(又thɯn^{2}khoːk^{7}),指纹(phaːn^{3}ziːŋ^{2}),脉(tsəɯ^{1}khiːn^{1})

(十一) 疾病、医疗

1. 借用海南闽语语素

请医生：gai^{3}i^{2}te^{1}

胃病：sok^{7}wui^{1}——vui^{1}(乐东)

晕车：pui^{1}sia^{1}

晕船：pui^{1}tuːn^{3}——tsun^{211}(乐东);tun^{21}(海口)

2. 海南闽语(闽南语)借词

气管炎：khui^{2}kwan^{3}ziːm^{3}——khui^{213}kuan^{32}iam^{211}

近视眼：kin^{1}ti^{2}——kin^{53}tiʔ^{5}

3. 普通话借词

肝炎,肺炎

(十二) 衣服穿戴

1. 用黎语语素对译借入概念

西装：veːŋ^{3}mun^{1}“官服”

衬衫：veːŋ^{1}en^{2}“小衣”

棉鞋：tsɯ^{3} koːm^{3} khaːi^{2}“冷鞋”

胭脂：bəɯ^{1} sai^{1} niːn^{1} daŋ^{1}“搽脸的树叶”

蓑衣：veːŋ^{3} nom^{3}（与“雨衣”同）

2. 借用海南闽语语素

军帽：kiːk^{7} biːŋ^{3}“兵帽”——ʔbie^{34}（乐东）；ʔbiŋ^{34}（三亚）

3. 海南闽语（闽南语）借词

裙子、旗袍：kun^{1}——kun^{211}（乐东）

棉衣：miːn^{11} ta^{55}（又 veːŋ^{11} niːn^{53}）——mi^{211} ta^{34}（乐东）

裤子：kou^{3}——kheu^{213}（乐东）

皮鞋：phuːi^{3} oːi^{3}——phuə^{211} oi^{211}（乐东）

袜子：vaːt^{7}——vaiʔ^{3}（乐东）；vat^{3}（澄迈）

丝袜：vaːt^{7} ti^{3}——丝 ti^{34}（乐东）

手套：siu^{3} thaːu^{2}（又 tsɯ^{3} loːk^{7} ziːŋ^{2}）——siu^{32} thau^{213}

手表：siu^{3} piːu^{3}——表 ʔbie^{32}/ʔbiau^{32}（乐东）

眼镜：mak^{7} kia^{3}“目镜”（又 kia^{3} sa^{1}）——maʔ^{3} kia^{35}（乐东）

4. 普通话借词

马褂儿（又 veːŋ^{3} kaːu^{3} laŋ^{2}），簪子（又 phou^{3} khaŋ^{2}），手绢（又 siu^{11} phe^{11}“手帕”）

（十三）饮食

1. 用黎语语素对译借入概念

零食：koŋ^{1} la^{2}“吃的东西”

剩饭：tha^{2} khaːi^{1}“冷饭”

粥：tha^{2} nom^{3}“水饭”

烧饼、烙饼：aːn^{2} keːŋ^{1}“煎炒的点心”

汤圆：nom^{3} aːn^{2}“水点心”

肉丝：thun^{1} aːk^{7}（与“肉片”同）

木耳：det^{7} zai^{1}“耳蘑菇”

金针菇：en^{2} det^{7}“小蘑菇”

2. 借用海南闽语语素

馒头：aːn^{2} man^{1} hau^{3}

包子：aːn^{2} baːu^{2} tsi^{3}

烟丝：za^{1} ti^{3}

茶叶：bəɯ^{1} de^{3}

3. 海南闽语（闽南语）借词

夜宵：me^{11} tiːu^{55}（又 biːu^{1} tha^{2}）——mɛ^{211} tiau^{34}（乐东）

面粉：mi^{2} hun^{3}——mi^{211} hun^{32}（乐东）

面条、挂面、干切面、粉条、粉皮、面筋、凉粉：mi^{3}

汤面：hun^{1} tho^{2}——粉汤 hun^{32} thɔ^{34}（乐东）

油条：iu^{3} diːu^{3}——iu^{211} ʔdiau^{211}（乐东）

饺子（饺子的总称）、（饺子）馅儿：kiːu^{2} tsi^{3}——kiau^{213} tsi^{32}（乐东）

月饼：vuːi^{1} bia^{3}——vuəʔ^{3} ʔbie^{32}（乐东）；vue^{33} ʔbia^{213}（海口）

咸鸡蛋、咸鸭蛋：kiːm^{3} nui^{1}——ken^{211} nui^{53}（乐东）；kiam^{21} nui^{339}（海口）

豆腐：dau^{3} hwu^{2}——ʔdau^{34} vu^{53}（乐东）

豆腐脑：dau^{3} hwu^{2} naːu^{3}——ʔdau^{34} vu^{53} nau^{32}（乐东）

菜籽油：saːi^{1} iu^{3}——sai^{213} iu^{211}（乐东）

酱油：tsiːu^{1} iu^{3}——tsie^{213} iu^{211}（乐东）

作料：liːu^{2}——liau^{53}（乐东）

八角：boːi^{2} kak^{7}——ʔboiʔ^{5} kaʔ^{5}（乐东）

胡椒粉：hu^{3} tsiːu^{2} hun^{3}——hu^{211} tsiau^{34} hun^{32}（乐东）

茶：de^{3}——ʔdɛ^{211}

4. 普通话借词

馄饨，烧卖，蛋糕，元宵，松花蛋，藕粉，醋（又 tsiːu^{1} iu^{3} fa^{3}“酸酱油”），冰糖（又 beŋ^{2} tho^{2}），桂皮

（十四）红白大事

1. 用黎语语素对译借入概念

阎王：mun^{1} tiŋ^{3}“鬼官”

求签：phut^{7} but^{8}“拜佛”

看风水：zuːi^{3} van^{1}“看地”（又 zuːi^{3} fok^{7}“看地方”）

2. 借用海南闽语语素

土地庙：poŋ^{3} thau^{1} thi^{2}——theu^{211} ʔdi^{1}（乐东）

关帝庙、城隍庙：poŋ^{3} but^{8}

佛龛：boŋ^{3} but^{8}

3. 海南闽语（闽南语）借词

菩萨/拜佛：bai^{3} but^{8}——ʔbai^{213} ʔbuiʔ^{3}；ʔbai^{35} ʔbut^{3}

结婚：kiːt^{55} hun^{55}（又 pəɯ^{53} thoːŋ^{11}〈指女方〉，又 ʔdəɯ^{53} thoːŋ^{11}〈指男方〉）——kiʔ^{5} hun^{34}（乐东）

做媒：kai^{2} tsau^{2}“介绍”（又 vuːk^{7} tiːu^{1}“通风报信”）——kai^{213} tsiau^{213}（乐东）

媒人：vuːi^{11} naːŋ^{11}（又 pai^{3} kai^{2} tsau^{2}“介绍人”，又 pai^{3} vuːk^{7} tiːu^{1}“通风报信的人”）——vuə^{211} naŋ^{211}（乐东）

蜡烛：la^{1} tsiːk^{7}——laʔ^{3} tsiaʔ^{5}（乐东）

4. 普通话借词

花轿，拜堂，暖房，胎盘（又 kɯ^{1} rau^{3}），祠堂，祝寿（又 vuːk^{7} nom^{3} fou^{3}），寿星，测字

（十五）日常生活

借用海南闽语语素

蒸馒头：tseːŋ^{2} aːn^{1}——tsen^{34}（乐东）

喝茶：la^{2} de^{1}

编辫子：phan^{1} me^{2}——phen^{34}（乐东）

掏耳朵：tau^{2} haːi^{3} zai^{1}——thau^{32}（乐东）

熬夜：ŋau^{3} sop^{7}——au^{211}（乐东）；ŋau^{33} 乐东

舀汤：dop^{7} to^{2}——thɔ^{34}（乐东）

（十六）讼事

1. 用黎语语素对译借入概念

打官司、刑事：riːn^{1} ma^{3}“诉讼”

退堂、过堂：soːp^{7} thun^{1}“结束纠纷”

证人、人证：pha^{3} laːi^{3}“看见的人”

对质：khaŋ^{1} thoːŋ^{3}“互相抗辩”

律师：pha^{3} khuːŋ^{1} riːn^{1} thun^{1}“懂说纠纷的人”

口供：thaːi^{3} luːi^{1}“写下”

同谋：thoːŋ^{3}“同伴”

2. 借用海南闽语语素

原告：pha^{3} ko^{3} aːu^{1}“告人的人”——kɔ^{213}（乐东）；ko^{35}（海口）

状子：sia^{1} ko^{3} aːu^{1}“告人的书”

不服：ta^{1} phok^{7}——vɔʔ^{3}（乐东）；phok^{3}（陵水）

上诉：ta^{1} mua^{3} i^{3}“不满意”——muə^{32} i^{213}（乐东）

罚款：hwat^{9} kan^{1}“罚钱”——huaiʔ^{3}（乐东）；huak^{5}（海口）

连坐：hwat^{9} poŋ^{3}“罚屋子（里的人）”

手铐：to^{2} ziːŋ^{2}——锁 tɔ^{32}（乐东）；to^{213}（海口）

脚镣：to^{2} ha^{1}

捐税：tut^{7} koŋ^{2} lia^{3}“还公粮”——koŋ^{34} lie^{211}（乐东）

执照：tseːŋ^{2} vuːk^{7} te^{2} i^{3}“做生意的证”（又 tsiːp^{7} tsau^{2}）——证 tsen^{213}（乐东）；执照 tsiʔ^{5} tsiau^{213}（海口）

地契：hap^{55} ʔdaːŋ^{11} van^{1}“土地合同”——合同 kaiʔ^{5} ʔdaŋ^{211}（乐东）；hap^{3} ʔdaŋ^{21}（乐东）

3. 海南闽语（闽南语）借词

告状：ko^{3}

服：phok^{7}

逮捕：poːk^{7}

押解、上枷：to^{2}“锁”

枪毙：siːu^{55} ʔbi^{55}（又 thaːi^{2} ɬaːu^{2}“打死”，又 thaːi^{55} ʔba^{11}“打靶”）——sie^{34} ʔbi^{213}（乐东）

立字据：thaːi^{3} tseŋ^{2} meŋ^{3}“打证明”——tsen^{213} min^{211}（乐东）；tseŋ^{35} meŋ^{21}（海口）

印（官方图章）：kai^{2} tsaŋ^{2}（又 koŋ^{2} tsaŋ^{2}）——kai^{213} tsiaŋ^{34}（乐东）

案卷：saːi^{3} liːu^{2}“材料”——sai^{211} liau^{1}（乐东）

4. 普通话借词

传票，误犯

（十七）交际

1. 用黎语语素对译借入概念

客人、男客、女客：bou^{3} aːu^{1}“别村的人”

冤家：aːi^{3} laːi^{3} thoːŋ^{3}“互相不说话”

2. 借用海南闽语语素

送客：tuːŋ^{3} bou^{3} aːu^{1}——taŋ^{213}/toŋ^{213}（乐东）

3. 海南闽语（闽南语）借词

应酬：eːŋ^{2} siu^{3}——in^{213} siu^{211}（乐东）；eŋ^{23} siu^{219}（海口）

请客：sia^{3} khe^{1}（又 saɯ^{3} biːŋ^{2}）——sie^{32} khɛʔ^{5}（乐东）；sia^{213} xɛ^{2}（海口）

送礼：taŋ^{2} li^{3}（又 vuːk^{7} taŋ^{1}）——taŋ^{213} li^{32}（乐东）

人情：naŋ^{1} tsia^{3}——naŋ^{211} tsie^{211}（乐东）；neŋ^{21} tsia^{21}（海口）

待客：daːi^{1} khe^{2}（又 mɯːp^{7} bou^{3} aːu^{1}）——ʔdai^{53} khɛʔ^{5}（乐东）

请帖：thiːp^{7}——thɛʔ^{5}（乐东）

下请帖/送帖：tuːŋ^{3} thiːp^{7}

入席/入桌：ziːp^{9} do^{2}——ziʔ^{3} sɔ^{211}（乐东）；zip^{3} ʔdo^{55}（海口）

插嘴：sa^{2} sui^{3}（又 poːp^{7} ȵan^{2}）——saʔ^{5} sui^{213}（乐东）

4. 普通话借词

拜访，做客（又 to^{2} khe^{2}），合伙（又 tsɯ^{3} mou^{1}）

（十八）商业、交通

1. 用黎语语素对译借入概念

铁路：ku:n^{1} go:i^{1}

2. 借用海南闽语语素

开铺子：vu:k^{7} di:m^{3}——ʔden^{213}（乐东）；ʔdiam^{35}（海口）

下馆子：la^{2} di:m^{3}

饭馆：di:m^{3} la^{2} tha^{2}

布店：di:m^{3} zu:ŋ^{3}

煤球：hwei^{3} lua^{3}

还价：ri:ŋ^{3} ke^{3}——kɛ^{213}（乐东）

便宜：kaɯ^{3} ke^{3}

贵：khɯn^{1} ke^{3}

收账：tiu^{2} kan^{1}——tiu^{34}（乐东）

欠账：khi:m^{3} kan^{1}——khen^{213}（乐东）；xiam^{35}（海口）

小轿车：en^{2} sia^{1}——sie^{34}（乐东）；sie^{34}（海口）

大车：sia^{1} long^{1}

渔船：tu:n^{3} lɬa^{1}——tsun^{211}（乐东）；tun^{21}（海口）

铁轨：ku:n^{1} hwu:i^{3} sia^{2}

货车：sia^{1} kwaŋ^{1} koŋ^{1}

3. 海南闽语（闽南语）借词

招牌：tsau^{3} bai^{3}——tsiau^{34} ʔbai^{211}（乐东）

广告：kwaŋ^{3} ko^{2}——kuaŋ^{32} kɔ^{213}（乐东）

铺面：phu^{2} mi:n^{2}——phu^{34} min^{34}（乐东）

旅店：li^{3} di:m^{3}——li^{211} ʔden^{213}（乐东）

百货店：be^{1} hu:i^{2} di:m^{3}——ʔbɛʔ^{5} huə^{213} den^{213}（乐东）

租房子：tou^{2} ba:n^{3}——tseu^{34} ʔbaŋ^{211}（乐东）；tɔu^{23} ʔbaŋ^{21}（海口）

开业：khui^{2} ȵi:p^{7}——khui^{34} ŋɛʔ^{3}（乐东）

停业：te:ŋ^{3} ȵi:p^{7}——thin^{211} ŋɛʔ^{3}（乐东）；theŋ^{21} nit^{3}（昌江）

开价：khui^{2} ke^{3}——khui^{34} kε^{213}（乐东）

（价钱）公道：koŋ^{2} be^{3}（又 baːn^{1} thoːŋ^{3}）

工钱：gaŋ^{1} tsi^{3}——kaŋ^{34} tsi^{211}

本钱：bui^{3} tsi^{3}——ʔbun^{32} tsi^{211}（乐东）；ʔbui^{213} tsi^{21}（海口）

保本：bo^{3} pui^{3}——ʔbɔ^{32} ʔbun^{32}（乐东）

亏本：hui^{2} bui^{3}——khui^{34} ʔbun^{32}（乐东）；xui^{23} ʔbui^{213}（海口）

路费：lou^{2} phui^{3}——leu^{34} voi^{213}（乐东）

零钱：leːŋ^{3} tsi^{3}——len^{211} tsi^{211}（乐东）

火车：hwuːi^{3} sia^{2}——huə^{32} sie^{34}（乐东）

火车站：hwuːi^{3} sia^{2} taːm^{1}——站 tsan^{1}（乐东）；tam^{33}（海口）

汽车：khui^{2} sia^{2}（又 sia^{2} kai^{3} tsaɯ^{3}）——khui^{213} sie^{34}（乐东）

客车：khe^{2} sia^{2}——khεʔ^{5} sie^{34}（乐东）

摩托车：mo^{3} tho^{2} sia^{2}（又 sia^{1} lat^{7}）——mɔ^{211} thɔʔ^{5} sie^{34}（乐东）

三轮车：ta^{2} lun^{3} sia^{2}——ta^{34} lun^{211} sie^{34}（乐东）

自行车/单车：dan^{2} sia^{2}（又 sia^{1} lot^{7} hwuːi^{3} khau^{3}）——ʔdan^{34} sie^{34}（乐东）

船：tuːn^{3}——tsun^{211}（乐东）；tun^{21}（海口）

4. 普通话借词

摆摊子（又 ai^{1} zuːŋ^{3} koŋ^{1}），柜台，开销（又 deɯ^{1} thuːn^{1}），烂账（要不来的账）（又 ai^{3} tut^{7} kan^{1}），收据（又 tiu^{3} ki^{1}），算盘（又 tsɯ^{3} zak^{7}）

（十九）文化教育

1. 借用海南闽语语素

上学（去学校上课）：hei^{1} o^{1}

水笔、钢笔：bit^{7} nom^{3}——ʔbiʔ^{5}（乐东）；ʔbit^{5}（海口）

笔帽（保护毛笔头的）：koːt^{7} bit^{7}

笔筒：ruːk^{7} bit^{7}

墨汁：nom^{3} bit^{7}

满分：tiːk^{7} hun^{2}——hun^{34}（乐东）

2. 海南闽语（闽南语）借词

学校：o^{1} hjaːu^{1}——ɔʔ^{3} hiau^{53}（乐东）

放学：phɯːŋ^{3} o^{1}——ʔbaŋ^{213} ɔʔ^{3}（乐东）

托儿所：tho^{2} lu^{3} to^{3}——thɔʔ^{5} lu^{32} tɔ^{32}（乐东）

学费：o^{1} phui^{3}——ɔʔ^{3} voi^{213}（乐东）

放假：baŋ^{2} ke^{3}——ʔbaŋ^{213} kɛ^{213}（乐东）

请假：sia^{3} ke^{3}——sie^{32} kɛ^{213}（乐东）

教室：ka^{2} su^{3}（又 ploŋ^{3} o^{1}）——ka^{213} su^{213}（乐东）

上课：tsiːu^{1} kwa^{3}——tsie^{1} khuə^{213}（乐东）；tsio^{33} xua^{35}（海口）

下课：lo^{1} kwa^{3}——lɔʔ^{3} khuə^{213}（乐东）

黑板：ou^{2} baːi^{3}——eu^{34} ʔbai^{32}（乐东）

粉笔：hun^{3} bit^{7}——hun^{32} ʔbiʔ^{5}（乐东）

板擦儿：sua^{2} baːi^{3}——sua^{55} ʔbai^{213}（海口）

点名册（簿）：tiːm^{3} mia^{3} phou^{1}—— ʔden^{32} mie^{211} pheu^{53}（乐东）；ʔdiam^{213} mia^{21} fɔu^{33}（海口）

笔记本：bit^{7} ki^{3} bui^{3}——ʔbiʔ^{5} ki^{213} ʔbun^{31}（乐东）；ʔbit^{5} ki^{35} ʔbui^{213}（海口）

课本：khua^{2} bui^{3}——khuə^{213} ʔbun^{31}（乐东）

橡皮：bit^{7} sua^{2}——笔擦 ʔbiʔ^{5} suəʔ^{5}（乐东）

三角板：ta^{3} kek^{7} baːi^{3}——ta^{34} kaʔ^{5} ʔbai^{32}（乐东）

毛笔：mo^{3} bit^{7}——mɔ^{211} ʔbiʔ（乐东）

书包：tu^{2} baːu^{2}（又 to^{1} beːk^{7}）——tsu^{34} ʔbau^{34}（乐东）；tu^{23} ʔbau^{23}（海口）

背书：buːi^{7} tu^{2}——ʔbɔi^{35} tu^{23}（海口）

报考：bo^{2} khau^{3}——ʔbɔ^{213} khau^{32}（乐东）

考试：khau^{3} si^{3}——khau^{32} si^{213}（乐东）

试卷：si^{3} kiːn^{3}——si^{213} ken^{32}（乐东）

零分：leːŋ^{3} hun^{2}——len^{211} hun^{34}（乐东）

毕业：bin^{2} ȵiːp^{7}——ʔbiʔ^{5} ŋɛʔ^{3}（乐东）

文凭：vuːn^{11} pheːŋ^{11}——vun^{211} phin^{211}（乐东）

草稿：sau^{3} ko^{3}——sau^{213} kɔ^{32}（乐东）

起稿子：khi^{3} ko^{3}——khi^{34} kɔ^{32}（乐东）

3. 普通话借词

暑假，寒假，私塾，义学，讲台，戒尺，圆规，镇纸，大字本，砚台，研墨，字帖，临帖，偏旁（所有偏旁均读为普通话）

（二十）文体活动

1. 借用海南闽语语素

足球：kha^{3} khiu^{3}——khiu^{211}（乐东）

2. 海南闽语（闽南语）借词

象棋：siːu^{1} ki^{3}——sie^{1} ki^{211}（乐东）；sio^{33} ki^{21}（海口）

下棋：lo^{1} ki^{3}——lɔʔ^{3} ki^{211}（乐东）

士：si^{1}——si^{213}（乐东）

车：ku^{5}——ku^{34}（乐东）

马：ve^{3}——vɛ^{32}（乐东）

炮：phaːu^{3}——phau^{213}（乐东）

兵、卒：tut^{7}——tsuiʔ^{5}（乐东）；tut^{5}（海口）

落士：lo^{1} si^{1}——lɔʔ^{3} si^{213}（乐东）

飞象：buːi^{2} siːu^{1}——ʔbuə^{34} sie^{53}（乐东）

将军：tsaŋ^{2} kun^{2}——tsiaŋ^{33} kun^{34}（乐东）

围棋：wui^{3} ki^{3}——ui^{211} ki^{211}（乐东）

黑子：ou^{2} kia^{3}——eu^{34} kia^{213}（乐东）

白子：be^{1} kia^{3}——ʔbɛʔ^{3} kia^{213}（乐东）

和棋：hwa^{3} ki^{3}——huə^{211} ki^{211}（乐东）

篮球：lam^{3} khiu^{3}——lan^{3} khiu^{211}（乐东）

排球：baːi^{3} khiu^{3}——ʔbai^{211} khiu^{211}（乐东）

羽毛球：zi^{3} mo^{3} khiu^{3}——zi^{211} mɔ^{211} khiu^{211}（乐东）

跳高：thiːu² kwaːi³——thiau²¹³ kau³⁴；xiau⁴¹ kuai³（乐东）

舞台：mou¹ thaːi³——meu³² thai²¹¹（乐东）

演员：in³ zuːn³——in²¹¹ zuan²¹¹（乐东）

3. 普通话借词

踢毽儿，不倒翁，牌九，押宝，将，帅，象，相，上士（士走上去），舞狮子，跑旱船，高跷，对枪，耍流星，木偶戏，皮影戏，大戏，话剧，戏院，花脸（京剧各种角色名均读为普通话）

（二十一）动作

1. 借用海南闽语语素

跌倒：dau² heːi¹“倒了”——ʔdau³²（乐东）

摆手：iːu¹ ziːŋ²“摇手”——ziau²¹¹（乐东）；io²¹（海口）

憋气：op⁷ khui³——khui²¹³（乐东）

2. 海南闽语（闽南语）借词

相信：sim¹——tin²¹³（乐东）；sin³⁵（东方）

3. 普通话借词

偏心，忌妒

（二十二）位置

1. 海南闽语（闽南语）借词

旁边：phaːŋ²——phaŋ²¹¹（乐东）

2. 普通话借词

东南，东北，西南，西北

（二十三）形容词

1. 海南闽语借词

要紧：kin¹——kin³²（乐东）

2. 普通话借词

紫色，古铜色，玫瑰紫

（二十四）量词

海南闽语（闽南语）借词

一本（书）：tsɯ^{3} bui^{1}——ʔbun^{32}（乐东）；ʔbui^{213}（海口）

一封（信）：tsɯ^{3} baŋ^{3}——ʔbaŋ^{34}（乐东）

一餐（饭）：tsɯ^{3} saːn^{3}——san^{34}（乐东）

一篇（文章）：tsɯ^{3} phiːn^{2}——phen^{34}（乐东）

一段（文章）：tsɯ^{3} duːn^{1}——ʔduan^{53}（乐东）

一盘（水果）：tsɯ^{3} bua^{3}——ʔbuə^{211}（乐东）

一辆（车）、一列（火车）：tsɯ^{3} ka^{3}——架 kɛ^{213}（乐东）

一缸（水）：tsɯ^{3} koːŋ^{3}——kɔ^{34}（乐东）

一套（书）：tsɯ^{3} tho^{3}——thɔ^{213}（乐东）

一组：tsɯ^{3} tu^{3}——tsu^{211}（乐东）；tu^{42}（澄迈）

一盆（洗澡水）：tsɯ^{3} min^{3} phun^{3}——min^{34} phun^{211}

一杯（茶）：tsɯ^{3} buːi^{2}——ʔboi^{34}（乐东）

一种：tsɯ^{3} tsaŋ^{3}——tsiaŋ^{213}（乐东）

一批货：tsɯ^{3} phuːi^{2}——phoi^{34}（乐东）

（闹）一场：tsɯ^{3} diːu^{3}——ʔdie^{211}（乐东）；ʔdio^{21}（海口）

一班（车）：tsɯ^{3} baːn^{2}（又 tsɯ^{3} ka^{3}）——ʔban^{34}（乐东）

（开）一届（会议）：tsɯ^{3} kaːi^{2}——kai^{213}（乐东）

（请）一桌（客）：tsɯ^{3} do^{2}（又 tsɯ^{3} so^{1}）——sɔ^{211}（乐东）；ʔdo^{55}（海口）

一橱（书）：tsɯ^{3} kui^{2}——kui^{1}（乐东）

一抽屉（文件）：tsɯ^{3} kui^{2}——kui^{53}（乐东）

一包（书）：tsɯ^{3} baːu^{3}——ʔbau^{23}（乐东）

一壶（茶）：tsɯ^{3} hu^{3}——hu^{211}（乐东）

二斤（两斤）：ɬau^{3} kin^{3}——kin^{34}（乐东）

二两：ɬau^{3} lia^{3}——ie^{32}（乐东）

二分（两分）：ɬau^{3} huːn^{3}——hun^{34}（乐东）

二丈(两丈)：ɬau^{3} do^{3}——ʔdɔ^{53}(乐东)

二寸(两寸)：ɬau^{3} sun^{3}——sun^{213}(乐东)

二合(两合)：ɬau^{3} kap^{7}——kaiʔ^{5}(乐东)；hap^{3}(海口)

二亩(两亩)：ɬau^{3} mou^{3}——meu^{32}(乐东)

(二十五) 数字等

1. 海南闽语(闽南语)借词

一号：iːt^{7} ho^{2}——iʔ^{5} hɔ^{34}(乐东)

二号：zi^{3} ho^{2}——zi^{34}(乐东)

三号：ta^{3} ho^{2}——ta^{34}(乐东)

四号：ti^{2} ho^{2}——ti^{213}(乐东)

五号：ŋou^{1} ho^{2}——ŋeu^{53}(乐东)

六号：lak^{7} ho^{2}——laʔ^{3}(乐东)

七号：siːt^{7} ho^{2}——siʔ^{5}(乐东)

八号：boːi^{1} ho^{2}——ʔboiʔ^{5}(乐东)

九号：kaːu^{3} ho^{2}——kau^{3}(乐东)

十号：tap^{7} ho^{2}——tsaiʔ^{3}(乐东)；tap^{3}(海口)

初一：so^{2} iːt^{7}(又 tsɯ^{3} hwan^{1} ȵaːn^{1})——sɔ^{33} iʔ(乐东)；so^{23} it^{5}(海口)

初二：so^{2} zi^{3}(又 ɬau^{3} hwan^{1} ȵaːn^{1})

初三：so^{2} ta^{3}(又 fu^{3} hwan^{1} ȵaːn^{1})

初四：so^{2} ti^{2}(又 sau^{3} hwan^{1} ȵaːn^{1})

初五：so^{2} ŋou^{1}(又 pa^{1} hwan^{1} ȵaːn^{1})

初六：so^{2} lak^{7}(又 tom^{1} thou^{1} hwan^{1} ȵaːn^{1})

初七：so^{2} siːt^{7}(又 thou^{1} hwan^{1} ȵaːn^{1})

初八：so^{2} boːi^{1}(又 gou^{1} hwan^{1} ȵaːn^{1})

初九：so^{2} kaːu^{3}(又 faɯ^{3} hwan^{1} ȵaːn^{1})

初十：so^{2} tap^{7}(又 fuːt^{7} hwan^{1} ȵaːn^{1})

老二：lau^{3} zi^{3}(注："老大"为 pha^{3} loŋ^{1}，"老幺"为 pha^{3} sut^{7}，"老

二”至“老十”都是海南闽语借词）

第一：do:i² i:t⁷（注：“第一”至“第十”都是海南闽语借词）——ʔdoi³⁴（乐东）

零：leŋ³——len²¹¹（乐东）；leŋ²¹（海口）

2. 普通话借词

甲（又 ka¹）（汉语的天干，除“甲”之外都读为普通话）、子（汉语的地支都读为普通话，但是十二生肖对应的动物读为黎语，有十二生肖纪年的传统）

二、从常用词中的借词语料看语言接触对词汇影响的模式

上述整理好的黎语借用语料、闽语借词或语素，我们都将黎语的读音与海南话的读音进行了直观比较。黎语中的普通话借词，事实上都不能说是借词，因为发音人遇到这些词语的时候都是直接转换成普通话语码，也就是用普通话来表达的。当然，读音不一定跟标准普通话完全一样，因为各人普通话的标准程度不同。那些跟海南话读音差异巨大，不能直接看出来是不是汉语借词的词语，我们在上面的词表中没有列出。

语言接触一定会导致语言的变化，首先会表现在词汇上，因为语音、语法具有封闭性特征，相对来说更加稳定，不容易改变；而词汇具有开放性特征，对于新的词语，可以通过借用或对译的方式直接加以吸收。到底是用本民族语言的语言材料直接对译引入的概念，还是选择直接借用，或是对译兼借用，这牵涉一对相反的力量：一是对民族性的固守，二是对便捷性的追求。

语言是民族的标志性特征，民族意识强烈的民族，其语言意识也一定是强烈的。因此在接触到外民族语言中的新概念时，就会根据自己对这个概念的理解，用本民族语言去对译所引入的概念。对译的方式，一是直译，一是曲译。比如，ku:n¹ go:i¹“铁路”，便是用 ku:n¹ 直译“路”，用 go:i¹ 直译“铁”，词语结构采用的是黎语的正偏

式。对译更常见的是“曲译”这种方式。“曲译”反映的是受影响语言这个语言社团的认知心理。黎语曲译自汉语引进的概念时，大体上分为两种情况，一是用黎语原有概念对译；二是对引进概念加入自己的理解，再来对译。

第一种情况，我们看下面的例子：

山羊、绵羊：zeːŋ^{1}“羊”

野鸭：eːp^{8} nom^{3}“水鸭”——直译：鸭水

鹭鸶：eːp^{8} nom^{3}“水鸭”

鸬鹚：eːp^{8} nom^{3}“水鸭”

蚕：hjan^{2}“虫”

墨鱼、鱿鱼、带鱼、黄鱼等海里的鱼：ɬa^{1} laːŋ^{3}“海鱼”——直译：鱼海

养子：ɬɯːk^{7}“子女”

这种情况，反映出黎族人民对事物的划分没有汉民族那么多小类，不少情况是只有大类名，没有小类名。与汉语相比，显然，黎语词汇的语义场要简单得多，概念没有汉语那么丰富。比如，上述例子中 zeːŋ^{1}“羊”不区分“山羊”和“绵羊”，“野鸭”“鹭鸶”“鸬鹚”均叫 eːp^{8} nom^{3}“水鸭”，“墨鱼”“鱿鱼”“带鱼”“黄鱼”均叫 ɬa^{1} laːŋ^{3}“海鱼”。汉语里，“养子”一词是指“领养的儿子”，黎语里没有对应的词语，而是直接翻译为 ɬɯːk^{7}“子女”，与别的子女没有区别。

第二种情况，我们看下面的例子：

证人、人证：pha^{3} laːi^{3}“看见的人”——直译：人看见

律师：pha^{3} khuːŋ^{1} riːn^{1} thun^{1}“懂说纠纷的人”——直译：人懂说纠纷

零食：koŋ^{1} la^{2}“吃的东西”——直译：东西吃

汤圆：nom^{3} aːn^{2}“水点心”

长辈：aːu^{1} za^{1}“老人”——直译：人老

养子：ɬɯːk^{55} uːŋ^{55} aːu^{53}“同别人生的孩子”——直译：孩子同别人

流星（名词）：raːu^{1} thok^{7} haːi^{3} taːi^{3}“前面落屎的星星”——直译：星星落屎前

彗星：haːi^{3} raːu^{1}“星星屎”——直译：屎星星

霞：deːk^{7} fa^{3}“云/天的碎屑”——直译：碎屑天

春天：ȵaːn^{1} ɬun^{2}“暖和的月份”——直译：月暖

夏天：ȵaːn^{1} fou^{3}“热的月份”——直译：月热

秋天：ȵaːn^{1} hwiu^{1}“凉快的月份”——直译：月凉快

冬天：ȵaːn^{1} khaːi^{2}“冷的月份”——直译：月冷

从上述例子来看，从汉语借入的名词概念，黎族人按照自己的体验，加入了自己的理解和认识。通常，这种理解和认识是形象和直观的。最典型的例子是没有专门的词语指称“春夏秋冬”四季，而是根据自己的体验，找出四个季节的典型特征对 ȵaːn^{1}“月份”这个概念进行直观描绘，构成一个正偏结构的短语。这种情况会导致因个人和方言区生活体验的角度不同，而选择不同的描写性语义特征。比如，张雷博士《黎汉简明词典》就另有对季节的表达：ȵaːn^{53} aŋ^{53}“春天，春耕时节”；ȵaːn^{53} ta^{55}“夏季，农忙时节”；ȵaːn^{53} khiːu^{55}“秋季，秋收时节”。

因为要强调和固守本民族语言的纯洁性，所以在语言接触过程中，会尽量用本民族语言的词汇材料（主要是根词）去对译借入的外民族语言词汇概念，但是这种情况势必会导致对译的多样性。当然，这种多样性经过一段时间的淘选、沉淀和约定俗成后会进一步固化。

从便捷性这个角度来考虑，词语的借入，最便捷的方法便是直接借入所接触语言词语的音义，当然，这必须以大规模的语言接触为前提。我们假设两个有接触关系的语言社团——“甲社团”和“乙社团”，两个社团的人数都是一千人。如果“甲社团”在政治、经济、文化上具有绝对的优势，“乙社团”在工作和生活中必须与“甲社团”接触，这样就会接触到“甲社团”语言生活中新的事物和新的现象。可是自己社团的语言并没有直接对应的词语，如果一定要用本社团语言把新事物、新现象说清楚，就不得不辗转描述。这当然不是一种经济的办法。如果“乙社团”中只是极少数人（比如仅有两三个人）与“甲社团”有语言接触，他们极有可能会选择用本社团语言辗转描述自己所接触到的新事物和新现象。但是，如果“乙社团”中有几十人甚至几百人与“甲社团”有比较密切的语言接触关系呢？这几十人或几百人在用本社团语言交流时，涉及与“甲社团”语言接触中遇到的新事物、新现象时，最便捷的办法当然是直接借入“甲社团”语言中的词语，可以是语码转换，也可以是稍微变音，使之适应本社团的语音系统。

新中国的推广普通话工作开始于 20 世纪 50 年代初期。1955 年，国家有关部门召开了“全国文字改革会议”和“现代汉语规范问题学术会议”，会后，国务院根据会议精神决定了语言文字工作三大任务——“促进汉字改革、推广普通话、实现汉语规范化”。1956 年 1 月，国务院通过《关于推广普通话的指示》。推广普通话工作之前，海南官方的工作语言和岛内通行的语言应该是海南闽语。因此，黎语词汇中有着大量的海南闽语借词。推广普通话工作取得效果以后，特别是学校教学语言规定使用普通话以后，黎语开始直接借用普通话词语充实自己的词汇。我们推测，一个民族在它自己的语言词汇中夹杂着具有语码转换性质的另外一种语言的大量词语，应该普遍具备双语交流的能力，否则被借入的词语一定会融入本民族语言的语音系统中。因此，黎族人在用本民族语言进行交流时，如遇到无法表达的地方，会自然地转换到自己会说的别的语言，即海南闽语或普通话。转换的语言单位，可能是一个句子、一个词、一个语素，更常见的情况是词和语素。比如，在我们前面整理的表达数字的语料中，黎语在表达序数和阳历“几号”时，一律借用海南闽语的表达；在表达阴历“初几”时，年轻人用海南闽语表达，但老年人仍保留了黎语的表达。当然，表达基数时，仍保留黎语的表达。借用汉语的数字成语时，普遍是直接转换成普通话语码，少数常见的数字成语则转换成海南闽语语码。

黎语可能从比较早的时候就开始从海南闽语中借入词语了，因此不少借自海南闽语的单音节单纯词，在黎语中已经具备构词能力，作为词根与黎语词根一起构成合成词。比如，bit⁷“笔”，应该是来自汉族文明，黎语的读音跟海南闽语一样，是海南闽语借词。① bit⁷ nom³“水笔、钢笔”、koːt⁷ bit⁷“笔帽（保护毛笔头的）”、ruːk⁷ bit⁷“笔筒”则是与黎语语素一起构成的复合词。

海南闽语，俗称琼州话，学界则称为“海南闽语”，因为它的内核是闽语。《正德琼台志》记载：“村落乡音有数种：一曰东语，又名客语，似闽音。”“客话”即海南闽语。“似闽音”的表述，显示海南闽语那时已经具备自己独立的语音特征了。因此，我们估计，海南闽语的形成最迟应该在明朝中期。当代学者梁猷刚（1984）、辛世彪（2013）比较详细地比较了海南闽语与内陆闽语的异同，揭示了海南闽语与内陆闽语之间的继承关系。特别是辛世彪（2013：184—186），列举了八条证据来说明海南闽语与内陆闽语的关系，这八条证据是：1. 帮非为一类，端知为一类，与内陆闽语相同；2. 匣母字三分与内陆闽语相同；3. 部分云母字读[h]（或 ɦ），另有部分云母字读[ʔ]，也与闽南方言一致；4. 明微泥疑母塞化，与闽南语相同；5. 有文白分韵，尤其是阳入相配的“咸山宕江梗”五摄白读变化，与内陆闽语如出一辙；6. 次浊上声字一分为二，与内陆闽语一样；7. 入声字有韵摄分调，演变同内陆闽语；8. 有共同的训读字和特征词。

海南闽语一方面保留了内陆闽语的语音特征，另一方面又受到少数民族语言的影响，因此具有不同于内陆闽语的音系特征，内陆闽南人并不容易听懂海南闽语。闽南语最早是在北宋时期成规模输入海南岛的。有关宋朝时期闽南人入岛为官、经商、世居繁衍的情况，我们在第一章已有介绍。辛世彪（2013：212）也指出：“宋

---

① 梁猷刚：《海南音字典》，广东人民出版社，1988：“笔”记作 bid⁷。

以后内陆闽语人群大量进入海南岛，占据东北部及中北部，又沿东路占据东南沿海一带，西北部及中部山区仍属少数民族所有。”海南闽语具有不同于内陆闽语的语音特征主要是因为长期受到海南临高语和黎语的影响。比如辛世彪(2013：223)曾强调，海南北部闽语声母不送气确定无疑是受到临高语的影响，南部方言保留送气音与当地黎语、村话有送气音有关。

当然，闽语与黎语最早的接触应该在北宋时期已经开始。宋代周去非1178年刊刻的地理学名著《岭外代答》卷二提到：“黎人半能汉语，十百为群，变服入州县墟市，人莫辨焉。日将晚，或吹牛角为声，则纷纷聚会，结队而归，始知其为黎也。”根据这段文字判断，出入墟市的黎族同胞有半数已能熟练使用当地的汉语进行交流了。

黎语词汇借用现象表现出明显的代际差异。基本的情况是借词的代际替代关系。因为借词的源语言或方言在历史进程中会有消长。海南话在海南岛曾经几乎是全岛通用的语言。新中国建立以后，特别是普通话推广以后，普通话影响力逐渐取代了海南话。因此，黎语汉语词汇的借用在长者和年轻人的词汇系统中一定会表现出某种程度的代际差异，主要有下面几种情况(破折号左边的是王提的发音，右边的是陈志雄的发音)：

1. 年轻人借用普通话，老年人保留黎语的词语，如：

粪坑——phoŋ^{3} haːi^{3}(直译：房子屎)

牛笼嘴——lom^{3} lou^{3}(直译：套牛嘴)

石磨——tsɯ^{3} kaːn^{2} siːn^{1}(直译：磨石)

胎盘——kɯ^{1} rau^{3}(直译：胎盘)

2. 年轻人借用普通话，老年人保留借用海南闽语的词语，如：

闰月——(陈志雄)zun^{3} ȵaːn^{1}

收据——(陈志雄)tiu^{3} ki^{1}

3. 年轻人借用海南闽语，老年人仍采用黎语说法的词语，如：

初一：so^{2} iːt^{7}——tsɯ^{3} hwan^{1} ȵaːn^{1}(直译：第一天月)

初二：so²zi³——ɬau³hwan¹ȵaːn¹（直译：第二天月）

水车：tui³sia¹——van²（直译：水车）

萝卜：lo³bak⁷——bəɯ¹taːi³meːk⁷（直译：叶子菜肉）

教室：ka²su³—ploŋ³o¹（直译：房子学）

4. 年轻人和老年人都使用海南闽语借词，但代际有不同说法，如：

枪毙：siːu⁵⁵ʔbi⁵⁵"枪毙"——thaːi⁵⁵ʔba¹¹"打靶"

执照：tseːŋ²vuːk⁷te²i³"做生意的证"——tsiːp⁷tsau²"执照"

5. 年轻人借用海南闽语，老年人在借用海南闽语前加黎语总名，如：

苹果：peŋ³kuːi³—som¹peŋ³kuːi³（直译：果子苹果）

橘子：kiːt⁷tsi³—som¹kiːt⁷tsi³（直译：果子橘子）

第三节　保定黎语核心概念语素的接触性演变

这里的核心概念语素相当于词汇学中的单音节基本词。基本词的三个特征是：稳定性、全民常用性和能产性。我们重点考虑的是能产性这个特征。也就是说，我们要考察表达核心概念的语素在语言接触的历时语言生活中，是否发生了变化；特别是在新的合成词中，表达这些核心概念的语素是否发生了替换性的变化。我们采取的方法是选择斯瓦迪士整理的207个核心概念，记录、考察黎语对这些概念的表达，包括运用表达这些概念的语素组合成词的情况，揭示这些具体语料反映了怎样的语言接触问题。

一、核心概念语素语料整理

具体整理情况见表3-3-1。

表 3-3-1　黎语核心概念语素词①

核心概念	海南音	黎语语素	黎语借用汉语语素
我 I	(读) ŋo^{3}，hua^{3}，(文昌读 gua^{3})	de^{11} 我(年轻男人之间多用) hou^{53} 我(比 dhes 正式，文雅，有礼貌)	se^{53} ʔgwa^{11} pho:i^{53} pheŋ^{11} 自我批评
你 you	lu^{3}(文昌读 du^{3})	məɯ^{53}	mi^{11} ni^{11} gun^{11} 迷你裙
他 he	xa^{1}	na^{53} 他，她，它 gwai^{55} seɯ^{11} 别的，其他(同 gwai^{55} fan^{55})	tha^{55} tua^{55} 他杀；khi^{11} tha^{55} 其他
我们 we	ŋo^{3} mun^{2}	fa^{53} 我们	
你们 you (plural)	lu^{3} mun^{2}	məɯ^{53} ta^{53} 你们	
他们 they	xa^{1} mun^{2}	rau^{55} 他们 khun^{53} ① 他们。② 用在名词之前表示复数	
这 this	tse^{3}	nei^{55} 这；这里	
那 that	na^{4}	hauɯ^{55} 那；那里(指较近或不分远近的事物) ma^{55} 那；那里(指比较远的事物)	

① 语料整理，即记录黎语本族语语素和借用语素，借用语素不止一类的则分类记录，每类词(含短语)最多记录五个，不穷尽收集。此表格中的"海南音"摘录自梁猷刚主编的《海南音字典》，但改用宽式国际音标记录；黎语语素或借用语素如果出现在复合词中则用双下画线标明。海南音一列，带圆圈的"读"表示读书音，带圆圈的"话"表示说话音，带圆圈的"俗"表示训读音或普遍流行的误读音。

续 表

核心概念	海 南 音	黎 语 语 素	黎语借用汉语语素
这里 here		nei^{55}这;这里	
那里 there		haɯ^{55}那;那里(指较近或不分远近的事物) ma^{55}那;那里(指比较远的事物)	
谁 who	sui^{2}, (俗) ʔdiang^{5}	a^{11}ra^{11} 谁(同 ɯ^{53}ra^{11})	
什么 what	sim^{6}me	me^{11}什么(同 me^{11}he^{11})	
哪 where	na^{3},nei	ra^{11}哪? 哪里? 哪儿? phai^{11} ra^{11} 哪 里? 哪 一 个方向?	
何时 when	ho^{2}ti^{2}	phɯːn^{53}ra^{11} 何时,什么时候	si^{53}ra^{11} 何时,什么时候
如何 how	zi^{2} ho^{2}; 怎样 ta^{6}io^{1}	doŋ^{53} ra^{11} 怎样,怎么,怎么样,如何	
不 not	pu^{6}; 否 phou^{2}; 莫 mok;无 vo^{2},(读) vu^{2}	ai^{11}不肯;不愿意 ai^{11}tɯːŋ^{55}① 不肯给。② 不让;禁止 ai^{11}o^{55}不同意;不承认 ta^{53}① 不(用在动词或形容词之前,表示对事物的否定)。② 没有(用在动词之前,表示动作未经发生)。③ 用在句子之后,表示疑问。④ 不行;不可以 ta^{53}so^{53}不错 ta^{53}taːi^{55}hu^{55}不在乎 ta^{53} to^{11} ui^{55} 无 所 谓 (同 vosdosuix) ta^{53}keŋ^{11}khui^{11}不景气 ʔdui^{55}da^{53}khi^{11}对不起	sa^{55}vo^{11}to:i^{55}差不多;ʔdui^{55} vo^{11}khi^{11}对不起 pu^{55}tsi:n^{55} pu^{55} sa:n^{55}不见不散

续　表

核心概念	海南音	黎语语素	黎语借用汉语语素
所有 all	都 ʔdou^{1}	ŋan^{53}也；都 ru^{11}都（同 rrɯ^{11}）	
多 many	ʔdo^{1}	ɬo:i^{53}多；充足 ɬo:i^{53} pom^{11}多嘴；饶舌 ɬo:i^{53} se^{53}多事	sa^{55} vo^{11} to:i^{55}差不多 doixbhixhengs to:i^{55} ʔbua^{11}多半 to:i^{55} sa:i^{11} to:i^{55} ŋi^{55}多才多艺 to:i^{55} se^{53}多事
一些 some	些 ti^{6}/di^{6}	tsɯ^{53} ki^{55}一点儿，一些 tsɯ^{53} tom^{53}一部分，一些	
少 few	tsio^{3}	faŋ^{53}少 rau^{55}① 少；缺少；缺乏。② 减少	to:i^{55} tsi:u^{11}多少 tsi^{55} tsi:u^{11}至少 khu:i^{55} tsi:u^{11}缺少
其他 other	xi^{3} xa^{1}	gwai^{55} seɯ^{11}别的，其他（同 gwai^{55} fan^{55}） ɯ^{53} gwai^{55}别的，其他（或作 a^{11} gwai^{55}）	khi^{11} tha^{55}其他
一 one	it^{7}	seɯ^{11}	seŋ^{55} khi^{11} i:t^{55}星期一
二 two	zi^{1}（又 no^{5}）	ɬau^{11}	seŋ^{55} khi^{11} zi^{55}星期二 ʔdua^{55} zi^{55}大二 zi^{55} ʔbe^{11} siu^{1}二把手 ta^{55} ʔdo^{11} no^{55} ʔde^{1}三长两短 ʔwa:t^{53} lɯ:ŋ^{53} pau^{55}第二年 ʔwa:t^{53} lɯ:ŋ^{53} hwan^{53}第二天
三 three	ta^{1}， ㊢读 tam^{1}	ffu^{11} ȵa:n^{53} fu^{11}三月三 fu^{11} fu:t^{55} hwan^{53} ȵa:n^{53}三十（阴历三十）	seŋ^{55} khi^{11} ta^{55}星期三 ta^{55} kak^{55} ʔba:i^{11}三角板 ta:m^{55} a^{55} si^{55}三亚市
四 four	ti^{4}	sau^{11} ȵa:n^{53}四月 sau^{11} pho:ŋ^{55}四角形	seŋ^{55} khi^{11} ti^{11}星期四 ŋou^{53} hu^{11} ti^{55} ha:i^{11}五湖四海 vo^{11} ta^{55} vo^{11} ti^{11}不三不四

续 表

核心概念	海南音	黎语语素	黎语借用汉语语素
五 five	ŋou^{5}	pa^{53} hwan^{53} ȵa:n^{53} 初五 pa^{53} ȵa:n^{53} 五月 hwau^{11} pa^{53} phu:n^{11} 五指山	ta^{55} hwan^{55} ŋou^{53} si^{11} 三番五次 ti^{55} ʔbun^{53} ŋou^{53} li:t^{55} ŋou^{53} tsi^{11} tua^{55} 五指山 ngougiemx［ŋou^{53} ki:m^{55}］五金 seŋ^{55} khi^{11} ŋou^{53} 星期五
大 big	ʔdua^{1}， (读) ʔdai^{6}	a:u^{53} loŋ^{53} 成年人，大人	ʔda:ŋ^{53} ʔdua^{55} 重大 a:u^{53} ʔda^{55} li^{55} ʔa^{55} 澳大利亚 ʔba:ŋ^{55} ʔdua^{55} 放大 se^{53} ʔdua^{55} 自大
长(长短) long	ʔdo^{2}， (读) siaŋ^{2}	ta:u^{11} 长 ta:u^{11} mi:ŋ^{55} 长寿	ʔdek^{53} ʔdo^{11} 特长 ʔdo^{11} ʔde^{11} 长处 ʔdo^{11} ʔdou^{55} 长度 sa:ŋ^{11} sa^{55} 长沙(湖南省省会) sa:ŋ^{11} tia^{11} 长城 sa:ŋ^{11} ki:ŋ^{55} 长江 sa:ŋ^{11} tseŋ^{55} 长征
宽 wide	xuan^{1}	ʔbe:ŋ^{53} 宽	khwa:n^{55} su^{55} 宽恕 khwa:n^{55} ta:ŋ^{55} 宽松 khwa:n^{55} ʔdua^{55} 宽带 khwa:n^{55} zoŋ^{11} 宽容
厚 thick	kau^{5}，又 hou^{6}	na^{53} 厚 na^{53} no:ŋ^{53} 脸皮厚(不害羞)	hjoŋ^{11} ka:u^{55} 雄厚
重 heavy	ʔdaŋ^{5}	khɯn^{53} 重 khɯn^{53} sa^{53} 重视	loŋ^{11} ʔda:ŋ^{53} 隆重 ʔdo^{11} ʔda:ŋ^{53} 着重 tun^{55} ʔda:ŋ^{53} 尊重 tu^{55} ʔda:ŋ^{53} 注重

续　表

核心概念	海 南 音	黎 语 语 素	黎语借用汉语语素
小 small	tiau^{3}， (俗) toi^{4}	en^{55}小(或作 in^{55}) en^{55} zi:ŋ^{55}小指 en^{55} laɯ^{55}小孩；儿童	dti:u^{11} su:t^{55}小说 ti:u^{11} tat^{55}小节 ti:u^{11} tu^{11}小组 ti:u^{11} khi^{55}小区 ti:u^{11} tse^{11}小姐 to:i^{55} tu^{11}小组 to:i^{55} khi^{55}小区 to:i^{55} o^{53}小学 to:i^{55} o^{53} te^{55}小学生 to:i^{55} ve^{55}小麦
短 short	ʔde^{3}	that^{55}短 that^{55} tsəɯ^{53}气短	ʔde^{11} ti:n^{55}短信 ʔde^{11} lou^{53}短路 ʔde^{11} thu^{11}短途 ʔde^{11} ui^{11}短袖
薄 thin	po^{5}/poʔ^{8}	ʔgəɯ^{53}薄	ʔbo^{55} ni:k^{55}薄弱 ʔda:n^{55} ʔbo^{55}单薄
女 woman	ni^{3}	pai^{11}① 母亲。② 母的。③ 女的 pai^{11} sut^{55} 幺女；幺妹；小女(最小的女儿)；小妹(最小的妹妹) pai^{11} khau^{5}女人；妇女	ni^{11} tek^{55}女色 ni^{11} te^{55}女生 ni^{11} te^{55}女性 su^{55} ni^{11}处女
男 man (adult male)	nam^{2}	pha^{11} ma:n^{53}男人	moŋ^{11} na:m^{11}猛男 na:m^{11} te^{55}男生 na:m^{11} tia^{55}男声
人 Man (human being)	naŋ^{2}， (读) zin^{3}	a:u^{53}① 人。② 别人、人家 a:u^{53} sok^{55}病人 a:u^{53} pla:u^{53}瞎子；盲人 a:u^{53} ka:u^{11}前人；古人 a:u^{53} ʔgwa^{55} ʔdi^{53}外地人 so^{53} a:u^{53}犯人	a:ŋ^{11} na:ŋ^{11}红人 se^{55} na:ŋ^{11}私人 sou^{53} na:ŋ^{11}粗人 su:n^{11} teŋ^{11} na:ŋ^{11}传承人 ʔda:ŋ^{55} se^{53} na:ŋ^{11}当事人

续 表

核心概念	海南音	黎语语素	黎语借用汉语语素
妻 wife	si¹	fe:ŋ¹¹前妻或前夫;前男友或前女友 liu⁵³①儿媳妇儿。②媳妇儿(妻子)。 tho:ŋ¹¹ʔdun⁵³妻子	vu:n⁵⁵ hun⁵⁵ si⁵⁵未婚妻
夫 husband	phu¹	fe:ŋ¹¹前妻或前夫;前男友或前女友 tho:ŋ¹¹ ploŋ¹¹丈夫	vu:n⁵⁵ hun⁵⁵ phu⁵⁵未婚夫
母 mother	mai³	pai¹¹①母亲。②母的。③女的	tia⁵⁵ ma:i¹¹声母 tu⁵⁵ ma:i¹¹字母 zu:n⁵³ ma:i¹¹韵母
父 father	pe⁵	to:ŋ⁵³ pha¹¹岳父(引称) pha¹¹ to:ŋ⁵³岳父(引称) pha¹¹父亲(对称)	se⁵³ ʔbe⁵⁵师父
动物 animal	xaŋ⁵ vut³		tha:ŋ⁵³ vu:t⁵⁵动物 tha:ŋ⁵³ vu:t⁵⁵ hui¹¹动物园
鱼 fish	hu²	ɬa⁵³鱼 ɬa⁵³ ʔbəɯ⁵³ hu:t⁵⁵平鱼;鲳鱼 ɬa⁵³ ʔbəɯ⁵³ ra¹¹带鱼	a:ŋ¹¹ hu¹¹红鱼 ʔba:u⁵⁵ hu¹¹鲍鱼 sa:u¹¹ ziu¹¹ hu¹¹炒鱿鱼 ʔdua⁵⁵ hu¹¹带鱼
鸟 bird	tsiau³	tat⁵⁵鸟	tho¹¹ ni:u¹¹鸵鸟
狗 dog	kau³	pa⁵³狗 pa⁵³ hwau¹¹狼狗 pa⁵³ ti⁵³疯狗 pa⁵³ ʔgaŋ⁵³野狗 pa⁵³ ʔgat⁵⁵猎狗 pha¹¹ fau⁵³ khok⁵⁵狗腿子	ka:u¹¹ thui¹¹ tsi¹¹狗腿子 la:ŋ¹¹ ka:u¹¹狼狗
蛇 snake	tua²	za⁵⁵蛇	ʔdi⁵³ tha:u¹¹ tua¹¹地头蛇 mak⁵³ kia⁵⁵ tua¹¹眼镜蛇

续　表

核心概念	海南音	黎语语素	黎语借用汉语语素
虫 worm	xaŋ²	hjan⁵⁵虫 hjan⁵⁵ thoŋ¹¹毛虫	kia⁵⁵ te⁵⁵ tha:ŋ¹¹寄生虫
树 tree	siu¹，㊦ si⁶	sai⁵³①树。②木头；木材 sai⁵³ ʔgwei¹¹油桐树 sa⁵⁵ sai⁵³树杈	səŋ⁵⁵ ta:n⁵⁵ su⁵⁵圣诞树 aa:n⁵⁵ siu⁵⁵桉树
森 forest	sim¹（文昌读 tim²）	ʔgaŋ⁵³ loŋ⁵³森林；原始森林	si:m⁵⁵ li:m¹¹森林
果 fruit	kua³，㊟ kue³	so:m⁵³①果子；果实。②结果 so:m⁵³ sai⁵³水果；果子	kha:i⁵⁵ sin⁵⁵ kwo¹¹开心果 lo¹¹ ha:n⁵⁵ ku:i¹¹罗汉果 ma:ŋ¹¹ ku:i¹¹芒果 pheŋ¹¹ ku:i¹¹苹果
种 seed	tsiaŋ³	fan⁵³种子；秧苗	tsi:ŋ¹¹ tsi¹¹种子
叶 leaf	hio⁵/hioʔ⁸，㊦ hiap	ʔbəɯ⁵³叶子	
根 root	kin¹	kei⁵³根	ʔba:n¹¹ la:n¹¹ kən⁵⁵板蓝根 ki:n⁵⁵ ʔbun¹¹根本
皮 bark	phue²	tsɯ⁵⁵ ko:m¹¹ no:ŋ⁵³皮鞋 no:ŋ⁵³皮；皮肤 fe:k⁵⁵皮，壳	kui⁵⁵ phu:i¹¹桂皮 phu:i¹¹ ʔba:u⁵⁵皮包 phu:i¹¹ o:i¹¹皮鞋
花 flower	hue¹	se:ŋ⁵³花 se:ŋ⁵³ sut⁵⁵ pa⁵³鸡冠花 se:ŋ⁵³ tu:t¹¹蓓蕾；花骨朵 se:ŋ⁵³ tsɯ⁵⁵ lu:k⁵³天花（玉米的雄花穗）	sa:i⁵⁵ hu:i⁵⁵菜花 ki:k⁵⁵ hu:i⁵⁵菊花 kui⁵⁵ hu:i⁵³桂花

续 表

核心概念	海南音	黎语语素	黎语借用汉语语素
草 grass	sau^{3}	kan^{11}草 kan^{11} sut^{55} pa^{53}鸡冠草 kan^{11} tso:n^{53} ɲut^{53}含羞草 kan^{11} fau^{53} ro:n^{55}一种草本植物,叶似小竹叶,被细毛,可入药 kan^{11} ka:u^{53}水浮莲	sa:u^{11} zu:n^{11}草原 sa:u^{11} ko^{11}草稿 sa:u^{11} hu^{11}草鱼 sa:u^{11} i:u^{53}草药
绳 rope	绳 seŋ^{2}; 索 tuak^{7}, (话) to^{6}/toʔ^{7} 带 ʔdua^{4}	pan^{53}缰绳 pan^{53} tha:k^{53}长的牛缰绳 ta:p^{11}麻绳;缆;索	ʔdo:i^{53}绳子;带子 ʔdo:i^{53} ʔdu:ŋ^{53}电线 ʔdo:i^{53} ʔgo:i^{53}铁链;锁链 ʔdo:i^{53} no:ŋ^{53}皮带;腰带 ʔdo:i^{53} roŋ^{11}钓鱼线 thi:u^{55} seŋ^{11}跳绳
肉 meat	hiok^{8}	a:k^{55}肉 a:k^{11}肉 ʔgom^{11}肉 ʔgom^{11} u:k^{11}内脏;下水 me:k^{55}① 肌肉;腱子。② 物体中有用的或可吃的部分	ki^{55} hjok^{53}肌肉 kha:u^{11} hjok^{55}烤肉 hui^{11} kwo^{55} zou^{55}回锅肉
血 blood	hue^{6}	ʔbou^{11} ɬa:t^{55}补血 som^{11} ɬa:t^{55}淤血 ʔgi:u^{53} ɬa:t^{55}血管 ɬa:t^{55} ɬa:u^{55}淤血 rat^{53}止(血)	soŋ^{55} hu:i^{55}充血 ka:u^{55} hu:i^{55} ʔde^{55}高血压 hu:i^{55} kwan^{11}血管 ki:ŋ^{11} hu:i^{55}贫血 hun^{55} sie^{11} ə^{11}混血儿
骨 bone	kut^{7}	u:k^{55} vɯ:k^{5}骨髓 vɯ:k^{55} ple^{53}髋[kuān]骨;胯骨 vɯ:k^{55} sun^{11}脊骨;背脊 vɯ:k^{55} tiŋ^{11}尸骨 vɯ:k^{55} le^{11}髂[qià]骨	ʔba:i^{11} ku:t^{55}排骨 ʔbe^{53} ku:t^{55} tseŋ^{55}白骨精 ku:t^{55} ke^{11}骨架

续　表

核心概念	海南音	黎语语素	黎语借用汉语语素
脂 fat(n)	tsi^{1}	ʔgwei^{11}油;脂肪	tsi^{11} phaːŋ^{11}脂肪
蛋 egg	ʔdan^{4}	zɯːm^{53}①蛋;卵。②下蛋 zɯːm^{53} paːn^{11}阴囊 zɯːm^{53} ʔdeːŋ^{11}蛋黄 zɯːm^{53} fou^{53}虮子 zɯːm^{53} khaːu^{53}蛋白	kun^{11} taːn^{55}滚蛋 hwaːi^{55} taːn^{55}坏蛋 ʔbun^{53} taːn^{55}笨蛋
角 horn	kak^{7}	hau^{53}①角;犄角;棱角。②触角 hau^{53} pla^{11}额角 hau^{53} ploŋ^{11}屋檐角 hau^{53} pom^{11}嘴角 hau^{53} sa^{53}眼角 hau^{53} zoŋ^{53}鹿茸	siːu^{11} kak^{55}墙角 ʔboːi^{55} kak^{55}八角 ta^{55} kak^{55} ʔbaːi^{11}三角板
尾 tail	vue^{3}	sut^{55}①尾巴。②末端;末尾 kuuengxcut khɯːŋ^{55} sut^{55}尾骨 tsɯ^{55} sut^{55}末尾 soːn^{55} sut^{55}结尾 soːp^{55} sut^{55}终点	kiːt^{55} vuːi^{11}结尾 laːn^{11} vuːi^{11} ziːm^{55}阑尾炎 ve^{11} vuːi^{11} toŋ^{55}马尾松
毛 feather	mau^{2}(又 mo^{2})	hun^{53}毛;羽毛 ɬɯːk^{55} hun^{53}汗毛 veːŋ^{11} hun^{53}毛衣	zi^{11} mo^{11} khiu^{11}羽毛球 maːu^{11} ʔbit^{55}(同 mo^{11} ʔbit^{55})毛笔 maːu^{11} khoŋ^{11}毛孔(mo^{11} khoŋ^{11})毛孔 ʔdo^{11} mo^{11}长毛
发 hair	㊦读 phat^{7},buat^{7}	ʔdan^{55} ʔgwau^{11}头发 ʔdan^{55}条儿;线条(成条的东西)	hwat^{55} heŋ^{11}发型

续 表

核心概念	海南音	黎语语素	黎语借用汉语语素
头 head	xau^{2}	ʔdan^{55} ʔgwau^{11} 头发 ʔgui^{11} ʔgwau^{11} 带头 ʔgwau^{11} ① 头；首。② 端 ʔgwau^{11} kom^{53} 头人 ʔgwau^{11} tsei^{53} 奶头	a:ŋ^{11} tha:u^{11} vu:n^{11} ki:n^{53} 红头文件 ʔba:u^{55} ka:ŋ^{55} tha:u^{11} 包工头 ʔbe^{11} tha:u^{11} 平头 sa:n^{11} tha:u^{11} 田头 sa^{55} tha:u^{11} 插头
耳 ear	hi^{5}	zai^{53} ① 耳朵。② 耳子 zai^{53} ro:ŋ^{53} 耳鸣	hi^{55} ki^{55} 耳机
眼 eye	ŋan^{3}，(俗) mak^{3}	sa^{53} ɬa^{53} 鸡眼（皮肤病） sa^{53} kha:u^{53} 白眼珠；眼白 ki:ŋ^{55} sa^{53} 眼镜 i:k^{55} sa^{53} 火眼；红眼（急性结膜炎） li:p^{53} sa^{53} 眨眼	a:ŋ^{11} mak^{53} 红眼 a:ŋ^{11} mak^{53} ʔbe^{55} 红眼病 ko:i^{55} mak^{53} 鸡眼 sa^{55} mak^{53} 沙眼 mak^{53} kia^{55} 眼镜
鼻 nose	phi^{1}	khat^{55} 鼻子	phi^{55} zi:m^{55} 鼻炎
口 mouth	xau^{3}，(俗) sui^{4}	pom^{11} 嘴；口 pom^{11} thiu^{53} 门口 pom^{11} ŋo:t^{55} 箭头	khi:ŋ^{55} kha:u^{11} 窗口 khu:i^{55} kha:u^{11} 缺口 lou^{53} kha:u^{11} 路口
牙 tooth	ŋe^{2}（文昌读 ge^{2}）	tsɯ^{55} ra^{53} fan^{53} 牙刷 sa:i^{55} fan^{53} 咬牙（熟睡时上下牙相磨） fan^{53} 牙齿	ŋe^{11} sua^{55} 牙刷 ŋe^{11} ka:u^{55} 牙膏 ŋe^{11} si:m^{55} 牙签 si:u^{55} ŋe^{11} 象牙
舌 tongue	tsi^{5}/tsiʔ^{8}	ɬi:n^{11} 舌头 than^{11} ɬi:n^{11} 大舌头 that^{55} ɬi:n^{11} 舌苔	sə^{11} pi:n^{55} in^{55} 舌边音 sə^{11} kən^{55} in^{55} 舌根音
脚 foot	xa^{1}，(读) kiak^{7}	tet^{55} 脚；足 tet^{55} vai^{55} 光脚；赤脚	ʔbo:i^{55} tu^{55} kha^{55} 八字脚 ta^{55} kha^{55} ke^{11} 三脚架

续　表

核心概念	海南音	黎语语素	黎语借用汉语语素
腿 leg	xut^{3}	ha^{53}腿 ha^{53}khou^{11}裤腿 khok^{55}① 脚。② 根基;桩。③ 腿。④ 棵(量词,用于菌类)	la^{55}a:u^{53}thui^{11}拉后腿
手 hand	siu^{3}	məɯ^{53}手 zi:ŋ^{55}手指 zi:ŋ^{55}vai^{55}空手;徒手 ŋo^{53}zi:ŋ^{55}住手;罢手 ȵoŋ^{55}zi:ŋ^{55}握手 pha:ŋ^{55}zi:ŋ^{55}鼓掌;拍手	ʔba:ŋ^{55}siu^{11}帮手 ʔba:n^{11}siu^{11}扳手 ʔbe^{11}siu^{11}平手 ʔbun^{53}siu^{11}分手
腹 belly	腹: phok^{7} 胃: ui^{5}	pok^{55}① 肚子;腹部。② 胃	ui^{55}zi:m^{55}胃炎 ui^{55}kha:u^{11}胃口
肠 guts	ʔdo^{2}	ra:i^{11}肠子 ra:i^{11}loŋ^{53}大肠 a:i^{11}nam^{11}小溪 ra:i^{11}pha^{53}阑尾 ra:i^{11}u:t^{55}小肠	hun^{11}ʔdo^{11}粉肠 la^{53}ʔdo^{11}腊肠 ui^{55}ʔdo^{11}zi:m^{55}胃肠炎
脖 neck	phud^{7}/ʔbut^{7}	ȵe:k^{55}脖颈[gěng] tsɯ^{55}zoŋ^{11}脖子 so:m^{53}zoŋ^{11}大脖子病(甲状腺肿)	
背 back	ʔbue^{4}	ʔdu:n^{11}后面;背后 ʔdu:n^{11}zi:ŋ^{55}手背 vɯ:k^{55}sun^{11}脊骨;背脊 tsɯ^{55}sun^{11}脊背	
乳 breast	乳 zi^{2},zui^{2}。 奶 nai^{1},㊫ ne^{1}	nam^{11}tsei^{53}乳汁 tsei^{53}乳房 ʔgwau^{11}tsei^{53}奶头 hje:k^{55}tsei^{53}断奶	na:i^{55}ʔde^{11}奶茶 ne^{55}hun^{11}奶粉 ʔgu^{11}ne^{55}牛奶

续 表

核心概念	海南音	黎语语素	黎语借用汉语语素
心 heart	tim¹	ɬa:u¹¹心脏 hwo:k⁵⁵心;心地;心肠 hwo:k⁵⁵ ʔde:ŋ⁵³甘心;情愿 hwo:k⁵⁵ ra:i¹¹心肠	a:n⁵⁵ ti:m⁵⁵安心 ʔba:ŋ⁵⁵ ti:m⁵⁵放心 ʔbun⁵³ ti:m⁵⁵分心 se⁵⁵ ti:m⁵⁵私心 ti:m⁵⁵ ta:ŋ⁵⁵心脏 kha:i⁵⁵ sin⁵⁵ kwo¹¹开心果
肝 liver	kua¹	ŋa:n⁵³肝 ɬen⁵³ ŋa:n⁵³好心;和蔼;和气;脾气好 khi¹¹ ŋa:n⁵³生气;发火;愤怒 lok⁵⁵ ŋa:n⁵³担心	kwa⁵⁵ zi:m⁵⁵肝炎 kwa⁵⁵ ka:ŋ⁵⁵ neŋ¹¹肝功能 kwa⁵⁵ ŋa:i¹¹肝癌 hu¹¹ ka:n⁵⁵ iu¹¹鱼肝油
喝 drink	xo⁶/xoʔ⁷	o:k⁵³喝 ru:t⁵⁵①吸喝。②抽(烟)。③嘬[zuō];吮吸。④吻 sɯp⁵⁵喝(小口地喝) hja:u⁵³喝 la⁵⁵吃;喝;抽(烟)	ʔdua⁵⁵ tsia⁵⁵ ʔdua⁵⁵ kho⁵⁵ 大吃大喝
吃 eat	㊗ tsia⁵, ㊖ xit⁷	fu:n⁵³吃 la⁵⁵吃;喝;抽(烟) la⁵⁵ ple:p⁵³吃独食 la⁵⁵ khau⁵⁵吃力 la⁵⁵ vai⁵⁵白吃	tsia⁵³ sou⁵⁵吃醋 tsia⁵³ ʔdo¹¹食堂 jtsia⁵³ khui⁵⁵吃亏
咬 bite	ka⁵	ka:n¹¹咬 khap⁵⁵(狗)咬 ŋam⁵⁵大口地咬 ŋan⁵⁵小口地咬 thom¹¹咬;蛀	
吸 suck	kip⁷	hwɯp⁵⁵吸 ru:t⁵⁵①吸喝。②抽(烟)。③嘬[zuō];吮吸。④吻	ki:p⁵⁵ ʔdak⁵³吸毒 ki:p⁵⁵ tiu⁵⁵吸收 ki:p⁵⁵ za:ŋ¹¹吸氧

续　表

核心概念	海南音	黎语语素	黎语借用汉语语素
吐 spit	xou⁴;伸 tin¹	fe:k⁵⁵呕吐;吐 phi⁵⁵吐(口水) vun¹¹吐(核、痰等)	
吹 blow	sui¹	ou⁵⁵吹 ou⁵⁵ li:p⁵⁵吹口哨	sui⁵⁵ ʔgu¹¹吹牛 sui⁵⁵ hwa:ŋ⁵⁵吹风 ku¹¹ sui⁵⁵鼓吹
呼吸 breathe	hu¹ kip⁷;叹气 xan⁴ xui⁴/xan⁴ xi⁴	ran¹¹ tsəɯ⁵³① 呼吸。② 叹气	
笑 laugh	sio⁴	ra:u⁵³笑 ra:u⁵³ mit⁵⁵微笑 ra:u⁵³ va⁵⁵狂笑 ri:n⁵³ ra:u⁵³① 玩笑。② 开玩笑 thun⁵³ ra:u⁵³笑话	si:u⁵⁵ u:i⁵⁵笑话
看 see	xan⁴, ㊀俗 mo¹(望); 瞧 siau²; 瞅 siu³	la:i¹¹见;看见 zu:i¹¹看;瞧 zu:i¹¹ zun¹¹斜着眼看或用余光看 zu:i¹¹ tsip⁵⁵向远处看	kiu⁵³看 kiu⁵³ khi¹¹ la:i¹¹起来 kiu⁵³ khɯn⁵³ 重视;看重;高看 kiu⁵³ si:u⁵⁵ u:i⁵⁵看笑话 mo⁵⁵ ʔda:ŋ⁵³看重 mo⁵⁵ tiu¹¹ to¹¹看守所 mo⁵⁵ vo¹¹ khi¹¹看不起
听 hear	xia¹	pləɯ⁵³听;听到;听见 hi:ŋ⁵³ zai⁵³① 倾听;打听;探听。② 听着(有肃静的意思)	to⁵³ thia⁵⁵ khi¹¹助听器 o⁵⁵ thia⁵⁵难听 pha:ŋ¹¹ thia⁵⁵旁听 pha⁵⁵ thia⁵⁵打听
知 know	tai¹,㊀读 tsi¹	khu:ŋ⁵³懂;知道;会 khu:ŋ⁵³ ʔdaŋ⁵³认识 khu:ŋ⁵³ ʔdaŋ⁵³ tho:ŋ¹¹相识	ta:i⁵⁵ ki¹¹知己 ta:i⁵⁵ tsia¹¹ ʔdat⁵⁵ li¹¹ 知情达理 tsi⁵⁵ tek⁵⁵知识

续 表

核心概念	海南音	黎语语素	黎语借用汉语语素
想 think	tio^{5}	ʔbat^{55}想;欲 ŋop^{55}想念;怀念;留恋;惦念	ti:u^{55} ti:u^{55}思想 ti:u^{55} ni:m^{53}思念;想念 ti:u^{55} pha:t^{55}想法
嗅 smell	hiu^{4},(俗) siu^{6}; 闻 vun^{2}	ha:i^{53}① 闻;嗅。② 气味	ti:n^{55} vu:n^{11}新闻 vu:n^{11} mia^{11}闻名
怕 fear	pha^{4},(俗) kia^{1} (惊); 惊 kia^{1},(读) keŋ^{1}	ʔda^{11}怕;害怕;慌 ʔda^{11} man^{11}恐怕 kip^{53}害怕;恐惧;惊慌	kia^{55} ti^{11}怕死 khoŋ^{11} kia^{55}恐怕
睡 sleep	sui^{2};觉 kiau^{4}	ploŋ^{11} kau^{55}专门用来睡觉的小房子 kau^{55}① 躺;卧。② 睡 tso:n^{53}① 沉;沉没。② 睡着;熟睡 tso:n^{53} ŋut^{55}打盹;瞌睡 ɬen^{53} tso:n^{53}熟睡;酣睡	
住 live	tu^{4};居 ki^{1}	to:ŋ^{11}① 住;定居。② 逗留	khia^{55} ʔba:ŋ^{11}住房 khia^{55} zu:n^{53}住院 kiaxhex [khia^{55} he^{55}] 住宿 khia^{55} hja:u^{53}住校
死 die	ti^{3}	ɬa:u^{55}死;去世 hɯt^{55}死	kiu^{55} ti^{11} phou^{11} ti:ŋ^{55}救死扶伤 ti^{11} ʔba:n^{11}死板
杀 kill	tua^{6}	hau^{11}杀;屠宰 mi:k^{11}宰杀	a:m^{55} tua^{55}暗杀 se^{53} tua^{55}自杀 tua^{55} khu:n^{55}杀菌 tua^{55} siu^{11}杀手
斗 fight	ʔdou^{4}/ʔdau^{4}	ɬau^{53} tho:ŋ^{11}打斗(双方摆阵对打)	ʔbok^{55} ʔda:u^{55}搏斗 ʔda:u^{55} tse^{55}斗争 ki:t^{55} ʔda:u^{55}决斗

续　表

核心概念	海南音	黎语语素	黎语借用汉语语素
猎 hunt	ʔdiap^{8}	ʔgip^{55}打猎(夜间一人去) tsa:u^{11}围猎;打围	
击 hit	kit^{7},kek^{7}; 打(读)ʔda^{3}, (俗)pha^{6}(拍)	ʔbu:ŋ^{11}用力打 so:ŋ^{55}敲打(扦子、门闩等) to:p^{55}砸;捶打 foŋ^{11}打	koŋ^{53} kek^{55}攻击
切 cut	sit^{7}	ʔgat^{55}①切。②截断	tsi:t^{11}切
分 split	ʔbun^{1}	kau^{55}分;分配 kau^{55} tho:ŋ^{11}分配	ʔbe^{11} ʔbun^{53}平分 ʔbun^{53} a:ŋ^{11}分红 ʔbun^{53} phui^{11}分配 ʔbun^{53} siu^{11}分手
刺 stab	si^{4}	suɯn^{55}扎(用针或尖物刺) phau^{11}刺;扎	
挠 scratch	nau^{2}; 搔 tau^{2}; 抓 tua^{1}	huɯ:t^{55}抓挠;扒;搔	
挖 dig	uat^{7}	ʔban^{55}挖;掘 sou^{53}挖(直往下挖) ʔgauɯ^{55}抠挖(把东西抠挖出来) hui^{11}挖(把埋藏着的东西挖出来) huɯ:t^{55}挖(用手挖坑等) hjut^{55}挖;掘 khai^{11}抠挖	ʔwat^{55}挖;抠 ʔbau^{55}①用刀、斧砍挖。②锄
游 swim	ziu^{2}	plei^{53}游泳;泅水 plei^{53} nam^{11}游泳 plei^{53} ŋuɯa^{11}仰泳 plei^{53} tsuɯ^{55} la^{53}仰泳	sun^{55} ziu^{11}春游 ʔda:u^{11} ziu^{11}导游 ziu^{11} zoŋ^{11}游泳

续 表

核心概念	海南音	黎语语素	黎语借用汉语语素
飞 fly	ʔbue¹，㊦读 phui¹	ʔben⁵³飞 va⁵³ ʔben⁵³飞机	ʔbui⁵⁵ tun¹¹飞船 khi¹¹ ʔbui⁵⁵起飞
走 walk	tau³	fei⁵³行；走 fei⁵³ khok⁵步行；徒步	taːu¹¹ se⁵⁵走私 taːu¹¹ ʔdiːu⁵³走调儿 taːu¹¹ ʔdoːi¹¹走题；跑题 taːu¹¹ ʔdui¹¹ thaːu¹¹ lou⁵³走回头路 taːu¹¹ zun⁵³走运
来 come	lai²	puɯːn⁵³来 puɯːn⁵³ ʔdua¹¹来过 puɯːn⁵³ ɬuːt⁵⁵进来 puɯːn⁵³ luɯːŋ⁵³返回；回来 ʔdua¹¹ puɯːn⁵³过来	se⁵³ laːi¹¹ tui¹¹自来水 soŋ¹¹ laːi¹¹从来
躺 lie	xaŋ³	kau⁵⁵ ① 躺；卧。② 睡	
坐 sit	tse⁵	tsoŋ¹¹坐；骑(马) tsoŋ¹¹ kha⁵⁵ khok⁵⁵盘腿而坐 tsoŋ¹¹ laːu¹¹坐牢；坐监	tse⁵⁵ ʔbaːn⁵⁵坐班 tse⁵⁵ kaːm⁵⁵坐监；坐牢
站 stand	tam⁵，㊗俗又 xia⁵ 骑 xia⁵	tsuːn⁵³站立 tsuːn⁵³ ŋo⁵³站住；站稳	khia⁵³ kaːŋ¹¹站岗 khia⁵³ phiːu¹¹站票 khia⁵³ thaːi¹¹站台 tsaːn⁵³ kaːŋ⁵⁵站岗
转 turn	tuan³	plen¹¹翻转 plom⁵³ plen¹¹翻转；倒(颠倒) pluɯn¹¹翻转(内外反转，如翻肠子) fan¹¹转动；转换 kaːi¹¹旋转	se⁵³ tuːn¹¹自转 tuːn¹¹ ʔbiːn⁵⁵转变 tuːn¹¹ tua¹¹转移 tuːn¹¹ ki⁵⁵转机 tuːn¹¹ ko¹¹转告

续　表

核心概念	海南音	黎语语素	黎语借用汉语语素
落 fall	lak^{7}，㊦读 lok^{7}	thok^{55}落；掉 thok^{55} kha^{53}失脚；跌落 ku:n^{53}脱落；掉 ɬa^{55}落果（果子没成熟就从树上掉下来）	ki:ŋ^{55} lak^{54}降落 lak^{55} ʔbi:t^{55} ʔdoŋ^{55}落笔峒
给 give	kip^{7}	tɯ:ŋ^{55}给；交给	
拿 hold	na^{2}； 持 si^{2}； 把 ʔbue^{5}	pat^{55}取；拿 si:u^{11}拿；持；握	ki^{55} na^{11}缉拿 na^{11} siu^{11}拿手
挤 squeeze	tsi^{4}	e:p^{11}挤 e:p^{11} tho:ŋ^{11}拥挤 ʔgwan^{11}捏；紧握；挤（果汁）	
磨 rub	vua^{2}	ra^{53}磨 si:n^{53} ra^{53}磨刀石 ka:n^{55}磨	ti:u^{55} vua^{11}消磨 vua^{11} tun^{11}磨损 vua^{11} hap^{55}磨合
洗 wash	toi^{3}	to:k^{55}洗（衣服、头发） tɯ:p^{55}洗擦 ʔgwa:i^{53}洗 khɯ:p^{55}洗（脸） lu:k^{11}①涮洗；漂洗。②漱（口） aep^{55}洗澡	to:i^{11} ta^{55} ki^{55}洗衣机 to:i^{11} ta^{55} hun^{11}洗衣粉 to:i^{11} siu^{11} ka:n^{55}洗手间 to:i^{11} the^{55} tseŋ^{55}洗洁精
擦 wipe	sua^{6}/suaʔ^{7}； 抹 muat^{7}	tɯ:p^{55}洗擦 fɯ:p^{55}擦；搓[cuō]；揉 ka:t^{11}用手背擦鼻涕 mut^{55}①捋。②用手掌擦 pha:i^{53}揩；抹；擦 rɯt^{53}①捋[lǚ]（用棍子等夹着捋）。②拖；蹭[cèng]；擦	sa:t^{11}抹；擦

续　表

核心概念	海 南 音	黎 语 语 素	黎语借用汉语语素
拉 pull	la^{6}	to:n^{55}突然用力拉 zi:t^{11}拉 ʔgiu^{55}拉(绳子、电线等) ʔgwa:t^{11}拉(用力拉) kwa:ŋ^{53}拉;拖 ȵa:t^{55}拉(弓) ȵɯt^{55}拉;抻[chēn]	la^{55} a:u^{53} thui^{11}拉后腿 la^{55} kwan^{55} hi^{55}拉关系 la^{55} li:n^{55}拉链
推 push	sui^{1}	ȵo^{53}推 ȵo:i^{11}推 ȵu^{53}推;插 ȵu:n^{53}推;插 ȵu:n^{55}用力推	thui^{55} sek^{55}推测 thui^{55} ʔdi^{11}推迟 thui^{55} ti:u^{55}推销
扔 throw	zeŋ^{2}; 掷 tsek^{7}; 抛 pha^{1}, ㊦ phau^{1}	hwen^{55}扔;随便掷 phe:ŋ^{11}扔;丢	
系 tie	捆 xun^{3}; 绑 ʔbaŋ^{3}; 结 kit^{7}; 系 koi^{4},又 hi^{5}	tan^{11}绑;捆 hi:t^{55}捆绑;扎 ka:p^{11}捆绑;打结 fo:n^{11}绑;扎 fo:t^{55}绑;扎	ki:t^{55} ta^{55}结扎
缝 sew	phoŋ^{2}	fo:n^{53}缝补 ȵop^{55}缝	sa:i^{11} phoŋ^{11}裁缝 poŋ^{11} i:n^{55} ki^{55}缝纫机
计算 count	计 ki^{4}	kha:i^{11}计算;数	ki^{55} tui^{11}计算 thoŋ^{11} ki^{55}统计
说 say	te^{6}, suat^{7}	ri:n^{53}说;讲 ri:n^{53} ʔdua^{55} u:i^{55}说大话 rri:n^{53} ti:t^{55} u:i^{55}说实话 pləu^{53} ri:n^{53}据说	su:n^{11} te^{55}传说 te^{55} meŋ^{11}说明 te^{55} pha:t^{55}说法 ki^{55} te^{55}据说 ti:u^{11} su:t^{55}小说

续　表

核心概念	海 南 音	黎 语 语 素	黎语借用汉语语素
唱 sing	saŋ^{4}	vu:k^{55} thun^{53} 唱歌；编歌 zɯ:ŋ^{55} 唱山歌、情歌（歌词都是即景编成的）	sa:ŋ^{55} ʔdui^{55} tha:i^{11} hi^{11} 唱对台戏 sa:ŋ^{55} ko^{55} 唱歌 sa:ŋ^{55} pha:n^{11} ʔdi:u^{53} 唱反调
玩 play	ŋuan^{5}	to:ŋ^{11} 玩；逛 zɯ^{55} 玩；玩耍 hwo:ŋ^{53} 玩耍；娱乐；游戏 rɯ:k^{55} ① 玩。② 交友；谈恋爱	
浮 float	phu^{2}	ʔbau^{53} 浮	khi:n^{55} phu^{11} 轻浮 phu^{11} ʔbi:u^{55} 浮标
流 flow	liu^{3}，lau^{2}	fa:t^{53}（水）流；渗［shèn］；排泄 re:u^{53} 流（出来）；垂涎 thɯ:m^{11} 流（口水）	ʔbun^{53} liu^{11} 分流 tu^{11} liu^{11} 主流 liu^{11} kia^{11} 流行 liu^{11} la:ŋ^{55} 流浪 la:u^{11} ti:t^{55} 流失 la:u^{11} ta:n^{11} 流产 lau^{53} tho:ŋ^{11} 轮流；代替
冻 feeze	ʔdoŋ^{6}	ʔgan^{53} 凉；冻	ʔbeŋ^{55} ʔdoŋ^{55} 冰冻 ʔdoŋ^{55} ki:t^{55} 冻结 le^{11} ʔdoŋ^{55} 冷冻
肿 swell	tsiaŋ^{3}	un^{53} ① 肿。② 膨胀。③ 柔软 un^{53} lo:p^{11} 疙瘩［gēda］（被蚊虫咬后所起的肿块） un^{53} zo:i^{11} zo:i^{11} 肿肿的；胀胀的	
日 sun	zit^{8}	sa^{53} hwan^{53} ① 太阳。② 阳光	tha:i^{55} za:ŋ^{11} hi^{55} 太阳系

续 表

核心概念	海南音	黎语语素	黎语借用汉语语素
月 smoon	vue^{5}(文昌读gueʔ^{8}),(读) zuat	ȵa:n^{53}① 月亮。② 月份	
星 star	se^{1},(读) teŋ^{1}	ra:u^{53}星星 ra:u^{53} thok^{55} ha:i^{11} ta:i^{11}流星	se^{55} khiu^{11}星球 ko^{55} se^{55}歌星 hu:i^{11} se^{55}火星 ui^{55} se^{55}卫星
水 water	tui^{3}	nam^{11}① 水。② 江;河 nam^{11} ʔbəɯ^{53} sai^{53} ① 菜汁。② 汤药 nam^{11} ʔbit^{55}墨水 nam^{11} plo:ŋ^{55}精液 nam^{11} sa^{53}泪;眼泪	sa^{11} tui^{11} sia^{53}洒水车 se^{53} la:i^{11} tui^{11}自来水 sok^{55} tui^{11} si^{11}蓄水池 ʔda:m^{53} tui^{11} hu^{11}淡水鱼
雨 rain	hou^{5},(读) zi^{3}	fun^{53}① 雨。② 下雨。 fun^{53} pɯ^{53} rui^{53}小雨 fun^{53} hwo:n^{53} ze:ŋ^{53}阵雨;骤雨 fun^{53} lin^{11} ze:ŋ^{53}过云雨;阵雨;骤雨 fun^{53} phu:k^{55}毛毛雨(春秋时下的)	
河 river	ho^{2}	za^{11}河;河流 nam^{11}① 水。② 江;河 nam^{11} kai^{53}坛子江(在乐东黎族自治县指的是昌化江) nam^{11} ro:n^{55}竹子江(即"宁远河",在三亚市崖州湾入海) ŋa:i^{55} nam^{11}河边;河岸	ʔbu:t^{55} ho^{11}拔河 ʔwa:ŋ^{11} ho^{11}黄河
湖 lake	hu^{2},(话) ou^{2}	hju:k^{55}池塘;池沼;湖;水坑	ki:ŋ^{55} hu^{11}江湖 ʔdoŋ^{55} theŋ^{11} hu^{11}洞庭湖

续　表

核心概念	海南音	黎语语素	黎语借用汉语语素
海 sea	hai^{3}	ʔbiːŋ^{11} laːŋ^{11}海军 sei^{53} laːŋ^{11}海螺 laːŋ^{11}海 nam^{11} laːŋ^{11}海洋 ŋaːi^{55} laːŋ^{11}海岸	ʔbin^{55} haːi^{11} lou^{53}滨海路 ʔdaːŋ^{55} haːi^{11}东海
盐 salt	iam^{2}	ȵaːu^{11}盐 ȵaːu^{11} saːk^{11}粗盐；大盐 moːŋ^{53} ȵaːu^{53}用盐腌制	iːm^{11} saːn^{11}盐田 iːm^{11} ʔdiːu^{11}盐场
石 stone	tsio^{5}/tsioʔ^{8}	siːn^{53}石头 siːn^{53} tau^{11}石灶 siːn^{53} za^{53}石精，灵石；宝石 siːn^{53} zeːŋ^{53}占卜用的石块	sui^{55} tsiːu^{55}碎石 ʔda^{11} kiːt^{55} tsiːu^{55}胆结石 ʔdua^{55} li^{11} tsiːu^{55}大理石
沙 sand	sa^{1}，㊟话 tua^{1}	phau^{55}沙子	sa^{55} mak^{53}眼 sa^{55} thaːn^{55}沙滩
尘 dust	sin^{2}	fuːŋ^{11}尘土；灰尘 ʔdiːk^{55}烟尘；煤烟子；塔灰	
地 earth	ʔdi^{5}； 土 xou^{2}	təɯ^{53} van^{53}陆地；地面 van^{53} ① 土地；地。② 土；泥土	taːn^{11} ʔdi^{53}产地 thau^{55} thi^{55}土地神 thou^{11} ʔdi^{53}土地
云 cloud	hun^{2}	ʔdeːk^{55} fa^{11}云 uːt^{55} fa^{11}早晨在山上刚形成的云	zun^{11} naːm^{11} teŋ^{11}云南省
雾 fog	mu^{4}	hwoːn^{53} kaːu^{11}雾；云雾	phun^{55} mu^{55} khi^{11}喷雾器
天 sky	xi^{1}，㊟读 xin^{1}	təɯ^{53} fa^{11}天空 thom^{53} fa^{11}空中；天空 fau^{53} fa^{11}天下；世界	thi^{55} tua^{11}天线 thi^{55} kiːu^{11}天桥

续　表

核心概念	海 南 音	黎 语 语 素	黎语借用汉语语素
风 wind	phoŋ^{1}， (话) xuaŋ	hwo:t^{55}风 hwo:t^{55} thu:n^{11}旋风 vou^{53} hwo:t^{55}顺风	ma:i^{55} khə^{55} foŋ^{55}麦克风 tou^{55} foŋ^{55}兜风 to^{55} phoŋ^{55}作风 o^{53} phoŋ^{55}学风 toŋ^{55} hwa:ŋ^{55}中风 su:t^{55} hwa:ŋ^{55} tha:u^{11}出风 sui^{55} hwa:ŋ^{55}吹风 hja:u^{53} phoŋ^{55}校风
雪 snow	(读) tuat， (俗) toi^{6}	a:n^{55} fa^{11}雪	
冰 ice	peŋ^{1}		ʔbeŋ^{55}冰 bhengxdieux［ʔbeŋ^{55} ti:u^{55}］冰箱
烟 smoke	in^{1}	hwo:n^{53}① 烟;炊烟。② 熏 za^{53} ① 烟（叶子烟）。② 药。③ 医治	i:n^{55} thoŋ^{55}烟筒 i:n^{55} hui^{55} ko^{55}烟灰缸
火 fire	hue^{3}	fei^{53}火 ke:k^{55} fei^{53}借火 ʔge:k^{55} fei^{53}救火 ʔgo:m^{53} fei^{53}生火;点火 ha:i^{11} fei^{53}① 火炭。② 火种	ki:ŋ^{55} hu:i^{11}降火 ku:i^{55} hu:i^{11}过火
灰 ashes	hui^{1}， (话) hu^{1}	tsɯ^{55} tau^{11}火灰 fau^{55} tau^{11}火灰;炭灰	
烧 burn	tio^{1}	ȵan^{53}引火;烧 ȵe:p^{53}烧 thaŋ^{53}烧;着火;失火 ʔbaŋ^{53}焚烧 sui^{11}点燃;放火烧	sa:u^{53} kha:u^{11}烧烤 ti:u^{55} kha:u^{11}烧烤

续　表

核心概念	海南音	黎语语素	黎语借用汉语语素
路 road	lou^{1}	zu:ŋ^{11}野兽在山野上所走的路 kin^{53} ku:n^{53}赶路 ku:n^{53}路 ku:n^{53} ʔgo:i^{53}铁路 ku:n^{53} pha^{53}岔路;歧路 ku:n^{53} sia^{53}公路;马路	ʔbin^{55} ha:i^{11} lou^{53}滨海路 ʔbok^{55} iu^{11} lou^{53}柏油路 tap^{55} tu^{55} lou^{53}十字路 ʔda:ŋ^{11} lou^{53}同路
山 mountain	tua^{1}	ʔda:u^{11}山(比一般山小) ʔda:u^{11} ɬo:k^{55}树林 ʔgaŋ^{53}山林(长满树木的山岭);岭 ʔgaŋ^{53} hwau^{11}山岭 hwau^{11}山 hwausba'puens hwau^{11} pa^{53} phu:n^{11}五指山 hwau^{11} bom^{11} ʔde:t^{11}鹦哥岭	ki:ŋ^{55} tua^{55}江山
红 red	aŋ^{2},(读) hoŋ^{2}	ʔga:n^{11}红色 me:u^{53} ʔga:n^{11}一种早稻,米红色 nam^{11} za^{53} ʔga:n^{11}红药水 tsɯ^{55} hjau^{53} ʔga:n^{11}红豆;红小豆	a:ŋ^{11} ʔba:i^{11}红牌 a:ŋ^{11} ʔbaeu^{55}红包 a:ŋ^{11} ki^{11}红旗 a:ŋ^{11} kun^{55}红军
绿 green	liak^{8}	khi:u^{53}①绿;蓝;青。②生(瓜果未成熟) khi:u^{53} li:k^{53} li:k^{53}绿油油 khou^{53} khi:u^{53}绿斑鸠	li:k^{55} tek^{55}绿色 li:k^{55} ʔda:u^{53}绿豆 li:k^{55} ʔdeŋ^{55}绿灯 li:k^{55} ʔde^{11}绿茶
黄 yellow	uaŋ^{2},huaŋ^{2},ui^{2}	ze:ŋ^{53}黄色 tsɯ^{55} hjau^{53} ze:ŋ^{53}黄豆 sok^{55} ze:ŋ^{53}黄疸病	ui^{11} tek^{55}黄色 ui^{11} ʔda:u^{55}黄豆

续 表

核心概念	海南音	黎语语素	黎语借用汉语语素
白 white	ʔbe^{5}/ʔbeʔ^{8}， (读) ʔbok^{7}	ʔbaɯ^{53} ta:i^{11} kha:u^{53} 白菜 sa^{53} kha:u^{53} 白眼珠；眼白 ʔdet^{55} zai^{53} kha:u^{53} 白木耳（银耳）	ʔbe^{53} tek^{55} 白色 ʔbe^{53} mo^{11} 白发
黑 black	hek^{7}，(俗) ou^{1}	lo:k^{55} 黑 a:u^{53} lo:k^{55} 黑人 sa^{53} lo:k^{55} 黑眼珠 ma:i^{11} lo:k^{55} 黑蔗 ʔdom^{11} 黑 hwe:ŋ^{11} ʔdom^{11} 黑藤	ou^{55} a:m^{11} 黑暗 ou^{55} ʔba:i^{11} 黑板 ou^{55} tek^{55} 黑色
夜 night	ze^{4}， (俗) me^{2}（暝）	puɯ^{53} sop^{55} 夜晚；晚上 sop^{55} 夜；晚 ʔdua^{11} sop^{55} 过夜	sa^{11} me^{11} 查夜 ʔda:ŋ^{55} me^{11} 当晚；当夜 ke^{55} me^{11} 隔夜
昼 day	tsiu^{6}	pai^{11} hwan^{53} 白天；中午	ʔbe^{53} thi^{55} 白天
年 year	hi^{2}	pau^{55} ① 年。② 岁；年龄 pau^{55} pa:n^{53} 新年；元旦 pau^{55} khu:n^{55} 前年 pau^{55} ran^{53} 荒年	ʔba:i^{55} hi^{11} 拜年 seŋ^{55} hi^{11} 青年 su:n^{11} hi^{11} 全年
暖 warm	nun^{2}	ɬun^{55} 暖和；温	nu:n^{11} khui^{11} 暖气 un^{55} nu:n^{11} 温暖
冷 cold	le^{3}	kha:i^{55} 冷 kha:i^{55} ʔgan^{53} 寒冷；冰冷 ȵa:n^{53} kha:i^{55} 冬季；冷天 tha^{55} kha:i^{55} 过夜饭	le^{11} sa:ŋ^{11} 冷藏 le^{11} seŋ^{55} 冷清 le^{11} ʔda:m^{55} 冷淡 le^{11} ʔdoŋ^{55} 冷冻
满 full	mua^{3}，读 muan^{3}	thi:k^{55} 满 thi:k^{55} hwo:k^{55} 满足；满意 thi:k^{55} me:k^{55} 饱满 thi:k^{55} ȵa:n^{53} 满月	ʔba^{11} mua^{11} 饱满 se^{53} mua^{11} 自满 ka:i^{55} mua^{11} 届满

续　表

核心概念	海南音	黎语语素	黎语借用汉语语素
新 new	tin^{1}	$pa:n^{53}$新，新的 pau^{55} $pa:n^{53}$新年；元旦 liu^{53} $pa:n^{53}$新娘	$sa:ŋ^{55}$ $ti:n^{55}$创新 $soŋ^{11}$ $ti:n^{55}$重新 $ti:n^{55}$ $la:ŋ^{11}$新郎 $ti:n^{55}$ $ni:u^{11}$新娘
老 old	lau^{5}	za^{53}老；老迈 $a:u^{53}$ $ɯ^{11}$ za^{53}老人 $ki:n^{11}$（瓜果、蔬菜）老	$la:u^{55}$ $ʔba:n^{11}$老板 $keŋ^{55}$ $la:u^{55}$ $zu:n^{53}$敬老院 kou^{11} $la:u^{55}$古老
好 good	ho^{3}	$ɬen^{53}$① 好；棒。② 很 $ɬen^{53}$ $ȵa:n^{53}$好心；和蔼；和气；脾气好 tui^{55} $ɬen^{53}$最好（副词）	ho^{11} se^{53}好事 ho^{11} $ʔde^{11}$好处 ho^{11} $ti:m^{55}$好心
坏 bad	$huai^{1}$	$re:k^{55}$① 坏。② 破。③ 难 $a:u^{53}$ $re:k^{55}$坏人 $re:k^{55}$ $hwo:k^{55}$心肠坏	hui^{11} $hwa:i^{55}$毁坏 $hwa:i^{55}$ se^{53}坏事 $hwa:i^{55}$ $ta:n^{55}$坏蛋 $hwa:i^{55}$ $ʔde^{11}$坏处 $hwa:i^{55}$ $na:ŋ^{11}$坏人
腐 rotten	phu^{2}	$thui^{53}$烂；腐烂 $thɯ:m^{53}$腐烂；腐朽；糟	phu^{11} $ʔba:i^{53}$腐败 phu^{11} siu^{11}腐朽
脏 dirty	$taŋ^{1}$	$ȵa:u^{55}$肮脏 $ȵaŋ^{11}$① 泥泞。② 湿。③ 肮脏 $re:k^{55}$ $ȵei^{11}$肮脏	
直 straight	$ʔdit^{8}$	$ʔda:n^{55}$① 直。② 竖 $ʔdan^{53}$垂直	sui^{11} $ʔdi:t^{53}$垂直 $ʔdi:t^{53}$ $ʔbo^{55}$直播 $ʔdi:t^{53}$ $ʔdat^{55}$直达 $ʔdi:t^{53}$ tua^{11}直线

续 表

核心概念	海南音	黎语语素	黎语借用汉语语素
圆 round	zuan^{2}，㊟话 i^{2}	plu:n^{53} ① 圆的。② 卷(一～布) hwaŋ^{55}圆(平面的) hwom^{53}圆(球体圆) oŋ^{55}圆(平面的圆)	i^{11} kui^{55}圆规 i^{11} mua^{11}圆满 ʔbua^{55} i^{11}半圆 cedzuens kisdex zu:n^{11} tsi^{11} ʔbit^{55}圆珠笔 kui^{55} zu:n^{11}桂圆
尖 sharp	tsiam^{1}	plun^{11}尖；峰 plun^{11} tsei^{53}乳头 za:u^{53}尖 zip^{55}尖 kwet^{55} ① 尖；锐利。② 精明	pa^{11} tsi:n^{55}拔尖 tsi:m^{55} ʔdo^{55}尖刀 tsi:m^{55} ʔdu:n^{55}尖端
钝 dull	ʔdun^{1}	ple:m^{53} ① 呆；傻；愚；蠢。② 钝 re:k^{55} so:m^{53}钝 mep^{11}秃(指尖的东西变钝了)	dhisdhunx ʔdi^{11} ʔdun^{55}迟钝
滑 smooth	kut^{8}	zom^{53} zom^{53}光滑；干干净净 zop^{53} zop^{53}光滑貌 ki:t^{55} ① 滑动。② 滑 ki:t^{55} le:k^{53}光滑 li:k^{53} li:k^{53}光滑；光亮	zu:n^{55} ku:t^{55} iu^{11}润滑油 ku:t^{55} ʔbeŋ^{53}滑冰 va:t^{55}整齐；平滑
湿 wet	sip^{7}	pan^{11} tia^{11} tia^{11}湿淋淋 pan^{11}湿 tia^{11}潮湿 ɲaŋ^{11} ① 泥泞。② 湿。③ 肮脏 rak^{53} rak^{53}湿貌；淅淅沥沥 ok^{11} ① 闷。② 焖烤。③ 潮湿 ʔjɯ:m^{53}湿润	sa:u^{11} si:p^{55}潮湿 hwa:ŋ^{55} si:p^{55} ʔbe^{55}风湿病

续　表

核心概念	海南音	黎语语素	黎语借用汉语语素
干 dry	kan^{1}	ʔbɯːp^{55}(竹子)干而脆 ʔdaːu^{53}干 ʔdaːu^{53}phan^{53}半干不湿 khaɯ^{55}干(柴草等);干涸;干燥	ʔbia^{11}kaːn^{55}饼干 kaːn^{55}liːu^{11}干粮
对 correct	ʔdui^{4}; 正确 tsia^{4}xak^{7}	ʔdau^{11}对;中	tsia^{55}khak^{55}正确 tun^{11}khak^{55}准确
近 near	kin^{5}	man^{55}nei^{55}移近 naːu^{11}nei^{55}最近;近来 ŋaːi^{55}ʔgai^{53}附近 uːŋ^{55}ʔgai^{53}附近 plaɯ^{11}① 近。② 亲近。③ 挨近	tui^{55}kiːn^{53}最近 kiːn^{55}ʔdaːi^{53}近代 phu^{55}kiːn^{53}附近
远 far	zuan^{3},㊢ hui^{5}	lai^{53}远;遥远 hjau^{11}suːŋ^{11}tu^{11}望远镜	thiːu^{55}hui^{53}跳远 vaːŋ^{53}hui^{53}kia^{11}望远镜 ʔdo^{11}hui^{55}长远 zoŋ^{11}zuːn^{11}永远
左 right	to^{3}	phai^{11}ɬɯm^{11}左边;左手 phai^{11}hwiːŋ^{53}左边;左面	to^{11}ziu^{53}左右 to^{11}tsiːu^{55}kak^{55}左上角
右 left	ziu^{5}	phai^{11}khuːŋ^{53}右边;右面;右手 phai^{11}ten^{55}右边;右面	ziu^{53}e^{53}kak^{55}右下角 ziu^{53}phaːi^{55}右派
在 at	tai^{5},㊢ ʔdu^{5}	ʔdɯ^{11}① 在。② 在(介词)	sun^{11}taːi^{55}存在 to^{11}taːi^{55}ʔdi^{53}所在地
里 in	lai^{5}	uːk^{11}里;内	
与 with	与 zi^{3} 跟 kin^{1}	uːŋ^{55}① 和,同(连词)。② 和,同,跟(介词)	

续 表

核心概念	海 南 音	黎 语 语 素	黎语借用汉语语素
和 and	hua^{2}	u:ŋ^{55} ① 和,同(连词)。 ② 和,同,跟(介词)	
若 if	若 ziak^{7} 如 zi^{2}	la:i^{11} 如果;假如	ke^{11} si:n^{55} 假如 si:n^{55} ku:i^{11} 如果
因 because	in^{1}	han^{11} 因为	i:n^{55} ui^{55} 因为
名 name	mia^{2},(读) meŋ^{2}	phe:ŋ^{53} ① 名字;名称。 ② 名为;名叫 phe:ŋ^{53} ɬou^{53} 小名;乳名 phe:ŋ^{53} ou^{53} 小名;乳名 phe:ŋ^{53} sia^{11} 书名(上学、工作时用的名字)	li:n^{11} mia^{11} 联名 mia^{11} seŋ^{55} 名称 mia^{11} tu^{55} 名字

二、核心概念语素的演变分析

一般而言,任何成熟的自源性语言都具备表达核心概念的词语。我们考察黎语表达斯瓦迪士《核心词表》中 207 个核心概念的词语,发现有两个词语借自海南闽语,一个是 ʔbeŋ^{55}“冰”,一个是 tha:ŋ^{53} vu:t^{55}“动物”。前一个词借用是因为“冰”这一概念本身是借用的,海南的自然环境里没有“冰”这一事物;后一个词借用是因为黎语自源概念里没有“动物”这一上位概念。剩下的 205 个核心概念,黎语都有自己独特的不同于海南岛内汉语方言的表达。看来,黎语表达核心概念的词语(语素)是很稳定的。但是,如果我们仔细观察核心概念语素组合成复合词(含“固定短语”)的情况,就会发现,核心概念语素也会受到语言接触的影响,在复合词中逐渐被借用语素所替换掉。在现代社会中语言接触是永远不会停止的,在这永不停息的语言接触生活中,参与接触的语言成员会发生变化，接触的程度也会发生变化。因此，复合词中的核心概念语素替换掉之后，有可能又会被另一种语言（或方言）替换掉。这样的话，在动态的替换过程中，表达同一个核心概念的不同来源的语素就有可能在共时域中同时存在。

上述“核心概念语素整理表”表明，黎语有 32 个概念没有从别的语言中借用表达这类概念的语素构成合成词，究其原因，是这 32 个概念语素构词能力弱，甚至有的可以说没有构词能力。这 32 个核心概念语素是：我们 we，你们 you，他们 they，这 this，那 that，这里 here，那里 there，谁 who，哪 where，如何 how，都 all，一些 some，脖 neck，背 back，咬 bite，呼吸 breathe，睡 sleep，猎 hunt，挠 scratch，躺 lie，给 give，挤 squeeze，扔 throw，玩 play，肿 swell，月 smoon，雨 rain，尘 dus，雪 snow，里 in，与 with，和 and。

剩下的 175 个核心概念语素，都存在借用其他语言语素进行语素替换的情况，当然借用语素的来源几乎都是海南闽语。概括起来，语言接触导致的具体借用情况，包括下面两种类型。

第一种类型，有黎语自源词，但借用词与自源词共存。请参见表 3-3-2。

表 3-3-2　黎语自源与借用共存词

词　语	自　源　词	借　用　词
其他	gwai^{55} seɯ^{11}（同 gwai^{55} fan^{55}）	khi^{11} tha^{55}
何时	phɯːn^{53} ra^{11}	si^{53} ra^{11}
对不起	ʔdui^{55} da^{53} khi^{11}	ʔdui^{55} vo^{11} khi^{11}
多事	ɬoːi^{53} se^{53}	toːi^{55} se^{53}

续 表

词 语	自 源 词	借 用 词
缺少	rau^{55}	khu:i^{55} tsi:u^{11}
带鱼	ɬa^{53} ʔbəɯ^{53} ra^{11}	ʔdua^{55} hu^{11}
狼狗	pa^{53} hwau^{11}	la:ŋ^{11} ka:u^{11}
狗腿子	pha^{11} fau^{53} khuk^{55}	ka:u^{11} thui^{11} tsi^{11}
森林	ʔgaŋ^{53} loŋ^{53}	si:m^{55} li:m^{11}
种子	fan^{53}	tsi:ŋ^{11} tsi^{11}
皮鞋	tsɯ^{55} ko:m^{11} no:ŋ^{53}	phu:i^{11} o:i^{11}
绳索	ta:p^{11}	ʔdo:i^{53} 索
脂肪	ʔgwei^{11}	tsi^{11} pha:ŋ^{11}
结尾	so:n^{55} sut^{55}	ki:t^{55} vu:i^{11}
阑尾	ra:i^{11} pha^{53}	la:n^{11} vu:i^{11} zi:m^{55} 阑尾炎
红眼	i:k^{55} sa^{53}	a:ŋ^{11} mak^{53}
牙刷	tsɯ^{55} ra^{53} fan^{53}	ŋe^{11} sua^{55}
心脏	ɬa:u^{11}	ti:m^{55} ta:ŋ^{55}
吃力	la^{55} khau^{55}	tsia^{53} la:t^{53}
吹牛	lo^{11} thun^{53}	sui^{55} ʔgu^{11}
笑话	thun^{53} ra:u^{53}	si:u^{55} u:i^{55}
瞧	zu:i^{11}	kiu^{53}

续　表

词　语	自　源　词	借　用　词
想念	ŋop^{55}	tiːu^{55} niːm^{53}
恐怕	ʔda^{11} man^{11}；kip^{53}	khoŋ^{11} kia^{55}
切	ʔgat^{55}	tsiːt^{11}
分配	kau^{55} thoːŋ^{11}	ʔbun^{53} phui^{11}
挖(抠)	ʔgaɯ^{55}	ʔwat^{55}
游泳	plei^{53}；plei^{53} nam^{11}	ziu^{11} zoŋ^{11}
坐牢	tsoŋ^{11} laːu^{11}	tse^{55} kaːm^{55}
降落	thok^{55}	kiːŋ^{55} lak^{55}
计算	khaːi^{11}	ki^{55} tui^{11}
据说	pləɯ^{53} riːn^{53}	ki^{55} te^{55}
冻	ʔgan^{53}	ʔdoŋ^{55}
土地	van^{53}	thou^{11} ʔdi^{53}
黄豆	tsɯ^{55} hjau^{53} zeːŋ^{53}	ui^{11} ʔdaːu^{55}
白天	pai^{11} hwan^{53}	ʔbe^{53} thi^{55}
新娘	liu^{53} paːn^{53}	tiːn^{55} niːu^{11}
好心	ɬen^{53} ŋaːn^{53}	ho^{11} tiːm^{55}
坏人	aːu^{53} reːk^{55}	hwaːi^{55} naːŋ^{11}
腐朽	thmɯːm^{53}	phu^{11} siu^{11}

续 表

词 语	自 源 词	借 用 词
垂直	ʔdan^{53}	sui^{11} ʔdiːt^{53}
附近	uːŋ^{55} ʔgai^{53}	phu^{55} kiːn^{53}
最近	naːu^{11} nei^{55}	tui^{55} kiːn^{53}
望远镜	hjau^{11} suːŋ^{11} tu^{11}	vaːŋ^{53} hui^{53} kia^{11}
如果	laːi^{11}	siːn^{55} kuːi^{11}
因为	han^{11}	iːn^{55} ui^{55}
名字	pheːŋ^{53}	mia^{11} tu^{55}

自源词与借用词共存，有几个方面的特点：

1. 借用词是整体借用的，这种情况最为常见。现在的黎族人接受的是汉语的文化教育，接收资讯的媒介也是汉语的报刊书籍和广播电视，借用汉语词汇都是直接整体借入。

2. 有极少数借用词语是借用核心概念语素和自源语素复合构成的，比如 si^{1} ra^{3}“何时”的 si^{1} 是借用汉语的“时”，ra^{3} 是表疑问的黎语自源语素。

3. 不少自源词是单纯词，但是与之对应的借用词是复合词，比如黎语的 laːi^{11}“如果”、han^{11}“因为”、pheːŋ^{53}“名字”都是单纯词，但与之对应的汉语借用词都是双音节的复合词。

第二种类型，无自源词，仅有借用词。

这部分合成词，没有与之对应的自源词，究其原因，主要有两方面：一是因为这些词语概括的对象是新事物、新现象，或者是汉语书面语词，用黎语的自源语素辗转翻译很不经济；二是黎语族群中不少黎族人具备熟练使用黎语和借词源语言的能力。比如，黎语的核心概念语素 khaːi^{55}“冷”与借用语素 le^{11}“冷”在与别的语素组合成复合词时具有明显的分工。表达“寒冷”“冰冷”“冷饭”“冷天”“冬天”“寒露”“霜降”“大寒”“小寒”“立冬”“冬至”这些概念时，黎语参与构成复合词的语素是 khaːi^{55}，但是在表达“冷兵器”“冷藏”“冷清”“冷淡”“冷冻”“冷饮”“冷战”“打冷战”“冷气”“冷落”“冷冷清清”“冷门”“冷静”这几个概念时，一律从海南闽语借入整词，核心概念语素自然变成了借用语素 le^{11}“冷”。显然，早期借入的汉文化概念，黎语采用的是用自源语素对译的办法。“寒露”“霜降”“大寒”“小寒”“立冬”“冬至”是“二十四节气”中的节气名词，这些文化词一定是很早就影响了黎族文化，进入了黎族语言生活，但可能是因为语言接触的深度不够，最早知悉汉文化“二十四节气”概念的黎族人，将其引入介绍给本民族同胞时就采用了辗转翻译（曲译）的办法，因此使用的是黎语语素 khaːi^{55}“冷”。但是当语言接触的广度和深度到一定程度之后，特别是双语人群到了一定的规模之后，操黎、汉双语的同胞在用黎语进行交流时，涉及新的借用概念时，就会通过近似于语码转换的办法直接借用汉语词语，别的黎族同胞也会逐渐受到影响，接受这个汉语借词。像“冷战”这个词语来自英语的 coldwar，原意是指“美国、北大西洋公约组织为主的资本主义阵营，与苏联、华沙条约组织为主的社会主义阵营之间的政治、经济和军事斗争”。汉语里出现这个词语一定是在建国之后。“冷藏”“冷冻”“冷饮”“冷气”这几个词语的出现和普及应该是在冰箱、空调这种制冷设备产生之后。因此，黎语是从海南话中直接整体借入这些词语的。

黎语从海南话中借入的词语，由于产生的年代不同，参与构词的核心概念语素可能表现出文白异读的差异，或者有可能是不同的同义语素。表 3－3－3 中的核心概念语素，有文白异读或训读的，每一种类型均举一例。文白异读或训读音，在备注中说明。

表 3-3-3　黎语核心概念借词①

核心概念语素	海南闽语借词例词	备　　注
不	ʔba^{55} vo^{11} ʔdiːt^{55} 巴不得 pu^{55} tsiːn^{55} pu^{55} saːn^{55} 不见不散	今定安话有两个词：vɔ^{31} 和 ʔbut^{2}。今海口白读 ʔbut^{5}，文读 ʔbu^{2}。黎语读 pu^{5} 应该是受到了今天普通话的影响，读成了清塞音
二	ʔdua^{55} zi^{55} 大二 ta^{55} tiːm^{55} no^{55} i^{11} 三心二意	no^{55} 为"两"训读。"二"，今定安话有两读：ʒi^{213}，no^{33}
三	ta^{55} kak^{55} ʔbaːi^{11} 三角板 taːm^{55} a^{55} si^{55} 三亚市	今海口话有两读：白读 ta^{23}，文读 tam^{23}
大	ʔdaːŋ^{53} ʔdua^{55} 重大 aːu^{53} ʔda^{55} li^{55} ʔa^{55} 澳大利亚	今海口白读 ʔdua^{23}，文读 ʔda^{35}
长	ʔdo^{11} ʔdou^{55} 长度 saːŋ^{11} sa^{55} 长沙（湖南省省会）	"长"，澄母字，闽语声母均读 t，读 saːŋ^{11} 是受普通话影响的后起文读音。今海口话白读 ʔdo^{21}，文读 siaŋ^{21}
小	toːi^{55} o^{53} 小学 tiːu^{11} suːt^{55} 小说	"小"，白读 toːi^{55}，文读 tiːu^{11}。今海口话白读 tɔi^{35}，文读 tiau^{213}
狗	kaːu^{11} thui^{11} tsi^{11} 狗腿子 zə^{55} kou^{11} 热狗	"热狗"，今海口读 zit^{3} kau^{213}，黎语读音受普通话影响
树	aːn^{55} siu^{55} 桉树 səŋ^{55} taːn^{55} su^{55} 圣诞树	今海口白读 siu^{23}，文读 su^{35}

① 备注是根据词语的具体读音选择海南话的语言点的，优先选择乐东话备注，如果乐东话没有则选择其他语言点备注。比如"不"这个词，乐东话只有 ʔbuʔ^{5} 这个音；而定安话有与 vo^{11} 读音近似的音，故选择定安读音备注；海口话有文白异读两个音，白读音 ʔbu^{55} 与黎语的 pu^{55} 读音一致，因此又用海口音备注。

续 表

核心概念语素	海南闽语借词例词	备 注
根	taːi^{55} kiːn^{55} taːi^{55} ʔdoːi^{11} 知根知底 ʔbaːn^{11} laːn^{11} kən^{55} 板蓝根	"根",海口读 kin^{23}。"板蓝根",乐东读 ʔbai^{32} lan^{23} kin^{34},文读 ʔban^{32} lan^{23} kən^{34}
绳	ʔdoːi^{53} ʔduːŋ^{53} 电线 thiːu^{55} seŋ^{11} 跳绳	ʔdoːi^{53},"索"训读。今海口话"索"读 to^{2},"绳"读 seŋ^{21}
肉	ki^{55} hjok^{53} 肌肉 hui^{11} kwo^{55} zou^{55} 回锅肉	"肉",乐东读 hioʔ^{3}。"回锅肉",海口文读 hui^{21} ko^{23} ziu^{33}
血	aːŋ^{11} huːi^{55} khiu^{11} 红血球 hun^{55} sie^{11} ə^{11} 混血儿	"血",海口读 hue^{2}。黎语读"混血儿"一词显然是受普通话影响
毛	zi^{11} mo^{11} khiu^{11} 羽毛球 maːu^{11} ʔbit^{55} 毛笔	海口白读 mo^{21},文读 mau^{21}
脚	ʔboːi^{55} tu^{55} kha^{55} 八字脚 suːk^{55} khok^{55} 歇脚	定安有两个读音:xa^{213};xiok^{5}。xa^{213} 为俗读音,是"骹"训读;xiok^{5} 为"脚"本音
腿	khok^{55} ① 脚。② 根基;桩。③ 腿。④ 棵(量词,用于菌类) la^{55} aːu^{53} thui^{11} 拉后腿	"拉后腿",乐东读 la^{34} au^{1} thui^{32}
心	tiːm^{55} taːŋ^{55} 心脏 khaːi^{55} sin^{55} kwo^{11} 开心果	今海口白读 tim^{23},文读 sin^{23}
肝	kwa^{55} kaːŋ^{55} neŋ^{11} 肝功能 hu^{11} kaːn^{55} iu^{11} 鱼肝油	今海口白读 kua^{23},文读 kaŋ^{23}
看	kiu^{53} siːu^{55} uːi^{55} 看笑话 mo^{55} ʔdaːŋ^{53} 看重	今乐东读 mɔ^{34},为"望"训读。"看笑话",海口读 kio^{21} sio^{35} ue^{23},"kio^{21}"为"瞧"训读

续　表

核心概念语素	海南闽语借词例词	备　　注
知	ta:i^{55} tsia^{11} ʔdat^{55} li^{11} 知情达理 tsi^{55} tek^{55} 知识	今海口白读 tai^{23}，文读 tsi^{35}
想	ti:u^{55} pha:t^{55} 想法 si:ŋ^{1} ① 想；思考。② 想；欲	今海口白读 tio^{33}，文读 siaŋ^{213}
分	ʔbun^{53} siu^{11} 分手 zak^{55} hun^{55} ui^{11} no^{55} 一分为二	今乐东白读 ʔbun^{34}，文读 hun^{34}
站	khia^{53} ka:ŋ^{11} 站岗 tsa:n^{53} ka:ŋ^{55} 站岗	今乐东白读 khie^{1}，文读 tsan^{1}
说	te^{55} pha:t^{55} 说法 ti:u^{11} su:t^{55} 小说	今海口白读 te^{2}，文读 suak^{5}
流	la:u^{11} ti:t^{55} 流失 liu^{11} la:ŋ^{55} 流浪	今乐东白读 lau^{23}，文读 liu^{23}
风	toŋ^{55} hwa:ŋ^{55} 中风（同 toŋ^{2} puŋ^{2}） ma:i^{55} khə^{55} foŋ^{55} 麦克风	今海口白读 huaŋ^{23}，文读 foŋ^{23}
烧	ti:u^{55} kha:u^{11} 烧烤 sa:u^{53} kha:u^{11} 烧烤	今海口白读 tio^{33}，文读 siau^{33}
尖	tsi:m^{55} ʔbia^{55} 尖兵 pa^{11} tsi:n^{55} 拔尖	今海口读 tsiam^{23}。乐东读 tsen^{34}。黎语在新借词中读 tsi:n^{2}，是文读音
滑	ku:t^{55} ʔbeŋ^{53} 滑冰 va:t^{55} 整齐；平滑	今海口白读 kut^{5}，文读 huat^{5}
远	ʔdo^{11} hui^{55} 长远 zoŋ^{11} zu:n^{11} 永远	今海口白读 hui^{33}，文读 zuaŋ^{35}

第四节　黎语自有核心词与汉语的源流关系

黎语属于侗台语族语言已经是学界共识。黎语在进入海南岛以前,属于原始侗台语。进入海南岛后走上不同于大陆别的侗台语族语言的发展道路。因此黎语虽然属于侗台语族语言,但是独成一支。一般来说核心词所表达的概念是任何语言都具有的,它在词汇系统中具有极强的稳定性。我们假设,黎语的核心词入岛后没有因为语言接触的关系被替换掉,留在大陆的侗台语族别的语言的核心词也没有被替换掉,也就是说核心词都来自原始侗台语,那么侗台语族所有语言的核心词一定是同源的,一定会存在整齐的对应关系。即使表面上看不出对应关系,也能够从词语的自然音变上寻找到合理的解释。那么,如果黎语的某个核心词与别的所有侗台语族语言找不到对应关系呢?唯一可能的原因就是入岛后因为语言接触发生了词语替换。因此,我们根据美国语言学家莫里斯・斯瓦迪士编制的《一百词修订表》将黎语的核心词与侗台语族另外两个语支的代表性语言进行了比较,把不存在对应关系的词语找出来,我们称这些词语为黎语自有核心词(相对于侗台语族语言来说),然后再对这些黎语自有核心词是否与汉语存在源流关系进行探讨。

我们对《侗台语族语言词汇集》中的核心词进行了逐个比较。经过比较,我们发现100个核心概念中,黎语(保定)有19个词语与别的同族语言的非汉语借词不存在对应关系。具体情况见表3-4-1。

表格中的黎语自有核心词,当地黎族人都认为是黎语固有的词语。下面我们对上表中的黎语自有核心词逐个进行考察。

表 3-4-1　黎语自有核心词

	黎语	壮语	布依语	傣西	傣德	侗语	仫佬语	水语	毛南语
不(吃)	ta^{1}	bou^{8}/mi^{3}	mi^{2}	bau^{5}	jaŋ^{6}	kwe^{2}/ʔəi^{3}	ŋ^{6}/khɔːŋ^{1}	me^{2}	kam^{3}
没(来)	ta^{1}	bou^{8}/mi^{3}	mi^{2}	bau^{5}	ʔam^{5}	kwe^{2}/mi^{4}	taːŋ^{2}	mi^{4}	muːi^{4}
(水)冷	gan^{1}	ɕap^{7}/kjot^{7}/leŋ^{4}	tɕɔt^{7}	kat^{7}	kat^{7}/laːŋ^{3}	ljak^{7}	ȵit^{1}/kak^{7}	ŋaːŋ^{5}	jaːm^{6}
好	ɬen^{1}	dei^{1}	di^{1}	di^{1}	li^{6}	laːi^{1}/pjaːŋ^{5}	ʔi^{1}	ʔdaːi^{1}	daːi^{2}
(晒)干	daːu^{1}	haɯ^{5}	hɯ^{5}	hɛŋ^{3}/xan^{5}	hɛŋ^{3}	so^{3}	khu^{1}	siu^{5}	chiːn^{5}
鸟	tat^{7}/noːk^{9}	ɣok^{8}	zɔk^{8}	nok^{8}	nok^{8}	mok^{8}	nɔk^{8}	nok^{8}	nɔk^{8}
肌肉	meːk^{7}	no^{6}	no^{6}	nɤ^{4}	lə^{4}	naːn^{4}	sik^{8}	naːn^{4}	naːn^{4}
油脂	gwei^{3}	jou^{2}	ʐu^{2}	man^{2}	man^{2}	ju^{2}	jəu^{2}	man^{2}/ju^{2}	ju^{2}植物油/man^{2}动物油
肚子	pok^{7}	tuŋ^{4}	tuŋ^{4}	tɒŋ^{4}	tɒŋ^{4}	loŋ^{2}	lɔŋ^{2}	loŋ^{2}	loŋ^{2}
胸膛	kheːŋ^{3}/fan^{3}	ʔak^{7}	ʔak^{7}	na^{3} ʔɤk^{7}	ho^{1} ʔok^{9}	tak^{7}	təm^{1} tau^{2}	te^{3} tak^{7}	na^{3} tak^{7}
肝	ŋaːn^{1}	tap^{7}	tap^{7}	tap^{7}	tap^{7}	tap^{7}	tap^{7}	tap^{7}	tap^{7}
(狗)咬	kaːn^{3}	hap^{8}	hap^{8}	xop^{7}	kaːp^{8}	qit^{1} 0/ŋau	cet^{7}	ƫit^{8}	cit^{8}
看	zuːi^{3}	ʔjau^{3}	nen^{6}/ɕim^{1}/kau^{3}	tɒŋ^{2}	jem^{3}	naŋ^{2}/nu^{5}/təi^{3}	kau^{5}	qau^{5}	kau^{5}

续　表

	黎语	壮语	布依语	傣西	傣德	侗语	仫佬语	水语	毛南语
听	hiːŋ^{1}/pleɯ^{1}	tiŋ^{3}/ŋi^{1}	ȵie^{1}	faŋ^{3}	thɒm^{5}	ȶhiŋ^{5}	theŋ^{5}	ʔdi^{3}/thiŋ^{5}	ʔni^{3}
懂(事)	khuːŋ^{1}	ɣo^{4}	zo^{4}	hu^{4}	hu^{4}	wo^{4}	tɔŋ^{3}	cau^{3}	siŋ^{3}
睡	kau^{2}	nin^{2}	nin^{2}	nɒn^{2}	lɒn^{2}	nak^{7}/nun^{2}	nyn^{2}	nun^{2}	nuːn^{2}
死	ɬaːu^{2}	ɣaːi^{1}/taːi^{1}	taːi^{1}	tai^{1}	taːi^{6}	təi^{1}	tai^{1}	tai^{1}	tai^{1}
杀	miːk^{8}/hau^{3}	ka^{3}	ka^{3}	hɛm^{1}/xa^{3}	hɛm^{1}	sa^{3}	li^{3}/khɣa^{3}	ha^{3}	ha^{3}
烧(山)	tshui^{3}	ɕɯt^{7}	ɕut^{7}		sɒt^{9}	ʔoi^{1}	taːu^{3}	taːu^{3}	taːu^{3}
名字	pheːŋ^{1}	ɕo^{6}	miŋ^{2} ɕo^{6}	tsɯ^{6}	tsɯ^{6}	kwaːn^{1}	ʔɣaːn^{1}/mɛːŋ^{2}	ʔdaːn^{1}	daːn^{2}

一、gan^{1}“冷”

黎语的 gan^{1}“(水)冷”,也可以表示“凉”的意思,见表 3-4-2。

表 3-4-2　黎语代表点的“凉”

保定	中沙	黑土	西方	白沙	通什	堑对	保城
gan^{1}	gan^{1}	gan^{1}	xaŋ^{1}	xaŋ^{1}	gan^{4}	han^{4}	han^{4}

该词应该是借自汉语的“寒”字。“寒”在中古属于匣母寒韵平声字,黎语该词声调也为第一调。保定黎语对译汉语“寒冷”一词时的语音形式为 khaːi^{2} gan^{1},其中 khaːi^{2} 对应的是汉语“冷”语素,其中 gan^{1} 对应的恰好是“寒”语素。但是这个词语,黎语不是从海南话借入的,海南话的“寒”白读音是 kua。

二、ɬen^{1}“好”

黎语该词在各语言点的读音见表 3-4-3。

表 3-4-3　黎语代表点的“好”

保定	中沙	黑土	西方	白沙	元门	通什	堑对	保城
ɬen^{1}	ɬin^{1}	din^{1}	ɬen^{1}	ɬen^{1}	ɬen^{1}	ɬen^{1}	ɬen^{1}	ɬin^{1}
保城$_{2}$	昌江石碌	陵水隆广	乐东尖峰	乐东三平				
din^{1}	ɬen^{1}	ɬin^{1}	ɬin^{1}	ɬin^{1}				

黎语该词可以与汉语的“善”比较。善,《广韵》:常演切,属于禅母山摄仙韵上声字。禅母中古归入齿音,即人们常说的照系三等字。但是上古禅母则归入舌音,依据清人钱大昕提出今天已成定论的“古无舌上音”之说,“善”的上古声母当读作 t-或者 d-,“禅”字的谐声偏旁“单”之普通话的声母便为 t-。“善”字的上古音 * tien便可以直接与今天的黎语 din^{1} 对应了。“好”“善”“美”为同义词,《广韵》便用“善”“美”训“好”。《礼记・中庸》:“祸福将至,善,必先知之;不善,必先知之。故至诚如神。”普通话与“好”同义的词语有“善”“良”“佳”“美”等,但是今天的黎语基本上仅有 ɬen^{1} 或其方言变体与这些词语对应。

海南话的“好”与“善”是区分的。“善”,乐东读 ten^{53},海口读 tin^{21}。

三、daːu^{1}“干”

黎语的 daːu^{1}“干”相对于“湿”而言,通常见不到水便可以说 daːu^{1}“干”,比如 nom^{3} tshuːŋ^{3} daːu^{1} he^{1} lo^{1}“井水干了”,van^{1} daːu^{1} baːi^{3} he^{1}“地已干了”,daːu^{1} phan^{1}“半干不湿”,daːu^{1} thiːu^{1}“口渴”等。

我们认为，黎语该形式的“干”也可以与汉语的“燥”字比较，笔者母语西南官话在说“(晒)干”时便念平调的 tsau，而笔者的另一母语(梧州话)则念降调的 to，双峰话、梅县话、阳江话的“燥”俗读皆为阴平。“燥”中古属于心母字，同声旁的“躁”则属于精母字。“中古精组字在汉语方言中读 t、th 现象的分布极为广泛，有五十多个方言点。”(曾春蓉，2006)“燥”最常用的意义是“缺少水分，干燥”。《易·乾》：“同声相应，同气相求。水流湿，火就燥。”孔颖达疏：“火焚其薪，先就燥处。”“燥”，仅海南话读 sau。

四、tat^{7}“鸟”

概念“鸟”在黎语各方言或土语中的读音大体分为两种情况，见表 3-4-4。

表 3-4-4　黎语代表点的“鸟”

保定	中沙	黑土	通什	堑对	保城	保城$_2$	乐东尖峰
tat^{7}	tat^{7}	tat^{9}	tat^{7}	tat^{7}	tat^{7}	tat^{7}	tat^{7}
乐东三平	陵水隆广	堑对$_2$	通什$_2$	白沙	西方	昌江石碌	加茂
tat^{7}	tat^{7}	tat^{7}	tat^{7}	$tshat^{8}$	sat^{7}	sat^{7}	$nɔːk^{9}$

表 3-4-4 前 15 个语言点应该属于同一个大类，声母 t-、tsh-、s-是语音演变过程中的方言音变现象。比如汉语，上古没有舌上音知彻澄娘，只有舌头音端透定泥，前者是从后者演变而来的，“长”今读 $tshaŋ^{35}$，《尔雅》郭璞注：“长，丁丈切。”《广韵》：“长，知丈切。”可见“长”，上古声母为舌尖塞音 t-，后来才逐渐演变为今天的音。白沙 $tshat^{8}$“鸟”、西方和昌江石碌 sat^{7}“鸟”都是后起的读音，其演变路径：t→ts→s。

那么黎语的 tat[7]“鸟”跟别的语言究竟有没有关系呢？从事汉藏语同源研究的学者对此多采取回避的态度，李方桂、邢公畹、吴安其等人无一例外地一律加以回避。金理新（2012：324）只提及：“黎语保定的‘鸟’来源不明。”陈孝玲（2009：28）认为黎语的“鸟”来自原始侗台语 * mrok“鸟”（梁敏构拟），黎语的 t-是流音塞化导致。当然这只是一种假设，她并未加以论证。流音塞化从音理上是可以理解的，但是为什么 * mrok“鸟”在今天的侗台语里，主要元音除黎语外均为舌面后的合口元音呢？而且，黎语加茂方言的 nɔːk[9]“鸟”跟一般的侗台语一致。合理的解释应该是保定的 taṭ[7]“鸟”与一般侗台语的“鸟”来源不一样。我们认为黎语 taṭ[7]“鸟”应该与汉语的“鸟”同源，且保留了中古以前的读音。而同为借自汉语的元门的 ȵaːu[4]“鸟”则是借自近代以后的汉语“鸟”。“鸟”中古属于端母效摄萧韵四等字，邵荣芬拟广韵音为 tɛu。高本汉拟“鸟”的上古音为 tiʊg，李方桂拟“鸟”的上古音为 tiəgwx，白一平拟“鸟”的上古音为 tiwʔ。“鸟”字中古以前均保留了声母 t-，上古韵母有一塞音韵尾，这一音节格局跟黎语的 tat[7]“鸟”完全一致，只是韵母的开口度变大了而已。“鸟”这一概念，欧阳觉亚整理的元门音为 ȵaːu[4]，如前述，该音为近代汉语以后借词。笔者母语西南官话（湖南永州江华县白芒营镇）“鸟”字便念作降调的 ȵaːu，该读音与普通话“鸟”的读音一致。“鸟”，今海南话读 tsiau。

五、meːk[7]“肉”

该词在黎语方言土语中一致性很高，基本上有两个义项：果肉；肌肉。该词可以与汉字“脄”“脢”比较。“脄”，《说文》：“背肉也。”《五音集韵》：“脊侧之肉。”《礼・内则》：“擣珍，取牛羊麋鹿麇肉必脄。”“脢”，《广韵》：脊侧之肉。“脄”“脢”中古属于明母灰韵平声字。《广韵》：莫杯切，同脢。“脄”“脢”上古音，高本汉拟为 məg，李方桂拟为 məgh。

六、gwei^{3}“油脂”

动物体内和油料植物种子内的油脂，黎语均用同一个词表示。黎语各方言土语表达“油脂”这一概念的读音见表 3－4－5。

表 3－4－5　黎语代表点的“油脂”

保定	中沙	通什	加茂	堑对	保城	西方	黑土	白沙
gwei^{3}	guːi^{3}	guːi^{6}	kui^{1}	huːi^{6}	huːi^{6}	xui^{3}	ruːi^{3}	zou^{1}
元门	保城$_{2}$	加茂$_{2}$	乐东尖峰	陵水隆广	通什$_{2}$	堑对$_{2}$	廖二弓	
zou^{4}	ɣuei^{3}	kui^{1}	ŋuei^{1}	guei^{3}	uei^{6}	xuei^{3}	kuːi^{51}	

白沙、元门的读音对应汉语的“油”音，是中古汉语借词。“油”是以母字，黎语借入的汉语以母字，声母多对译为舌尖浊擦音 z，少数对译为喉塞音 ʔ。请看表 3－4－6 中的几个汉语以母字。

表 3－4－6　黎语代表点借入的汉语以母字

	保定	中沙	黑土	西方	白沙	元门	通什	堑对	保城	加茂
药(以)	za^{1}	za^{1}	za^{1}	za^{1}	za^{1}	za^{2}	ʔu^{3} za^{4}	za^{4}	za^{1}	tso^{1}
医(影)	za^{1}	za^{1}	za^{1}	za^{1}	za^{1}	za^{2}	za^{4}	za^{4}	za^{1}	ʔi^{3}
也(以)	—	—	—	—	za^{1}	za^{4}	—	zia^{1} / ʔia^{1}	ʔja^{1}	ʔia^{3}
跃(以)	zaːu^{2}	zaːu^{2}	zaːu^{1}	zaːu^{1}	zaːu^{3}	zaːu^{5}	zaːu^{5}	zaːu^{3}	zaːu^{3}	zaːu^{1}
又(以)	—	—	—	—	—	ziu^{3}	—	—	—	ziu^{4}

白沙、元门之外的黎语方言土语表达“油脂”概念的词语是同一个词，只是声母、调值略有区别而已。该词对应汉语的“肥”字，也是汉语借词。我们可以比较该词在“油脂”“肥”这两个义项下的读音，便能发现端倪，请看表 3-4-7。

表 3-4-7　黎语代表点的“油脂”与“肥胖”

	保定	中沙	通什	加茂	堑对	保城	西方	黑土	白沙	元门
油脂	gwei^{3}	guːi^{3}	guːi^{6}	kui^{1}	huːi^{6}	huːi^{6}	xui^{3}	ruːi^{3}	zou^{1}	zou^{4}
肥胖	gwei^{3}	guːi^{3}	guːi^{6}	kui^{1}	huːi^{6}	huːi^{6}	xui^{3}	ruːi^{3}	xui^{3}	khui^{3}
	保城$_{2}$	加茂$_{2}$	乐东尖峰	陵水隆广	通什$_{2}$	堑对$_{2}$	廖二弓			
油脂	ɣuei^{3}	kui^{1}	ŋuei^{1}	guei^{3}	uei^{6}	xuei^{3}	kuːi^{51}			
肥胖	ɣuei^{3}	kui^{1}	ŋuei^{1}	guei^{3}	uei^{6}	xuei^{3}	kuːi^{51}			

黎语表示动物肥和地肥都是用表达“油脂”概念的词。比如，“（猪）肥”或者“（地）肥”，保定黎语都念作 gwei^{3}。

“肥”中古时属于並母微韵平声字。各地海南话读音很一致，海口念 ʔbui^{21}。今厦门话和潮州话，把普通话的唇齿声母 f 一律念成喉擦音 h。可见黎语的 gwei$^{3}_{保定}$“油脂”及其方言土语变体应该是转借自闽南话的近古汉语借词。

由“脂肪多”转喻为“脂肪”“油”，隐喻为“肥沃”，这是一个正常的意义引申方式，在别的语言中普遍存在。壮语里借自汉语的 pi^{2}“肥”便可以指“肥胖”“肥沃”“脂肪”“油”等义项。

七、pok^{7}“肚子”

该词在黎语各方言土语中的读音见表 3-4-8。

表 3-4-8　黎语代表点的"肚子"

保定	中沙	黑土	西方	白沙	元门	通什	堑对
pok^7	pok^7	mok^7	$pɔk^7$	$pɔk^8$	$pɔk^8$	pok^8	$phoʔ^8$
乐东尖峰	乐东三平	陵水隆广	通什$_2$	堑对$_2$	保城	昌江石碌	
$pɔn^2$	$pɔk^7$	$pɔːn^2$	pok^8	$phoʔ^7$	$pɔk^8$	$pɔk^7$	

黎语该词是极有可能借自海南话的"腹"字。"腹"，中古属于帮母屋韵入声字。今海口读 fok^5，琼海读 $phok^5$。"肚"一词，海口读 $ʔdɔu^{213}$。海南话里"肚"和"腹"是同义词。

八、$kheːŋ^3$/fan^3"胸膛"

黎语各方言土语的"胸"读音见表 3-4-9。

从表 3-4-9 可以看出黎语的"胸膛"有两个基本的词根，我们称为保定型和堑对型，下面分别予以分析。

保定型 fan^3"胸"共覆盖上述 16 个语言点，相互间语音差异不大，声母为轻唇音 f-或 fh-的覆盖 10 个语言点，声母为重唇音 p-或 ph-的覆盖 6 个语言点，韵尾为前鼻音的覆盖 12 个语言点，韵尾为后鼻音的覆盖 4 个语言点。重唇音与轻唇音的关系，前鼻音和后鼻音的演变关系很容易理解。我们推测保定型的"胸"，黎语的共同形式应该是 $^*pan^B$，后来在方言中出现了自然音变式的语音分化。

保定型"胸"在侗台语所有别的语言中，甚至汉藏语别的语言中都找不到对应的形式，让人感觉该词源自黎语的自创。不过从语义引申的角度考虑，在黎语内部还是能够发现些许端倪。黎语该词的语音形式在各方言土语中都与"件"（一件衣服）这一概念严格对应，请看表 3-4-10。

表 3-4-9　黎语代表点的“胸”

保定	中沙	通什	保城	陵水隆广	通什$_2$	元门	西方	白沙	乐东尖峰
fan^3 / khe:ŋ^3	fan^3	fan^3	fan^3 ɬe:ŋ^4	fan^3	fan^3	fhan^3	faŋ^3	faŋ^3	faŋ^1
黑土	加茂	廖二弓	保城$_2$	加茂$_2$	昌江石碌	堑对	堑对$_2$	乐东三平	保定
pen^3	pan^1 tsai^4	ŋan^{51} pan^{51}	pan^3 phE^4	phan^1 tsai^4	paŋ^2	khe:ŋ^3	khe:ŋ^3	khe:ŋ^3	khe:ŋ^3

表 3-4-10　黎语代表点的“胸”和“件”

词条方言	保定	中沙	通什	保城	元门	西方	白沙	黑土	加茂
胸	fan^3	fan^3	fan^3	fan^3-	fhan^3	faŋ^3	faŋ^3	pen^3	pan^1-
件	fan^3	fan^3	fan^3	fan^3	fan^3	faŋ^3	faŋ^3	pen^3	pa:n^1

保定的量词 fan³“件”只是用于上衣，显然这是一个借用量词，也就是说该量词是借用衣服的“附着物”这个名词，这是汉藏语量词产生的一个途径。比如，汉语说“一身汗水”“一头雾水”“一树梨花”等，量词“身”“头”“树”都是借用被附着物这一名词。衣服是穿在上身的，“胸”是上身的代表性部位，因此黎语便借用“胸”这一名词作为衣服的量词。这种情况并非孤例。侗语 məi⁴“件$_{一件衣服}$”、mi³“乳房”，仫佬语 məi⁶“件$_{一件衣服}$”、ne⁶“乳房”两个概念借用痕迹仍很明显。当然，在侗台语族不少语言中，该词已被汉语借词替代，比如壮语 tiu²“件$_{衣}$”、kiːn⁶“件$_{事}$”分别借自汉语的“条”和“件”，被称为西江黎语的临高话 kin⁴“件$_{衣}$”、xin⁴“件$_{事}$”均借自汉语的“件”。

黎语保定型的 fan³“胸”，可以与古汉语的“胖”“膰”比较。“胖”，《说文》：“半体肉”；《广韵》：“普半切，音判，牲之半体”；《增韵》：“肋侧薄肉。”“膰”，《广韵》：“附袁切，祭余熟肉”；《玉篇》：“肝也。”如同普通话有“胸脯”一词，其中的“脯”原义便是“干肉”。脯，《广韵》仅有一个读音——方矩切。《诗·大雅·凫鹥》：“尔酒既湑，尔殽伊脯。”《汉书·东方朔传》：“生肉为脍，干肉为脯。”脯，《集韵》：蓬逋切，胸脯。元代尚仲贤《柳毅传书》第一折：“嗔忿忿腆着胸脯，恶狠狠竖着髭须。”

堑对型的 kheːŋ³“胸”只覆盖表 3-4-9 中 5 个语言点（保定也有该类型），且读音很一致。保城 fan³ ɬeːŋ⁴ 可以表示“胸脯”和“心口”两个不同概念，显然-ɬeːŋ⁴ 是汉语“心”的音译词。堑对 ɬiːn³ fan³“心口”的 ɬiːn³-、西方 ɬiŋ³ bet⁷“心口”的 ɬiŋ³-都是汉语“心”音译借词。陈孝玲（2009：125）提出可将黎语 kheːŋ³“胸”与汉语的“胸”* qhoŋ 比较，但又因元音差异而有所疑虑。侗台语存在借用汉语“胸”的现象，比如傣西 uŋ³“胸”、傣德 oŋ⁴“胸”、壮语 ɣuŋ³“胸”。汉语的“胸”，《广韵》属于通摄锺韵字，黎语不同时期借入的锺韵字读音不一样，请看表 3-4-11 中的几个例子。

表 3-4-11　黎语借入汉语锺韵字举例

汉字 方言	保定	中沙	黑土	西方	白沙	元门	通什	堑对	保城	加茂
舂舂米	tshe:k^{7}	tshe:ʔ^{7}	tsha:ʔ^{7}	suŋ^{3}	tshuŋ^{3}	tshun^{3}	tshe:ʔ^{7}	tshe:ʔ^{7}	tshe:ʔ^{7}	tshɯ^{5}
封	ba:ŋ^{3}	ba:ŋ^{3}	baŋ^{3}	va:ŋ^{3}	foŋ^{1}	baŋ^{1}	ba:ŋ^{1}	baŋ^{1}	ba:ŋ^{1}	ba:ŋ^{3}
共	ʔu:ŋ^{2}	ʔu:ŋ^{2}	ʔuŋ^{2}	ʔuŋ^{2}	ʔuŋ^{2}	—	ʔu:ŋ^{5}	ʔuaŋ^{5}	ʔu:ŋ^{5}	leŋ^{5}
龙	taŋ^{1}	taŋ^{1}	noŋ^{1}	taŋ^{1}	taŋ^{1}	tɔŋ^{4}	taŋ^{4}	thaŋ^{4}	taŋ^{4}	tə:ŋ^{4}
容容易	—	—	—	—	—	zuŋ^{3} zi^{5}	—	—	zuŋ^{4} zi^{5}	zuŋ^{4} zi^{5}

显然黎语早期借入的锺韵字与近现代借入的锺韵字读音不同，近现代借入的主要元音一律读 u/o，早期借入的则读开口，而且仍体现出借入时代差异。“舂（米）”比“封”借入的时间显然更早，因为前一概念比后一概念要产生得早，“封”用于组成短语“一封信”“封建主义”等。“龙”是汉族图腾，有着悠久的历史，但是与表示日常生活概念的“舂（米）”比较显然也是较晚引入的概念。“舂”“龙”“封”“容”体现出鲜明的借入时间层次。黎语“舂”主要元音以长音 eː 为主，“龙”在加茂话中也保留了古老的元音 əː。加茂 təːŋ^{4}“龙”、保定 tsheːk^{7}“舂$_{\text{舂米}}$”、堑对 tsheːʔ^{7}“舂$_{\text{舂米}}$”可以佐证堑对型的 kheːŋ^{3}“胸”是早期汉语锺韵字“胸”的音译借词。

九、ŋaːn^{1}“肝”

表达概念“肝”的词语黎语各方言土语中读音见表 3－4－12。

表 3－4－12　黎语代表点的“肝”

保定	中沙	黑土	西方	白沙	元门	通什	堑对	保城
ŋaːn^{1}	ŋaːn^{1}	ŋaːn^{1}	ŋaːŋ^{1}	ŋaːŋ^{1}	ŋuaːn^{4}	ŋaːn^{1}	ŋaːn^{4}	ŋaːn^{1}
加茂	廖二弓	保城$_{2}$	昌江石碌	乐东尖峰	乐东三平	陵水隆广	通什$_{2}$	堑对$_{2}$
ŋuən^{1}	ŋən^{51}	ŋaːn^{1}	ŋaːŋ^{1}	ŋaːŋ^{1}	ŋaːŋ^{1}	ŋaːŋ^{1}	ŋaːn^{1}	ŋaːn^{4}

上述语音材料显示，黎语表达“肝”概念的词语只有一个类型，方言差异主要表现在韵头和韵尾上，比如元门话 ŋuaːn^{4}“肝”与多数黎语方言比较衍生出一个韵头 u，该韵头应该是舌根声母触发的，韵尾的差异则是前鼻音与后鼻音的差异。侗台语族语言表达“肝”这一概念的词普遍读作 tap，内部一致性极强。黎语该词显然与别的侗台语截然不同，我们认为是早期汉语借词“肝”，因为汉语新词“干部”，黎语借用该词采用的是汉语读音，比如保定 kan^{2} bu^{1}

“干部”、中沙 kaːn^{2} bu^{1}“干部”、白沙 kuan^{1} phu^{2}“干部”。

侗台语有少数语言跟黎语一样在表达“肝”这一概念时借用汉语的“肝”字，如村话 ŋɔn^{1}、临高话 kan^{3}、标语 kɔn^{3}。但是临高话显然是近代借词，比如新词 kan^{3} jiam^{2}“肝炎”、kan^{3} ŋam^{1}“肝功能”、kan^{3} ŋən^{2} hua^{2}“肝硬化”。

黎语、村话的“肝”声母为舌根鼻音，与舌根塞音属于同一声类，同一声类的音相互间是可以演变的。陈孝玲(2009：130)找到同为“干”声旁的汉字“犴”“豻”来解释舌根鼻音与舌根塞音之间的关系。“犴”“豻”为异体字，《广韵》中属于疑母字，而“肝”属于见母字。黎语内部也能显示舌根鼻音与舌根塞音和舌根别的辅音之间的关系，请参见表 3－4－13。

表 3－4－13 黎语舌根音对应例词

词条 方言	保定	中沙	黑土	西方	白沙	元门	通什	保城	堑对	加茂
安装	ŋop^{7}	ŋap^{7}	ŋap^{7}	ŋap^{7}	ŋap^{8}	ŋap^{8}	ŋap^{7}	ŋap^{7}	kap^{7}	kaːp^{7}
柄用具	hwou^{2}	hau^{2}	hau^{2}	ŋo^{2}	ŋo^{2}	ŋo^{2}	ŋo^{5}	ho^{5}	vɔ^{5}	—
草	kan^{3}	kan^{3}	ŋen^{3}	kaŋ^{3}	kan^{3}	kan^{6}	kan^{6}	kan^{6}	khan^{6}	kəːn^{4}
炊烟	hwoːn^{1}	hoːn^{1}	han^{1}	ŋoːŋ^{1}	ŋuaŋ^{1}	ŋuːn^{4}	ŋoːn^{1}	hɔːn^{1}	vɔːn^{1}	hɯan^{4}
到处	kom^{1}-	kom^{1}-	ŋom^{1}-	kom^{1}-	—	—	kom^{1}-	—	khom^{1}-	—

上面 4 个词语黎语各方言土语的读音表明，舌根塞音或舌根擦音可以演变为同部位的鼻音，演变的条件不受其后韵母韵尾的影响。

黎语元门话 ŋuaːn^{4}“肝”、加茂话 ŋuən^{1}“肝”与别的方言土语不同，有一韵头 u，可能是受到海南话的影响，当然开合的转化在语音的自然演变中也是正常的语音现象。“肝”，海南话各地白读音高度一致，海口话读 kua^{23}。

十、kaːn³“咬”

黎语该词在各代表点的读音见表 3－4－14。

表 3－4－14　黎语代表点的“咬”

保定	黑土	西方	白沙	通什	堑对	保城
$ka:n^{3}$	$ka:n^{3}$	kan^{3}	kan^{3}	$ka:n^{6}$	$kha:n^{6}$	$ka:n^{6}$
保城$_2$	昌江石碌	乐东尖峰	乐东三平	陵水隆广	堑对$_2$	通什$_2$
$ka:n^{6}$	$ka:n^{2}$	$ka:n^{1}$	$ka:n^{1}$	$ŋa^{3}$	$ŋa:n^{6}$	$ŋa:n^{6}$

表 3－4－14 中各方言、土语的“咬”与堑对、保城的 $khan^{1}$“吃”具有同源性，都来自汉语的“啃”。不同之处在于，堑对、保城的 $khan^{1}$“吃”来自“啃”的第一个反切——语斤切。而上述各方言、土语的“咬”则是中古以后借自汉语“康很切”的“啃”，请看下面的语音比较：

	堑对	堑对$_2$	保城	保城$_2$
吃	$khan^{33}$	$khan^{33}$	$khan^{44}$	$kha:n^{44}$
咬	$kha:n^{213}$	$ŋa:n^{213}$	$ka:n^{213}$	$ka:n^{213}$

上下两组音节的声母韵母基本相同，辅音声母均为舌根辅音，韵母除主要元音发音长短有别外，近乎完全相同；但是声调却截然不同，表达“吃”概念的词语声调都是平声的第一调，表达“咬”概念的词语声调却是降声调的第三调（第三调类的偶数调）。这种情况恰好分别对应《广韵》中“啃”的“语斤切”和“康很切”。前面说过，“啃”为“龈”的异体字。《广韵》：“龈，齧也。康很切。”“齧”（又作“囓”）的本义即为“咬”。《管子·戒》：“东郭有狗嘊嘊，旦暮欲啮我，猳而不使也。”普通话的“啃”，其义为：一点点地往下咬。

“啃”声母念舌根不送气塞音，汉语方言也不乏其例，比如苏州

gən$^{⊇}$“啃”(白读)，双峰$^{⊂}$kæn。陵水隆广 ŋa^{3}“咬”、堑对$_{2}$ŋaːn^{6}“咬”、通什$_{2}$ ŋaːn^{6}“咬”的后鼻音声母应该是同部位的塞音 k-受到阳声韵尾的影响演变而来的，这可以从半个多世纪前的语料堑对 khaːn^{6}“咬”、通什 kaːn^{6}“咬”得到佐证。

十一、zuːi^{3}“看”

保定的 zuːi^{3}“看”，通什为 ɬuːi^{6}。

黎语方言、土语之间，边擦音 ɬ 与舌尖前浊擦音 z 可以对应，音理上 ɬ 也完全可以向 z 演变。从表 3－4－15 中“霜”与“死”在黎语方言土语中的读音情况，便可见一斑。

表 3－4－15　黎语代表点的“霜”与“死”

	保定	中沙	西方	白沙	元门	通什	堑对	保城
霜	zeŋ^{1}	ziŋ^{1}	zen^{1}	ɬuaŋ^{3}	ɬuaŋ^{3}	ɬen^{4}	ɬen^{4}	ɬin^{4}
死	—	—	—	zui^{3}	zui^{6}	ɬuːi^{4}	ɬuːi^{4}	ɬuːi^{4}

该词在侗台语族别的语言中都没有发现可以相比较的词语。但是汉语的“睟”可以拿来与之比较。睟，《广韵》：“虽遂切，视貌。”有形容词和动词两种用法，动词即为“正视”。《隋书・卷六八・列传三三》：“何尝不矜庄扆宁，尽妙思于规摹，凝睟冕旒，致子来于矩。”《汉语大词典》中“睟”的第一个义项也是“视”，且引清代祁骏佳《遯翁随笔》卷下“史载辽之太祖，初生即体如三岁，又能匍匐，三月即能走，睟而能言”作为例证。

十二、pleɯ^{1}“听”

黎语该类型的“听”，表示“听”或“听见”，比如保定黎语 pleɯ^{1} aːu^{1} tsok^{7} phuːn^{1} za^{1}“听人家讲故事”、pleɯ^{1} thiːu^{1} khai^{1} hjoːn^{1} kom^{3}

ʔwaɯ^{2}“听见鸡叫起来”。该词在黎语中分布广泛，且表现出某些方言音变，请看表 3－4－16。

表 3－4－16　黎语代表点的“听(听见)”

保定	中沙	黑土	西方	白沙	元门	通什	堑对	保城	保城$_2$	通什$_2$
pleɯ^{1}	leɯ^{1}	leɯ^{1}	pleɯ^{1}	pleɯ^{1}	pleɯ^{1}	pleɯ^{1}	pleɯ^{1}	pleɯ^{1}	peɯ^{1}	phɔ^{1}

该词的代表性读音是 pleɯ^{1}，共覆盖了上述 11 个语言点中的 7 个语言点，复辅音 pl-有分化的趋势。中沙、黑土的 leɯ^{1}“听”失落了词首辅音 p-，今天的保城话 peɯ^{1}“听”、通什话 phɔ^{1}“听”与半个世纪前比较则失落了词中辅音-l-，而且通什$_2$的主要元音受到舌面后元音的影响后移，同时高元音韵尾脱落。但是该词在侗台语中很难直接找到可以对应的情形。中沙、黑土 leɯ^{1}“听”的边音声母 l-按照普遍的辅音演变规律，收紧点有可能后移。昌江石碌 ŋɔ^{2} ʑɛ^{1}“听”的根词 ʑɛ^{1}、乐东尖峰 ɬiːŋ^{1} ʥɛi^{2}“听”的根词 ʥɛi^{2} 应该是从 leɯ 逐渐演变而来的。

黎语该词可能与汉语的“闻”有关系。黎语从海南闽语借入的词，明母字仍读双唇鼻音 m-，比如表 3－4－17 中的所列词语。

表 3－4－17　黎语借入海南话的明母例字

汉字 方言	保定	中沙	黑土	西方	白沙	元门	通什	堑对	保城	加茂
务$_{任\sim}$	mu^{1}	mu^{1}	vu^{1}	vu^{1}	mu^{4}	mu^{5}	mu^{5}	mu^{5}	mu^{5}	mu^{5}
问$_{\sim题}$	mui^{2}	mui^{2}	mui^{2}	mui^{2}	mui^{5}	mui^{3}	mui^{1}	mui^{1}	mui^{1}	mui^{3}

明母双唇鼻音早期就读作双唇塞音。以汉语方言为例，厦门话、潮州话的明母字白读为双唇塞音的情况十分普遍，有的甚至文读音仍读作双唇塞音，比如“模”，厦门念 mɔ$^{24}_{文}$/bɔ$^{24}_{白}$，潮州念 mo$^{55}_{文}$/

bou$^{55}_{白}$；“抹”，厦门念 buat$^{32}_{文}$/buaʔ$^{32}_{白}$，潮州念 buaʔ^{21}；“沫”，厦门念 buat$^{5}_{文}$/buaʔ$^{5}_{白}$，潮州念 muek$^{4}_{文}$ buaʔ$^{4}_{白}$；“闻”，厦门念 bun^{24}，潮州念 buŋ^{55}，今琼海念 bun^{22}，陵水念 bun^{11}。

黎语的韵母 eɯ 来源很复杂，其中有对应于汉语-en 韵的情况，比如“灵魂”(实际上是汉语借词“魂”，“魂”与“闻”同为臻摄字)一词，黎语各方言土语读音见表 3-4-18。

表 3-4-18　黎语代表点的“灵魂”

保定	中沙	黑土	西方	白沙	元门	通什	堑对	保城	加茂
hweɯ^{1}	heɯ^{1}	heɯ^{1}	ŋeɯ^{1}	ŋeɯ^{1}	ɱeɯ^{1}	gweɯ^{1}	veɯ^{1}	hweɯ^{1}	—

声母与韵母两相对照，我们可以大胆推测，黎语的 pleɯ^{1}“听”应该与汉语的“闻”是同源词。

十三、khuːŋ^{1}“懂(事)”

黎语该词在各语言点读音见表 3-4-19。

表 3-4-19　黎语代表点的“懂”

保定	中沙	黑土	西方	白沙	元门	通什	堑对	保城	廖二弓
khuːŋ^{1}	khuːŋ^{1}	khuːŋ^{1}	khoŋ^{1}	khuŋ^{1}	khuŋ^{1}	khuːŋ^{1}	khuaŋ^{1}	khuŋ^{1}	həːm^{3}

上述语料表明，加茂赛方言之外的黎语方言土语表达“懂”这一概念的词语为同一个词，廖二弓 həːm^{31} tei^{11}“懂”中的 həːm^{31} 为该词变体。该词在侗台语族别的语言中难以找到相应的形式。陈孝玲(2009：210)将黎语该词与汉语的“通”比较。诚然，“通”有“知道”义，普通话还有“通晓”一词。《汉语大词典》“通”字的第 17 个义项便是“懂得、通晓”。《易·系辞上》：“曲成万物而不遗，通乎昼夜之道而知。”孔颖达疏：“言通晓于幽明之道，而无事不知也。”

"通"在中古音系中属于透母东韵平声字。该字今海南话有两种读音，琼文片多读 h-/x-，昌感片多读 th-，比如海口读 $hoŋ^{23}$，陵水读 $xoŋ^{33}$，昌江读 $thoŋ^{23}$，三亚读 $thoŋ^{33}$。黎语海南话新借词中的"通"，声母均为舌尖中送气清塞音 th-，比如保定黎语 $thoŋ^{2}$ $kuːi^{2}$"通过"、$thoŋ^{2}$ $taːi^{2}$"通知"。黎语的"懂"如果与汉语"通"同源，只能是来自早期海南话。舌尖中音读作喉音进而读作舌根音的情形，音理上是允许的，白沙、元门借自海南话 th-声母的字，便常念作喉擦音 h-，请看表 3-4-20 中的例子。

表 3-4-20　白沙、元门的海南话借词

方言词条	态度	讨论	同志	土改	团结
白沙	hai^{1} ho^{2}	$khaːu^{1}$ lun^{2}	$huŋ^{5}$ tsi^{3}	hou^{2} koi^{2}	$huan^{4}$ kit^{8}
元门	hai^{3} dau^{1}	$haːu^{4}$ lun^{5}	$daŋ^{2}$ tsi^{3}	hou^{1} koi^{4}	$thuan^{2}$ $kiːt^{7}$

上述白沙 $khaːu^{1}$ lun^{2}"讨论"的 $khaːu^{1}$"讨"的声母 kh-显然由擦音塞化而来。欧阳觉亚(1983: 35)在描写的元门黎语音系下添加了说明：元门 kh 有些摩擦成分，近似 x；这正好体现出了塞化的痕迹。

此外，黎语该词还常与同义词 $gweɯ^{1}$"认识"、tai^{2}"知"或其变体组合成同义复合词，比如保定 $khuːŋ^{1}$ $gweɯ^{1}$"知道"、中沙 $khuːŋ^{1}$ $geɯ^{1}$"知道"、黑土 $khuːŋ^{1}$ $reɯ^{1}$"知道"、西方 $khoŋ^{1}$ $ɤeɯ^{1}$"知道"、保城 $khuŋ^{1}$ tai^{2}"知道"。

十四、kau^{2}"睡"

黎语表达"睡"概念的词语有两种类型：tsoːn 型和 kau 型。前者与侗台语族语言同源，后者为汉语借词。黎语的 kau^{2}"睡"在各语言点读音基本一致。黎语该词表达的是"躺"这个动作行为。该词为汉语借词"觉"。"觉"，中古属于见母肴韵。《广韵》："古孝切，寐也。”普通话有“睡觉”一词。但是，黎语并非借自海南话，海南话的“（睡）觉”读音多带塞音韵尾，比如，东方念 khoiʔ^{54}，乐东念 khoiʔ^{5}，琼海念 xioʔ^{5}，海口念 xiɔk^{5}。该词西南官话和粤语多读 kau，比如成都念 kau^{213}，桂平罟家念 kau^{33}。显然黎语该词是借自中古汉语读音。

十五、ɬaːu^{2}“死”

黎语表达概念“死”的词语有两种类型：zui 型和 ɬaːu 型。前者与侗台语族多数语言同源，后者为汉语借词。ɬaːu 型在黎语各点的读音见表 3－4－21。

表 3－4－21　黎语代表点的“死”

保定	中沙	黑土	白沙	乐东尖峰	乐东三平	陵水隆广	加茂$_{2}$
ɬaːu^{2}	ɬaːu^{2}	daːu^{2}	ɬaːu^{2}	ɬaːu^{2}	ɬaːu^{2}	ɬaːu^{2}	taːu^{1}

黎语该词可以与汉语的“逃”相比较。逃，《广韵》：“徒刀切，去也，避也，亡也。”亡，《广韵》：“无也，灭也，逃也。”黎语借入的端组字声母有多重对应形式，其中可以对应边擦音 ɬ，比如“听（说）”这个海南话借词，保定、中沙念 ɬiːŋ^{1}，黑土念 tiːŋ^{1}，白沙念 ɬiŋ^{1}，元门念 hiŋ^{1}。逃，属于效摄豪韵字。黎语汉语新借词中的中古豪韵字，韵母多念 aːu/au，比如表 3－4－22 中的例字。

表 3－4－22　黎语借入汉语的豪韵例字

汉字 方言	保定	中沙	黑土	西方	白沙	元门	通什	堑对	保城	加茂
保（担）保	baːu^{3}	baːu^{3}	baːu^{3}	baːu^{3}	baːu^{3}	bo^{4}	baːu^{1}	bo^{4}	bo^{2}	bɔ^{2}
倒（塌）	thau^{2}	thau^{2}	thou^{2}	thau^{2}	thau^{2}	thau^{5}	thou^{1}	tho^{5}	thɔ^{5}	—

续　表

汉字 方言	保定	中沙	黑土	西方	白沙	元门	通什	堑对	保城	加茂
菁（芒草）	kau¹	kau¹	kau¹	kau¹	kau⁴	kau¹	kau¹	kau¹	kau¹	—
帽（子）	maːu²	maːu²	—	—	—	mut⁸	mut⁷	muːt⁹	meːu¹	beːu⁵
早	kaːu³	kaːu³	kaːu³	kaːu³	kaːu³	kaːu³	kaːu³	kaːu³	kaːu³	—

十六、miːk⁸“杀”

黎语表达“杀”概念的词主要有两种类型：hau 型和 miːk 型。前者与侗台语族语言同源，后者为汉语借词。miːk 型的“杀”，保定念 miːk⁸，中沙念 miːʔ⁸，黑土念 miːʔ⁷，西方念 mik⁸，通什念 miaʔ⁷。该词在侗台语族别的语言中没有找到对应的词语。该词可以与汉语的“沕”字比较。“沕”本义为“没入水下”，可能是黎族人杀家禽的方式是将家禽直接淹死，故引申出“杀”义。笔者母语西南官话中，凡是将物体没入液体中均念作“沕”（mi），在杀鸡鸭后，会趁其将死未死之际，将其投入热水中淹死，特别是杀鸽子的方法很特殊，即直接把鸽子放入冷水中沕死，据说这种方式可以让鸽血得以保留。

沕，《广韵》音系属于物韵明母入声字，李荣、绍荣芬拟中古音为 * miət；今天的普通话读作去声的 mi。

十七、tshui³“烧（山）”

黎语该词在各语言点读音见表 3－4－23。

tshui³ 在白沙黎语中开口度变大，韵母首元音由 u 下移为 o；在黎语加茂赛方言中，该词则丢掉了韵头，演变成了 tshei¹（廖二弓话归入第四调）。

表 3-4-23　黎语代表点的“烧”

保定	中沙	黑土	西方	通什	堑对	保城	保城$_2$	昌江石碌
tshui^3	tshui^3	tshui^3	tshui^3	tshui^3	tshui^3	tshui^3	tshui^3	tshui^3
陵水隆广	堑对$_2$	白沙	加茂	廖二弓	加茂$_2$	元门		
tshui^3	tshui^3	tshoi^3	tshei^1	tsei^{51}	tshei^1	tshou^3		

黎语该词在侗台语族别的语言中无法找到对应的形式。我们认为黎语该词可以与汉语的“燧”“灼”比较。

“灼”,《广韵》:“烧也,炙也,热也,之若切。”《史记·龟策列传》:“征丝灼之,务以费氓。”司马贞《索隐》:“灼,谓燔也。”

“燧”,《广韵》:“徐醉切。”其本义指“古代钻木取火”的用具,即木燧,按季节用不同的木料制成,钻以取火。《论语·阳货》:“旧谷既没,新谷既升,钻燧改火,期可已矣。”后来“木燧”引申出“焚烧,点燃”义。《淮南子·说山训》:“以絜白为污辱,譬犹沐浴而抒溷,薰燧而负彘。”高诱注:“烧薰自香,楚人谓之薰燧也。”晋陆云《晋故豫章内史夏府君诔》:“高禄未融,凶焱中燧。”

该词最有可能的是对应汉语的“燧”字。白沙的韵母-oi,加茂的韵母-ei,元门的韵母-ou,别的方言的韵母-ui,与汉语的止合三脂旨至三韵有着某种程度的对应关系,请看表 3-4-24。

表 3-4-24　黎语代表点与汉语止合三脂旨至三韵对应例词

词条方言	保定	西方	白沙	元门	加茂
嘴(唇)	tsho:i^1	tsho:i^1	—	shu:i^1	—
最	tui^2	tsui^2	—	tui^3	tui^1
醉	pui^1	pui^1	poi^1	pou^4	puei^4

续　表

词条方言	保定	西方	白沙	元门	加茂
水(牛)	tui^{3}	sui^{3}	tshoi^{3}	tshou^{3}	tshei^{1}
税	—	sui^{3}	—	tui^{3}	—

tshui^{3}一般只表达“点燃”“放火烧”这类意义，比如保定话：tshui^{1} gwei^{3}“点灯”，tshui^{1} hwou^{3}“放火烧山”，tshui^{1} ploŋ^{3}“放火烧房子”，tshui^{1} thuːn^{2}“烧香”。

十八、pheːŋ^{1}“名字/命名”

该词在黎语各语言点的读音见表3-4-25。

表3-4-25　黎语代表点的“名字”

保定	中沙	西方	通什	堑对	保城	保城$_2$	陵水隆广	乐东尖峰
pheːŋ^{1}	pheːŋ^{1}	pheːŋ^{1}	pheːŋ^{1}	pheːŋ^{1}	pheːŋ^{1}	pheːŋ^{1}	pheːŋ^{1}	pheːŋ^{1}
乐东三平	黑土	白沙	元门	昌江石碌	加茂	廖二弓	加茂$_2$	
pheːŋ^{1}	phaːŋ^{1}	phiaŋ^{1}	phiaŋ^{1}	phiaŋ^{1}	phɯ^{1}	phɯ^{51}	phɯ^{1}	

上述语料表明，黎语内部表达“名字”这一概念的词语只有一个，其代表性读音为pheːŋ^{1}。白沙、元门属于润方言，该词念作phiaŋ^{1}，昌江石碌也念phiaŋ^{1}。属于哈方言抱显土语的黑土话念phaːŋ^{1}，与润方言的区别是丢掉了介音i-，与代表性读音的区别是主要元音舌位下降至最低。加茂方言的读音显得很特别，主要元音后移为后高不圆唇音ɯ，而且失落了鼻音韵尾。黎语该词不同于侗台语族别的所有语言表达“名字”这一概念的词语，显然是来

源不同。但我们发现，黎语的 pheːŋ^{1}、phiaŋ^{1} 可以与闽方言的"名"比较，请看表 3－4－26。

表 3－4－26　闽方言明母例字

方言 明母字	明梗开三庚明	鸣梗开三庚明	命梗开三映明	名梗开三清明	铭梗开四青明	冥梗开四青明
厦门话	⊆bɪŋ文/ ⊆miã白	⊆bɪŋ/ miã⊇白	bɪŋ⊇文/ ⊆miã白	⊆bɪŋ文/ ⊆mi白	⊆bɪŋ	⊆bɪŋ文
福州话	⊆miŋ文/ ⊆maŋ白	⊆miŋ	meiŋ⊇文/ miaŋ⊇白	⊆miŋ文/ ⊆miaŋ白	⊆miŋ	⊆miŋ文/ ⊆maŋ白
建瓯话	⊂meiŋ文/ maŋ⊃白	⊂meiŋ	meiŋ⊇文/ miaŋ⊇白	miaŋ⊃	⊂meiŋ	⊂meiŋ文/ maŋ⊇白
海口	meŋ^{21}/ mɛ^{21}	meŋ^{21}	meŋ^{33}/ mia^{23}	meŋ^{21}/ mia^{21}	meŋ^{21}	mɛ^{21}

厦门话的明母字声母读为浊塞音 b-，比如"明""鸣""名""铭"四个汉字的文读音均为⊂bɪŋ，奇怪的是"名""明"的白读音却是⊂miã。福州话、建瓯话的明母则读 m-，但是梗开三庚、映、清、青四韵则读为-aŋ。黎语白沙、元门的 phiaŋ^{1}"名"，韵母正好与福州话⊂miaŋ白"名"、建瓯话 miaŋ⊃"名"相同，声母正好与厦门话的⊂bɪŋ文"名"一致。帮母、滂母、並母与明母属于旁纽，互相演变是没有问题的。因此我们可以肯定黎语的"名"应该是早期从闽语借入的"名"字古读音。元门、白沙、黑土的读音要比保定、中沙、西方等地的读音更为古老。不过，要注意的是，有的地方的黎语已经出现受现代海南话读音影响的情况，比如堑对万道村黄海群的发音 sen^{5} men^{1}"姓名"。

十九、ta^{53}"不/没"

黎语该词在侗台语族别的语言里找不到有对应关系的词语。

比较黎语其他代表点的方言，我们发现，黎语的否定语素 ta^{53} 可以与汉语的“不”进行语源比较，极有可能是早期汉语借词“不”。上古汉语“不”是帮母字，下面我们看看表 3－4－27 中黎语有可能借自早期汉语帮母字的几个词（语料来源于欧阳觉亚、郑贻青《黎语调查研究》）。

表 3－4－27　黎语中可能借自古汉语的几个帮母字

	保定	中沙	黑土	西方	白沙
扒	—	—	—	—	—
半	thoːn^{53}	thoːn^{53}	thoːn^{53}	thoːn^{53}	thoːn^{53}
包	thuːk^{55}	thuːʔ^{55}	thuːʔ^{55}	thuk^{55}	thuk^{55}
剥	—	—	—	—	—
背背着手	ple^{53}	fa^{53}	fa^{53}	—	ple^{53}
被被打			deɯ^{53}	deɯ^{53}	deɯ^{53}
编编竹器	plei^{53}	lei^{53}	lei^{53}	plei^{53}	plei^{53}
冰冰雹	teŋ̊^{55}	—	—	—	—
拨拨开	pla^{55}	—	la^{55}	—	—
补补苗	dop^{55}	dap^{55}	dup^{55}	dap^{55}	dap^{11}
布名	dop^{55}	dap^{55}	dap^{53}	dap^{55}	dap^{55}
	元门	通什	堑对	保城	加茂
扒	—	—	ta^{33}	—	—
半	thən^{42}	thoːn^{33}	thɔːn^{33}	thɯn^{44}	—
包	thuʔ^{55}	thuːʔ^{121}	thuaʔ^{55}	thuːʔ^{53}	thuːʔ^{53}

续 表

	元门	通什	堑对	保城	加茂
剥	—	$thak^{55}$	—	$thak^{53}$	$thak^{55}$
背动	ple^{42}	ple^{33}	pe^{33}	ple^{44}	$te\!:\!k^{31}$
被介	$de\text{ɯ}^{42}$	—	—	—	—
编编竹器	pei^{42}	$plei^{33}$	pei^{33}	$plei^{44}$	ta^{55}
冰冰雹	—	—	ten^{42}	tak^{53}	—
拨拨开	—	pla^{51}	pa^{42}	pla^{53}	—
补补苗	dap^{51}	dop^{55}	dop^{42}	$d\text{ə}p^{53}$	dep^{55}
布名	dap^{55}	dop^{55}	—	$d\text{ə}p^{53}$	$d\text{ə}p^{55}$

上述黎语古汉语帮母字早期借词在黎语方言土语中保留得不均衡，有的已经被别的来源的词语替换掉，特别是被后来的汉语借词替换掉，比如“编辫子”的“编”，只有加茂话仍读 ta^{55}，别的方言则被汉语借词 $phan^{A}$“盘”替换掉；“被打”的“被”，保定话被 $\text{ʔ}ia^{53}$“挨”替换，堑对话、保城话则分别为后来借入的 bi^{33}“被”、$me\!:\!\text{ʔ}^{53}$“被”替换。古黎语复辅音声母 pl-与古汉语的帮母（[p-]）对应，后来复辅音 pl-在方言土语中逐渐分化，这种分化痕迹从上述黎语汉语借词“背背着手”“编编竹器”“拨拨开”的方言、土语的具体读音上可以看出来。声母 t-则是由边音 l-演变而来。潘悟云先生（2013：4—10）在描述汉藏语系的边音[l-]的演变路径时便指出有一条[l-]>[d-]的路径，并且举例说，拉萨藏语的[t-]，是[l-]塞化为[d-]以后清化。“不”的读音，韵腹为[a]的，汉语方言中也存在，比如广州话念 bat^{1}、围头话念 $b\ddot{a}k^{2}$。

第五节　黎语词汇对汉语方言词汇的影响

一、相关语言中的黎语借词

语言接触是双向的，语言之间的影响自然也是双向的，区别只不过在于谁影响谁多一点而已。前面，我们从借词角度讨论了汉语方言对黎语的影响，下面我们也从借词角度讨论黎语对汉语方言的影响。为了搞清楚黎语对与其接触的语言的影响深度与相关因素的关系，我们顺便也讨论村话、临高话这两种与黎语关系密切的语言。

黎族人最早在海南岛上繁衍生息，是海南岛的"原住民"，后来从大陆或别的地方登岛的少量族群要被黎族接纳，势必要与黎族族群处理好关系，否则根本无法在岛上立足。因此，后来入岛的人口规模不大的族群在与黎族族群的长期交往中，自己的语言一定会受到黎语的影响，在词汇上的表现就是吸收黎语词。登岛越早、人口规模越小的语言受到的影响越大，反之越小。

继黎族之后，最早入岛的是"临高人"先民。临高人现在的民族成分是汉族。目前学界一般认为，黎族先民和"临高人"先民都属于古百越民族的一支。黎族先民入岛前居住在雷州半岛滨海一带，大概在新石器时代末期，也就是大约 5 000 多年前登陆海南岛。临高人先民最开始的时候生活在广西中部地区，后来南下占据黎族先民原来居住的雷州半岛一带，大概在春秋战国时期，也就是大约在 2 500 年前迁入海南岛北部地区。黎族人则逐渐迁离琼北，向岛内五指山地区转移。临高语和黎语有不少同源词。梁敏、张君如(1997)从《侗台语族语言简志》附录的词项中挑选出了 485 个根词，比较后发现，与侗台语族同源的词有 60%，其中与黎语同源的有 20%多。这些同源词有一些是同时与台语支或侗水语支同源，因此为了准确界定黎语对临高语的影响，我们将同时与台语支或侗水语支同源的词语排除掉，剩下的词语就可以认为是从黎语借入的词语。我们没有对这些词语进行穷尽式比较，仅举数例，如表 3－5－1 所示。

表 3－5－1　临高语与黎语及其他侗台语族语言的同源词比较

	临高	黎	泰	壮	傣	侗	水
水牛	təi^{3}	tui^{3}	khwaːi^{2}	vaːi^{2}	xwaːi^{2}	kwe^{2}	kui^{2}
蛋	ȵum^{1}	zɯːm^{1}	khaːi^{5}	kjai^{5}	xai^{5}	kəi^{5}	kai^{5}
盐	ȵau^{3}	ȵaːu^{3}	klɯə^{2}	kju^{1}	kə^{1}	ko^{1}	dwa^{1}
麂子	ləi^{2}	loːi^{1}	faːn^{2}	jiəŋ^{2} kiŋ^{1}	faːn^{2}	ȶiŋ^{1}	—
骂	an^{3}	an^{5}	da^{5}	da^{5}	da^{5}	kwa^{5}	ʔmui^{1}
棉花	bui^{3}	buːi^{3}	faːi^{3}	faːi^{5}	faːi^{3}	—	faːi^{5}

东方和昌江两个黎族自治县，有 8 万村人所讲的村语与黎语关系密切，但差异也很明显，学术界将其与黎语归纳为一个语支——黎村语支。村人的民族成分是汉族，但因为通婚融入了当地土著血统。据欧阳觉亚(1998：8)研究，村人先民小规模成批迁来的时间大概是在唐代中叶(9 世纪中叶)，距今约 1 100 多年。这部分小规模村人先民极有可能是湖南、广西一带的军士，规模不大，约 100 人，从北部湾进入海南岛，登岛后与当地跟黎族很接近的一个部落逐渐混合，成了今天的村人。村人在与黎族的交往过程中吸收了大量黎语词语。欧阳觉亚(1998：90)对 2 635 个实词进行了统计，发现与黎语相同的词语多达 567 个，占比 21.5%。其中名词 259 个，主要是关于天地、方位时间、动植物、身体等方面的词语；动词 181 个，主要是关于自然现象、生长变化、能愿、趋向、五官、四肢、日常生活方面的词语；形容词 95 个；数词 7 个；量词 20 个。

海南当地使用人口众多又不同于后来形成的海南话的汉语方言是儋州话。一般认为，儋州话先民主体是南朝大同年间冼夫人领兵出征海南后留在海南的讲古粤语的旧高州、梧州一带的士兵。儋州话基本体系可能在唐代已经形成。学界一般将儋州话纳入粤语系统。梁猷刚（1984）研究发现："现代儋州话还保留着粤语的一些特点，但也已渗透了海南岛各地方言（语言）的一些共同特点。"我们将儋州话有音无字的词语与黎语进行比较，发现表 3-5-2 中一些词语是黎语借词。

表 3-5-2　儋州话与黎语借词对照表

	采摘	泡沫	歪	生殖器（女）	汉人（与黎相对）
儋州话	luɔ^{55}	ʔbu^{55}	nai^{22} 歪口	hɐi^{55}	muɔi^{53}
黎语	lau^{3}	fu:t^{7}	ȵa:i^{2} 眼歪	tai^{1}	mo:i^{1}
	看	臼	煮（长时间煮）	舔	们
儋州话	lui^{55}	lau^{53} 石臼	phɐu^{21}	lim^{55}	你 kon^{53} 你们
黎语	la:i^{3}/rui^{1}	rau^{1} mok^{7} 木臼；rau^{1} ta^{1} 大木臼（底平的）	bau^{3}/bou^{3}	le:m^{1}	khun^{1} 你们
	手指	捡	用手抓	捂	鼻子
儋州话	ŋiŋ^{22}	ʔdɔp^{5}	xɔp^{2}	ʔɔp^{2}	xat^{2}
黎语	zi:ŋ^{2}	tip^{7}	khop^{7} 抓（一把）	khop^{7} 遮盖	khat
	丢掉				
儋州话	vɔt^{22}				
黎语	fat^{7} 丢失				

海南岛内使用人数最多的汉语方言是海南话，几乎通行全岛。海南话属于闽语系统，学界通常称为海南闽语。海南话和对岸广东的雷州话、潮汕话，福建漳州、泉州的闽南话关系密切，其中海南话和雷州话可以通行，俗称“雷琼话”。更准确地说，海南话属于闽方言闽南次方言的一支。唐宋时期，朝廷重视对雷琼地区的开发，不少福建籍的官员被派往海南任职，不少福建地区的民众举家搬迁到海南，这些人和他们的后代与当地的原住民长期交往融合，由此便形成了海南话的雏形。海南话基本面貌应该在宋代中后期已经形成。海南话在与黎语接触过程中也吸收了少量黎语词语。比如表 3－5－3 中的几个词。①

表 3－5－3　海南话与黎语词对照表

	埋	套(动)	嚼(嚼烂喂婴儿)	松软
海南话(海口)	hɔm/hɔp 盖/覆盖/罩	lɔp 吞/吞咽/套	nom^{24}	nɔm^{33}
黎语	kom^{1}	lop^{2}	n̥om^{3}	noːi^{1}

海南岛的军话属于西南官话系统。刘剑三(2008：11)认为海南军话是元明实行屯田制度的产物。元代和明代在海南均实行屯田制。元代有军屯、民屯、军民合屯。明代全为军屯，以屯养军，军籍世袭。海南屯田的军士多来自云贵川三省，因此军话与西南官话一脉相承。海南军话虽然被少数民族语言或别的汉语方言所包围，但是可能因为入岛时间不长，加上人口集中等原因，词汇上很少从黎语中吸收词语。我们发现有两个词语可能与黎语有关系。儋州中和军话叫“外公”为 ʔda^{11}，黎语管“外祖母”叫 ta^{11}，读音几乎完全一致。黎族人近代以前仍存留母系社会的伦理关系，在家庭

① 海南话的 hɔm/hɔp“盖/覆盖/罩”、lɔp“吞/吞咽/套”摘自刘新中：《海南闽语语音研究》，暨南大学，2004：211.

伦理关系中,女性地位高于男性;汉族的家庭伦理关系恰好相反。我们推测,军话将这一个词语借入后,所指对象发生了偏离。另一个词是“乳房”,崖城军话该词读 ʧi,黎语除赛方言外该词一律读 tsei 或 tsi,显然崖城军话是借自黎语的。

海南的客家话是清朝嘉庆、道光时期才从粤东迁入的,迁入时间短,受到的来自黎语的影响就更加微乎其微了。

二、海南汉语地名中的黎语词

黎族是海南岛的原住民,他们生活中必然要给自己居住、生活的地方命名。后来入岛的人一般是不会再给已经约定俗成的地名再取个名字的,而是用自己的文字音译原有地名。用汉字音译的地名,字面意思通常是不好理解的,要理解这些地名必须还原黎语词义。比如,“保定”是 bouɬeŋ 的音译,意思是“红土村”,直译是“村红土”。因此我们可以通过考察海南岛内的音译汉字地名来考察汉语对黎语地名的借入情况。

黎族人通常用“水”“田”“山”“山林”“村”等几个概念给地方命名。合成词地名是齐头式,即通名在前,专名在后,结构属于正偏式。下面,我们从概念出发分别考察描写。下文各类村名的统计数字均参考刘剑三(1992)的统计。

(一) 以村寨命名的地名

黎语的“村庄”,哈方言读 bou 或 bau,润方言读 faːŋ 或 fuan,杞方言读 faːn,赛方言读 fuən。音译的汉字有“抱(保、报、布)”“方”“番”“芬”。

我们对各民族县市进行统计,“保”字头自然村名,白沙有 6 个,昌江有 11 个,东方有 2 个,乐东有 35 个,陵水有 2 个,琼中有 1 个。乐东另有“抱”字头村名 44 个,“报”字头村名 1 个,“布”字头村名 3 个。东方另有“抱”字头村名 3 个,“报”字头村名 4 个,“布”字头村名 2 个。“番”字头自然村名,保亭有 31 个,儋州有 14 个,琼中有10个，乐东有4个，白沙有2个。“方”字头自然村名，白沙有11个，琼中有4个，乐东有1个。“芬”字头自然村名仅见于陵水，有5个。

但是，事实上以黎语村庄音译汉字作为词首命名的地名在全岛各市县都有分布。周伟民(1999)曾指出，全岛带有“抱”字音的地名多达300多个，“几乎各市县都有分布”。民族地区有这类地名自然不足为奇；非民族地区也有这类地名，就表明黎族曾经在这些地方繁衍生息过。比如，临高县便有抱社村、抱利村、抱才村、抱桂村、抱瑞村、抱蛟村等行政村；文昌市抱罗镇便有保罗、抱功、抱英、抱锦、抱民、抱农等行政村；海口市便有抱仑、抱历、抱栋等村。

对岸的雷州半岛也存在以“抱”字音为首字的地名，徐闻、高州、电白、化州都有这类地名，比如包西村(徐闻)、苞萝港(徐闻)、包金(海康)、保六仔(海康)、包城村(湛江)、包睦(湛江)、保黎(高州)、保田(电白)、信宜(保城)、包山(化州)。高泽强(2001)据此勾勒出一条哈方言黎族的迁徙路径：雷州半岛—文昌、琼山、临高—儋州、昌江—乐东。

(二) 以水命名的地名

黎语的“水”读nam，临高语也读nam，考虑到原住民有优先命名权，我们认为，凡是音译nam的地名都是受到黎语的影响。音译的汉字有“南”“湳”“喃”，古代有些作“湳”“喃”的，现在多写作“南”。①

据统计，含“南”字的自然村名，琼中有28个，白沙有28个，保亭有24个，陵水有7个(含“喃平村”)，东方有4个，昌江有3个，文昌有69个，琼海有69个，儋州有50个，万宁有35个，定安有34个，屯昌有33个，琼山有28个，临高有4个。高泽强(2001)指出，全岛以“南”字开头的地名有300多个。

---

① 屈大均：“南之称，唯琼独有，他处无之。”见《道光琼州府志》卷四《舆地志・山川》，海南出版社，2006：111、126.

临高境内只有4个自然村以“南”字命名，所以尽管临高语的“水”也读nam，我们更愿意相信海南汉族地区那么多以“南”字命名的村名，是按照黎语习惯来命名的。

含“南”字的村名几乎都跟江、河、溪这些流动的水有关。比如，白沙黎族自治县的南开乡、南开村均因当地的南开河而得名；屯昌县的南坤镇、南坤社区皆因当地的南坤河而得名。据统计，海南省境内名称中含“南”字的河流有33条，琼北、琼中、琼南都有分布，其中琼山2条、定安1条、屯昌2条、万宁1条、白沙9条、昌江3条、琼中1条、东方1条、乐东4条、五指山5条、保亭2条、陵水1条、三亚1条。

(三) 以山、林命名的地名

“山”，哈方言读hwou或hau，美孚方言和润方言读ŋo，杞方言读go、vo或hɔ，赛方言读tsou。音译的汉字有“好(头、后)”“俄(峨)”“贺(托)”等。“山林”，黎语一般读daːu，音译的汉字为“道”。

黎族虽然与山、山林关系密切，但是以“山”“山林”命名的地名并不多，可能是因为太过常见，区别性不足。我们看下面几个村名：

昌江十月田镇——好清村(直译“山石村”)

昌江乌烈镇——道隆村(直译“山林大村”)

东方大田镇——俄龙村(直译“山大村”)

白沙荣邦乡——俄郎村(直译“山大村”)

(四) 以田命名的地名

“田(水田)”，黎语一般读ta，黎语黑土土语读na，赛方言读tou。音译汉字有“什”“扎”“打”“那”“祖”“走”等。“什”“扎”，闽语分别读tsaʔ、tsap，海南话琼文片读taʔ/tap/ta，感昌片读tsaʔ/tsa。“祖”，海南话一般读tsou/tou/tau。“走”，海南话一般读tau。

刘剑三(2008：26)统计了乐东、白沙、琼中三个县的地名，发现乐东县“什”字头自然村名有12个，“扎”字头自然村名有5个，“三”字头自然村名有11个，“打”字头自然村名有1个；白沙县

“什”字头自然村名有 18 个,“打”字头自然村名有 14 个;琼中县“什”字头自然村名有 53 个,“打”字头自然村名有 3 个。

符天志(2015)论述了“三亚”这一地名是黎语的汉语音译,黎语的读音为 $ta^{55}a^{55}$,意思是“乌鸦田”;并指出在作为黎族主要聚居地的三亚市,很多黎族村落都以“田”意命名,翻译成汉字有“三”“扎”“那”“什”“大”,其中以“三”字头命名的村落最多。从符天志列举的村名数目来看,崖州区有 8 个,天涯区有 8 个,吉阳区有 9 个,共 25 个村落。

“祖”“走”两个字头的村名主要出现在陵水和保亭,以陵水最多。陵水的“祖”字头自然村名有 25 个,“走”字头自然村名有 5 个。

“那”字头村名分布比较广,在现在的黎族地区和汉族地区都有分布。这类村名,据统计,白沙县有 5 个,琼中县有 4 个,东方县有 5 个,陵水县有 3 个,儋州市有 19 个,澄迈县有 11 个,海口市琼山区有 6 个。

(五) 音译词头 kɯ 的地名

海南汉区各县市有不少地名的第一个字是“加”。据统计,琼海有 70 个,屯昌有 51 个,儋州有 18 个,万宁有 16 个,临高有 10 个,文昌有 8 个,定安有 7 个。这个“加”字如果当作汉语“加减”的“加”来理解,整个地名的意思通常令人费解。比如下面这些村名:加积、加文、加略、加里、加章、加浩、加令坡、加乐坡、加棒、加新、加万、加润。

“加”字用作地名第一个音节的字,现在海南闽语、临高话、儋州话都读作 ka,声调和韵母都与海南闽语的“加”的白读音 kɛ 不一致。刘剑三(2008: 76)认为用这个读音,在海南闽语、儋州话、临高话中找不到对应的语素来破译这类地名。黎语的哈方言、杞方言、美孚方言、赛方言都有一个名词词缀 kɯ,地名中的“加”极有可能是对黎语该词缀的音译。保亭县保城镇和什玲镇都有一个“加浩村”，黎语读音为 $kɯ^{3}ha:u^{3}$，而 $kɯ^{3}ha:u^{3}$ 是木棉的意思。汉区的地名第一个音节是“加”字，合理的解释是，这些汉区当初也是黎区，生活在这些地区的黎族都汉化了，但是地名仍然保留了当初用黎语命名的痕迹。

（六）部分村名的汉语意义

用汉字音译黎语的村名，如果不深究的话，现在不少黎族人都无法解释其本义了。下面是部分汉字音译黎语的村名，我们标注了汉语的直译和意译。顺序是音译村名—直译村名—意译村名：

什纳（村）—田小青蛙—小青蛙田（村）

什吉（村）—田蚱蜢—蚱蜢田（村）

什保（村）—田猪—猪田（村）

什扭（村）—田牛—牛田（村）

什仍（村）—田羊—羊田（村）

什教（村）—田马—马田（村）

什龙（村）—田大—大田（村）

什会（村）—田肥—肥田（村）

什界（村）—田火烧—火烧田（村）

什南隆（村）—田水大—大水田（村）

什南办（村）—田水新—新水田（村）

什道隆（村）—田山大—大山栏田（村）

打南（村）—田水—水田（村）

那并（村）—田火烧—火烧田（村）

抱浅—村石头—石头村

抱伦—村竹子—竹村

保定—村红土—红土村

番空—村山沟—山沟村

保满—村老—老村

布满—村老—老村

布那亲—村田石头—石田村

牙南(村)—岔河—河岔(村)

亲隆(村)—石头大—大石(村)

道旦(村)—山鹧鸪—鹧鸪山(村)

三盆(村)—田乌墨树—乌墨树田(村)

三办—田新—新田(村)

第四章　汉语对黎语语法的影响

第一节　词　　类

黎语的词类有 12 类：名词、动词、形容词、代词、数词、量词、副词、连词、介词、助词、语气词和象声词。有的词类在与汉语的接触过程中表现出了一定的变化。下面，我们仅就因为语言接触引起的变化问题进行讨论。

该章节的黎语词汇语料主要摘引自张雷编著的《黎汉简明对照词典》。所有词语都经田野调查核实。黎语语法例句除少部分摘自海南澳雅风文化传播有限公司开发的《黎语在线学习》之外，均来自田野调查，主体语料来自哈方言保定语言点的发音合作人陈志雄和王提。两人相同的说法不在句子后面标示出具体发言人，两人不同的说法则标示出具体发言人。涉及别的语言点的语料，均在文中有说明。

一、名词

（一）名词前缀

黎语自源的名词前缀有 5 个：pai^{11}-、pha^{11}-、kɯ^{11}-、tsɯ^{55}/tsɯ^{11}-、pɯ^{53}，下面我们分别进行讨论。

1. pai^{11}-、pha^{11}-

pai^{11}-、pha^{11}-是一对分别表示阴性和阳性的语素，可以直接作为名词,意义指“母亲”和“父亲”,但是更广泛的是用作表示阴性和阳性的前缀。动物的性别容易区分,植物和别的物体的性别则是根据外形和功能的角度展开联想,进而决定选择阴性前缀还是阳性前缀,没有阴阳性特点的则不加前缀。一些与职业或自身特点有关的称谓,其前缀到底是选择阴性还是阳性,不考虑语境的情况下,取决于常见的、通行的情况。

(1)阴性前缀 pai^{11}-

pai^{11} eːŋ^{11}:一种灌木,树高二三尺,叶呈椭圆形,煮成汁可染衣服。

pai^{11} ha^{11}:一种昆虫,粗如筷子,蓝黑色,背上有金黄色斑点。

pai^{11} khok^{55} sui^{55}:一种虫蛹,身长约一寸半,体粗如笔杆,棕色,生活在旱地里。

pai^{11} thoŋ^{11}:一种黑毛虫,毛上有毒

pai^{11} tet^{55}:大脚趾

pai^{11} ziːŋ^{55}:拇指

pai^{11} huːn^{53}:身体(同 huːn^{53})

pai^{11} sop^{55}:夜晚,晚上

pai^{11} hwan^{53}:白天;中午

pai^{11} to^{55}:锁头

pai^{11} lai^{55}:犁身

pai^{11} phəɯ^{53}:梯子两侧的粗木杠

pai^{11} sia^{53}:车轮

pai^{11} thoŋ^{53}:火枪的机头;旱烟斗

pai^{11} ʔdəɯ^{53}:土织布机一端的横板

(2)阳性前缀 pha^{11}-

pha^{11} kim^{11}:禁公(迷信风俗认为某些身附恶鬼,能施放法术使人生病的人)

pha^{11} rau^{55}:巫师(专司念符咒的人)

pha^{11} ti^{53}：疯子

pha^{11} ʔgoŋ^{55}：驼子

pha^{11} hjeːŋ^{55}：瘸子

pha^{11} ŋom^{53}：哑巴

pha^{11} ŋəŋ^{55}：傻子；呆子

pha^{11} ɬaːi^{11}：能手

pha^{11} faːn^{11}：一种乔木，树身高大，叶宽一寸余，对生，结小果

pha^{11} hjaːu^{53} thai^{55}：一种草本植物，一柄三叶，叶子被细毛

pha^{11} ŋwa^{53}：一种草本植物，蔓生，一柄三叶，叶与茎均被细毛，有毒

pha^{11} tsɯ^{55} pliu^{53}：一种草本植物，叶背和茎被细毛，叶捣碎后可治蛇咬伤

pha^{11} ʔdəɯ^{53}：土织布机一端靠里的横板

pha^{11} to^{55}：钥匙

pha^{11} ziːŋ^{55}：中指；箕（指纹）

汉语没有“性”的语法范畴，自然不存在表示阴性、阳性的前缀。受汉语影响，现在的黎语，这一前缀的出现概率已经大大降低了，比如我们记录的陈志雄和王提的语料就显示出这一趋势，参见表 4-1-1。

表 4-1-1　黎语“性”范畴演变例词

	欧阳觉亚	陈志雄	王　提
中指	pha^{11} ziːŋ^{55}	pha^{11} ziːŋ^{55}	ziːŋ^{55} ɬat^{55}
箕（长形指纹）	pha^{11} thau^{53} gei^{53}	lau^{53} hweɯ^{53} ziːŋ^{55}	lau^{53} hweɯ^{53} ziːŋ^{55}
斗（圆形指纹）	pai^{11} thau^{53} gei^{53}	lau^{53} hweɯ^{53} ziːŋ^{55}	lau^{53} hweɯ^{53} ziːŋ^{55}
哑巴	pha^{11} ŋom^{53}	ŋom^{53}	ŋom^{53}

续 表

	欧阳觉亚	陈志雄	王 提
聋子	pha^{11} $ɬo:k^{55}$ za^{53}	$ɬo:k^{55}$	$ɬo:k^{55}$
瞎子	pha^{11} $pla:u^{53}$	$pla:u^{53}$	$pla:u^{53}$
犁身	pai^{11} lai^{55}	$fi:n^{11}$ lai^{53}	$fi:n^{11}$ lai^{53}
身体	pai^{11} $hu:n^{53}$	$hu:n^{53}$	$hu:n^{53}$

表 4－1－1 中的词语，欧阳觉亚整理的语料都含有阳性词头 pha^{11} 或阴性词头 pai^{11}。但是除表达“中指”这一概念的词，陈志雄的语料保留了词头 pha^{11} 之外，其余的 7 个词语，陈志雄和王提的发音都不再含有词头了。

2. $kɯ^{11}$-

《黎汉简明对照词典》$kɯ^{11}$ 词条有三个义项：“① 表示领属关系的结构助词，其位置一定在领有者之前。② 表示动作的将要实现。③ 用在两个动词之间，表示前一个动作为后一个动作的方式。”事实上 $kɯ^{11}$-这个语素还可以充当名词前缀。看下面的例子：

$kɯ^{11}$ $ʔdiu^{55}$：一种小松鼠，身长四五寸，黄毛，尾巴蓬松，从头至尾有两行黑毛

$kɯ^{11}$ $ʔdo^{53}$：一种松鼠，毛深黄色，尾巴长，毛蓬松

$kɯ^{11}$ $ʔdo:i^{11}$：在田地里所设置的稻草人之类的东西

$kɯ^{11}$ $fa:t^{55}$：用树枝等制作的稻草人之类的东西

$kɯ^{11}$ fan^{53}：黄昏；晚上

$kɯ^{11}$ $ɬun^{11}$：门楣

$kɯ^{11}$ $hja:m^{53}$：门槛

$kɯ^{11}$ $li:ŋ^{55}$：圈子

$kɯ^{11}$ $li:u^{53}$：八哥

$kɯ^{11}$ $lo:p^{55}$：手镯

kɯ^{11} loːp^{55} ziːŋ^{55}：戒指

kɯ^{11} ria^{11}：鸡下蛋的窝

kɯ^{11} ra^{11}：菠萝

kɯ^{11} ʦhoːi^{11}：荔枝

3. tsɯ^{11}-/tsɯ^{55}-①

tsɯ^{55}作为实词是数词"一"(用在量词或十、百、千、万之前)。tsɯ^{55}-用作名词前缀,极有可能是由数词"一"虚化而来。看下面的例子:

tsɯ^{55} ʔgun^{55}：苦楝树

tsɯ^{55} ʔgwau^{53}：枫树

tsɯ^{55} haːu^{11}：木棉

tsɯ^{55} kiːu^{53}：项圈;珠串;珠子

tsɯ^{55} koːm^{11}：鞋

tsɯ^{55} kom^{55}：黄昏;傍晚

tsɯ^{55} haːu^{53}：梭镖;矛

tsɯ^{55} theːk^{11}：土织布机前端的横板

tsɯ^{55} ʔguːk^{55} ʔgoːi^{53}：巫师用的铃

名词前缀 kɯ^{11}-和 tsɯ^{55}-的语法功能是一致的,到底用哪一个与使用习惯有关,甚至可以自由替换,比如"裤裆"这个词语,各家的记录参见表 4-1-2。

表 4-1-2　黎语"裤裆"

欧阳觉亚	文明英	课题组	张　雷
kɯ^{11} naːŋ^{11} khou^{11}	kɯ^{55} (tsɯ^{55}) naːŋ^{11} khou^{11}	kɯ^{11} naːŋ^{11} khou^{11}	tsɯ^{55} naːŋ^{11} khou^{11}; kɯ^{11} naːŋ^{11} khou^{11}

① 课题组记作 tsɯ^{11}-,张雷记作 tsɯ^{55}-。

名词前缀 kɯ^{11}-和 tsɯ^{11}-受汉语影响，不再是强制性的，现在的黎语用不用相对是比较自由的。我们以豆类、菜蔬、瓜果类名词为例来说明这一问题。保定黎语豆类、菜蔬、瓜果类名词，根据我们调查的语料，发现 99 个词条中只有下面 13 个词语有前缀 tsɯ^{11}-（或 tsɯ^{55}），86 个词条却没有前缀。下面我们将有前缀的词条整理出来：

tsɯ^{11} hjau^{53} daːu^{11}：豇豆　　tsɯ^{11} daːu^{11}：扁豆

tsɯ^{11} thoːk^{55}：茄子　　tsɯ^{11} peːŋ^{11}：丝瓜

tsɯ^{11} ei^{53}：南瓜　　tsɯ^{11} hwɯːm^{55}：冬瓜

tsɯ^{11} thoːk^{55} gan^{11}：西红柿　　tsɯ^{11} lou^{55}：石榴

tsɯ^{11} bəm^{53}：柚子　　tsɯ^{11} ban^{11}：龙眼

tsɯ^{11} soi^{11}：荔枝　　tsɯ^{11} naːm^{53}：芒果

tsɯ^{11} hjau^{53} van^{53}：花生

没有前缀的词条略举数例：

hjau^{53} thaːi^{55} zeːŋ^{53}：黄豆　　hjau^{53} thaːi^{55} loːk^{55}：黑豆

ai^{53}：黄瓜　　man^{53} rɯːŋ^{53}：苦瓜

gaːi^{55}：葫芦　　za^{53} get^{55}：辣椒

4. *名词前缀 pɯ^{11}-*

前缀 pɯ^{11}-一般用在昆虫类动物名之前，比如：

pɯ^{11} sen^{53}：蜻蜓　　pɯ^{11} goːi^{53}：蚕蛹

pɯ^{11} weːŋ^{11}：苍蝇　　pɯ^{11} thom^{11}：蟑螂

pɯ^{11} ket^{55}：蝗虫　　pɯ^{11} som^{53} khaːu^{53}：灯蛾

pɯ^{11} sui^{53} haːi^{11}：蜣螂（即屎壳郎）　　pɯ^{11} som^{53}：蝴蝶

pɯ^{11} zeːk^{55}：牛虻

前缀 pɯ^{11}-用在昆虫类动物名之前这条规则也有例外：一是不是昆虫也有可能有该前缀，比如 pɯ^{11} riːn^{11} raːn^{55}“壁虎”；二是昆虫也有可能不用前缀，比如 ȵuːŋ^{53}“蚊子”。当然也有一些昆虫名词，本来以前是有前缀的，现在前缀逐渐消失了，比如 pɯ^{53} guːŋ^{11}“蟋蟀”（欧阳觉亚），pɯ^{53} kit^{55} thau^{53}“蟋蟀”（文明英），ket^{55} thau^{53}

"蟋蟀"(刘天雷)。

有时候,前缀 $pɯ^{11}$-可以跟阴性前缀 pai^{11}-替换。这种情况,很有可能是阴性前缀 pai^{11}-进一步虚化,从而音变使然。下面有两个典型的例子:

$pɯ^{11} sop^{55}$:夜晚、晚上

$pai^{11} sop^{55}$:夜晚、晚上

$pai^{11} khau^{55}$:女人、妇女

$pɯ^{11} khau^{55}$:女人、妇女

(二)名词后缀

汉语有"-者""-家"这类名词后缀。黎语自身语法系统中不存在这类词缀,但是整体借入这类词语的时候,会将这类词缀借入。比如:

画　家:pha^{11} $uːi^{55}$ ke^{55}(陈志雄);

$uːi^{55}$ ke^{55}(王提)

书法家:pha^{11} tu^{55} $phat^{55}$ ke^{55}(陈志雄);

tu^{55} $phat^{55}$ ke^{55}(王提)

参观者:pha^{11} sam^{55} $kwan^{55}$(陈志雄);

$aːu^{53}$ $pɯːn^{53}$ $zuːi^{11}$(来看的人)(王提)

学　者:o^{53} tse^{11}(陈志雄)

上面几个词,陈志雄和王提的表达有不同,陈志雄在使用海南闽语借词"画家""书法家""参观者"时,习惯性地用了黎语表男性的词头 pha^{11}-;但是在使用更晚引进的借词"学者"时,却没用该词头。王提使用海南闽语借词"画家""书法家"时,没用词头 pha^{11}-;表达"参观者"这个概念时比长辈陈志雄更保守,用黎语语素来对译,表达"学者"这个概念是直接转用普通话。

二、动词

(一)动词的重叠

欧阳觉亚(1983),文明英、文京(2009)都指出,某些表示行为、

动作或心理活动的单音节动词重叠后，有表示动作的“不经心”。但是，黎语动词一般很少使用重叠式。甚至在对译汉语的单音节动词的重叠式的时候，也很少使用重叠式。比如下面的句子：

（1）我有时候会去歌厅唱唱歌、跳跳舞。

ʔde^{11} tsau^{55} si^{55} kom^{11} khuːi^{11} hei^{53} ko^{11} hia^{55} saŋ^{55} saŋ^{55} ko^{11}、
我 有 时 就 会 去 歌 厅 唱 唱 歌
tɯn^{11} tɯn^{11} hi^{11}。（陈志雄）
跳 跳 舞

ʔde^{11} tsau^{55} si^{55} kom^{11} khuːi^{11} hei^{53} ko^{11} hia^{55} saŋ^{55} saŋ^{55} ko^{11}、
我 有 时 就 会 去 歌 厅 唱 唱 歌
thiːu^{55} thiːu^{55} mou^{53}。（王提）
跳 跳 舞

（2）我周末回去看看孩子。

ʔde^{11} seŋ^{55} khi^{11} kom^{11} pəɯ^{53} zuːi^{11} iːp^{55} ɬɯːk^{55}。（陈志雄）
我 星 期 就 回家 看 看 孩子
ʔde^{11} seŋ^{55} khi^{11} kom^{11} pəɯ^{53} zuːi^{11} ɬɯːk^{55}。（王提）
我 星 期 就 回家 看 孩子

（3）你也来尝尝。

məɯ^{53} ru^{11} pɯːn^{53} sim^{55} la^{55}。（sim^{55}“品尝”，la^{55}“吃”）（陈志雄）
你 也 来 尝 吃
məɯ^{53} ru^{11} pɯːn^{53} sim^{55} la^{55} laːi^{11}。
你 也 来 尝 吃 看
（laːi^{11}：助词，用在动词之后，表示尝试）（王提）

（4）老人要经常到外面走走。

ɯ^{11} za^{53} kom^{11} geŋ^{55} tiːŋ^{11} tɯːn^{53} zɯːn^{53} fei^{53} fei^{53}。（陈志雄）
人 老 要 经 常 到 外面 走 走
ɯ^{11} za^{53} kom^{11} geŋ^{55} tiːŋ^{11} hei^{53} fei^{53} tɯːn^{53} zɯːn^{53} lo^{55}。（王提）
人 老 要 经 常 去 走 到 外面 咯

“唱唱歌”，陈志雄和王提都是借用海南闽语的说法；“跳跳舞”中的“跳跳”，陈志雄用的是黎语说法，王提借用的是海南闽语说法，但是都使用了重叠的形式。

“看看”“尝尝”，黎语用的是同义复合法，即用两个同义词复合叠加，dzuːi^{11}“看、瞧”，iːp^{55}“看望、探视”，sim^{53}“品尝”，la^{55}“吃”。文明英（2009：02）举的例子是 tshim^{53} tshim^{53}“尝尝”，但是我们调查并没有发现。“走走”，陈志雄用了 AA 式 fei^{53} fei^{53}，但是王提没用重叠式。显然，动词的重叠 AA 式，在语言生活中并不是很普遍，说明这一语法结构尚未获得强大的类推能力。我们认为，黎语单音节动词偶尔出现的 AA 式重叠，应该是受到汉语的影响所致。

（二）能愿动词

黎语具有自足的能愿动词。表示行为者能力、意愿、动作可能性的能愿动词有：loːp^{53}“可以、能够”，ka^{55}“不能”，khuːŋ^{53}“会”，poːi^{53}“不会”，aɯ^{55}“敢”，kat^{55}“不敢”，ʔbat^{53}“想”，khwei^{11}“肯、愿意”，ai^{11}“不肯、不愿意”等。表示动作行为的必要性和即将发生的能愿动词有：kɯ^{53} la^{55}“必须、务必、应该、须要”，khom^{55}“必须、应当”，kɯ^{11}“将要”。

这些能愿动词的语法功能跟汉语对应的词语是相同的。需要指出的是，受语言接触的影响，黎语已经从海南闽语借入了一些能愿动词，比如：eŋ^{55} kaːi^{55}“应该”、sieŋ^{53}“想”、zuːn^{53} i^{11}“愿意”、kho^{11} neŋ^{11}“可能”、ko^{11} zi^{11}“可以”。请看下面的例句：

（1）məɯ^{53} eŋ^{55} kaːi^{55} hei^{53} i^{55} zuːn^{53} heːi^{53} zuːi^{11} na^{53} 。
　　你　应　该　去　医　院　去　看　他
你应该去医院看看他。（陈志雄）

（2）ɯ^{11} hau^{55} kho^{11} neŋ^{11} man^{53} ɬen^{53} fa^{11} 。
　　明天　可　能　是　好　天
明天可能是晴天。（陈志雄）

（3）məɯ^{53} ha^{11} nei^{55} kho^{11} zi^{11} riːn^{53} ʔbeːi^{53} 。
　　你　现　在　可　以　说　了
你现在可以说了。（陈志雄）

（4）məɯ^{53} ʔbiːt^{55} si^{55} la^{55} tha^{55} ʔbaːi^{11} 。
　　你　必　须　吃　饭　完
你必须把饭吃完。（陈志雄）

(5) siːu^{11} li^{55} zuːn^{53} i^{11} pəɯ^{53} tsok^{55} pha^{11} siːu^{11} tseŋ^{55}。
小 丽 愿 意 嫁 到(词头) 小 张
小丽愿意嫁给小张。(陈志雄)

(6) məɯ^{53} siːŋ^{53} si^{53} ra^{11} pəɯ^{53} ploŋ^{11}。
你 想 何 时 回 家
你想什么时候回家?(澳雅风)

(三) 判断动词

黎语的肯定判断动词是 man^{53}"是",否定判断动词是 ʔgwai^{55}"不是"。判断动词 man^{53} 在简单的判断句里通常被省略,但如果主语或谓语是比较复杂的句子,或是谓语含有数量词的句子,通常不能省略。比如:

(1) bit^{55} nei^{55} kɯ^{53} hou^{53}。这笔是我的。
笔 这 的 我

(2) na^{53} pai^{11} guːŋ^{53} hou^{53}。她是我妹妹。
她 妹 我

(3) hwou^{11} pa^{53} phuːn^{11} man^{53} hwou^{11} vaːu^{53} pheːk^{55} kɯ^{11} haːi^{11} nam^{11}。
五指山 是 山 最 高 的 海 南
五指山是海南最高的山。

(4) na^{53} man^{53} ʦɯ^{11} laŋ^{53} ɬɯːk^{55} uːŋ^{53} ɬen^{53} muːn^{53}。
她 是 一 个 姑娘 好看
她是一位漂亮的姑娘。

但是在哈方言侾炎土语和抱显土语里,判断动词已经被借用的海南闽语 ti 取代,比如我们调查的东方县板桥镇中沙村和三亚市天涯区红塘村的黎语。请看下面的例句:

(5) nei^{53} ti^{11} luŋ^{53} a^{11} tau^{53} nuŋ^{55} luŋ^{53}。
这 是 家 我们 孩子 大
这是我们家大儿子。(东方中沙 符成育)

(6) na^{53} ti^{11} guŋ^{55} ŋaːu^{53}。他是驼子。(东方中沙 符成育)
他 是 驼背人

(7) nei^{55} loŋ^{53} ti^{55} pha^{11} kɯ^{55} luŋ^{53}。
这 个 是 儿子 的 大
这个是大儿子。(三亚黑土 董龙天)

（8）na^{55} ti^{55} aːu^{53} goŋ^{11} 。他是驼子。（三亚黑土　董龙天）
　　他　是　人　驼背

但是，我们注意到跟董龙天同样说哈方言抱显土语的董青才，说判断句时有时没有用到判断动词，有时使用判断动词 ti^{55}。比如：

（9）nei^{55} nuŋ^{55} pha^{11} luŋ^{53}。这是大儿子。
　　这　儿子　大

（10）na^{55} kɯ^{55} loŋ^{53} pha^{11} khui^{55} sia^{53}。他是一位开车的。
　　他　一　个　人　开　车

（11）na^{55} ti^{55} pha^{11} goŋ^{11}。他是驼子。
　　他　是　驼背

三、形容词

汉语形容词的重叠式生动形式分为 AA 式、AABB 式、ABAB 式。这三种重叠式跟不重叠的相比，一方面更形象生动，另一方面表示程度加深。黎语也有这三种重叠式生动形式，但是在修饰名词性中心成分时是后置的，作谓语或修饰谓语时与汉语一样。比如：

（1）pheŋ^{11} kuːi^{11} loŋ^{53} loŋ^{53}　大大的苹果
　　苹　果　大　大

（2）fa^{11} khiːu^{53} khiːu^{53}　蓝蓝的天
　　天空　蓝　蓝

（3）nom^{11} ʔgau^{53} ʔgau^{53}　清清的河水
　　水　清　清

（4）noːŋ^{53} loːk^{55} loːk^{55}　黑黑的皮肤
　　皮肤　黑　黑

（5）muːn^{11} zeːŋ^{53} zeːŋ^{53}　黄黄的稻子
　　稻谷　黄　黄

（6）waːu^{53} thaɯ^{11} thaɯ^{11}　矮矮的个子
　　个子　矮　矮

（7）lo^{53} met^{55} ʔdeːŋ^{53} ʔdeːŋ^{53}　甜甜的菠萝蜜
　　菠萝蜜　甜　甜

(8) na^{53} pe:k^{55} lei^{11} pe:k^{55} lei^{11} 。他瘦高瘦高的。
他 高 瘦 高 瘦
na^{53} lei^{11} lei^{11} pe:k^{55} pe:k^{55}
他 瘦 瘦 高 高

(9) ɬɯ:k^{55} laɯ^{55} ka:i^{11} ʔdaŋ^{53} ga:n^{11} gom^{53} ga:n^{11} gom^{53} 。
小孩子 的 脸 红 粉色 红 粉色
孩子的脸通红通红的。

汉语单音节形容词后面有带上重叠后缀的生动形式,比如"绿油油""黄澄澄"等。黎语这种形式比较少见,但是受汉语影响,偶尔也会出现这样的语法形式。为考察黎语是否有这一语法形式,我们选择了 12 个汉语附加式生动形式的黎语说法,请看表 4-1-3。

表 4-1-3 汉语形容词附加式生动形式黎语罗活土语中的对应表达

词条	黎语(保定 陈志雄)	黎语(保定 王提)
绿油油	khi:u^{53} khi:u^{53}——绿绿	khi:u^{53} khi:u^{53}
干巴巴	khaɯ^{55} khaɯ^{55}——干干	khaɯ^{55} khaɯ^{55}
黄澄澄	ze:ŋ^{53} ze:ŋ^{53}——黄黄	ze:ŋ^{53} ze:ŋ^{53}
金灿灿	ze:ŋ^{53} ze:ŋ^{53}——黄黄	ze:ŋ^{53} ze:ŋ^{53}
甜蜜蜜	ʔde:ŋ^{53} lo:k^{55} lo:k^{55}——甜黑黑	ʔde:ŋ^{53} ʔde:ŋ^{53}——甜甜
脆蹦蹦	rɯ:p^{53} rɯ:p^{53}——脆脆	rɯ:p^{53} rɯ:p^{53}
傻乎乎	top^{55} top^{55}——昏昏	top^{55} top^{55}
热乎乎	ɬun^{55} ɬun^{55}——暖暖	ɬun^{55} ɬun^{55}
湿漉漉	*tia*^{11} *jo:m*^{53} *jo:m*^{53}——*湿润润*	*pan*^{11} *pan*^{11}——*湿湿*
冷飕飕	*kha:i*^{53} *ret*^{55} *ret*^{55}——*冷颤颤*	*kha:i*^{53} *ret*^{55} *ret*^{55}
黑黝黝	*lo:k*^{55} *thiŋ*^{53} *thiŋ*^{53}——*黑墨墨*	*lo:k*^{55} *ʔdom*^{11} *ʔdom*^{11}——*黑黝黝*
胖墩墩	*hwei*^{11} *mop*^{55} *mop*^{55}——*胖墩墩/肥嘟嘟*	*hwei*^{11} *vam*^{11} *vam*^{11}——*胖墩墩/肥嘟嘟*

从表 4-1-2 可以看出,黎语形容词的重叠,最常见的形式是 AA 式生动形式,12 个汉语附加式生动形式的词语,黎语有 8 个采用的是重叠式中的 AA 式生动形式。黎语附加式生动形式是后起的,最有力的证据是,"湿漉漉""黑黝黝""冷飕飕""胖墩墩"这 4 个词语,陈志雄的说法与王提的说法不一致,各自选用的叠音后缀不相同,随意性大,尚未约定俗成。

单音节形容词后面带重叠后缀的生动形式在哈方言抱显土语中也不常见,请看表 4-1-4。

表 4-1-4 汉语形容词附加式生动形式黎语抱显土语中的对应表达

词条	黎语(黑土 董青才、罗永雄)	黎语(黑土 董龙天、罗丹丹)
绿油油	khiːu^{55} zet^{55} zet^{55}——绿深深	khiːu^{55} zet^{55} zet^{55}
干巴巴	khəɯ^{55} khəɯ^{55}——干干	khəɯ^{55} khəɯ^{55}
黄澄澄	deːŋ^{11} deːŋ^{11}——黄黄	duŋ^{55} zeːŋ^{55}——黄黄
金灿灿	ʦin^{53} ʦin^{53}——金金	kiːm^{55} zeːŋ^{55}——金黄
甜蜜蜜	deːŋ^{53}——甜	deːŋ^{53} luːt^{55} luːt^{55}——甜蜜蜜
脆蹦蹦	rɯːp^{53}——脆	sui^{11} sui^{55}——脆脆
傻乎乎	ŋoːŋ^{55}——傻	ŋoːŋ^{55}
热乎乎	sau^{11}——烧	sau^{11}
湿漉漉	*pen*^{11}——*湿*	*men*^{11} *tse*^{55} *tse*^{55}——*湿漉漉*
冷飕飕	*khai*^{55} *zit*^{53}——*冷?*	*gan*^{55} *loːt*^{55} *loːt*^{55}——*冷飕飕*
黑黝黝	*dom*^{11} *dom*^{11}——*黑黑*	*dom*^{11} *hat*^{55}——*黑?*
胖墩墩	*guːi*^{11} *bok*^{55}——*胖?*	*guːi*^{11} *vom*^{53} *om*^{53}——*胖乎乎*

单音节形容词后面带重叠后缀的生动形式在哈方言侾炎土语要相对成熟得多,请看表 4－1－5。

表 4－1－5　汉语形容词附加式生动形式黎语侾炎土语中的对应表达

词条	黎语(中沙　符成育)	黎语(中沙　陈运红)
绿油油	khiːu^{53} kiːt^{55} kiːt^{55}	khiːu^{53}
干巴巴	khaɯ^{55} rɯːp^{53} rɯːp^{53}	khaɯ^{55} rɯːp^{53} rɯːp^{53}
黄澄澄	dɯŋ^{53} zeːŋ^{53} zeːŋ^{53}	dɯŋ^{53} zeːŋ^{53} zeːŋ^{53}
金灿灿	khim^{53} laːp^{53} laːp^{53}	khim^{53} laːp^{53} laːp^{53}
甜蜜蜜	deːŋ^{53} gaːm^{11} gaːm^{11}	deːŋ^{53} gaːm^{11} gaːm^{11}
脆蹦蹦	rɯːp^{55} gop^{55} gop^{55}	rɯːp^{55} gop^{55} gop^{55}
傻乎乎	ŋaŋ^{55} kaːŋ^{55} kaːŋ^{55}	ŋaŋ^{55} kaːŋ^{55} kaːŋ^{55}
热乎乎	sau^{11} vuk^{55} vuk^{55}	sau^{11} vuk^{55} vuk^{55}
湿漉漉	*ban*^{11} *ɬiːk*^{11} *ɬiːk*^{11}	*ban*^{11} *ɬiːk*^{11} *ɬiːk*^{11}
冷飕飕	*khaːi*^{55} *ȵan*^{53} *ȵan*^{53}	*khaːi*^{55} *ȵan*^{53} *ȵan*^{53}
黑黝黝	*nam*^{11} *thiŋ*^{53} *thiŋ*^{53}	*am*^{11} *thiŋ*^{53} *thiŋ*^{53}
胖墩墩	*guːi*^{11} *ze*^{11} *ze*^{11}	*guːi*^{11} *ze*^{11} *ze*^{11}

四、人称代词

(一) 领格代词

黎语基本人称代词见表 4－1－6。

表 4-1-6 黎语基本人称代词

人称＼范畴	单数	复数		双数	领格	
		排出式	包括式		单	复
第一身	hou¹/ʔde³	fa¹	ga¹	ʔde³ ɬau³ pha³	kɯ ʔde³	kɯ fa¹
第二身	məɯ¹	məɯ¹ ta¹		məɯ¹ ɬau³ pha³	kɯ məɯ¹	kɯ məɯ¹ ta¹
第三身	na¹	khun¹/khun¹ aːu¹		na¹ ɬau³ pha³	kɯ na¹	kɯ khun¹ na¹

领格中的 kɯ“的”，表示领属关系的结构助词，其位置一定在领有者之前（kɯ 出现在单词或词头都不需要标调号，有些地区读音是 kɯ¹¹，有些是 kɯ⁵⁵）。领格的语法功能与名词相同，充当主语或宾语。请看下面的例子：

(1) 哪些是我的？

kun⁵³ ra¹¹ man⁵³ kɯ¹¹ ʔde¹¹（王提）
 些 哪 是 的 我
ra¹¹ khun⁵³ man⁵³ kɯ¹¹ ʔde¹¹（陈志雄）
哪 些 是 的 我

(2) 我的是哪些？

kɯ ʔde¹¹ man⁵³ khun⁵³ tsɯ¹¹ ra¹¹（王提）
的 我 是 些 一 哪
kɯ ʔde¹¹ man⁵³ ra¹¹ tsɯ¹¹ khun⁵³（陈志雄）
的 我 是 哪 一 些

(3) 哪个是我的？

ra¹¹ hom⁵³ kɯ¹¹ ʔde¹¹
哪 个 的 我

(4) 我的是哪个？

ʔde¹¹ man⁵³ ra¹¹ hom⁵³
 我 是 哪 个

从上面的例子可以看出，黎语的领格与汉语的领格语法功能是一致的，甚至口语中作主语时可以省略 kɯ“的”，与汉语也是相同的。汉语的领格可以看成“的”字短语，领格带上后面的名词，变成了偏正短语。但是黎语的领格前面却不能直接带上名词构成正偏短语，构成正偏短语，需要省略结构组词 kɯ“的”，比如：

pha¹¹ za⁵³ ʔde¹¹（他的爸爸）
爸 老 我
liu⁵³ ʔde¹¹（我的妻子）
媳妇 我
o⁵³ hiːu⁵³ fa⁵³（我们的学校）
学 校 我们
kiːt⁵⁵ məɯ⁵³ ta⁵³（你们的帽子）
帽子 你 们
poŋ¹¹ ga⁵³（咱们的房子）
房子 咱们

但是，需要注意的是，现代黎语从海南闽语中借入了一个领属关系结构助词 kaːi¹¹“的”，比如下面的例子，都使用了这个借词，同时使用了偏正结构语序：

ʔde¹¹ kaːi¹¹ ki⁵⁵ uːi¹¹（我的计划）
我 的 计 划
uːŋ⁵⁵ thoːŋ¹¹ kaːi¹¹ koŋ⁵³（大家的事情）
大家 的 工

（二）代词及名词的复数形式

khun⁵³用在名词前表示复数。比如：

孩子们：khun⁵³ lauɯ⁵⁵

学生们：khun⁵³ ɬɯːk⁵⁵ o⁵³

人们：khun⁵³ aːu⁵³

妯娌们：khun⁵³ thoːŋ¹¹ duːŋ⁵³

姑嫂们：khun⁵³ tsou⁵³ faɯ¹¹

师徒们：khun⁵³ taːi⁵⁵ be⁵³ thu¹¹ di⁵³

桌子（不止一张）：khun⁵³ so⁵³

书们（不止一本）：khun⁵³ sia¹¹

khun⁵³还有另外两个义项：他们；在呼叫时指对方（即第二身

的多数)。

khun^{53}是 khun^{53} aːu^{53}的简称,不同群体或异性群体之间互称也会用到 khun^{53} aːu^{53},表示尊重客气;同辈或同性之间多数用 khun^{53}。请看下面的例子:

他们是谁?——khun^{53} haɯ^{55} a^{11} ra^{11}?(直译:他们那谁?)

你看见他们了吗?——məɯ^{53} laːi^{53} khun^{53} ta^{53}?(直译:你看见他们不?)

喂,你们啊!——weːi^{53},khun^{53} a^{53}!(直译:喂,你们啊!)

khun^{53}还可以用作量词,意思是"群""一大堆",khun^{53} aːu^{53}可以翻译为"人们""人群"。汉语量词"群""些""堆"都用 khun^{53}对译,比如 tsɯ^{53} khun^{53} zeːŋ^{53}"一群羊",tsɯ^{53} khun^{53} muːn^{11}"一堆稻谷"。

保定黎语的 khun^{53}"他们"不太可能是固有词。我们看看表 4-1-7 中"我们""你们""他们"这三个人称代词的复数在黎语各方言中的表达形式,就可以明白。

表 4-1-7　黎语各代表语言点的人称代词复数①

	保定(哈方言)	中沙(哈方言)	黑土(哈方言)	西方(美孚方言)	白沙(润方言)	通什(杞方言)	加茂(赛方言)
我们	fa^{1}	ʔa^{3} tau^{1}	ʔa^{2} rou^{1}	fau^{1}	fə^{1}	fau^{1}	kau^{1}
你们	meɯ^{1} ta^{1}	meɯ^{1} tau^{1}	mei^{3} zu^{1}	sau^{1}	tshə^{1}	tau^{1}	tshau^{1}
他们	khun^{1}	rau^{2}	rau^{1}	khoŋ^{1} rau^{2}	khoŋ^{1} na^{3}	rau^{2}	mou^{5}

黎语各方言显然还没有形成统一的表示人称代词复数的词缀,综合各语言点情况来看,黎语原本是没有表示复数的词缀的,但有逐渐衍生出复数词缀的趋势,比如中沙的 tau^{1}、保定的 ta^{1}有

① 此表格中的语料摘自欧阳觉亚:《黎语调查研究》,北京:中国社会科学出版社,1984 年。

演变成复数标志的迹象。khun[1]与西方、白沙的khoŋ[1]是同一个语素，用来表达第三人称复数，显然是后起的，因为西方的khoŋ[1] rau[2]“他们”比中沙的rau[2]“他们”、黑土的rau[1]“他们”多出了一个khoŋ[1]。我们调查的语料显示，“他们”这一概念，陈志雄和王提两人都读作khun[53] na[53]，可见，保定黎语和白沙黎语一样，其中的khun[1]/khoŋ[1]有演变为复数词缀的迹象。

名词复数形式khun[53]极有可能是汉语借词“群”。汉语里与“群”读音相同的“裙”（“裙”“群”在中古均属于臻摄合口三等平声文韵群母字），黎语汉语借词为kun[53]，该词指汉族妇女穿的裙子。kun[53]“裙”与khun[53]“群”只是声母存在不送气与送气的差别，声调完全一致。“群”与“裙”，厦门话、建瓯话声母都是不送气音k，广州话、阳江话声母都是送气音kh，潮州话声母分别是kh、k，福州话“群”声母可送气可不送气。“群”“裙”两个字，海南闽语有着多种读音，海口分别读xun[21]、kun[21]，乐东均读kun[211]，昌江分别读khun[21]、kun[21]，三亚均读kuŋ[21]。梁猷刚（1988：457）曾指出：“海南闽语的x声母是舌根软腭轻擦音，缝隙较窄，摩擦作用强，往往前带轻微的送气塞音k，近似kh。”显然，黎语的名词复数形式khun[53]是借自海南闽语的“群”字。从时代上看，海南闽语的“裙”音要早于“群”音，后者极有可能是受到粤语的影响。黎语现代借入的“群”字音，声调为第三调，与早期借入的“群”字音读第一调不同，请看下面的海南闽语借词：

khun[11] ʔdaːu[11]：群岛

khun[11] ke[11]：群架

khun[11] tsiːŋ[11]：群众

khun[11] thi[11]：群体

五、量词

汉语量词重叠有“全量义”。但是黎语的量词没有“全量义”，黎语要用 ren^{55}（或读 ran^{55}）来表示“每”的意思，现在也有直接借用海南闽语的 mui^{11}“每”的。请看下面的例子：

（1）tsɯ^{11} khun^{53} ɬɯːk^{55} uːŋ^{53} ren^{55} laŋ^{53} ɬen^{53} mɯːn^{53} 。

一　群　姑　娘　每　个　好　看

这些姑娘个个好看。

（2）tsɯ^{11} khun^{53} miːu^{55} ren^{55} laŋ^{53} tsau^{55} sau^{11} kin^{11} khɯn^{53} 。

一　群　猫　每　个　有　四　斤　重

这些猫只只有四斤重。

（3）uːk^{11} ploŋ^{11} tsɯ^{11} khun^{53} ʔdeŋ^{55} ʔbaːi^{11} reːk^{55} heːi^{53} 。

里　屋　一　些　灯　全　坏　了

屋里的灯盏盏都坏了。（陈志雄）

ʔdeŋ^{55} uːk^{11} poŋ^{11} mui^{11} hom^{53} reːk^{55} ʔbaːi^{11} 。

灯　里　屋　每　个　坏　全

屋里的灯盏盏都坏了。（王提）

汉语量词的“逐指义”是通过“一××”或“一×一×”这种构式表达的，黎语量词也可表达“逐指义”，但是与汉语构式不同，年轻人采用了汉语“一×一×”构式，老年人采用的是“×daːn^{11}×”构式。请看下面的例子：

（1）他们家孩子一个个考上了大学。

ɬɯːk^{55} khun^{53} na^{53} laŋ^{53} ʔdaːn^{11} laŋ^{53} khaːu^{11} khaːn^{53} ʔdua^{11} o^{53}

孩子　们　他　个　到　个　考　上　大学

（陈志雄）

poŋ^{53} na^{53} kaːi^{11} ɬɯːk^{55} tsɯ^{11} laŋ^{53} tsɯ^{11} laŋ^{53} khaːu^{11} khaːn^{53}

家　他　的　孩子　一　个　一　个　考　上

ʔdua^{11} o^{53}（王提）

大学

（2）这些猫一只一只地病死了。

tsɯ^{11} khun^{53} miːu^{55} laŋ^{53} ʔdaːn^{11} laŋ^{53} sok^{55} ɬaːu^{55}（陈志雄）

这　些　猫　个　到　个　病　死

tsɯ^{11} khun^{53} miːu^{55} tsɯ^{11} laŋ^{53} tsɯ^{11} laŋ^{53} sok^{55} ɬaːu^{55}（王提）

这　些　猫　一　个　一　个　病　死

（3）屋里的灯一盏一盏地坏了。

uːk^{11} ploŋ^{11} tsɯ^{11} khun^{53} ʔdeŋ^{55} hom^{53} ʔdaːn^{11} hom^{53} reːk^{55}
里 屋 一 些 灯 个 到 个 坏
heːi^{53}（陈志雄）
了

ʔdeŋ^{55} uːk^{11} poŋ^{11} tsɯ^{11} hom^{53} tsɯ^{11} hom^{53} reːk^{55} heːi^{53}（王提）
灯 里 屋 一 个 一 个 坏 了

汉语的名量结构具有指称功能，黎语的名量结构都是受到汉语的影响产生的，事实上可以认为是黎语对汉语名量结构的直接翻译，请看下面的例子：

书：sia^{11}——书本：ʔbui^{53} sia^{11}（直译：本书）/tu^{55} ʔbui^{11}（海南闽语借词）（张雷）

纸：sia^{11}——纸张：van^{11} sia^{11}（直译：张纸）

布：ʔdop^{55}——布匹/布幅：ʔbeːk^{55} ʔdop^{55}（直译：幅布）

船：tuːn^{11}——船只：tuːn^{11}

人：aːu^{53}——人口：aːu^{53}/naːŋ^{11} khaːu^{11}（直译：人口）（王提）

从上面的词语看出，黎语原本是没有表指称的名量结构或量名结构的，但是很早就受汉语影响模仿诞生了量名结构，现代受到海南闽语影响有直接借入名量结构词语的趋势。对译“人口”一词，陈志雄使用的是黎语 aːu^{53}，王提使用的是海南闽语 naːŋ^{11} khaːu^{11}，很好地暗示了在语言接触作用下黎语名量结构从无到有的演化过程。

汉语的量词可以单独作宾语或动量补语，比如“买本”“走趟”。黎语没有这样的表达，需要补足省略的数词“一”，比如 sat^{55} tsɯ^{11} ʔbui^{53}“买一本”、hei^{53} tsɯ^{11} kaːi^{11}“走一趟”。

六、数词

黎语有自己的基数、概数、序数表示法。但是现在的序数、阳历几号的时间表示和排行（老大和老幺之外）都全部借用了海南闽语的表达。比如：

第一：doːi^{55} iːt^{55}　　第二：doːi^{55} zi^{11}　　第三：doːi^{55} ta^{11}

第四：doːi^{55} ti^{55}　　第五：doːi^{55} ŋou^{53}　　第六：doːi^{55} lat^{55}

六号：lat^{55} ho^{55}　　七号：siːt^{55} ho^{55}　　八号：boːi^{2} ho^{55}

九号：kaːu^{11} ho^{55}　　十号：tap^{55} ho^{55}　　十一号：tap^{55} iːt^{55} ho^{55}

老二：lau^{11} zi^{11}　　老三：lau^{11} ta^{11}　　老四：lau^{11} ti^{55}

老大：pha^{11} loŋ^{53}　　老幺：pha^{11} sut^{55}

七、副词

（一）程度副词

1. pai^{11} ʔia^{11}“非常；十分；极；很”

这个程度副词只能用在动词或形容词之后，通常用来对译汉语的“(形/动)＋得很”，比如：

（1）高得很：pheːk^{55} pai^{11} ʔia^{11}

（2）坏得很：reːk^{55} pai^{11} ʔia^{11}

（3）黑得很：loːk^{55} pai^{11} ʔia^{11}

（4）想家得很：ɬiːŋ^{53} ploŋ^{11} pai^{11} ʔia^{11}

pai^{11}本义为“母亲”，可以用作表示性别的前缀，因为“雌性”的外形特征，引申出“大”义。该义项可与名词和数量词组合，比如：pai^{11} siːn^{53}“大石头”、pai^{11} kɯŋ^{55} sai^{53}“大树”、pai^{11} tsɯ^{53} khun^{53}“一大群”、pai^{11} tsɯ^{53} phou^{11}“一大堆”、pai^{11} nom^{11}“水分多”。pai^{11} ʔia^{11}用作程度副词，极有可能是“大”义进一步引申的结果。汉语“天已经大亮了”“病已经大好了”中的“大”便是程度副词。pai^{11}可以单独用作程度副词，修饰形容词，请看下面这个例子：

（5）shoːm^{53} ɡaːi^{55} haɯ^{55} tsau^{55} tsɯ^{55} hom^{53} pai^{11} loŋ^{53}，loŋ^{53} doŋ^{53}
　　葫芦　瓜　那　有　一　个　特别大　大　像
ɬom^{55}　doŋ^{53}　zaːu^{33}　haɯ^{55}。
竹篾谷仓　像　木板谷仓　那

那葫芦瓜中有一个长得特别大，有如谷仓一样大。(《黎语长篇话语材料集》)

pai^{11} ʔia^{11}是一个合成词，后面的语素 ʔia^{11}可作“样子、情况”解，最有可能是早期闽南话借字“然”。在汉语不少方言里，“然”“燃”“营”“赢”这些字读音是一样的，比如在笔者的母语西南官话里，普通话中的韵母 ian、in、ing 都统一念成了 in。在中古汉语里，“然”“燃”是山摄仙韵日母平声开口三等字，李方桂拟作 ȵʑiɛn，李荣拟作 ȵiɛn；“赢”是梗摄清韵以母平声开口三等字，李方桂拟作 jiɛŋ，李荣拟作 iɛŋ；“营”是梗摄清韵以母平声合口三等字，李方桂拟作 jiwɛŋ，李荣拟作 iuɛŋ。“然”“燃”“营”“赢”四个字在今天的厦门、潮州、福州、建瓯、文昌几个地方的读音如表 4－1－8 所示。

表 4－1－8 “然”“燃”“营”“赢”四个字在今天的厦门、潮州、福州、文昌的读音

	然	燃	营	赢
厦门	꜀liɛn	꜀liɛn 文/꜀hĩã 白	꜀ɪŋ 文/꜀ĩã 白	꜀ɪŋ 文/꜀ĩã 白
潮州	꜀zieŋ	꜀zieŋ 文/꜀hĩã 白	꜀ioŋ 文/꜀ĩã 白	꜀ĩã
福州	꜀yɔŋ	꜀yɔŋ	꜀iŋ 文/꜀iaŋ 白	꜀iŋ 文/꜀iaŋ 白
建瓯	꜂iɪŋ	꜂iɪŋ	꜂œyŋ 文/iaŋ꜃ 白	iaŋ
文昌	yin^{2}	yin^{2}	yeng^{2} /yiong^{2} /ia^{2} 白	yeng^{2} /ia^{2} 白

厦门话、潮州话的“燃”“营”“赢”三字的白读音韵母完全相同，都念[ĩã]。文昌话的“营”“赢”白读 ia^{2}。黎语输赢的“赢”是 ʔia^{11}，该词还引申出了“得到”“获得”义。黎语的“营”在早期的合成词里念作 ʔia^{11}，比如 ʔia^{11} ʔbaːŋ^{11}“营房”、ʔia^{11} ʔdi^{53}“营地”、ʔia^{11} tsiːŋ^{11}“营长”、ʔia^{11} kiːn^{55}“营根”（琼中黎族苗族自治县县府所在地）。但是在改革开放之后的新造词里一律念作 zoŋ^{11}，比如 zoŋ^{11} ŋiːp^{55}“营业”、keŋ^{55} zoŋ^{11}“经营”、kok^{55} zoŋ^{11}“国营”、liːn^{11} zoŋ^{11}“联营”。

黎语 ʔia^{11}单独用作词语的时候可以作“样子”“情况”“样”解释。pai^{11} ʔia^{11}中的 ʔia^{11}可以对应汉语的词尾“然”。

2. ʔdat^{55}“真、很”

ʔdat^{55}也只能放在动词或形容词之后，ʔdat^{55} ʔdat^{55}表达的程度要比未重叠的 ʔdat^{55}程度更高，请看下面的例子：

（1）tsɯ^{53} hom^{53} hwou^{11} nei^{55} peːk^{55} ʔdat^{55} 。
　　一　个　山　这　高　真
这座山很高。（澳雅风）

（2）tsɯ^{53} laŋ^{53} ɬɯːk^{55} uːŋ^{53} haɯ^{55} ɬen^{53} ʔdat^{55} 。
　　一　个　姑　娘　那　好　真
那姑娘很好。（澳雅风）

（3）ɬen^{53} ʔdat^{55} ʔdat^{55} 。好得很。（澳雅风）
　　好　真　真

（4）ɬoːi^{53} ʔdat^{55} ʔdat^{55} 。多极了。（澳雅风）
　　多　真　真

ʔdat^{55}极有可能与汉语的“的”有关。可以从读音和意义两方面进行论证。汉语的“的”和“滴”在中古音里是声韵完全相同的两个字，均为端母锡韵入声字，李荣、蒲立本、潘悟云拟作 tek。黎语的“（一）滴（油）”为 ʔdak^{55}，“的确（冷）”为 ʔdat^{55} dia^{11}，语音相似度极高，只是韵尾记录有别。但是这不影响我们的判断，因为在语音演变的方向上，阴阳入本可以对转或旁转，有的字可能保留原来的韵尾，可是另外的字可能发生了转变。比如被称为“西江黎语”的临高话，“的确”为 dik^{8} xak^{7}，“（一）滴（油）”为 dem^{3}。事实上黎语西方话和白沙话的 dak^{55}“真”与 dɔk^{55}“滴（量词）”的塞音韵尾完全一致。侗台语族有的语言表达“真（好）”和“的确（冷）”用的是同一个语素，比如傣语（西双版纳）分别是 tɛ^{4}、tɛ^{4} tɛ^{4}，布依语均为 ta^{2} zaːi^{4}。

黎语的“真（好）”有两个词：tsin^{11}、ʔdat^{55}，前者为现代海南闽语借词，后者跟 ʔdat^{55} dia^{11}“的确（冷）”的词根语素 dat^{55}“的”相同。“的”有“真实、实在”义，作该义解释时，海南闽语念 dek^{7}，与“滴”音相同。“的”的“真实”义项，《康熙字典》这样注释：“又《增韵》：‘实也。’《魏志・崔林传》：‘各国遣使来朝，林恐或非真的。’《南齐书・礼志》：‘泛之为言，无的之辞。’《宋史・欧阳修传》：‘的的有表证’。”

《宋史·欧阳修传》中的例子"的的有表证"，表明"的"可以重叠为"的的"，根据像似性原则，"的的"应该比"的"的程度更深。"的的"的用法在古代汉语里，并不乏见。最早的例子见于六朝小说《搜神记》："郭闻之，怅然云：吾作夜亦梦与人争钱，如卿所梦，何期太的的也？"作"真实"意解释的"的的"用作副词修饰动词的用法，最早见于唐朝时期的《佛语录》，比如"能禅师是的的相传付嘱人……""道流，山僧佛法，的的相承，从麻谷和尚，丹霞和尚……"

汉语的"真"可以用作程度副词，表"真实"义的"的"自然也可以用作程度副词。因为具有相同义位的词很容易在一个方向上相应虚化，"形成一个语法意义和语法功能一致的虚词类聚"①。

3. ɬen^{53}"好、很"

ɬen^{53}（在有的方言里念作 ɬin^{53}），本义是"好"，跟汉语一样也可以作程度副词，这种用法极有可能是受到汉语影响类推而来，因此该词也放在被修饰词语之前，比如：

（1）khɯːŋ^{55} sai^{53} ɬen^{53} peːk^{55}。这棵树很高。
　　棵　树　好　高

（2）ɬen^{53} ɬoːi^{53}。很多。
　　好　多

（3）hwen^{11} siːu^{55} koːi^{55} ɬen^{53} la^{55}。文昌鸡很好吃。
　　文　昌　鸡　好　吃

（4）nei^{55} ʔan^{55} ko^{55} ɬen^{53} saŋ^{55}。这首歌很好唱。
　　这　首　歌　好　唱

黎语的 ɬen^{53}"好、善"极有可能是早期的汉语借词"善"。早期的汉语心母字、书母字、生母字、禅母字，黎语借入时，声母都对应为边擦音 ɬ，比如 ɬaːu^{53}"骚（指举止轻佻）"、ɬaːŋ^{53}"响（多指突然一声响）"、ɬe^{11}"生（～意）"、ɬu^{11}"输（～赢）"。但是并不是从闽南语借入的，因为闽南语声母对应的是塞音，比如文昌话 te^{1}"生"、din^{5}

---

① 张博：《汉语实词相应虚化的语义条件》，《词汇学论文集》，北京语言大学出版社，2012：51。

“善”。黎语在对译汉语的“最好”时，通常会略去“最”，直接用ɬen^{53}表示最高的程度。

4. tsaŋ^{11}“太”

该词属于情态类高程度副词，相当于汉语的“太”，比如：

(1) la^{55} tha^{55} jou^{11} tsaŋ^{11} la^{55} khɯːm^{53}。
吃　饭　不要　太　吃　饱
吃饭不要吃得太饱。（澳雅风）

(2) nom^{11} tsaŋ^{11} ʔgan^{53} ŋan^{53} reːk^{55} 。水太凉也不好。（澳雅风）
水　太　凉　也　不好

(3) ai^{11} tsaŋ^{11} ɬen^{53}。不太好。（澳雅风）
不　太　好

(4) məɯ^{53} ai^{11} tsaŋ^{11} khuːŋ^{53}。你不太懂。
你　不　太　懂

(5) na^{53} ai^{11} tsaŋ^{11} ziːn^{55} tsiːn^{55}。他不太认真。
他　不　太　认　真

(6) pai^{11} ʦhuʈ^{55} riːn^{53} ："tsaŋ^{11} ɬeɳ^{53} laːi^{11} pɯ^{53} ra^{11} dɯ^{11} haɯ^{55} ！"
幺妹子　说：　太　好　看　扑棱　在　那
幺妹子说：“那里扑棱扑棱的太好看了。”（《黎语长篇话语材料集》）

(7) ɬɯːk^{55} taŋ^{53} riːn^{53} ：meɯ^{53} dɯ^{11} nei^{55} ai^{11} tsaŋ^{11} ɬeɳ^{53} , khuːn^{55}
孩子　龙　说：　你　在　这　不　太　好，　先
hei^{53} peɯ^{53} a^{11} !
回去　吧
龙子说：你在这不太好，先回去吧！（《黎语长篇话语材料集》）

事实上，tsaŋ^{11}也可以翻译成“很”，比如：

(1) khou^{53} khaːu^{53} bɯːn^{55} tsaŋ^{11} maːn^{11} 。
鸽　白　真　是　顽皮
白鸽的确很顽皮。（《黎语长篇话语材料集》）

(2) laʈ^{55} hwiːn^{53} bɯːn^{55} tsaŋ^{11} vaːu^{53} 。
野猪　凶兆　真　的确　厉害
该死的野猪的确很厉害。（《黎语长篇话语材料集》）

该词还可以对译汉语的强调副词“真”和“的确”，郑贻青、欧阳觉亚编著的《黎汉词典》汉黎对照词汇部分的“真”字下包括 dat^{55} 和 tsaŋ^{11}。请看《黎汉词典》的例子：

(1) nei^{55} tsaŋ^{11} doŋ^{53} nei^{55} dat^{55}。的确(真)是这样。
　　这　真　样　这　真

黎语的 tsaŋ^{11}“真”极有可能是早期汉语借词“真”，然后引申出表程度的“太”义。“真”在中古汉语中属于臻摄开口三等真韵平声章母字，“真”韵字。今天的温州话，韵母念作 aŋ，比如，“真”字便念꜀tsaŋ，“陈”(真韵澄母)念꜀dzaŋ，“晨”(真韵禅母)念꜀zaŋ。今天的广州话和阳江话“真”韵念作 ɐn([ɐ]的开口度比[A]稍小)，比如，“真”字便念꜀ʧan，“陈”念꜀ʧan，“晨”念꜀ʃan。潮州话中有少数“真”韵字，白读音韵母为 aŋ，比如“陈”字文读是꜀thiŋ，但是白读念作꜀taŋ。借自章母的汉字，黎语声母可以对应 t 和 ts，比如新借词“主任”“主席”中的语素“主”念 tu^{11}，“政府”“政治”中的语素“政”念 tseŋ^{55}。早期借词“指(动词)”、“纸”，黎语保城话分别念 tei^{35}、tse^{53}，黎语加茂话分别念 tsei^{55}、tse^{51}。

根据《侗台语族语言词汇集》中文明英的语料，tsaŋ^{11} 还可以用作判断动词“是”。张雷博士编著的《黎汉简明对照词典》也指出方言中 tsaŋ^{11} 用作判断动词“是”。这可能是黎汉对译时受汉语语法的影响对词语含义重新认知的结果。典型的例子就是上文对译汉语强调副词“的确”的句子：“的确是这样。——nei^{55} tsaŋ^{11} doŋ^{53} nei^{55} dat^{55}。”这句话中的 dat^{55} 是强调副词“真/的确”，tsaŋ^{11} 作强调副词解释，事实上与句末的 dat^{55}“真”语义重复了，因此将 tsaŋ^{11} 对译作判断动词“是”未尝不可，甚至更加通顺。我们再来看杨文平在《汉黎字典·哈方言》所举的例子：“这朵花是红的。——nei^{33} kɯ^{11} voːk^{11} seːŋ^{453} tsaːŋ^{11} deŋ^{11}。”这句话中的 tsaːŋ^{11} 与其对译作判断动词“是”，还不如看作程度副词“很”或者强调副词“真”。事实上，在汉语的描述句里，也不可能用“是”，而是用“很”或“真”；也就是说，汉语里“这朵花很(真)红”才符合语感，“这朵花是红”是一个病句。

综上，可以基本肯定黎语的 tsaŋ^{11}“太”来自汉语借词“真”。

5. tui^{55}“最”

这个词语是海南闽语借词“最”，也可以用来对译“很”，置于被修饰词语之前。例如：

(1) o^{55} sai^{53} tui^{55} ɬen^{53} la^{55}。木瓜最好吃。(澳雅风)
　　木瓜　最　好吃

(2) na^{53} tui^{55} tsek^{55} kek^{55}。他最积极。(澳雅风)
　　他　最　积极

(3) tui^{55} aːu^{53} ʔde^{11} ʔdit^{55} tsiːp^{55} hei^{53} tsok^{55} ploŋ^{11} na^{53} koŋ^{55} na^{53}。
　　最　后　我　直　接　去　到　家　他　找　他
最后我直接去他家找他。(陈志雄)

(4) na^{53} naːu^{11} man^{53} tui^{55} ʔdek^{55} hap^{55} naːŋ^{11} tuːn^{11}。
　　他　才　是　最　适　合　人　选
他才是最适合的人选。(陈志雄)

(5) tui^{55} loːk^{55}“很黑”、tui^{5} peːk^{55}“很高”、tui^{5} reːk^{55}“很坏”。

6. phui^{55} tiːŋ^{11}“非常”

该词是海南闽语借词“非常”(文昌话念 phui^{1} ʔdiaŋ^{2})。该词，黎语中出现得比较少，但是口语中偶然会用上，比如：

(1) na^{53} ɬau^{11} pha^{11} laːi^{11} thoːŋ^{11}，phui^{55} tiːŋ^{11} ɬin^{53} tseɯ^{53}，tsiu^{53}
　　他　两　男人　见　互相　非　常　高　兴　就
ȵin^{53} thoːŋ^{11} vuːk^{55} eːŋ^{11} guːŋ^{53}。
认　互相　做　兄　弟
他俩相遇非常高兴，就相认为兄弟。(《黎语长篇话语材料集》)

值得注意的是，黎语的程度副词有两个搭配使用的现象，比如：

(2) han^{11} tsaŋ^{11} kou^{53} dat^{55}，ɯ^{11} lom^{11} ta^{53} la^{55} tha^{55} ta^{53} hjaːu^{53}
　　因为　太　愁　很　又　不　吃　饭　不　喝
om^{11}，ka^{55} kau^{55} ka^{55} tsoːn^{53}，pai^{11} huːn^{53} na^{53} fan^{53} tai^{11} tai^{11}
水　不能　睡　不能　坐　身　体　她　就　慢慢

lei^{11} be^{11}。
瘦 了

由于忧愁过甚，加上不吃饭不喝水和不寝不睡，她的身体慢慢瘦了起来。（《黎语长篇话语材料集》）

（3）khou^{53} nei^{55} tsaŋ^{11} vaːu^{53} taːn^{11}。
斑鸠 这 的确 最 叫

这斑鸠真能叫。（《黎语长篇话语材料集》）

（4）ɬɯːk^{55} roːi^{11} pleɯ^{53} foːi^{55} na^{53} riːn^{53} tsɯ^{55} mou^{55} thun^{53} nei^{55}，
小 鹿 听见 叔 他 说 一 种 话 这
vaːu^{53} khi^{11} ŋaːn^{53} pai^{11} ʔja^{11}。
最 生 气 很

小鹿听见他叔叔说这种话，非常生气。（《黎语长篇话语材料集》）

（5）na^{53} zuːi^{11} laːi^{11} tsiːŋ^{53} ŋuːn^{53} tsiːŋ^{53} vaːn^{11} raːu^{53} dɯ^{11} teɯ^{53} fa^{11}，
他 看见 成 千 成 万 星 在 天上
tsau^{55} tsɯ^{55} hom^{53} ɬeŋ^{53} deŋ^{11} pai^{11} ʔja^{11}。
有 一 个 好 亮 非常

他看见天上有成千成万的星星，其中有一颗特别亮。（《黎语长篇话语材料集》）

从两个程度副词搭配使用的情况看，放在前面的副词表强调意味更浓一些，放在后面的副词表程度意味更浓一些。

（二）范围副词

1. ŋan^{53}“也、都”；ru^{11}“也、都”

黎语的 ŋan^{53}“也、都”、ŋan^{53}“也、都”，是同义词，句法功能相同，可以自由替换。我们看下面的句子：

（1）你去，我也去。| 去也可以，不去也可以。

məɯ^{53} hei^{53}，ʔde^{11} ru^{11} hei^{53}。/hei^{53} ŋan^{53} ɬen^{53}，ta^{53} hei^{53} ŋan^{53}
你 去 我 也 去 去 也 好 不 去 也
ɬen^{53}。（陈志雄）
好

məɯ^{53} hei^{53}，ʔde^{11} ru^{11} hei^{53}。/hei^{53} ru^{11} loːp^{53}，ta^{53} hei^{53} ru^{11}
你 去 我 也 去 去 也 可以 不 去 也

lo:p53 。（王提）
可以

（2）下雨也得去。| 你不说我也知道。

fun53 ŋan53 hei53 。/məɯ53 ta53 ri:n53 ʔde11 ŋan53 khu:ŋ53 ʔgəɯ53 。
下雨 也 去 你 不 说 我 也 明白
（陈志雄）

fun53 ru11 hei53 。/məɯ53 ta53 ri:n53 ʔde11 ru11 khu:ŋ53 ʔgəɯ53 。
下雨 也 去 你 不 说 我 也 明白
（王提）

（3）一天假也没有请过。| 我一句话也没说。

tsɯ11 hwan53 ke11 ru11 ta53 sia11 ʔdua11 。/ʔde11 tsɯ11 fe:k55 thun11
一 天 假 也 没 请 过 我 一 句 话
ru11 ta53 ri:n53 。
也 没 说

（4）他的水平也还可以。|我看也就这样了。

tui11 ʔbe11 na53 ŋan53 lo:p55 。/ʔde11 ŋan53 zu:i11 ʔdoŋ53 ei55 ve:i53 。
水 平 他 也 可以 我 也 看 样 这 了
（陈志雄）

na53 dui11 be11 ŋan53 lo:p55 。/ʔde11 la:i11 ŋan53 ʔdoŋ53 nei55 ve:i53 。
他 水 平 也 可以 我 看 也 样 这 了
（王提）

黎语有一个助词 le:ŋ11，表示“都、也”的语气，可以单独使用，也可以与 ŋan53“也、都”、ru11“也、都”搭配使用，比如：

（5）hou53 ŋan53 hei53 le:ŋ11 。我也去。（澳雅风）
我 也 去 都

（6）hou53 ŋan53 ʔdoŋ53 haɯ55 le:ŋ11 。我也是那样。（澳雅风）
我 也 样 那 也

（7）məɯ53 tsau55 me11 he11 le:ŋ11 。你都有什么东西？（澳雅风）
你 有 什么 都

范围副词 ru11“都”极有可能是早期汉语借词。该词在几个代表性语言点的读音有不同变体，如表 4-1-9 所示。

表 4-1-9 “都”在保定等语言点的读音

	保定	黑土	中沙	保城	白沙	加茂
都	rɯ^{3}/ru^{3}	ri^{3}	di^{3}	lɯ^{4}	di^{3}	dou^{3}

加茂方言的读音借自海南闽语,读音跟当地海南闽语无区别,即使是声调也属于平调(中平调 33)。范围副词借自汉语的“都”,在少数民族语言中比较常见,如侗台语族的壮语 tu^{3}、布依语 to^{3}、临高话 du^{2}、傣西 to^{6}、侗 tu^{1}、水语 tu^{3},苗瑶语族的川黔滇苗语 təu^{1}、滇东北苗语 tu^{5}、布努瑶语 tu^{5}、勉瑶语 tu^{1}。黎语几个方言点的读音与汉语“都”的读音相差较大,但从音理上是可以解释的,保定方言 rɯ^{3}与 ru^{3}的共存,表明在某个语音环境里舌面后高不圆唇元音和圆唇元音是可以自由替换的,它们是两个自由度较高的变体,rɯ^{3}由 ru^{3}来,同理保城的 lɯ^{4}也应由 lu^{4}而来。舌尖塞擦音、舌尖颤音与边音相似度高,用某种音系音译汉语的音系时,自然可以选择相近的音。因此,ru^{3}、lu^{4}均由汉语的 tu 演化而来。

2. ȵoːŋ^{55}“仅仅、只”;man^{11}“仅、只”

副词 ȵoːŋ^{55}和 man^{11}是同义词,可以自由替换,只是跟使用习惯有关系,比如:

(1) 我只去过广州。

ʔde^{11} ȵoːŋ^{55} hei^{53} tsok^{55} ɡwaŋ^{11} tsiu^{55} ʔdua^{11} veːi^{53}。(陈志雄)
我 只 去 向 广 州 过 哩

ʔde^{11} man^{11} hei^{53} luːi^{53} kwaŋ^{11} tsiu^{55} ʔdua^{11}。(王提)
我 仅 去 下 广 州 过

(2) 他只学过英语。

na^{53} ȵoːŋ^{55} o^{53} eŋ^{55} zi^{11} ʔdua^{11}。(陈志雄)
我 只 学 英语 过

na^{53} man^{11} o^{53} eŋ^{55} zi^{11} ʔdua^{11}。(王提)
我 只 学 英语 过

黎语原来还有一个词语 nau^{11}“只”(《侗台语族语言词汇集》第 295 页),现在不单独使用了,但可以构成复合词 nau^{11} ȵoːŋ^{55}“只、仅仅”。na^{55} ho^{11}“只好”、na^{55} neŋ^{11}“只能”、na^{55} ʔja:u^{55}“只要”这几个词语是海南闽语借词，其中的 na^{55}很有可能是从黎语借入的，是黎语 nau^{11}的音变。梁猷刚在《海南音字典》给“只”注音“㊀俗 na^{5}”。海南闽语的 na^{5}是福建闽语所没有的。临高语也是借用汉语的“只”。

八、介词

（一）ʔdɯ^{11}“在”

黎语静态处所格介词 ʔdɯ^{11}“在”可以用作动词作谓语，可以构成介宾结构作状语和补语，用法与汉语的“在”基本相同，比如：

（1）ʔdɯ^{11} ploŋ^{11}。在房间。
在　房间

（2）na^{53} ʔdɯ^{11} ploŋ^{11}。他在房间。
他　在　房间

（3）na^{53} ʔdɯ^{11} ploŋ^{11} zu:i^{11} sia^{11}。/na^{53} zu:i^{11} sia^{11} ʔdɯ^{11} ploŋ^{11}。他在房间看书。
他　在　房间　看　书　/他　看　书　在　房间

（4）na^{53} kau^{55} ʔdɯ^{11} ploŋ^{11}。他睡在房间。
他　睡　在　房间

（5）na^{53} ʔdɯ^{11} so^{53} tha:i^{11} sia^{11}。他在桌子写字。/na^{53} tha:i^{11} sia^{11} ʔdɯ^{11} so^{53}。他在桌子写字。
他　在　桌子　写　字　　他　写　字　在　桌子

（6）ʔdɯ^{11} təɯ^{53} so^{53}。在桌子上。
在　上　桌子

（7）na^{53} ʔdɯ^{11} təɯ^{53} so^{53} tha:i^{11} sia^{11}。他在桌子上写字。
他　在　上　桌子　写　字

na^{53} tha:i^{11} sia^{11} ʔdɯ^{11} təɯ^{53} so^{53}。他在桌子上写字。
他　写　字　在　上　桌子

汉语的介词“在”可以放在动词前，表示行为处于进行中，但是黎语的 ʔdɯ^{11}“在”，没有这种用法，黎语表达这一用法也不用介词，而是在动词前添上时间副词 faːt^{11}/lunlun^{53}/ faːt^{11} lun^{53}“正在”，比如：

(8) 他在工作。

na^{53} fat^{11} vuːk^{55}koŋ^{53}（陈志雄）；na^{53} lun^{53} vuːk^{55}koŋ^{53}（王提）
他 正在 做 工 他 正在 做 工

(9) 我在吃饭时看电视。

ʔde^{11} faːt^{11} la^{55} tha^{55}ŋan^{53} zuːi^{11}ʔdiːn^{55} ti^{55}。（陈志雄）
我 正在 吃饭 都 看 电视
ʔde^{11} lun^{53} la^{55} tha^{55}ŋan^{53} zuːi^{11}ʔdiːn^{55} ti^{55}。（王提）
我 正在 吃 饭 都 看 电视

但是黎语有的方言，表处所、表行为进行中和表时间的介词，都只有一个，比如东方板桥镇中沙村的黎语便只用一个 ʔdu^{11}“在”，请看下面的例子：

(10) hou^{53}ʔdu^{11}ʔbaːŋ^{11} laːi^{53} se^{55}。我在房间看书。（符育成）
我 在 房间 看 书

(11) na^{53}ʔdu^{11} təɯ^{53}phoːŋ^{11} thaːi^{11} si^{55}。
他 在 上 房间 写 字
他在桌子上写字。（符育成）

(12) na^{53}ʔdu^{11} kaŋ^{11} to^{55}。他在工作。（符育成）
他 在 工 作

(13) hou^{53}ʔdu^{11} lau^{55} tha^{55} ti^{11} kiu^{53}ʔdiːn^{55} ti^{55}。
我 在 吃 饭 时 看 电 视
我在吃饭时看电视。（符育成）

“在”，海南闽语的文读音是 tai^{5}，白读音是 ʔdu^{5}。东方中沙黎语的 ʔdu^{11}“在”，显然与海南闽语的“在”是同一个字，黎语传统读音 ʔdɯ^{11}与海南闽语白读音 ʔdu^{11}应该是同源的。因为海南闽语缺少 ɯ，ɯ 与 u 只是展唇和圆唇的区别。考虑到“在”字，潮州白读 ⊆to，福州白读 tøy⊇，建瓯白读 to⊇，我们判断黎语的 ʔdɯ^{11}应该是海南闽语早期借词。刚借入的时候是作为处所格介词，然后受到汉语语法结构的影响，部分方言进一步扩展其用法，放在动词前，表示行为处于进行中。

（二）thɯːn^{53}“从”

黎语的从格和途径格都是同一个介词——thɯːn^{53}“从”，请看下面的例句：

（1） fa^{53} thɯːn^{11} ʔbak^{55} keŋ^{11} pɯːn^{53} 。我们从北京来。
我们 从 北 京 来

（2） na^{53} thɯːn^{11} uːk^{55} ploŋ^{11} gou^{55} pɯːn^{53} 。他从家里跑来。
他 从 里 家 跑 来

（4） məɯ^{53} hei^{53} luːi^{53} tam^{55} a^{55} , kho^{11} zi^{11} thɯːn^{11} lok^{55} doŋ^{11} hei^{53} 。
你 去 下 三 亚， 可以 从 乐 东 走
你去三亚，可以从乐东走。

“仆从”“从兄弟”“主从”的“从”，海南闽语旧读 dong^{4}，可以推测，黎语的 thɯn^{11}“从”可能跟古闽南话有关系。东方中沙村黎语从格和途径格介词便读 thaŋ^{55}“从”。查阅汉语方言读音，发现潮州的“从”，白读音为꜀taŋ。

黎语有时候会使用现代海南闽语借词 soŋ^{11}“从”，保定黎语主要是在句首的时候，比如：

（5） soŋ^{11} ʔbak^{55} keŋ^{11} ʔdaːn^{11} saŋ^{53} haːi^{11} tsau^{11} tsɯ^{11} ŋuːn^{53} pa^{53}
从 北 京 到 上 海 有 一 千 五
ʔgwaːn^{53} za^{53} koŋ^{55} li^{11} 。
百 余 公 里
从北京到上海有 1 500 多公里。

（6） soŋ^{11} iːt^{55} kaːu^{11} siːt^{55} ʔboːi^{55} hi^{11} khui^{53} ti^{11} , ʔde^{11} dɯ^{11} haɯ^{55}
从 一 九 七 八 年 开 始 我 在 那
hom^{53} o^{53} hiːu^{53} tun^{53} sia^{11} 。
个 学 校 教 书
从 1978 年开始，我在那个学校教书。

需要强调的是，有的黎语方言已经完全使用现在的海南闽语借词 soŋ^{11}“从”了，比如三亚天涯区红塘村黎语。thɯːn^{53}“从”是早期借词，soŋ^{11}“从”是现代借词，早期借词逐渐被现代借词替换。这种替换属于渐进性替换，有的方言已经完成了替换，有的方言处于替换过程中。

（三）ʔdui^{55}“对”

黎语对象、相对格介词是海南闽语借词 ʔdui^{55}“对”，比如：

（1）ʔde^{11} ʔdui^{55} sui^{55} tsaŋ^{11} tsau^{55} i^{55} ki^{11}。我对村长有意见。
　　我　对　村　长　有　意　见

（2）pa^{53} ŋuːn^{53} kan^{53} ʔdui^{55} na^{53}（pɯːn^{53} riːn^{53}）ta^{53} ɬoːi^{53} ra^{11}。
　　五　千　钱　对　他（来　说）　没　多　少

五千块钱对他不算什么。

（3）mak^{55} kia^{11} ʔdui^{55} ʔde^{11} ŋan^{53} naːi^{11} zoŋ^{53}。眼镜对我没用处。
　　目镜　对　我　也　没　用

（四）伴随格介词

跟汉语一样，黎语伴随格介词和并列关系连词界限不明晰。我们这里只讨论介词的情况。黎语伴随格介词有好几个，但句法结构跟汉语是一样的，都是“介词＋np＋vp”。下面，我们分别进行描写。

1. uːŋ^{55}“和，同，跟”

（1）jou^{11} uːŋ^{55} aːu^{53} loŋ^{53} riːn^{53} hwoːŋ^{53} raːu^{53}。不要跟大人开玩笑。
　　不要　跟　人　大　说　玩　笑

（2）ʔde^{11} tsau^{55} thun^{53} uːŋ^{55} məɯ^{53} riːn^{53}。我有话跟你说。
　　我　有　话　跟　你　说

2. ku^{53}“和，跟”

（1）hou^{53} ku^{53} na^{53} riːn^{53} thun^{53}。我跟他说话。（澳雅风）
　　我　和　他　说　话

（2）hou^{53} ku^{53} na^{53} hei^{53}。我和他去。（澳雅风）
　　我　和　他　去

3. ȵuːk^{55}“同；和；跟”

（1）məɯ^{53} ȵuːk^{55} hou^{53} hei^{53} si^{55} sat^{55} koŋ^{53} ʔbeːi^{53}。
　　你　和　我　去　市　买　东西　吧

你跟我上街去买东西吧。

三亚天涯区黎语伴随格介词已经完全被闽南语借词替换了，使用的是海南闽语介词 thoŋ^{55}“同”，比如：

（2）不要跟大人开玩笑。

jou^{11} zuŋ^{55} thoŋ^{55} pha^{11} luŋ^{53} ʔbaːn^{55} hwoːŋ^{53}。（红塘　罗永雄）
　不要　同　大人　开玩笑

jou^{11} zuŋ^{55} thoŋ^{55} pha^{11} za^{53} khui^{55} ŋwaːn^{53} siːu^{55}。（黑土　董龙天）
不要　同　大人　开　玩笑

（3）我有话跟你说。

hou^{53} ʔdu^{55} thun^{53} thoŋ^{55} məɯ^{53} ʔbaːn^{55}。
我　有　话　同　你　聊
（红塘　罗永雄；黑土　董龙天）

（五）目的格介词和受益格介词

汉语的“为”可以兼作目的格介词和受益格介词，作目的格介词时，“为”与“为了”等同。黎语的目的格介词目前使用的是海南闽语介词 ui^{11} liːu^{11}“为了”或 ui^{11}“为”。受益格介词是 tɯːŋ^{55}“给”，比如：

（1）tɯːŋ^{55} na^{53} kai^{55} tsau^{55} thoːŋ^{11} khun^{53}。给（为）他介绍朋友。
给　他　介　绍　朋　友

（2）kai^{55} tsau^{55} thoːŋ^{11} khun^{53} tɯːŋ^{55} na^{53}。介绍朋友给他。
介　绍　朋　友　给　他

（3）pha^{11} za^{53} ʔgop^{55} koŋ^{53} tɯːŋ^{55} ɬɯːk^{55}。
老爸　收拾　东西　给　儿子
爸爸给（为）儿子收拾行李。

（4）məɯ^{53} ʔgai^{11} ʔde^{11} pɯːn^{53} ui^{11} liːu^{11} la^{55} tsɯ^{11} feːk^{55} ʔde^{11} vi^{53} o^{11}？
你　请　我　来　为了　喝　一　口　茶　的吗
你请我来就为（为了）喝一口茶吗？

（5）ui^{11} liːu^{11} tuːŋ^{11} ɬɯːk^{55} hei^{53} o^{53} na^{53} ʔgoːm^{53} hwan^{53} ɬen^{53} kaːu^{11} khi^{11} so^{11}。
为　了　送　儿子　上　学　她　每　天　很　早　起　床
为了送儿子上学，她每天很早起床。

九、连词

（一）短语连词

1. 连接名词性短语的并列连词

黎语自有的连词有 khu^{53}“和”、uːŋ^{55}“和”，哈方言中，前者使用的频率要远高于后者。跟汉语一样，黎语连词一般放在被连接成分的中间。有时候可以放在每一个被连接成分之前,但是现在的黎族人很少这样使用,反而是出现多项连接成分的时候,没有使用连词的情况。

请看下面的例句:

(1) məɯ^{53} khu^{53} na^{53} ŋan^{53} man^{53} ɬɯːk^{55} ɬai^{53} 。
　　你　和　他　都　是　人　黎
你和他都是黎人。(澳雅风)

(2) məɯ^{53} uːŋ^{55} na^{53} ŋan^{53} man^{53} ɬai^{53} 。
　　你　和　他　都　是　黎人
你和他都是黎人。(澳雅风)

(3) sat^{55} khu^{53} veːŋ^{11} khu^{53} khou^{11} 。买上衣和裤子。
　　买　和　上衣　和　裤子

(4) tui^{11} ,zeːŋ^{53} ,ka^{11} uːŋ^{55} thoːŋ^{11} gou^{55} thɯːn^{53} heːi^{53} 。
　　牛　羊　马　一　起　跑　出来　了
牛、羊、马都跑出来了。

有的黎语方言使用了海南闽语借词 thoŋ^{55}“同”,比如三亚天涯区红塘村和黑土村的黎语。

2. 连接动词的并列连词

汉语连接动词的并列连词是“还”“又”,黎语与之对应的词语是 lom^{11}/ɯ^{53} lom^{11}“还/又/并且”,请看下面的例句:

(1) ʔde^{11} hwan^{53} nei^{53} sat^{55} koŋ^{53} lom^{11} roːŋ^{55} tha^{55} 。
　　我　今　天　买　东西　还　做　饭
我今天要买东西还要做饭。

(2) na^{53} zaːn^{53} ʔde^{11} ,zuːi^{11} ʔdiːn^{55} ti^{55} ,lom^{11} uːŋ^{55} ʔbou^{11} aːu^{53} riːn^{53} thun^{53} 。
　　他　喝　茶　看　电视　又　跟　客人　说　话
他喝着茶,看着电视,还跟客人说话。

(3) na^{53} tsau^{55} loːŋ^{11} ,lom^{11} tsau^{55} khɯːŋ^{55} jun^{55} 。
　　他　有　槟榔　又　有　椰子　树
他有槟榔树,又有椰子树。

(4) na^{53} kiːu^{53} vuːk^{55} thun^{53} ,ɯ^{53} lom^{11} kiːu^{53} tɯn^{11} hi^{11} 。
　　他　会　唱　民歌　又　会　跳舞

他会唱歌，并且会跳舞。（澳雅风）

3. 连接形容词的并列连词

汉语连接形容词的并列连词通常使用“又（既）……又……”这样的格式，黎语通常用 lom^{11}“又”来衔接，有时候又会直接借用汉语格式（海南闽语音）“ziu^{55}……ziu^{55}……”，请看例句：

（1）tsɯ^{11} laŋ^{53} ɬɯːk^{55} pha^{11} aːu^{53} ni^{55} ɬen^{53} mɯːn^{53} lom^{11} ɬen^{53} hwoːk^{55}。

一 个 姑娘 呢 漂 亮 又 善 良

这个姑娘又漂亮又善良。

（2）tsɯ^{11} hom^{53} ploŋ^{11} ni^{55} ziu^{55} reːk^{55} ziu^{55} reːk^{55} ȵei^{11}。

一 个 房子 呢 又 破 又 脏

这间房子既破又脏。

（二）分句间连词（关联词）

1. 复句中表示并列关系的连词

并列关系复句，汉语通常使用“又”“还”“不是……而是”，或者不用关联词衔接。黎语与之对应，也通常使用“lom^{11}”“ʔgwai^{53}……man^{53}……”，或不用关联词，请看下面的例子：

（1）na^{53} la^{55} ɬau^{11} waːu^{53} tha^{55}，lom^{11} la^{55} tsɯ^{11} waːu^{53} tho^{55}。

他 吃 两 碗 饭 又 吃 一 碗 汤

他吃了两碗饭，又喝了一碗汤。

（2）na^{53} siːŋ^{53} o^{53} khui^{55} sia^{53}，lom^{11} siːŋ^{53} o^{53} eŋ^{55} zi^{11}。

他 想 学 开 车 还 想 学 英 语

他想学开车和想学英语。

（3）nei^{55} ʔgwai^{53} pa^{53}，man^{53} tsoːn^{55}。这不是狗，而是豺狼。

这 不是 狗 是 豺狼

2. 复句中表示选择关系的连词

2.1　ta^{53}……kom^{11}“不……就……”

汉语选择关系复句结构“不是……就是……”“要么……要么……”，黎语的对应结构是“da……goms……”，请看例句：

（1）hwan^{53} nei^{55} ʔde^{11} ta^{53} hei^{53} zuːi^{11} ʔdiːn^{55} o^{11}，kom^{11} hei^{53} tsok^{55}

今 天 我 不 去 看 电 影 就 去 向

ploŋ^{11} thoːŋ^{11} kun^{53}。

家　伙　伴

今天我要么去看电影，要么去朋友家。

（2）hwan^{53} nei^{55} ʔde^{11} ta^{53} thaːi^{55} hɯt^{55} məɯ^{53}，kom^{11} məɯ^{53}

今　天　我　不　打　死　你　就　你

thaːi^{55} hɯt^{55} ʔde^{11}。

打　死　我

今天不是我把你打死，就是你把我打死。

黎语对译汉语“不是……就是”结构时，也会出现“不是”用黎语 ʔgwai^{55}“非”对译，“就是”直接转换成海南闽语语码 tsiu^{55} ti^{55}“就是”的情形，比如：

（3）tiːu^{11} tsaŋ^{55} ʔgwai^{55} i^{55} te^{55}，tsiu^{55} ti^{55} hu^{53} se^{53}。

小　张　不是　医生　就　是　护士

小张不是医生，就是护士。（陈志雄）

2.2　ta^{53} kom^{11}“或者”

黎语 ta^{53} kom^{11} 字面意思是“不就”，可以直接对译汉语的“不然”“或者”，是选择关系复句的常用连词，例如：

（1）na^{53} kho^{11} neŋ^{11} hei^{53} luːi^{53} i^{55} zuːn^{53}，ta^{53} kom^{11} ʔdɯ^{11} thoːn^{53} kuːn^{53}。

他　可　能　去　下　医院　或者　在　半　路

他可能去了医院，或者还在半路上。

（2）məɯ^{53} hei^{53}，ta^{53} kom^{11} na^{53} hei^{53}。你去，或者他去。

你　去　或者　他　去

（3）məɯ^{53} fei^{53} kuːn^{53} hei^{53}，ta^{53} kom^{11} tsoŋ^{11} sia^{53} hei^{53}。

你　走　路　去　或者　坐　车　去

你走路去，或者坐车去（都可以）。

但是要注意的是例（1）的“或者”一词，陈志雄的语料是直接使用海南闽语借词 hok^{55} tse^{11}“或者”。

3. 复句中表示条件关系的连词

黎语复句中条件关系的表达，句法结构跟汉语是一致的，除了“只有……才……”中的“只有”没有相应的表达外，几乎全是用黎语词语去对译汉语的关联结构。请看下面的例子：

3.1　lai^{11}……kom^{11}……“如果……就……”

（1） lai^{11} ɯ^{11}hau^{55}kɯ^{11} fun^{53} ，ʔga^{53} kom^{11} jou^{11} hei^{53}ʔbei^{53} 。
如果　明天　要　下雨　我们　就　不要　去　了

如果明天下雨，我们就不去了。

（2） laːi^{11} məɯ^{53}hei^{53}，hou^{53}kom^{11}zoːŋ^{53}məɯ^{53}。
如果　你　去　我　就　等　你

如果你去，我就等你。

3.2　lom^{11}……kom^{11}……“再……就……”

（1） məɯ^{53}lom^{11}la^{55}za^{53}，ʔde^{11}ha^{11}nei^{55}kom^{11}uːŋ^{55}məɯ^{53}li^{11}huːn^{55}。
你　再 吃 烟　我　现在　就　和　你　离婚

你再抽烟，我马上就和你离婚。

（2） na^{53}lom^{11}riːn^{53}thun^{53}reːk^{55}，məɯ^{53}kom^{11}phiːk^{55}na^{53}tsɯ^{11}faːi^{53}。
他 再 说 脏 话　你　就　掴　他　一　下

他再说脏话时，你就打他一个耳光。

3.3　ta^{53} lun^{53}/ta^{53} kwan^{11} …… ru^{11} ……“不论/不管……都……”

（1） ta^{53} kwan^{11} məɯ^{53} si^{53}hauɯ^{55} vuːk^{55} mə^{11} mou^{55} so^{53}təɯ^{55}，
不　管　你　从前　做　什么　种类　错事

ʔde^{11}ru^{11}ta^{53}ki^{55}kiːu^{55}。
我 都 不 计 较

无论你以前做过什么错事，我都不计较。

（2） ta^{53} lun^{53} na^{53} man^{53} ɯ^{53}ra^{11}，ru^{11} kɯ^{53}la^{55} tun^{55}tiu^{11}
不　论　他　是　谁　都　必须　遵守

ki^{11}luːt^{53}。
纪律

不论他是谁，都要遵守纪律。

“不论”“不管”中的“论”和“管”都是直接借自海南闽语的语素。这类全式条件复句，应该是从海南闽语中借入的。

4. 复句中表示因果关系的连词

4.1　han^{11}“因为”

han^{11}“因为”引导的分句，在传统黎语中只能后置，比如：

（1） veːŋ^{53} han^{11} hou^{53} thɯːn^{53} khau^{55} vuːk^{55} koŋ^{53}。

富有 因为 我 努 力 干 工

因为我努力干活了才富起来。（澳雅风）

（2） pəɯ^{53} ʔbeːi^{11}，han^{11} fa^{11} ʔbaːi^{11} sop^{55} 。

回去 了 因为 天 已经 晚上

回去了，因为天色已晚。（澳雅风）

4.2 to^{11} zi^{11}“所以”

该词是海南闽语借词，可以独立使用，也可与 han^{11}“因为”配合使用。han^{11}“因为”引导的分句，如果与 to^{11} zi^{11}“所以”配合使用，则一律放在结果分句的前面。另外，黎语也从海南闽语中借入了关联词 iːn^{55} ui^{11}。比如：

（1） han^{11} ɯ^{53} pan^{11} fa^{11} fun^{53} ，to^{11} zi^{11} hou^{53} ka^{55} pɯːn^{53}。

因为 昨天 天 下雨 所以 我 不能 来

因为昨天下雨，所以我不能来。（澳雅风）

（2） na^{53} un^{11} pha^{11}，to^{11} zi^{11} ploŋ^{53} na^{53} veːŋ^{53} 。

他 勤劳人 所以 家 他 富有

他很勤劳，所以家里很富有。（澳雅风）

4.3 ki^{55} ziːn^{11}……vuːk^{55} me^{11}……“既然……为什么……”

这个结构明显是对汉语句式的模仿，ki^{55} ziːn^{11} 是汉语借词，vuːk^{55} me^{11}是模仿汉语的造词。整个推论因果复句含有三层逻辑关系，就好像有三个分句 A、B、C，三层逻辑关系可以形式化表达为：既然 A，那么就 B；但是非 B；为何非 B。请看例句：

ki^{55} ziːn^{11} məɯ^{53} zi^{11} keŋ^{55} ʔbo^{11} tseŋ^{55} ʔdo^{11} ta^{53} la^{55} za^{53}，vuːk^{55} me^{11}

既 然 你 已 经 保 证 过 不 吃 烟 为什么

hwan^{53} nei^{55} lom^{11} la^{55}。

今 天 又 吃

既然你已经保证过不抽烟了，为什么今天还抽？

5. 复句中表示转折关系的连词

黎语的转折关联词是 tui^{55} ziːn^{11} …… thom^{53}/thu^{11} ……“虽然……但/但是……”。关联词可以成对使用，也可以单独使用。

比如：

（1）ʔde^{11} maːn^{11} reːk^{55} zaːŋ^{11} pha^{11}，thom^{53} ɬeŋ^{53} aːu^{53} veːi^{53}。
　　我　是　难看　样子　人　但是　好　人　呢
我长得不好看，但是我是好人呢。（澳雅风）

（2）na^{53} ʔbaːi^{11} sat^{55} tsɯ^{53} ka^{11} ʔdaːn^{55} sia^{55}，thom^{53} poːi^{53} tsoŋ^{11}。
　　他　已经　买　一　架　单　车　但　不会　坐
他买了一辆自行车，但不会骑。（澳雅风）

（3）pai^{11} hou^{53} riːn^{53} ʔdɯ^{11} ploŋ^{11} tsau^{55} koŋ^{53} vuːk^{55}，thom^{53} hou^{53}
　　妈　我　说　在　家　有　工　干　但　我
naːi^{11} heːn^{53} pəɯ^{53} vuːk^{55}。
没　空闲　回去　做
我妈妈说家里有活干，但是我没有空回去帮忙。（澳雅风）

（4）tui^{55} ziːn^{11} na^{53} ɬen^{53} mɯːn^{53}，thu^{11} hei^{53} pəɯ^{53} pha^{11} ti^{53}。
　　虽然　她　漂亮　但　去　嫁　傻子
她虽然漂亮，但嫁了个傻子。

tui^{55} ziːn^{11}“虽然”是海南闽语借词，应该是较晚借入的词语。thom^{53}“但”是黎语固有词，也有可能是汉语早期借词。山摄受咸摄字影响韵尾有可能念成 m。汉语方言中“定”母读送气音 th 不乏见，比如“淡”字声母，广州、阳江、梅县白读音便读 th，“但”字声母，南昌音便读 th。“但”字，今乐东读 ʔdan^{53}，昌江读 ʔdam^{32}。

十、语气词

（一）陈述语气词

1. he^{53}/hei^{53}“了”（语气词，表示比较肯定的陈述，用在已然体中，一般用来告诉别人一件真实的事情，或表示自己的决心）

（1）fa^{53} ta^{53} ʔdoŋ^{53} si^{53} ma^{55} he^{53}。
　　我们　不　像　时　那　了
我们不像以前那样了。（澳雅风）

（2）na^{53} ʔbaːi^{11} pəɯ^{53} he^{53}。她已经出嫁了。（澳雅风）
　　她　已经　嫁　了

2. lo^{53}“了”(语气词,表示陈述语气)

(1) hou^{53} wen^{11} naːi^{11} za^{53} la^{55} lo^{53} 。我没有烟抽了。(澳雅风)

我 没有 烟 吃 了

(2) hou^{53} ka^{55} lo^{53} 。我累了。(澳雅风)

我 不能 了

3. hei^{53} lo^{53} /he^{53} lo^{53}“了”(表示陈述的语气词。显然这是语气词 he^{53}和 lo^{53}的重叠使用)

(1) hwoːt^{55} ou^{55} hɯːŋ^{55} sai^{53} ɬuːn^{55} hei^{53} lo^{53} 。

风 吹 树 木 倒 了

风把树吹倒了。(澳雅风)

(2) ʔbaːi^{11} vuːk^{55} ʔbaːi^{11} hei^{53} lo^{53} 。已经做完了。(澳雅风)

已经 做 完 了

4. ʔbeːi^{53} /ʔbe^{53} 了(表示直陈、肯定的语气词,一般用在将然体和起始体中)

(1) fa^{11} fun^{53} ʔbeːi^{53} 。下雨了。(澳雅风)

天 下雨 了

(2) ʔbou^{11} aːu^{53} khwuːi^{11} pɯːn^{53} ʔbeːi^{53} 。客人快来了吧。

客 人 快 来 了

(3) fa^{11} ʔbaːi^{11} khaːi^{55} ʔbeːi^{53} 。天冷起来了。

天 已经 冷 了

5. tsu^{53} /tso^{53}(语气词,表示肯定的陈述语气,有“还……呢”的意思。有时后面还可以跟一个语气词 ne^{53})

(1) fa^{11} li^{53} loːk^{55} ta^{53} ʔden^{11} tsu^{53} 。

天 漆黑 没 亮 呢

天黑黑的还没亮呢。(澳雅风)

(2) na^{53} ɬou^{53} tsu^{53} 。他还活着呢。(澳雅风)

他 活的 呢

(3) nom^{11} ta^{53} fou^{11} tsu^{53} ne^{53} 。水还没热呢。(澳雅风)

水 没 热 呢

(4) tsau^{55} fuːt^{55} tsuːn^{53} u^{55} aːu^{53} tsu^{53} ne^{53} 。

有 十 个 人 呢

还有十个人呢。(澳雅风)

6. vi^{55}“的”

(1) haɯ^{55} koŋ^{53} na^{53} vi^{55}。那是他的东西。(澳雅风)

　　那　东西　他　的

(2) nei^{55} kɯ^{53} ʔde^{11} vi^{55}。这是我的。(澳雅风)

　　这　的　我　的

7. ne^{11}“呢”

məɯ^{53} kiːu^{53} ka^{55} aːu^{53} kiːu^{53} ne^{11}。

　你　能干　不能　人家　能干　呢

你厉害不如别人厉害呢。(澳雅风)

8. ma^{55}“嘛”(语气词，表示显而易见)

vuːk^{55} ʔdoŋ^{53} nei^{55} ta^{53} ʔdiu^{53} ma^{55}。这样做不对嘛！(澳雅风)

　做　样　这　不　对　嘛

(二) 感叹语气

1. 黎语句末感叹语气词有两个：ha^{53}“啊”和 a^{53}“啊”。比如：

(1) sok^{55} ha^{53}！疼啊！(澳雅风)

(2) ʔget^{55} ha^{53}！辣啊！(澳雅风)

(3) ɬen^{53} mɯːn^{53} a^{53}！漂亮啊！

2. 黎语句首感叹语气词 hjo^{11}“哇”，常跟句末语气词 io^{11} 搭配使用，比如：

(1) hio^{11}，tsɯ^{53} laŋ^{53} ɬɯːk^{55} uːŋ^{53} pheːk^{55} io^{11}。

　　哇，　一　个　　姑娘　　高　　哟

哇，那姑娘好高啊！(澳雅风)

(2) hio^{11}，məɯ^{53} kiːu^{53} pai^{11} io^{11}。哇！你好厉害哟。

　　哇，　你　能干　很　哟

(三) 祈使语气

1. a^{53}/a^{11}“啊、吧、呀”(表示请求、命令、吩咐的语气词)

(1) hiːŋ^{53} zai^{53} a^{53}。听着！(澳雅风)

　　听　着　啊

(2) tai^{11} hei^{53} a^{11} 慢走啊！

　　慢　去　啊

(3) ɯ^{53} hau^{55} pɯːn^{53} toːŋ^{11} a^{11}。明天来玩啊！

　　明天　　来　　玩　啊

2. re^{53}/re^{11}“吧”(语气词，表示祈使语气)

hou^{53} $pəɯ^{53}$ $lɯ:ŋ^{53}$ $ʔbe:i^{53}$，$zɯn^{11}$ wa^{55} $ploŋ^{11}$ re^{11}。
我 回来 了 赶快 开 房屋 吧
我回来了，快开门吧。(澳雅风)

(四) 疑问语气

1. $sɯ^{11}$ ra^{11}/$tsɯ^{55}$ ra^{11}“吗”(表示疑问的语气词)

(1) fa^{53} $lo:p^{53}$ $to:n^{55}$ na^{53} $tsɯ^{53}$ ra^{11}？
我们 可以 赶上 他 吗
我们能赶得上他吗？(语意是：我们赶不上他了)(澳雅风)

(2) $ʔdoŋ^{53}$ $haɯ^{55}$ $tsɯ^{55}$ ra^{11}？是不是那样啊？(澳雅风)
样 那 吗

(3) $məɯ^{53}$ a^{11} $phan^{11}$ la^{55} $ʔbi:ŋ^{55}$ $sɯ^{11}$ ra^{11}？
你 昨天 吃 酒 吗
你昨天喝酒了，是吗？(澳雅风)

2. ho^{11}/hi^{55} ho^{11}“吗”(表示疑问的语气词)

(1) na^{53} $ŋan^{53}$ $khu:ŋ^{53}$ $ʔgwəɯ^{53}$ ho^{11}？他也知道吗？(澳雅风)
他 也 知道 吗

(2) $məɯ^{53}$ $ŋan^{53}$ hei^{53} hi^{55} ho^{11}？你也去吗？(澳雅风)
你 也 去 吗

3. ni^{55}“呢”(表示疑问的语气词)

$ɯ^{53}$ ra^{11} $khwei^{11}$ hei^{53} ni^{55}？谁愿意去呢？(澳雅风)
谁 愿意 去 呢

4. mo^{11}“吗”(疑问语气词)

$məɯ^{53}$ ta^{53} $la:i^{11}$ mo^{11}？你没看见吗？(澳雅风)
你 没 见 吗

5. ia^{53}“呀”(表示疑问，声调随语境而改变)

me^{11} ia^{53}？什么呀？(澳雅风)
什么 呀

(五) 兼类语气词

1. pa^{11}“吧”(表示征求、怀疑、嘲讽等)

(1) $ʔgui^{11}$ hou^{53} hei^{53} pa^{11}。带我去吧！
带领 我 去 吧

(2) ʔdoŋ^{53} nei^{55} vuːk^{55} ʔdiu^{53} pa^{11}？这样做对吧？
　　样　这　做　对　吧
(3) ʔgwai^{55} pa^{11}？不是吧。(澳雅风)
　　不是　吧

2. io^{11}"哟，哦"(可表示惊叹，或疑问)

表示惊叹语气的，前面介绍感叹语气词时已经举例说明。下面举两个疑问语气的例子：

(1) tɯːŋ^{55} ʔde^{11} la^{55} io^{11}？给我吃吗？(澳雅风)
　　给　我　吃　吗
(2) məɯ^{53} o^{53} sia^{11} ɬai^{53} io^{11}？你学黎文吗？(澳雅风)
　　你　学　文　黎　吗

上述语气词中，ni^{55}"呢"、ma^{55}"嘛"、a^{53}"啊"、ni^{55}"呢"、mo^{11}"吗"、ia^{53}"呀"、pa^{11}"吧"、io^{11}"哟"这8个词与海南闽语关系密切。海南闽语，"呢"读ni^{6}；"吗"有两读：ma^{6}和mo^{4}；"嘛"读ma^{2}；"哟"读io^{5}/hio^{5}；"呀"读ia^{5}/hia^{5}；"啊"读a^{1}/a^{4}；"吧"读ʔba^{5}。

十一、助词

(一) kaːi^{11}"的"

定语跟中心语的语序，黎语传统是"定语"在后，因受汉语语序影响，偶尔也可放在中心语之前，但是定语和中心语之间普遍没有类似于汉语"的"的结构助词衔接，当代黎语有引入海南闽语借词kaːi^{11}"的"情况。请看下面的例子(为直观起见，我们将kaːi^{11}用下画线标明)：

(1) 干净的衣服。

veːŋ^{11} ɬen^{53} ȵei^{11}。(陈志雄)
衣服　干净
siːŋ^{55} siːŋ^{55} kaːi^{11} veːŋ^{11}。(王提)
干净　干净　的　衣服

(2) 张三的胳膊。

khiːn^{53} tsaŋ^{55} ta^{55}。(陈志雄)
胳膊　张　三

tsaŋ55 ta55 kaːi11 khiːn53。（王提）
张 三 的 胳膊
（3）tsaŋ55 ta55 tɯːn55 lau55 se55 kaːi11 sia11。
张 三 给 老 师 的 书
（4）给老师书的张三。

tɯːn55 sia11 tɯːn55 lau55 se55 pha11 tsaŋ55 ta55。（陈志雄）
给 书 给 老师 人 张 三
tɯːn55 sia11 tɯːn55 lau55 se55 kaːi11 tsaŋ55 ta55。（王提）
给 书 给 老师 的 张 三
（5）我昨天去县城的时候淋了雨。

ʔde11 ɯ11 phan11 hei53 luːi11 kwaːi11 jia53 fun53 pan11。（陈志雄）
我 昨天 去 下 县城 被 淋 湿
ʔde11 ɯ11 phan11 hei53 luːi11 kwaːi11 kaːi11 ti11 hau55 jia53 fun53 pan11。
我 昨天 去 下 县城 的 时候 被 淋 湿
（王提）

（6）lau55 se55 zuːi11 kaːi11 sia11。老师看的书。
老 师 看 的 书

上述6个例句，有形容词直接修饰中心名词的，有领属结构的，有关系化结构的。陈志雄的语料仅有2例关系化结构的句子使用了结构助词 kaːi11“的”，王提的语料有1例形容词直接修饰名词的、1例领属结构的句子和4例关系化结构的句子使用了结构助词 kaːi11“的”。我们可以推测，汉语定中关系的语序和结构助词“的”很有可能是从关系化结构这一类型开始影响黎语的，另外两种类型仍具有比较强的稳定性。事实上，黎语哈方言内部已经比较普遍使用结构助词 kaːi11 了。东方板桥镇中沙村的符成育上述例句一律使用了助词 kaːi11。梁猷刚（1988：375）给助词 kai2 归纳了4个义项：（1）在词或语后表明形容词性；（2）代替所指的人或物；（3）表示所属的关系的词；（4）助词，用在句末，常跟“是”相应。事实上海南话该助词功能上完全跟普通话的“的”对应。

黎语有一个表示领属关系的助词 kɯ11，前面我们在讨论人称代词的领格时，已经讨论过。该助词加在动词、形容词或词组之前，构成助词结构，可以作句子的主语、宾语。但是我们调查时发现这一结构形式正逐渐被汉语借词 kaːi^{11}“的”、ti^{11}“的”组成的“的”字短语结构所替代，替代的顺序是先主语后宾语。请看下面的例句：

（1）这是他的书，那一本是他哥哥的。

nei^{55} man^{53} bui^{11} sia^{11} na^{53}，ma^{55} tsɯ^{11} bui^{11} man^{53} kɯ^{11} n̥oːŋ^{53} na^{35}。
这　是　本　书　他　那　一　本　是　的　哥哥　他

（2）看书的看书，看报的看报。

zuːi^{11} sia^{11} kaːi^{11} zuːi^{11} sia^{11}，zuːi^{11} bo^{55} dua^{11} kaːi^{11} zuːi^{11} bo^{55} dua^{11}。
看　书　的　看　书　看　报纸　的　看　报纸

例（1）保留了传统黎语的结构，用的是助词 kɯ^{11}“的”。例（2）是汉语的结构，用的是助词 kaːi^{11}“的”。在别的一些语言点，作宾语的也已经改用了汉语的结构，比如通什在对译例句（1）时，使用的便是汉语借词 kaːi^{11}“的”构成的“的”字短语。

（二）补语结构助词

在汉语里，可能补语、方式—程度补语、结果—状态补语跟中心词之间通常有一个结构助词“得”。黎语没有与之对应的结构助词。但是黎语可能补语之前，似乎在演变出一个结构助词。

黎语里似乎不存在可能补语，句子里的可能性意义是由表示可能性的助动词 ia^{53}、loːp^{53} ia^{53}、ka^{55}（否定形式）、ka^{55} ia^{53}（否定形式）来表达的，类似于汉语的“可以”“能够”等。比如：

（1）loːp^{53} ia^{53} sat^{55} ploŋ^{11}。买得起房子。/ka^{55} ia^{53} sat^{55} ploŋ^{11}。
能够　买　房子　　无法　买　房子
买不起房子。

但是，ia^{53}有时候也放在中心语和补语之间，似乎受汉语影响，有演变为补语标志的趋势，比如：

（2）fu^{11} hwan^{53} fei^{53} ia^{53} ʔbaːi^{11}。三天走得完。/ fu^{11} hwan^{53}
三　天　走　能够　完　　三　天
fei^{53} ka^{55} ʔbaːi^{11}。三天走不完。
走　不能　完

（3）ɬoːi^{53} nei^{55} aːk^{55}，tsɯ^{11} hom^{53} toːi^{55} ti^{11} pau^{11} ia^{53} uːt^{53} ma^{11}？
多 这 肉 一 个 小 时 蒸 得 烂 吗
这么多肉，一个小时蒸得烂吗？

除了前面所举的例子“走得完”“蒸得烂”以外，我们还可以列举几例：

（4）la^{55} ia^{53} khuɯːm。吃得饱。

（5）toːk^{55} ia^{53} siːŋ^{55}。洗得干净。

（6）vuːk^{55} ia^{53} ʔbaːi^{11}。做得完。

（7）hwɯːm^{53} ia^{53} khaːu^{53} hei^{53}。爬得上去。（陈志雄）

ia^{53} khaːu^{53} təɯ^{53}。爬得上去。（王提）

（8）ɬuːt^{55} ia^{53} puɯːn^{53}。进得来。（陈志雄）

ia^{53} ɬuːt^{55}。进得来。（王提）

“爬得上去”“进得来”这两例，陈志雄和王提的语料有所不同，王提的语料中，ia^{53}仍然用作助动词“可以、能够”，放在动词前面，这暗示 ia^{53}尚未彻底演变成结构助词，仍在演变过程之中。

那么，有没有可能是在黎语语法里能愿动词可以后置修饰动词呢？事实上，传统黎语的能愿动词都是放在中心动词前面的。因此，这种可能性可以排除在外，还是看成句法结构的接触性演变更合理一些。

（三）ʔdua^{11}“过”

黎语经历体普遍使用时态助词 ʔdua^{11}“过”。动词带宾语时，ʔdua^{11}“过”出现在宾语之后；不带宾语时，则直接出现在动词后，比如：

（1）他去过上海，我没有去过。

na^{53} ʔbaːi^{11} hei^{53} tsok^{55} saŋ^{53} haːi^{11} ʔdua^{11}，ʔde^{11} ta^{53} hei^{53} ʔdua^{11}。
你 已经 去 到 上 海 过 我 没 去 过
（陈志雄）

na^{53} hei^{53} luːi^{53} saŋ^{53} haːi^{11} ʔdua^{11}，ʔde^{11} ta^{53} hei^{53} ʔdua^{11}。（王提）
你 去 下 上 海 过 我 没 去 过

(2) 你去过北京吗?

məɯ^{53} hei^{53} tsok^{55} ʔbak^{55} keŋ^{11} ho^{11}？(陈志雄)

你　　去到　　北　京　吗

məɯ^{53} hei^{53} tsok^{55} ʔbak^{55} keŋ^{11} ʔdua^{11} ho^{11}？(王提)

你　去　到　北　京　过　吗

时态助词 ʔdua^{11}"过",在有的黎语方言里,已经被替换成了现代海南闽语借词,比如东方中沙为 kua^{11},五指山通什为 kue^{11},三亚黑土为 kuo^{11}。

第二节　短语和句子

一、短语

词和词构成短语。短语分复杂短语和简单短语。复杂短语都是两个以上简单短语的层次组合。我们这里讨论的短语尽量限于简单短语。黎语的短语可以分为联合短语、动宾短语、主谓短语、修饰短语和补充短语。联合短语、动宾短语、主谓短语三类短语的结构关系和语义关系跟汉语是一致的。我们这里主要讨论修饰短语和补充短语。因为复合词在最开始组合时也是短语,加上语法的递归性,为了讨论的方便,我们这里将修饰性复合词语序问题也纳入修饰短语里进行讨论,而没有在词类部分再进行讨论。

(一) 以名词为中心的修饰短语

黎语以名词为中心的修饰短语,在传统黎语里,修饰语除了 en^{55}"小"这个形容词和数量词之外一律置于中心词之后,不管修饰语是名词、代词、动词,还是形容词。

但是,在与汉语广泛接触的背景下,黎语以名词为中心的修饰短语,结构已经出现了变化,不再局限于正偏结构,而是正偏结构和偏正结构并存。一方面是从宏观上来看,既存在正偏结构的短语,又存在偏正结构的短语;另一方面是从微观上看,一个短语可能存在正偏结构和偏正结构两种形式。文明英、文京(2009：48—49)在谈及形容词修饰名词时语序的变化时，指出："自从黎语和汉语有了接触，就受到了汉语的强大影响，它除了保留原来的语序外，又增加了和汉语一样的语序。凡固有词和借词组成的词组，一般都保留传统的语序。即中心语在前，修饰语在后；全是借词组成的词组的语序，一般与汉语的相同。即中心语在后，修饰语在前。"黎语从海南话借入的偏正结构的词语，自然是采用偏正结构。海南话偏正结构对黎语修饰短语(或词)的影响，正体现在那些由黎语自源语素组合的修饰短语(或复合词)上，请看下面的例子：

客人/别村的人：ʔbau^{11} aːu^{53}(直译：村人)

阴天：kom^{55} fa^{11}(直译：阴天)

水坑：nom^{11} zok^{55}(直译：水坑)

大暑：loŋ^{53} fou^{11}(直译：大暑)

狂风：hwi^{11} hwoːt^{55}(直译：狂风)

锅铲：thau^{53} hwaːt^{55}(直译：锅铲)

清水：gaːu^{53} nom^{11}(直译：清水)——(又)nom^{11} gaːu^{53}(直译：水清)

沙土：phou^{55} van^{53}(直译：沙土)——(又)van^{53} phou^{55}(直译：土沙)

上述几个修饰短语(或词)，都是由黎语自有词(或语素)组合而成的，全都采用了汉语的偏正结构。"清水"和"沙土"这两个短语兼有偏正结构和正偏结构两种形式。不过，需要强调的是，只要不是那些直接借用汉语的常用词语，黎语仍然是以传统的"中心语＋定语"的语法结构为主。我们重点考察一下表 4-2-1，便可见一斑。该词表词条来自《侗台语族语言词汇集》，词表摘录了欧阳觉亚、郑贻青编著的《黎汉词典》中的黎语音、《侗台语族语言词汇集》中文明英记录的黎语音、张雷编著的《黎汉简明对照词典》中的黎语音、本课题组记录的黎语音。

表 4-2-1　天文地理类正偏复合词表①

词条	欧阳觉亚 郑贻青	文明英	课题组	张　雷
北斗星	—	ra:u^{53} fi:n^{11} lai^{55}（意译：星柄犁）	—	—
流星	ra:u^{53} thok^{55} ha:i^{11} tai^{11}（意译：星落屎慢）	ra:u^{53} thok^{55} ha:i^{11} tai^{11}； ra:u^{53} thok^{55} ha:i^{11} tan̥^{11}（星：星落屎渡）； ra:u^{53} tseɯ^{53} tho:ŋ^{11}（意译：星射互相）；	ra:u^{53} thok^{55} ha:i^{11} tai^{11}	ra:u^{53} thok^{55} ha:i^{11} tai^{11}
彗星 （扫帚星）	—	ra:u^{53} plu:n^{55}（直译：星圆柱体）； ra:u^{53} tsɯ^{55} pho:n^{55}（直译：星趴）	ha:i^{11} ra:u^{53}（直译：屎星）	—
阴天	pɯ:k^{55} fa^{11}（直译：阴天）； kop^{55}（阴）	kop^{55} kau^{11}（直译：阴阴）	kom^{55} fa^{11}（直译：阴天）	pɯ:k^{55} fa^{11}（直译：阴天）
晴天	tshi:ŋ^{55} fa^{11}（直译：晴天）	tshi:ŋ^{55} fa^{11}	kwa:t^{55} fa^{11}（直译：清楚的天）	—

① 表中的单纯词用黑体标明，表中的偏正结构复合词（或词组）用双下画线标明。

续　表

词条	欧阳觉亚 郑贻青	文明英	课题组	张　雷
乌云	—	de:k^{55} fa^{11} lo:k^{55}（直译：云黑）； vin^{11} dam^{11}（直译：云黑）	—	—
旋风	hwo:t^{55} tu:n^{11}（直译：风转）	hwo:t^{55} tu:n^{11}； pɯ^{11} hwo:t^{55} re:k^{55}（直译：风坏的）	hwo:t^{55} tu:n^{11}（直译：风转）	hwo:t^{55} thu:n^{11}（直译：风转）
狂风	hwo:t^{55} loŋ^{53}（直译：风大）	pɯ^{11} hwo:t^{55} zɯn^{11}（直译：风迅速）	hwi^{11} hwo:t^{55}（舒畅的风）	—
毛毛雨	fun^{53} phu:k^{55}（直译：雨毛毛）； fun^{53} rak^{55}（直译：雨连阴）； fun^{53} pɯ^{53} rui^{53}（直译：雨小）	fun^{53} phu:k^{55}（直译：雨毛毛）	pu^{53} rui^{53} fun^{53}（直译：小雨）	fun^{53} phu:k^{55}（直译：雨毛毛）
露水	nom^{11} ɬo:ŋ^{11}（直译：水露水）	nom^{11} ɬo:ŋ^{11}（直译：水露水）	ɬo:ŋ^{11}（直译：露水）	ɬo:ŋ^{11}（直译：露水）
雾	hwo:n^{53} ka:u^{11}（直译：烟雾久的）	hwo:n^{53} ka:u^{11}（直译：烟雾久的）	kom^{55} ɬo:ŋ^{53}（直译：灰蒙蒙的露水）	hwo:n^{53} ka:u^{11}（直译：烟雾久的）
山坡	—	pho^{11}（直译：坡）	pho^{11} hwou^{11}（直译：坡山）	—

续　表

词条	欧阳觉亚 郑贻青	文明英	课题组	张　雷
山峰	hjoːn^{11} hwou^{11}（直译：顶山）	plun^{55} hwou^{11}（直译：尖山）；hwou^{11} tsoʈ^{11}（直译：山尖）	—	—
山坳	ȵa^{55} hwou^{11}（直译：腰山）；tsha^{55} hwou^{11}（直译：夹缝山）	hwou^{11} ʔjok^{55}（直译：山凹）	theːŋ^{55} thoːi^{53}（直译：床平坦的）	sa^{55} hwau^{11}（直译：夹缝山）
山谷	khoːŋ^{53} hwou^{11}（直译：谷山）	khoːŋ^{53} hwou^{11}（直译：谷山）	wa^{55} hwou^{11}（直译：谷山）	—
山腰	hja^{55} hwou^{11}（直译：腰山）	ȵa^{55} hwou^{11}（直译：腰山）	ȵa^{55} hwou^{11}（直译：腰山）	hja^{55} hwau^{11}（直译：腰山）
山脚	khok^{55} hwou^{11}（直译：脚山）	khok^{55} hwou^{11}（直译：脚山）	khok^{55} hwou^{11}（直译：脚山）	—
山洞	—	tshuːŋ^{11} hwou^{11}（直译：洞山）	—	—
河岸	ŋaːi^{55} nom^{11}（直译：岸河）	bun^{11}	ŋaːi^{55} nom^{11}（直译：岸河）	ŋaːi^{55} nam^{11}（直译：岸河）
湖	hjuːk^{55}	hjuːk^{55} loŋ^{53}（直译：池塘大的）	zuːk^{55} beːŋ^{53}（直译：池塘宽的）	hjuːk^{55} 池塘；池沼；湖；水坑。
池塘	hjuːk^{55}	hjuːk^{55}	zuːk^{55} nom^{11}（直译：池塘水）	—

续 表

词条	欧阳觉亚 郑贻青	文明英	课题组	张　雷
井	nom^{11} ʦhuːŋ^{11}（直译：水井）	nom^{11} tshuːŋ^{11}（直译：水井）； nam^{11} thoŋ^{55}（直译：水井）	nom^{11} ʦhuːŋ^{11}（直译：水井）	nam^{11} suːŋ^{11}（直译：水井）； nam^{11} sou^{53}［方］（直译：水井）
坝(水坝)	nom^{11} thoːm^{11}（直译：水坝）	thoːm^{11}（直译：水坝；堤坝）	zoːn^{53} ba^{11}（直译：凸出的坝）	tui^{11} ʔba^{55}（直译：水坝）
旱地	—	ta^{55} raːn^{55}（直译：地旱的）	ta^{55} raːn^{55}（直译：地旱的）	pho^{11}（直译：坡地）
泉水	nom^{11} ʦaŋ^{53}（直译：水涌上的）	nom^{11} ʦaŋ^{53}（直译：水涌上的）	nom^{11} ʦaŋ^{53}（直译：水涌上的）	nam^{11} tsaŋ^{53}（直译：水涌上的）
洪水	nom^{11} loŋ^{53}（直译：水大）	nom^{11} loŋ^{53} nom^{11} laːŋ^{55}（直译：水大水巨大）	nom^{11} loŋ^{53}（直译：水大）	nam^{11} loŋ^{53}（直译：水大）
竹林	gaŋ^{53} roːn^{55}（直译：山林竹）	gaŋ^{53} roːn^{55}（直译：山林竹）	gaŋ^{53} roːn^{55}（直译：山林竹）	—
石灰	fou^{55} tshei^{53}（直译：灰粉）； fou^{55} tshiːn^{53}（直译：灰石）	tshei^{53}（直译：石灰）	ʦhei^{53} khaːu^{53}（灰白色的）	sei^{53}（直译：石灰）； fau^{55} siːn^{53}（直译：灰石）
木炭	ɬaɯ^{55}（直译：炭；木炭）	ɬaɯ^{55}（直译：炭；木炭）	haːi^{11} ɬaɯ^{55}（直译：屎炭）	ɬaɯ^{55}（直译：炭；木炭）

表4-2-1中的29个词条,仅有7个词条有偏正结构,而且7个词条中仅“阴天”“晴天”和“井”这三个词条在各家记录的黎语音里均是偏正结构,仅占总词条数的10.34%。

我们还可以单独考察分别含有“水”“大”“小”这三个核心概念语素的黎语复合词。

核心概念“水”构成能力很强,既可以作为修饰性语素参与构词,又可以作为中心语素参与构词。但是,我们发现,黎语 nam^{11}“水”用作修饰性语素时几乎都是后置的,而用作中心语素时几乎都是前置的。请看下面的复合词:

za^{55} nam^{11}——直译:蛇水;意译:水蛇

ep^{11} nam^{11}——直译:鸭水;意译:水鸭

fiu^{55} nam^{11}——直译:闸水;意译:水闸

ʔgwau^{11} nam^{11}——直译:源水;意译:水源

hwoːn^{53} nam^{11}——直译:蒸气水;意译:水蒸气

nam^{11} ʔbit^{55}——直译:水笔;意译:墨水

nam^{11} sa^{53}——直译:水眼睛;意译:眼泪

nam^{11} ʔdou^{53}——直译:水尿;意译:尿水/尿

nam^{11} fau^{11}——直译:水热;意译:开水(与热水不分)

nam^{11} kai^{53}——直译:江坛子;意译:坛子江(在乐东黎族自治县指的是昌化江)

nam^{11} roːn^{55}——直译:江竹子;意译:竹子江(即“宁远河”,在三亚市崖州湾入海)

nam^{11} koːi^{53}——直译:水蜜蜂;意译:蜜蜂糖/蜂蜜

nam^{11} ɬoːŋ^{11}——直译:水露水;意译:露水

nam^{11} $khat^{55}$——直译:水鼻子;意译:鼻涕

nam^{11} thaːŋ^{11}——直译:水糖;意译:糖水/糖

nam^{11} $tsei^{53}$——直译:水奶;意译:奶水/乳汁

$hjan^{55}$ nam^{11} tua^{11}——直译:虫水线;意译:线水虫(一种蛆,白

色，头小体大，生活在酸菜坛子里）

nam^{11} ʔbəɯ^{53} sai^{53}——直译：水叶子菜；意译：菜汁

nam^{11} thaːŋ^{11} loːk^{55}——直译：水糖黑；意译：红糖水/红糖

上面的词语绝大多数都是黎语自源词。thaːŋ^{11}“糖”和 sai^{53}“菜”是海南话借词，但是是早期借入的词语，因此分别参与构成复合词 nam^{11} thaːŋ^{11}“糖水”、nam^{11} ʔbəɯ^{53} sai^{53}“菜汁”时仍然采用的是正偏结构。hjan^{55} nam^{11} tua^{11}“线水虫”、nam^{11} ʔbəɯ^{53} sai^{53}（菜叶子水）、nam^{11} thaːŋ^{11} loːk^{55}“黑糖水”是由三个语素构成的正偏结构复合词，一级关系和二级关系都是正偏关系。这三个词语的语素组合关系分别是：{(hjan^{55} nam^{11}) tua^{11}}{ nam^{11} (ʔbəɯ^{53} sai^{53})}{(nam^{11} thaːŋ^{11}) loːk^{55}}。

黎语的 loŋ^{53}“大”是自源词，ʔdua^{55}“大”是海南闽语借词，作修饰性成分时，前者多放在中心词后，后者则放在中心词前（后者出现在新借词中，是整词从海南话借入的，自然保留海南话的结构形式）。我们看下面的例子：

fan^{53} loŋ^{53}——直译：牙大；意译：大牙；槽牙；臼齿

raːi^{11} loŋ^{53}——直译：肠大；意译：大肠

aːu^{53} loŋ^{53}——直译：人大；意译：成年人、大人

nam^{11} loŋ^{53}——直译：水大；意译：洪水

ʔgaŋ^{53} loŋ^{53}——直译：山林大；意译：森林；原始森林

* ʔdua^{55} ʔda^{11}——直译：大胆

ʔdua^{55} ʔbaːn^{55}——直译：大班

ʔdua^{55} ʔba^{55}——直译：大巴（车）

ʔdua^{55} ʔba^{55}——直译：大坝

ʔdua^{55} ʔbe^{55} saːi^{11}——直译：大白菜

ʔdua^{55} ʔbiːn^{55}——直译：大便

ʔdua^{55} ʔbun^{11} ia^{11}——直译：大本营

ʔdua^{55} ʔbu^{53} phun^{53}——直译：大部分

ʔdua^{55} se^{53}——直译：大事

ʔdua^{55} se^{53} ziːn^{11}——直译：大自然

ʔdua^{55} ʔdaːu^{55} li^{11}——直译：大道理

黎语的 en^{55}“小”是唯一一个特殊的词，在参与构成复合词时只能前置，不能后置，比如 en^{55} ziːŋ^{55}“小指”、en^{55} laɯ^{55}“小孩”、en^{55} pɯ^{53} som^{53}“蛾子”。但是，上述词语在与黎语别的自源语素组合成更大的复合词或短语时，仍然采用正偏结构，比如，ɬɯːk^{55} en^{55} laɯ^{55}“小孩儿”、ɬɯːk^{55} en^{55} mai^{53}“婴儿”，里面的 ɬɯːk^{55}“孩子”是中心语素；tsɯ^{55} liːp^{55} en^{55} ziːŋ^{55}“小指指甲”，里面的 liːp^{55} 是中心语素。

tiːu^{11}“小”、toːi^{55}“小”是海南话借词，在海南话新借词中是整体借入的，作为修饰成分自然置于中心语素之前。比如：

tiːu^{11} ʔbiːn^{53}——直译：小便　　tiːu^{11} suːt^{55}——直译：小说

tiːu^{11} tat^{55}——直译：小节　　tiːu^{11} tu^{11}——直译：小组

tiːu^{11} khi^{55}——直译：小区　　tiːu^{11} tse^{11}——直译：小姐

toːi^{55} ʔbaːn^{55}——直译：小班　　toːi^{55} tia^{11}——直译：小写

toːi^{55} tu^{11}——直译：小组　　toːi^{55} khi^{55}——直译：小区

toːi^{55} o^{53}——直译：小学　　toːi^{55} o^{53} te^{55}——直译：小学生

传统黎语，数量词修饰名词时放在名词之前，但是由于受到汉语的影响，现在的黎语数量词也可以放在被修饰的名词之后。比如：

ɬau^{11} laŋ^{53} tat^{55} 两只鸟　　tat^{55} ɬau^{11} laŋ^{53} 两只鸟

两　个　鸟　　鸟　两　个

ɬau^{11} hom^{53} man^{53} 两个红薯　　man^{53} ɬau^{11} hom^{53} 两个红薯

两　个　红薯　　红薯　两　个

tsɯ^{11} laŋ^{53} tui^{11} 一头牛　　tui^{11} tsɯ^{11} laŋ^{53} 一头牛

一　个　水牛　　水牛　一　个

传统黎语对应的是“数量词＋名词＋指示代词”，从语法结构上看，其组合关系是“{（量词＋名词）＋指示代词}”，但是现在的黎语受汉语影响也出现了“指示代词＋数量词＋名词”的语法结构。

请看下面的例子：

hom^{53} ploŋ^{11} tha^{55} nei^{55} 这个饭馆
个　房子　饭　这

nei^{55} hom^{53} ploŋ^{11} tha^{55} 这个饭馆
这　个　房子　饭

ɬau^{11} hom^{53} man^{53} nei^{55} 这两个红薯
两　个　红薯　这

nei^{55} ɬau^{11} hom^{53} man^{53} 这两个红薯
这　两　个　红薯

thou^{53} laŋ^{53} tui^{1} haɯ^{55} 那七头水牛
七　个　水牛　那

haɯ^{55} thou^{53} laŋ^{53} tui^{11} 那七头水牛
那　七　个　水牛

（二）补充短语

黎语的补充短语一般分为两类，即动词带补语的形式和形容词带补语的形式。汉语里的形补短语，中间要带上一个补语标志的助词“得”。黎语则在中间用 taːn^{11}“到”连接。动词带补语这种形式，如果动词是动宾结构的，黎语也是将补语放在动宾短语的后面，可以称之为动宾补结构。这一类短语跟汉语不一样，汉语是动补宾结构。但是由于受到汉语影响，现在的黎语增添了动补宾结构。比如：

thaːi^{55} khiu^{11} baːi^{11} 打完球
打　球　完

laː^{55} de^{53} baːi^{11} 喝完茶
吃　茶　完

vuːk^{55} koŋ^{53} baːi^{11} 做完事
做　工　完

gwaːi^{53} veːŋ^{11} siːŋ^{55} 洗完衣服
洗　衣服　干净

la^{55} tha^{55} khuːm^{53}
吃　饭　饱

la^{55} tha^{55} ʔbaːi^{11} 吃完饭
吃　饭　完

thaːi^{55} baːi^{11} khiu^{11} 打完球
打　完　球

la^{55} baːi^{11} de^{53} 喝完茶
吃　完　茶

vuːk^{55} baːi^{11} koŋ^{53} 做完事
做　完　工

gwaːi^{53} siːŋ^{55} veːŋ^{11}
洗　干净　衣服

la^{55} khuːm^{53} tha^{55}
吃　饱　饭

la^{55} ʔbaːi^{11} tha^{55} 吃完饭
吃　完　饭

la^{55} ʔbiːŋ^{55} ʔbaːi^{11} 喝完酒　　　　la^{55} ʔbaːi^{11} ʔbiːŋ^{55} 喝完酒
吃　酒　完　　　　　　　　吃　完　酒

二、句子

1. 被动句

保定黎语的被动句用介词 ia^{53}"挨、被"引出施事，我们也可仿汉语"被字句"叫法称作"ia^{53}字句"。

黎语被动句无语义限制，表达消极和积极的意义都可以使用"ia^{53}字句"。比如：

(1) bui^{53} ia^{53} koŋ^{55} aːn^{55} ʔbaːi^{11} poːk^{55} hei^{53} heːi^{53}。
小偷 被 公 安 已经 捕 去 了
小偷被公安局抓去了。

(2) na^{53} ia^{53} ʔbak^{55} keŋ^{11} ʔdua^{11} o^{53} lok^{55} si^{11} heːi^{53}。
他 被 北京 大学 录取 了
他被北京大学录取了。

施事通常需要出现。比如：

(3) na^{53} ia^{53} aːu^{53} thaːi^{55} heːi^{53}。他被打了。
他 被 别人 打 了

(4) lau^{55} li^{53} ia^{53} aːu^{53} thaːi^{55} an^{11} heːi^{53}。瓶子被打了。
瓶子 被 人 打 碎 了

VP 后可带时量、频率、动量等信息。比如：

(5) na^{53} ia^{53} pha^{11} za^{53} thaːi^{55} tsɯ^{11} kuːn^{53}。他被父亲打了一顿。
他 被 父亲 打 一 顿

(6) na^{53} ia^{53} lau^{55} se^{55} tse^{11} ɬau^{11} kuːn^{53}。
他 被 老师 批评 两 次
他被老师批评了两次。

(7) na^{53} ia^{53} pha^{11} za^{53} tse^{11} ɬau^{11} fuːt^{55} hun^{55} tsaŋ^{55}。
他 被 父亲 批评 二十 分 钟
他被父亲批评了二十分钟。

VP 后可以连接有与受事语义相关的成分。

(8) na^{53} ia^{53} liu^{11} maŋ^{11} thaːi^{11} ʔdaːn^{11} saːu^{53} ha^{53}。
他 被 流氓 打 到 断 腿

他被流氓打断了腿。

(9) veːŋ11 ia53 ʔbui53 tsuːi11 tsɯ11 hom53 suːŋ11 。
　　衣服 被 划 破 一 个 洞
衣服被小偷划了一道口子。

黎语表示被动的介词 ia53 "挨、被",可能是早期借自汉语的"挨"字。侗台语族语言表示被动的介词借自汉语的"挨"字的不乏其例,比如壮语 ŋaːi2、仫佬语 ŋaːi6、水语 ŋaːi4。汉语南方地区的方言被动句普遍使用介词"挨"。

黎语罗活土语还可以用 tɯːŋ55 "给"表示被动,比如:

(1) waːu53 ʔbaːi11 tɯːŋ55 na53 thaːi55 phoːn11 。
　　碗 已经 被 他 打 破
碗已经被(/给)他打破了。

(2) na53 tɯːŋ55 aːu53 thaːi55 。他被(/给)别人打了!
　　他 给 别人 打

tɯːŋ55 "给"表示被动,这可能是受到海南闽语的"给"可以用作被动介词的影响。梁猷刚《海南音字典》"给"字的第三个义项为:③ 被,表示遭受:给火烧掉了/后来一下子给拉走了。

黎语方言不同的语言点具体使用哪一个表示被动的介词,会存在方言差异,中沙、通什、保城用 meːʔ7 "被",黑土、西方、白沙、元门用 deɯ1 "被",堑对直接使用海南闽语借词 bi1 "被"。黎语的 deɯ1 "被"可能是早期侗台语族固有词,壮语 tɯk8 "被"、布依语 tɯk8 "被"与之同源。

2. 双宾句

欧阳觉亚(1984: 557)在谈到黎语的双宾句时,指出黎语双宾句的语序是"动词—间接宾语(指人宾语)—直接宾语(指物宾语)",在间接宾语和直接宾语之间要加一个助词 la55,表示承受关系。请看他举的例子:

(1) ɬɯk55 khau11 fuːk55 pai11 kuːŋ53 la55 tsɯ55 ruːt55 riːn11 。
　　姐姐 织 妹妹 (助词) 一 条 筒裙
姐姐给妹妹织一条筒裙。

（2）ʔaːu^{53} za^{53} tɯːŋ^{55} fa^{53} la^{55} hweːk^{55}。老人给我们芭蕉。
老人 给 我们（助词） 芭蕉

我们调查发现，双宾句中表示承受关系的助词 la^{55} 已经不再是必需的了。请看下面的例句：

（1）送他一本书！

tuːŋ^{11} na^{53} tsɯ^{11} ʔbui^{11} sia^{11}。（王提）
送 他 一 本 书

tuːŋ^{11} tsɯ^{11} ʔbui^{11} sia^{11} tɯːŋ^{55} na^{53}。（陈志雄）
送 一 本 书 给 他

（2）他递（给）我一本书。

na^{53} za^{11} tɯːŋ^{55} ʔde^{11} tsɯ^{11} ʔbui^{11} sia^{11}。（陈志雄）
他 递 给 我 一 本 书

na^{53} za^{11} tsɯ^{11} ʔbui^{11} sia^{11} tɯːŋ^{55} ʔde^{11}。（王提）
他 递 一 本 书 给 我

（3）我想问你一个问题。

ʔde^{11} ɬiːŋ^{53} ʔgaːm^{53} məɯ^{53} tsɯ^{11} hom^{53} mui^{55} ʔdoi^{11}。（陈志雄）
我 想 问 你 一 个 问题

ʔde^{11} ʔgaːm^{53} məɯ^{53} tsɯ^{11} hom^{53} mui^{53} ʔdoi^{53}。（王提）
我 问 你 一 个 问题

（4）给我书。

ʔdəɯ^{53} sia^{11} tɯːŋ^{55} de^{11}。（陈志雄）
把 书 给 我

ʔtɯːŋ^{55} ʔde^{11} sia^{11}。（王提）
给 我 书

（5）他给我一个桃子。

na^{53} tɯːŋ^{55} ʔde^{11} tsɯ^{11} hom^{53} thaːu^{11}。（陈志雄）
他 给 我 一 个 桃子

na^{53} tɯːŋ^{55} ʔde^{11} la^{55} tsɯ^{11} hom^{53} thaːu^{11}。（陈志雄）
他 给 我（助词） 一 个 桃子

na^{53} ʔdəɯ^{53} tsɯ^{11} hom^{53} thaːu^{11} tɯːŋ^{55} ʔde^{11}。（王提）
他 把 一 个 桃子 给 我

（6）你给我一把剪刀。

məɯ^{53} tɯːŋ^{55} ʔde^{11} la^{55} hom^{53} tsɯ^{11} gop^{55}。（陈志雄）
你 给 我（助词） 个 剪刀

məɯ^{53} ʔdəɯ^{53} hom^{53} tsɯ^{11} gop^{55} tɯːŋ^{55} ʔde^{11} 。（王提）
你　把　个　剪刀　给　我

上述 6 个双宾句，结构形式有两种：一种是“动词＋间接宾语（指人宾语）＋直接宾语（指物宾语）”；一种是“动词＋直接宾语（指物宾语）＋tɯːŋ^{55}‘给’＋间接宾语（指人宾语）”。6 个双宾语中，王提的语料没有 1 例用上助词 la^{55}，陈志雄的语料只有第 5 例和第 6 例保留了助词 la^{55}。这种情况表明，现在的黎语双宾句结构已经逐渐向海南闽语靠拢，原本特有的助词逐渐丢失了。

3. 比较句

比较句分等比句和差比句。不管是等比句还是差比句，现在的黎语比较句结构除了偶尔因为保留了传统语法修饰语位置放在形容词中心语后面这一特点之外，比较句结构跟海南闽语几乎一致了，特别是差比句直接从海南话中借入了介词 bi^{11}“比”。请看下面的例句：

3.1　等比结构

(1) 我和他一样高。

hou^{53} khu^{53} na^{53} ʔbaːn^{53} thoŋ^{11} pheːk^{55} 。（陈志雄）
我　和　他　同样　高
hou^{53} khu^{53} na^{53} pheːk^{55} ʔbaːn^{53} thoŋ^{11} 。（王提）
我　和　他　高　同样

(2) 我有他那么高。

hou^{53} tsau^{55} na^{53} ʔdoŋ^{53} haɯ^{55} pheːk^{55} 。（陈志雄）
我　有　他　那么　高
hou^{53} pheːk^{55} ʔbaːn^{53} na^{53} haɯ^{55} 。（王提）
我　高　像　他　那

我们仔细观察上面的例子，会发现，陈志雄的“等比结构”跟汉语是完全一样的，但是王提的语料显示等比结构却完全不一样，中心词“高”在修饰语前，这是黎语传统修饰语语序的反映。问题是陈志雄比王提年长 37 岁，照理他们的情况应该相反才是，这只能表明王提有意识地使用了传统语法去对译调查例句。等比结构的传统语法结构已经逐渐被汉语的句法结构取代了，我们调查的语言点表明只有极少数语言点仍保留着传统等比结构，另外两个点是三亚天涯区黑土村、红塘村，我们以上面第一个调查的句子为例：

(1) 我和他一样高。

hou^{53} thaŋ^{55} na^{53} pha:k^{53} tsi:ŋ^{53} thaŋ^{11}。(红塘　董青才)
我　同　他　高　同　样

hou^{53} thoŋ^{55} na^{53} pha:k^{55} ʔduŋ^{53} thaŋ^{11}。(黑土　董龙天)
我　同　他　高　同样

3.2　差比结构

黎语的差比结构跟汉语是一样的。其基本结构是"NP1＋(不)比＋NP2＋ADJ""NP1＋(不)ADJ＋过＋NP2"。下面分别举例说明。

3.2.1　"NP1＋(不)比＋NP2＋ADJ"

(1) na^{53} ʔbi^{11} hou^{53} phe:k^{55}。他比我高。
他　比　我　高

(2) na^{53} ʔbi^{11} hou^{53} phe:k^{55} tsɯ^{11} kit^{55}。他比我高一点儿。
他　比　我　高　一点

(3) 这个比那个好。

tsɯ^{11} hom^{53} nei^{55} bi^{11} ma^{55} homɬen^{53}。(陈志雄)
一　个　这　比　那　个　好

tsɯ^{11} hom^{53} nei^{55} ɬen^{53} dua^{11} ma^{55} hom^{53}。(王提)
一　个　这　好　过　那　个

(4) 这些房子不比那些房子好。

tsɯ^{11} khun^{53} ploŋ^{11} nei^{53} ka^{55} bi^{11} tsɯ^{11} khun^{53} ploŋ^{11} ma^{55} ɬen^{53}。(陈志雄)
一　些　房子　这　不能　比　一　些　房子　那好

khun^{53} poŋ^{11} nei^{53} ka^{55} bi^{11} khun^{53} poŋ^{11} ma^{55} ɬen^{53}。(王提)
些　房子　这　不能　比　些　房子　那　好

3.2.2　"NP1＋(不/没有)ADJ＋过＋NP2"

(5) na^{53} phe:k^{55} ʔdua^{11} hou^{53}。他高过我。
他　高　过　我

（6）na^{53} ta^{53} phe:k^{55} ʔdua^{11} hou^{53} ɬo:i^{53} ra^{11}。他没高过我多少。
　　他　没　高　　过　我　多少

（7）na^{53} u:n^{11} na:i^{11} phe:k^{55} ʔdua^{11} hou^{53}。他没有高过我。
　　他　没有　　高　　过　我

差比句的两种结构，"NP1＋（不）比＋NP2＋ADJ"这种结构显然是受到海南话影响，后来才借入的。bi^{11}"比"是海南话新借词，海南闽语的"比"一律读成中降调的或中降升调的 ʔbi，比如乐东读 ʔbi^{32}，海口读 ʔbi^{213}。"NP1＋（不/没有）ADJ＋过＋NP2"这种结构可能是黎语自有的，也有可能是很早汉语借入的。我们可以考察"过"在黎语里的读音情况，来作出合理推测。请看表 4－2－2 中语言点的读音情况。

表 4－2－2 "过"在保定等语言点的读音

	保定	中沙	黑土	西方	白沙	元门	通什	加茂
过	dua^{3}	kua^{3}	kua^{3}	du^{3}	ku^{2}	ku:i^{3}	dua^{6}	kua^{5}

从各语言点的读音情况来看，声母为 k 的是后起的，但是读音都跟现在的海南话不同。海南话的"过"字，乐东读 kuə^{213}，东方读 kuə^{35}，三亚读 kuə^{13}，海口读 kue^{35}，昌江读 kuɔ^{35}。厦门读 kua^{21}，福建福安读 ku^{5} 倒是跟黎语有的地方的读音高度一致。那么，为什么黎语哈方言的保定、美孚方言的西方、杞方言的通什，声母读成了 d 呢？我们推测，应该是保留了黎语原本的读音。表达"过（桥/了两年）"这类概念，傣德读 tai^{5}，侗语、仫佬语、水语、毛南语都读 ta^{6}，声母跟黎语的 dua^{3} 是一致的。黎语后来受到汉语中古音的影响，应该是发生了语音替换，有的是保留了原有声母而韵母发生替换，有的是整个音节都发生了替换。因此同属于黎语哈方言的保定读 dua^{3}，但是中沙和黑土却读 kua^{3}。当然，从自然音理来看，发音方法相同的舌尖音演变为舌根音也是很平常的事。笔者平时便观察到有小孩在学习汉语的过程中将"哥哥"念成"多多"的案例。因此，笔者认为"NP1＋（不/没有）ADJ＋过＋NP2"这种结构最有

可能是黎语传统差比结构。

4. 疑问句

传统黎语疑问句有多重表示法：仅用疑问代词表示的特指问；仅用语气词表示的是非问；句末加否定副词 ta^{53} 的略式正反问；用连词 sɯ^{11}“还是”连接相关联的两个选项供回答的人选择的选择问。请看下面的例句：

4.1　特指问

(1) məɯ^{53} kiːu^{53} vuːk^{55} me^{11} he^{11}？你会做什么？
　　你　会　做　什么

(2) məɯ^{53} si^{53} ra^{11} nau^{11} pɯːn^{53} ploŋ^{11} fa^{53} toːŋ^{11}？
　　你　何时　才　来　家　我们　玩

你什么时候才来我们家玩？

(3) məɯ^{53} hei^{53} tsok^{55} ra^{11}？你到哪儿去？
　　你　去　往　哪

(4) hi^{53} ra^{11} roːŋ^{55} ʔbəɯ^{53} sai^{53} nau^{11} ɬen^{53} la^{55}？
　　怎么　煮　菜　才　好　吃

怎么煮菜才好吃？

(5) a^{11} ra^{11} tse^{11} thoːŋ^{11} ʔdɯ^{11} haɯ^{55}？谁在那里吵架？
　　谁　吵架　在　那

4.2　是非问

(1) məɯ^{53} ŋan^{53} hei^{53} hi^{55} ho^{11}？你也去吗？
　　你　也　去　吗

(2) fa^{53} loːp^{55} toːn^{55} na^{53} tsɯ^{53} ra^{11}？我们能赶得上他吗？
　　我们　可以　追上　他　吗

(3) məɯ^{53} ʔdom^{53} ta^{53} hei^{53} tsu^{55}？你还没有去呀？
　　你　还　没　去　呀？

(4) vuːk^{55} ʔdoŋ^{55} nei^{55} tsɯ^{53} mo^{11}？是这样做吗？
　　做　这样　吗

(5) ʔdoŋ^{55} nei^{55} vuːk^{55} ʔdiu^{53} pa^{11}？这样做对吧？
　　这样　做　对　吧

4.3　略式正反问

(1) məɯ^{53} laːi^{11} ta^{53}？你看见吗？
　　你　看见　不

(2) la^{55} tha^{55} baːi^{11} nau^{11} hei^{53} ta^{53}? 吃完饭再去吗?
吃 饭 完 才 去 不

(3) na^{53} hei^{53} loːp^{55} ta^{53}? 他去可以吗?
他 去 可以 不

4.4 选择问

(1) məɯ^{53} baːi^{11} la^{55} tha^{55} tsɯ^{11} ta^{53}? 你吃了饭还是没(吃)?
你 已经 吃 饭 还是 没

(2) ɬen^{53} haːi^{53} beːi^{53}, man^{53} tsɯ^{11} ta^{53}? 好香啊,是不是?
好 气味 啊, 是 还是 不

(3) məɯ^{53} laːi^{11} pai^{11} khau^{55} tsɯ^{11} pha^{11} maːn^{53}?
你 看见 女人 还是 男人

你看到的是女的,还是男的?

除上述四种疑问句格式外,黎语因为受到海南话的影响,又增加了一种与汉语正反问句完全一样的格式,即全式正反问句。文明英(2009: 50)在谈到黎语疑问句语序的变化时,先概括了黎语传统的三种疑问句格式:"动词+否定副词""动词+连词+否定副词""动词+连词+否定副词+动词";随后便指出黎语由于受到汉语影响,又增加了一种新的格式——动词+否定副词+动词。请看下面的例句:

(1) məɯ^{53} hei^{53} ta^{53} hei^{53}? 你去不去?
你 去 不 去

(2) məɯ^{53} la^{55} ta^{53} la^{55}? 你吃不吃?
你 吃 不 吃

(3) sim^{53} ta^{53} sim^{53}? 信不信?
信 不 信

第五章　黎族族群语言生活调查

第一节　黎族家庭语言生活状况

《海南人大》2017 年第 4 期“特别关注议案建议”专栏有这样一段话:“(全国人大代表)黄月芳不止一次感慨:‘黎语在黎族社会生活中具有重要作用,是我们交流感情、表达思想的重要载体。可惜如今不学黎语、不懂黎语的黎族青少年越来越多,黎族文化的传承发展状况堪忧。’”这段话透露出黎族人民对自己母语前途的焦虑和担心。黎族母语生活的当前状况,是黎汉语言频繁而且广泛接触的结果。

语言接触必然带来家庭语言生活的变化。家庭语言生活中是否将母语作为主要的交流工具,这取决于家庭成员是否能熟练使用母语进行有效交流。在语言接触不频繁、不深入的情况下,母语必然是最主要的交流工具。但是,随着语言接触日益频繁,弱势语言个体或群体会主动积极地融入所接触的第二语言生活中去,因为凭借第二语言这一媒介,在社会生活中可以获得更多的工作机会和更高的社会地位。长此以往,在社会生活中养成的这种语言选择的心理倾向会影响到家庭内的语言生活。最终的结果必然是弱势语言趋于消亡。改革开放以来,有三个重要的原因深刻地影响着人们的语言生活。首先是进城务工的需要。城市经济发展日新月异,对农村剩余劳动力有着强大的吸引力,农村剩余劳动力纷纷进城寻找工作机会。其中自然包括生活在农村的黎族村民。进城务工的黎族人脱离了母语生活的环境,母语作为交流工具的必要性就弱化了。其次是义务教育的普及。城乡普及义务教育,适龄儿童都走进了课堂,有些少数民族地区的教学语言可能是本民族语言或者是采用双语。海南黎族地区的教学语言一律使用汉语,因为没有黎文教材,所有教材都是用汉语编写的。再次是影视、广播、书籍等文化生活的媒介语言都是汉语、汉字。可以说,现代黎族人如果不懂得汉语,几乎无法融入现代生活。我们要考察黎族人母语生活的具体状况,最便捷有效的方法就是对黎族村落中的黎族家庭语言生活状况进行实地调查;然后在此基础上,结合国家少数民族语言政策,为黎族母语的抢救和传承提出科学的建议。

我们在 2018 年暑假走访了白沙县牙叉镇白沙村、白沙县元门乡立志村、东方市东河镇西方村、保亭县加茂村;2020 年 11 月走访了乐东县保定村。每个村随机调查了 15 户以上的家庭,观察、询问了这些家庭的语言生活情况。我们的调查以家庭为单位,涉及家庭关系、姓名、民族、年龄、文化程度、母语(黎语)熟练程度、第二语言(主要是海南闽语、普通话)熟练程度、家庭内部语言使用情况。语言熟练程度划分为四个等级:熟练、一般、基本不会、不会。

下面我们将调查结果整理于后:

表 5-1-1　白沙村家庭语言生活调查

家庭关系	姓名	年龄	民族	文化程度	黎语	海南闽语	普通话	家庭语言生活
户主	符杰华	39	黎族	初中	熟练	熟练	熟练	夫妻间说黎语;与子女说普通话
妻子	符子英	41	黎族	小学	熟练	熟练	熟练	夫妻间说黎语;与子女说普通话

续　表

家庭关系	姓名	年龄	民族	文化程度	黎语	海南闽语	普通话	家庭语言生活
长女	符子君	10	黎族	小四	基本不会	不会	一般	说普通话
长子	符俊师	8	黎族	小二	基本不会	不会	一般	说普通话
户主	符延峰	42	黎族	初中	熟练	一般	熟练	夫妻间说黎语；与子女说普通话
妻子	何丽妹	42	黎族	初中	熟练	一般	熟练	夫妻间说黎语；与子女说普通话
次子	符畯桓	12	黎族	小六	一般	不会	熟练	说普通话
长女	符欣怡	21	黎族	大二	一般	不会	熟练	说普通话
长子	符欣如	14	黎族	初三	一般	不会	熟练	说普通话
户主	王梅香	56	黎族	初中	熟练	熟练	熟练	跟小孩说黎语
孙子	符学圣	10	黎族	小四	不会	不会	熟练	说普通话
长子	符海弟	38	黎族	初中	熟练	熟练	熟练	跟母亲说黎语；跟子女说普通话
次女	符海玲	34	黎族	初中	熟练	熟练	熟练	跟母亲说黎语；跟子女说普通话
户主	符亚业	51	黎族	初中	熟练	熟练	熟练	讲黎语
妻子	符菊英	49	黎族	初中	熟练	熟练	熟练	讲黎语
长子	符永其	27	黎族	初中	熟练	基本不会	熟练	讲黎语
次女	符雪锦	25	黎族	大学	一般	不会	熟练	讲黎语，偶尔说普通话

续 表

家庭关系	姓名	年龄	民族	文化程度	黎语	海南闽语	普通话	家庭语言生活
三女	符雪莹	23	黎族	大二	一般	不会	熟练	说黎语，偶尔说普通话
孙女	符芷诺	3	黎族	—	不会	不会	基本不会	—
户主	符统庆	46	黎族	初中	熟练	熟练	熟练	说普通话
妻子	蒋梅芳	45	苗族	初中	* 苗话	熟练	熟练	说普通话
女儿	符欣欣	17	黎族	高二	一般	不会	熟练	说普通话
户主	符志明	60	黎族	初中	熟练	熟练	熟练	讲黎语；跟孙女讲普通话
妻子	符玉珍	58	黎族	初中	熟练	熟练	熟练	讲黎语；跟孙辈讲普通话
长子	符国阳	36	黎族	初中	熟练	一般	熟练	讲黎语；跟子女讲普通话
长女	符丽丹	34	黎族	初中	熟练	基本不会	熟练	讲黎语；跟晚辈说普通话
次女	符丽霞	31	黎族	大专	熟练	基本不会	熟练	讲黎语；跟晚辈说普通话
儿媳	符少珠	35	黎族	初中	熟练	一般	熟练	讲黎语；跟子女讲普通话
孙女	符以露	9	黎族	小三	懂听	不会	熟练	说普通话
户主	符国南	48	黎族	初中	熟练	熟练	熟练	说黎语
妻子	符秀家	48	黎族	初中	熟练	熟练	熟练	说黎语
长子	符照恒	28	黎族	大专	熟练	基本不会	熟练	说黎语

续　表

家庭关系	姓名	年龄	民族	文化程度	黎语	海南闽语	普通话	家庭语言生活
次子	符照欢	24	黎族	高中	熟练	基本不会	熟练	说黎语
女儿	符照冰	26	黎族	大学	熟练	基本不会	熟练	说黎语
户主	符国儒	49	黎族	初中	熟练	熟练	熟练	说黎语
妻子	王　颜	47	黎族	初中	熟练	熟练	熟练	说黎语
长子	符小思	23	黎族	初中	熟练	一般	熟练	说黎语
女儿	符晓娇	16	黎族	中专	熟练	不会	熟练	说黎语
户主	符国理	45	黎族	初中	熟练	一般	熟练	说黎语
妻子	王秋玲	43	黎族	初中	熟练	一般	熟练	说黎语
儿子	符子元	18	黎族	高中	熟练	基本不会	熟练	说黎语
女儿	符圣娴	11	黎族	小五	熟练	不会	熟练	说黎语；说普通话多
户主	符树琼	61	黎族	初中	熟练	熟练	熟练	说黎语
妻子	符少颜	58	黎族	初中	熟练	熟练	熟练	说黎语
长子	符　力	35	黎族	初中	熟练	熟练	熟练	说黎语；跟小孩说普通话
次子	符　菲	34	黎族	初中	熟练	熟练	熟练	说黎语；跟小孩说普通话
三子	符　环	31	黎族	初中	熟练	熟练	熟练	说黎语；跟小孩说普通话
儿媳	符喜珍	32	黎族	初中	熟练	不会	熟练	说黎语

续 表

家庭关系	姓名	年龄	民族	文化程度	黎语	海南闽语	普通话	家庭语言生活
孙女	符　洋	6	黎族	幼儿园	不会	不会	熟练	说普通话
孙女	符　秦	3	黎族	—	不会	不会	熟练	说普通话
孙子	符桓朗	2	黎族	—	不会	不会	基本不会	说普通话
户主	符国建	44	黎族	高中	熟练	一般	熟练	说黎语
长子	符兆西	13	黎族	小六	一般	不会	熟练	说一点黎语；说普通话
母亲	符祝美	74	黎族	小学	熟练	熟练	一般	说黎语
户主	符爱群	55	黎族	小学	熟练	一般	一般	说黎语
长子	符志伟	33	黎族	初中	熟练	一般	熟练	说黎语
次子	符志波	31	黎族	初中	熟练	一般	熟练	说黎语
长女	符珠玲	30	黎族	初中	熟练	一般	熟练	说黎语
户主	符会仲	35	黎族	初中	熟练	熟练	熟练	说黎语
妻子	朱燕萍	32	黎族	初中	熟练	熟练	熟练	说黎语
长子	符智晨	7	黎族	小一	懂听	不会	熟练	说普通话
长女	符忆茹	9	黎族	小三	懂听	不会	熟练	说普通话
母亲	王梅跃	60	黎族	初中	熟练	熟练	熟练	说黎语
妹妹	符丽娴	32	黎族	初中	熟练	熟练	熟练	说黎语
户主	符如辉	61	黎族	高中	熟练	熟练	熟练	说黎语

续 表

家庭关系	姓名	年龄	民族	文化程度	黎语	海南闽语	普通话	家庭语言生活
妻子	王桂莲	56	黎族	初中	熟练	一般	一般	说黎语
长子	符诗和	38	黎族	初中	熟练	熟练	熟练	说黎语
次子	符诗学	32	黎族	初中	熟练	熟练	熟练	说黎语
长女	符慧娟	35	黎族	初中	熟练	不会	一般	说黎语
长媳妇	符丽云	38	黎族	初中	熟练	不会	一般	说黎语
长孙	符耀文	8	黎族	小一	不会	不会	熟练	说普通话
长孙女	符夏微	5	黎族	—	不会	不会	熟练	说普通话
户主	符国生	45	黎族	小学	熟练	一般	一般	说黎语
弟弟	符国辉	37	黎族	小学	熟练	一般	一般	说黎语
弟弟	符国坤	41	黎族	小学	熟练	一般	一般	说黎语
侄子	符健斌	3	黎族	—	不会	不会	一般	说普通话
户主	符统章	48	黎族	小学	熟练	熟练	熟练	说黎语
妻子	宋五妹	46	汉族	小学	熟练	懂听	熟练	说黎语
长子	符佳明	22	黎族	中专	熟练	一般	熟练	说黎语
长女	符佳佳	24	黎族	初中	熟练	一般	熟练	说黎语
次女	符佳梅	16	黎族	中专	熟练	一般	熟练	说黎语
母亲	符爱花	81	黎族	文盲	熟练	熟练	一般	说黎语
户主	符统超	46	黎族	小学	熟练	熟练	熟练	说黎语

续 表

家庭关系	姓名	年龄	民族	文化程度	黎语	海南闽语	普通话	家庭语言生活
妻子	符丽梅	42	黎族	初中	熟练	熟练	熟练	说黎语
长女	符佩佩	23	黎族	中专	熟练	一般	熟练	说黎语
长子	符永乾	16	黎族	中专	熟练	一般	熟练	说黎语
户主	王秀荣	48	黎族	高中	熟练	熟练	熟练	说普通话
丈夫	符卫成	48	黎族	大专	熟练	一般	熟练	说普通话
长子	符晨熙	6	黎族	小一	不会	不会	熟练	说普通话
长女	符秋烨	22	黎族	本科	不会	基本不会	熟练	说普通话
户主	符辉全	50	黎族	初中	熟练	一般	熟练	说黎语
妻子	符菊梅	48	黎族	初中	熟练	一般	熟练	说黎语
儿子	符亚弟	25	黎族	中专	熟练	基本不会	熟练	说黎语
户主	符元机	46	黎族	高中	熟练	一般	熟练	说黎语
妻子	曾慧芬	44	黎族	初中	熟练	基本不会	熟练	说黎语
长子	符文克	22	黎族	中专	熟练	不会	熟练	说黎语
次子	符文莛	15	黎族	初中	懂听	不会	熟练	说普通话

说明：白沙村委距离白沙黎族自治县政府5公里路程。我们在白沙村共调查了20户家庭，97位村民，黎族村民95位，汉族村民和苗族村民各1位，其中2岁至9岁的12人，10岁至19岁的12人，20岁至29岁的14人，30岁至39岁的22人，40岁至49岁的24人，50岁至59岁的7人，60岁至69岁的4人，70岁以上的2人。村内日常交际语言有黎语、普通话和海南闽语。

表 5-1-1-1　白沙村村民语言熟悉情况家庭抽样调查统计表

<table>
<tr><td colspan="3"></td><td>2—9 岁</td><td>10—19 岁</td><td>20—29 岁</td><td>30—39 岁</td><td>40—49 岁</td><td>50—59 岁</td><td>60 岁以上</td></tr>
<tr><td rowspan="12">黎语</td><td rowspan="3">熟练</td><td>人数</td><td>3</td><td>3</td><td>11</td><td>22</td><td>24</td><td>7</td><td>6</td></tr>
<tr><td rowspan="2">占比</td><td>25%</td><td>25%</td><td>78.57%</td><td>100%</td><td>100%</td><td>100%</td><td>100%</td></tr>
<tr><td colspan="7">合计 76 人;占总人数比重为 78.35%</td></tr>
<tr><td rowspan="3">一般</td><td>人数</td><td>0</td><td>4</td><td>3</td><td>0</td><td>0</td><td>0</td><td>0</td></tr>
<tr><td rowspan="2">占比</td><td>0</td><td>33.33%</td><td>21.43%</td><td>0</td><td>0</td><td>0</td><td>0</td></tr>
<tr><td colspan="7">合计 7 人;占总人数比重为 7.21%</td></tr>
<tr><td rowspan="3">基本不会</td><td>人数</td><td>1</td><td>1(懂听 3 人)</td><td>0</td><td>0</td><td>0</td><td>0</td><td>0</td></tr>
<tr><td rowspan="2">占比</td><td>8.33%</td><td>33.33%</td><td>0</td><td>0</td><td>0</td><td>0</td><td>0</td></tr>
<tr><td colspan="7">合计 5 人;占总人数比重为 5.15%</td></tr>
<tr><td rowspan="3">不会</td><td>人数</td><td>8</td><td>1</td><td>1</td><td>0</td><td>嫁入苗族 1 人</td><td>0</td><td>0</td></tr>
<tr><td rowspan="2">占比</td><td>66.67%</td><td>8.33%</td><td>7.14%</td><td>0</td><td>4.17%</td><td>0</td><td>0</td></tr>
<tr><td colspan="7">合计 11 人;占总人数比重为 11.34%</td></tr>
<tr><td rowspan="9">海南闽语</td><td rowspan="3">熟练</td><td>人数</td><td>0</td><td>0</td><td>0</td><td>11</td><td>13</td><td>4</td><td>6</td></tr>
<tr><td rowspan="2">占比</td><td>0</td><td>0</td><td>0</td><td>50%</td><td>54.17%</td><td>57.14%</td><td>100%</td></tr>
<tr><td colspan="7">合计 33 人;占总人数比重为 34.02%</td></tr>
<tr><td rowspan="3">一般</td><td>人数</td><td>0</td><td>2</td><td>4</td><td>6</td><td>10</td><td>3</td><td>0</td></tr>
<tr><td rowspan="2">占比</td><td>0</td><td>16.67%</td><td>28.57%</td><td>27.27%</td><td>41.67%</td><td>42.86%</td><td>0</td></tr>
<tr><td colspan="7">合计 25 人;占总人数比重为 25.77%</td></tr>
<tr><td rowspan="3">基本不会</td><td>人数</td><td>0</td><td>1</td><td>6</td><td>2</td><td>1</td><td>0</td><td>0</td></tr>
<tr><td rowspan="2">占比</td><td>0</td><td>8.33%</td><td>42.86%</td><td>9.09%</td><td>4.17%</td><td>0</td><td>0</td></tr>
<tr><td colspan="7">合计 10 人;占总人数比重为 10.31%</td></tr>
</table>

续 表

<table>
<tr><td colspan="3"></td><td>2—9岁</td><td>10—19岁</td><td>20—29岁</td><td>30—39岁</td><td>40—49岁</td><td>50—59岁</td><td>60岁以上</td></tr>
<tr><td rowspan="3">海南闽语</td><td rowspan="3">不会</td><td>人数</td><td>12</td><td>9</td><td>4</td><td>3</td><td>0</td><td>0</td><td>0</td></tr>
<tr><td rowspan="2">占比</td><td>100%</td><td>75%</td><td>28.57%</td><td>13.64%</td><td>0</td><td>0</td><td>0</td></tr>
<tr><td colspan="7">合计28人;占总人数比重为28.87%</td></tr>
<tr><td rowspan="11">普通话</td><td rowspan="3">熟练</td><td>人数</td><td>8</td><td>11</td><td>14</td><td>19</td><td>22</td><td>5</td><td>4</td></tr>
<tr><td rowspan="2">占比</td><td>66.67%</td><td>91.67%</td><td>100%</td><td>86.36%</td><td>91.67%</td><td>71.43%</td><td>66.67%</td></tr>
<tr><td colspan="7">合计81人;占总人数比重为83.51%</td></tr>
<tr><td rowspan="3">一般</td><td>人数</td><td>2</td><td>1</td><td>0</td><td>3</td><td>2</td><td>2</td><td>2</td></tr>
<tr><td rowspan="2">占比</td><td>16.67%</td><td>8.33%</td><td>0</td><td>13.64%</td><td>8.33%</td><td>28.58%</td><td>33.33%</td></tr>
<tr><td colspan="7">合计12人;占总人数比重为12.37%</td></tr>
<tr><td rowspan="3">基本不会</td><td>人数</td><td>2</td><td>0</td><td>0</td><td>0</td><td>0</td><td>0</td><td>0</td></tr>
<tr><td rowspan="2">占比</td><td>16.67%</td><td>0</td><td>0</td><td>0</td><td>0</td><td>0</td><td>0</td></tr>
<tr><td colspan="7">合计2人;占总人数比重为2.06%</td></tr>
<tr><td rowspan="2">不会</td><td>人数</td><td>0</td><td>0</td><td>0</td><td>0</td><td>0</td><td>0</td><td>0</td></tr>
<tr><td>占比</td><td>0</td><td>0</td><td>0</td><td>0</td><td>0</td><td>0</td><td>0</td></tr>
</table>

表5-1-2 西方村家庭语言生活调查

家庭关系	姓名	年龄(岁)	民族	文化程度	黎语	海南闽语	普通话	家庭语言生活
户主	符世宏	56	黎族	初中	熟练	一般	一般	说黎语
妻子	符惠连	56	黎族	初小	熟练	一般	一般	说黎语
长子	符泽锦	29	黎族	初中	熟练	一般	熟练	说黎语
长媳	符登银	23	黎族	初中	熟练	一般	熟练	说黎语

续　表

家庭关系	姓名	年龄(岁)	民族	文化程度	黎语	海南闽语	普通话	家庭语言生活
孙子	符开轩	5	黎族	—	熟练	不会	不会	说黎语
孙女	符雅芸	3	黎族	—	一般	不会	不会	说黎语
女儿	符琮贤	24	黎族	本科	熟练	熟练	熟练	说黎语
户主	符英灵	56	黎族	初中	熟练	一般	一般	说黎语
妻子	符丽英	55	黎族	高小	熟练	不会	基本不会	说黎语
女儿	符珍香	31	黎族	高小	熟练	不会	一般	说黎语
户主	符才宽	41	黎族	高小	熟练	不会	一般	说黎语
妻子	符秀灵	41	黎族	高小	熟练	不会	一般	说黎语
儿子	符贡江	16	黎族	初中	熟练	不会	一般	说黎语
女儿	符丽春	14	黎族	初中	熟练	不会	一般	说黎语
户主	符才聪	35	黎族	高小	熟练	不会	一般	说黎语
妻子	符慧萍	30	黎族	初中	熟练	不会	一般	说黎语
长子	符贡矿	9	黎族	小二	熟练	不会	一般	说黎语
次子	符贡灿	6	黎族	—	熟练	不会	一般	说黎语
户主	符英球	56	黎族	文盲	熟练	不会	一般	说黎语
妻子	符良英	55	黎族	文盲	熟练	不会	一般	说黎语
儿子	符才河	29	黎族	文盲	熟练	不会	一般	说黎语
户主	符才春	33	黎族	初小	熟练	不会	一般	说黎语
妻子	符三妹	29	黎族	初小	熟练	不会	一般	说黎语

续 表

家庭关系	姓名	年龄（岁）	民族	文化程度	黎语	海南闽语	普通话	家庭语言生活
儿子	符贡军	7	黎族	—	熟练	不会	一般	说黎语
女儿	符司欣	6	黎族	—	熟练	不会	一般	说黎语
户主	符才权	39	黎族	高小	熟练	不会	一般	说黎语
妻子	符琪乐	35	黎族	高小	熟练	不会	一般	说黎语
女儿	符岁霞	16	黎族	初中	熟练	不会	一般	说黎语
儿子	符贡主	14	黎族	小学	熟练	不会	一般	说黎语
儿子	符贡云	13	黎族	小学	熟练	不会	一般	说黎语
户主	符贡豪	29	黎族	小学	熟练	不会	一般	说黎语
妻子	符秋娜	26	黎族	小学	熟练	不会	一般	说黎语
儿子	符琳雪	4	黎族	—	熟练	不会	一般	说黎语
户主	符才泽	50	黎族	小学	熟练	一般	一般	说黎语
妻子	符玉梅	50	黎族	初中	熟练	一般	一般	说黎语
儿子	符贡杰	27	黎族	小学	熟练	不会	一般	说黎语
儿子	符贡英	24	黎族	小学	熟练	不会	一般	说黎语
母亲	拜才刚	90	黎族	文盲	熟练	熟练	不会	说黎语
户主	符英平	46	黎族	初中	熟练	不会	一般	说黎语
妻子	符丽香	56	黎族	初中	熟练	不会	一般	说黎语
儿子	符才品	20	黎族	初中	熟练	不会	一般	说黎语
女儿	符秀云	16	黎族	初中	熟练	不会	一般	说黎语

续 表

家庭关系	姓名	年龄（岁）	民族	文化程度	黎语	海南闽语	普通话	家庭语言生活
户主	符才宏	55	黎族	小学	熟练	一般	一般	说黎语
妻子	符爱容	55	黎族	小学	熟练	一般	一般	说黎语
长子	符贡健	35	黎族	初中	熟练	一般	熟练	说黎语
长女	符容花	32	黎族	初中	熟练	一般	熟练	说黎语
次子	符贡双	23	黎族	小学	熟练	一般	熟练	说黎语
户主	符才进	42	黎族	初中	熟练	不会	熟练	说黎语
妻子	符小英	42	黎族	初中	熟练	不会	熟练	说黎语
儿子	符贡朝	22	黎族	小学	熟练	不会	熟练	说黎语
儿子	符贡阳	16	黎族	小学	熟练	不会	熟练	说黎语
户主	符龙梅	49	黎族	初中	熟练	一般	熟练	说黎语
长子	符才科	27	黎族	初中	熟练	一般	熟练	说黎语
次子	符才学	24	黎族	初中	熟练	一般	熟练	说黎语
长女	符秋芳	22	黎族	小学	熟练	一般	熟练	说黎语
户主	符金月	57	黎族	初中	熟练	一般	一般	说黎语
妻子	符桂容	57	黎族	小学	熟练	一般	一般	说黎语
长子	符玉双	27	黎族	小学	熟练	一般	熟练	说黎语
次子	符玉佩	25	黎族	小学	熟练	一般	熟练	说黎语
女儿	符玉英	23	黎族	小学	熟练	一般	熟练	说黎语
户主	符开武	34	黎族	初中	熟练	不会	一般	说黎语

续 表

家庭关系	姓名	年龄（岁）	民族	文化程度	黎语	海南闽语	普通话	家庭语言生活
妻子	符亚翁	31	黎族	小学	熟练	不会	一般	说黎语
儿子	符宏旭	9	黎族	小二	熟练	不会	一般	说黎语
女儿	符芝萍	8	黎族	小一	熟练	不会	一般	说黎语

说明：西方村距离东河镇政府 3.5 公里。东河镇是一个以黎族为主的黎苗聚居的大镇，是原海南省东方老县城所在地。东河镇距离东方市市政府所在地八所镇 37.3 公里。我们在西方村共调查了 15 户家庭，64 位黎族村民，其中 2 岁至 9 岁的 9 人，10 岁至 19 岁的 7 人，20 岁至 29 岁的 18 人，30 岁至 39 岁的 10 人，40 岁至 49 岁的 6 人，50 岁至 59 岁的 13 人，60 岁以上的 1 人(90 岁)。

表 5-1-2-1　西方村村民语言熟悉情况家庭抽样调查统计

<table>
<tr><th colspan="3"></th><th>2—9 岁</th><th>10—19 岁</th><th>20—29 岁</th><th>30—39 岁</th><th>40—49 岁</th><th>50—59 岁</th><th>60 岁以上</th></tr>
<tr><td rowspan="12">黎语</td><td rowspan="3">熟练</td><td>人数</td><td>8</td><td>7</td><td>18</td><td>10</td><td>6</td><td>13</td><td>1</td></tr>
<tr><td rowspan="2">占比</td><td>88.89%</td><td>100%</td><td>100%</td><td>100%</td><td>100%</td><td>100%</td><td>100%</td></tr>
<tr><td colspan="7">合计 63 人；占总人数比重为 98.44%</td></tr>
<tr><td rowspan="3">一般</td><td>人数</td><td>1</td><td>0</td><td>0</td><td>0</td><td>0</td><td>0</td><td>0</td></tr>
<tr><td rowspan="2">占比</td><td>11.11%</td><td>0</td><td>0</td><td>0</td><td>0</td><td>0</td><td>0</td></tr>
<tr><td colspan="7">合计 1 人；占总人数比重为 1.56%</td></tr>
<tr><td rowspan="3">基本不会</td><td>人数</td><td>0</td><td>0</td><td>0</td><td>0</td><td>0</td><td>0</td><td>0</td></tr>
<tr><td rowspan="2">占比</td><td>0</td><td>0</td><td>0</td><td>0</td><td>0</td><td>0</td><td>0</td></tr>
<tr><td colspan="7">合计 0 人；占总人数比重为 0</td></tr>
<tr><td rowspan="3">不会</td><td>人数</td><td>0</td><td>0</td><td>0</td><td>0</td><td>0</td><td>0</td><td>0</td></tr>
<tr><td rowspan="2">占比</td><td>0</td><td>0</td><td>0</td><td>0</td><td>0</td><td>0</td><td>0</td></tr>
<tr><td colspan="7">合计 0 人；占总人数比重为 0</td></tr>
</table>

续　表

<table>
<tr><td colspan="3"></td><td>2—9岁</td><td>10—19岁</td><td>20—29岁</td><td>30—39岁</td><td>40—49岁</td><td>50—59岁</td><td>60岁以上</td></tr>
<tr><td rowspan="12">海南闽语</td><td rowspan="3">熟练</td><td>人数</td><td>0</td><td>0</td><td>1</td><td>0</td><td>0</td><td>0</td><td>1</td></tr>
<tr><td rowspan="2">占比</td><td>0</td><td>0</td><td>5.56%</td><td>0</td><td>0</td><td>0</td><td>100%</td></tr>
<tr><td colspan="7">合计2人；占总人数比重为3.13%</td></tr>
<tr><td rowspan="3">一般</td><td>人数</td><td>0</td><td>0</td><td>9</td><td>2</td><td>1</td><td>9</td><td>0</td></tr>
<tr><td rowspan="2">占比</td><td>0</td><td>0</td><td>50%</td><td>20%</td><td>16.67%</td><td>69.23%</td><td>0</td></tr>
<tr><td colspan="7">合计21人；占总人数比重为32.81%</td></tr>
<tr><td rowspan="3">基本不会</td><td>人数</td><td>0</td><td>0</td><td>0</td><td>0</td><td>0</td><td>0</td><td>0</td></tr>
<tr><td rowspan="2">占比</td><td>0</td><td>0</td><td>0</td><td>0</td><td>0</td><td>0</td><td>0</td></tr>
<tr><td colspan="7">合计0人；占总人数比重为0</td></tr>
<tr><td rowspan="3">不会</td><td>人数</td><td>9</td><td>7</td><td>8</td><td>8</td><td>5</td><td>4</td><td>0</td></tr>
<tr><td rowspan="2">占比</td><td>100%</td><td>100%</td><td>44.44%</td><td>80%</td><td>83.33%</td><td>30.77%</td><td>0</td></tr>
<tr><td colspan="7">合计41人；占总人数比重为64.06%</td></tr>
<tr><td rowspan="12">普通话</td><td rowspan="3">熟练</td><td>人数</td><td>0</td><td>1</td><td>11</td><td>2</td><td>3</td><td>0</td><td>0</td></tr>
<tr><td rowspan="2">占比</td><td>0</td><td>14.29%</td><td>61.11%</td><td>20%</td><td>50%</td><td>0</td><td>0</td></tr>
<tr><td colspan="7">合计17人；占总人数比重为26.56%</td></tr>
<tr><td rowspan="3">一般</td><td>人数</td><td>7</td><td>6</td><td>7</td><td>8</td><td>3</td><td>12</td><td>0</td></tr>
<tr><td rowspan="2">占比</td><td>77.78%</td><td>85.71%</td><td>38.89%</td><td>80%</td><td>50%</td><td>92.31%</td><td>0</td></tr>
<tr><td colspan="7">合计43人；占总人数比重为67.19%</td></tr>
<tr><td rowspan="3">基本不会</td><td>人数</td><td>0</td><td>0</td><td>0</td><td>0</td><td>0</td><td>1</td><td>0</td></tr>
<tr><td rowspan="2">占比</td><td>0</td><td>0</td><td>0</td><td>0</td><td>0</td><td>7.69%</td><td>0</td></tr>
<tr><td colspan="7">合计2人；占总人数比重为3.13%</td></tr>
<tr><td rowspan="3">不会</td><td>人数</td><td>2</td><td>0</td><td>0</td><td>0</td><td>0</td><td>0</td><td>1</td></tr>
<tr><td rowspan="2">占比</td><td>22.22%</td><td>0</td><td>0</td><td>0</td><td>0</td><td>0</td><td>100%</td></tr>
<tr><td colspan="7">合计1人；占总人数比重为1.56%</td></tr>
</table>

表 5-1-3　加茂村家庭语言生活调查

家庭关系	姓名	年龄（岁）	民族	文化程度	黎语	海南闽语	普通话	家庭语言生活
户主	黄成扬	47	黎族	初中	熟练	熟练	熟练	偶尔说黎语
妻子	张玉娟	43	汉族	大学	基本不会	熟练	熟练	说普通话
女儿	黄　淇	17	黎族	高中	一般	不会	熟练	说普通话
儿子	黄浩纲	4	黎族	—	不会	不会	一般	说普通话
户主	黄开辉	57	黎族	初中	熟练	熟练	熟练	说黎语
妻子	黄春兰	55	黎族	初中	熟练	熟练	一般	说黎语
长女	黄秀颜	28	黎族	高中	熟练	一般	熟练	说黎语
次女	黄秀美	26	黎族	初中	熟练	一般	熟练	说黎语
儿子	黄文建	30	黎族	高中	熟练	熟练	熟练	说黎语
儿媳	黄　莹	28	黎族	初中	熟练	一般	熟练	说黎语
孙女	黄思语	3	黎族	—	不会	不会	一般	大人跟她说普通话
户主	黄成林	55	黎族	高中	熟练	熟练	熟练	跟媳妇孙子说普通话
妻子	黄月花	51	黎族	初中	熟练	熟练	熟练	跟媳妇孙子说普通话
次女	黄　冰	25	黎族	大学	熟练	一般	熟练	跟父母说黎语
长子	黄志国	30	黎族	初中	熟练	熟练	熟练	跟父母说黎语
长媳	邓细莲	27	汉族	初中	不会	不会	熟练	说普通话
长孙	黄宇暄	6	黎族	—	不会	不会	熟练	说普通话

续　表

家庭关系	姓名	年龄（岁）	民族	文化程度	黎语	海南闽语	普通话	家庭语言生活
户主	黄运新	46	黎族	初中	熟练	熟练	熟练	夫妻间说黎语
妻子	黄秀玉	43	黎族	高中	熟练	一般	熟练	夫妻间说黎语
长子	黄成旺	21	黎族	初中	熟练	基本不会	熟练	说普通话
次子	黄成舟	13	黎族	小学	熟练	不会	熟练	说普通话
外甥	黄　瑞	23	黎族	初中	熟练	不会	熟练	说普通话
儿媳	黄小节	21	黎族	初中	熟练	不会	熟练	说普通话
户主	黄运章	76	黎族	小学	熟练	熟练	熟练	说黎语
妻子	黄春妹	72	黎族	小学	熟练	熟练	熟练	说黎语
三子	黄成焕	46	黎族	初中	熟练	熟练	熟练	说黎语
四子	黄成武	44	黎族	初中	熟练	熟练	熟练	说黎语
户主	黄玉亲	65	黎族	初中	熟练	熟练	熟练	说黎语
次子	黄运芬	42	黎族	初中	熟练	一般	熟练	说黎语
四子	黄运卫	38	黎族	初中	熟练	一般	熟练	说黎语
户主	黄运敏	40	黎族	初中	熟练	一般	熟练	说黎语多
妻子	黄兰梅	39	黎族	初中	熟练	一般	熟练	说黎语多
儿子	黄　鑫	15	黎族	小学	一般	不会	熟练	偶尔说普通话
户主	黄亚宏	40	黎族	初中	熟练	熟练	熟练	夫妻间黎语，与孩子说普通话
妻子	黄海莲	39	黎族	初中	熟练	熟练	熟练	夫妻间黎语，与孩子说普通话

续 表

家庭关系	姓名	年龄（岁）	民族	文化程度	黎语	海南闽语	普通话	家庭语言生活
长女	黄 锦	10	黎族	小学	不会	不会	熟练	说普通话
次女	黄 婷	6	黎族	—	不会	不会	熟练	说普通话
户主	黄良荣	58	黎族	高中	熟练	熟练	一般	说黎语
妻子	黄春香	60	黎族	初中	熟练	熟练	一般	说黎语
儿子	黄 成	32	黎族	初中	熟练	熟练	熟练	说黎语
女儿	黄美琼	37	黎族	初中	熟练	熟练	熟练	说黎语
户主	黄 刚	36	黎族	初中	熟练	熟练	熟练	偶尔说黎语
妻子	胡香芹	34	黎族	大学	熟练	一般	熟练	偶尔说黎语
长女	黄婧婕	11	黎族	小学	不会	不会	熟练	说普通话
次女	黄婧暄	7	黎族	学前	不会	不会	熟练	说普通话
儿子	黄立恒	5	黎族	学前	不会	不会	一般	说普通话
户主	黄运尧	44	黎族	初中	熟练	熟练	熟练	说黎语和普通话
妻子	黄月丽	44	黎族	初中	熟练	一般	熟练	说黎语和普通话
长女	黄 晶	25	黎族	初中	熟练	一般	熟练	说黎语和普通话
次女	黄 玲	22	黎族	初中	熟练	一般	熟练	说黎语和普通话
三女	黄心怡	6	黎族	学前	不会	不会	熟练	普通话
户主	黄运照	51	黎族	初中	熟练	熟练	熟练	说黎语
妻子	文 香	53	黎族	初中	熟练	一般	熟练	说黎语

续　表

家庭关系	姓名	年龄（岁）	民族	文化程度	黎语	海南闽语	普通话	家庭语言生活
女儿	黄珊珊	25	黎族	初中	熟练	一般	熟练	说黎语
儿子	黄　海	21	黎族	初中	熟练	一般	熟练	说黎语
户主	黄洪燕	46	黎族	高中	熟练	熟练	熟练	说普通话
丈夫	王锦良	47	黎族	初中	熟练	熟练	熟练	说普通话
长子	王富湧	18	黎族	初中	不会	能听懂	熟练	说普通话
次子	王富智	11	黎族	小学	不会	不会	熟练	说普通话
户主	黄成文	40	黎族	初中	熟练	熟练	熟练	说黎语
妻子	黄燕洪	38	黎族	初中	熟练	熟练	熟练	说黎语
长女	黄淑雅	14	黎族	小学	熟练	不会	熟练	说普通话
次女	黄淑曈	4	黎族	—	不会	不会	一般	说普通话
母亲	黄秀梅	67	黎族	小学	熟练	熟练	一般	说黎语
户主	黄成高	50	黎族	初中	熟练	熟练	熟练	说黎语
妻子	黄梅芬	48	黎族	初中	熟练	熟练	熟练	说黎语
女儿	黄雪云	29	黎族	初中	熟练	一般	熟练	说黎语
户主	黄成信	47	黎族	初中	熟练	熟练	熟练	跟小孩说普通话
妻子	王　鸾	47	黎族	初中	熟练	熟练	熟练	跟小孩说普通话
长子	黄俊哲	5	黎族	—	不会	不会	熟练	跟小孩说普通话
长女	黄静怡	6	黎族	—	不会	不会	熟练	跟小孩说普通话

续 表

家庭关系	姓名	年龄（岁）	民族	文化程度	黎语	海南闽语	普通话	家庭语言生活
妹妹	黄海玉	40	黎族	初中	熟练	熟练	熟练	跟小孩说普通话
母亲	文春梅	67	黎族	文盲	熟练	熟练	一般	跟孙子说普通话
户主	黄运仁	60	黎族	小学	熟练	熟练	一般	说黎语
妻子	黄母洪	59	黎族	小学	熟练	熟练	一般	说黎语
女儿	黄海浅	34	黎族	初中	熟练	一般	熟练	说黎语
外甥	黄慧妍	10	黎族	小二	不会	不会	熟练	说普通话
儿子	黄成流	36	黎族	初中	熟练	一般	熟练	说黎语
儿媳	陈舒淇	34	黎族	初中	熟练	一般	熟练	说黎语
孙子	黄家晨	11	黎族	小三	不会	不会	熟练	说普通话
孙女	黄家可	5	黎族	学前	不会	不会	熟练	说普通话
户主	黄运海	63	黎族	初中	熟练	熟练	熟练	说黎语
妻子	黄月菊	53	黎族	初中	熟练	熟练	熟练	说黎语
长子	黄　河	38	黎族	初中	熟练	熟练	熟练	说黎语
次子	黄　波	37	黎族	初中	熟练	熟练	熟练	说黎语
女儿	黄小芬	34	黎族	初中	熟练	熟练	熟练	说黎语
户主	黄成聪	54	黎族	初中	熟练	熟练	熟练	说黎语
妻子	黄桂花	46	黎族	初中	熟练	熟练	熟练	说黎语
长子	黄威威	27	黎族	初中	熟练	熟练	熟练	说黎语
次子	黄菲菲	22	黎族	初中	熟练	熟练	熟练	说黎语

续　表

家庭关系	姓名	年龄（岁）	民族	文化程度	黎语	海南闽语	普通话	家庭语言生活
女儿	黄艺娜	16	黎族	初中	熟练	不会	熟练	说黎语
户主	黄运聪	52	黎族	初中	熟练	熟练	熟练	说黎语
妻子	黄月娟	51	黎族	初中	熟练	熟练	熟练	说黎语
儿子	黄海超	28	黎族	初中	熟练	熟练	熟练	说黎语

说明：加茂村距离保亭黎族苗族自治县人民政府服务中心 10.5 公里。我们在加茂村共调查了 20 户家庭，92 位黎族村民和 2 位汉族村民，其中 2 岁至 9 岁的 11 人，10 岁至 19 岁的 11 人，20 岁至 29 岁的 16 人，30 岁至 39 岁的 16 人，40 岁至 49 岁的 19 人，50 岁至 59 岁的 13 人，60 岁至 69 岁的 6 人，70 岁以上的 2 人。

表 5-1-3-1　加茂村民语言熟悉情况家庭抽样调查统计

			2—9 岁	10—19 岁	20—29 岁	30—39 岁	40—49 岁	50—59 岁	60 岁以上
黎语	熟练	人数	0	3	15	16	18	13	8
		占比	0	27.27%	93.75%	100%	94.74%	100%	100%
			合计 73 人；占总人数比重为 77.66%						
	一般	人数	0	2	0	0	0	0	0
		占比	0	18.18	0	0	0	0	0
			合计 2 人；占总人数比重为 2.13%						
	基本不会	人数	0	0	0	0	1（汉族）	0	0
		占比	0	0	0	0	5.26%	0	0
			合计 1 人；占总人数比重为 1.06%						
	不会	人数	11	6	1	0	0	0	0
		占比	100%	54.55%	6.25%	0	0	0	0
			合计 18 人；占总人数比重为 19.15%						

续 表

			2—9岁	10—19岁	20—29岁	30—39岁	40—49岁	50—59岁	60岁以上
海南闽语	熟练	人数	0	0	3	10	15	12	8
		占比	0	0	18.75%	62.5%	78.95%	92.31%	100%
			合计48人;占总人数比重为51.06%						
	一般	人数	0	0	9	6	4	1	0
		占比	0	0	56.25%	37.5%	21.05%	7.69%	0
			合计20人;占总人数比重为21.28%						
	基本不会	人数	0	0	1	0	0	0	0
		占比	0	0	6.25%	0	0	0	0
			合计1人;占总人数比重为1.06%						
	不会	人数	11	11	3	0	0	0	0
		占比	100%	100%	18.75%	0	0	0	0
			合计25人;占总人数比重为26.60%						
普通话	熟练	人数	7	11	16	16	19	10	4
		占比	63.64%	100%	100%	100%	100%	76.92%	50%
			合计83人;占总人数比重为88.30%						
	一般	人数	4	0	0	0	0	3	4
		占比	36.36%	0	0	0	0	23.08%	50%
			合计11人;占总人数比重为11.70%						
	基本不会	人数	0	0	0	0	0	0	0
		占比	0	0	0	0	0	0	0
			合计0人;占总人数比重为0						
	不会	人数	0	0	0	0	0	0	0
		占比	0	0	0	0	0	0	0
			合计0人;占总人数比重为0						

表 5-1-4 元门立志村家庭语言生活调查

家庭关系	姓名	年龄（岁）	民族	文化程度	黎语	海南闽语	普通话	家庭语言生活
户主	王 安	49	黎族	小学	熟练	熟练	一般	说黎语
妻子	王美么	48	黎族	高中	熟练	熟练	熟练	说黎语；跟女儿说普通话
女儿	王夏霖	26	黎族	大学	熟练	熟练	熟练	说黎语
女儿	王夏滢	22	黎族	大学	熟练	一般	熟练	说黎语；跟妈妈说普通话
户主	王文书	55	黎族	小学	熟练	一般	一般	说黎语
妻子	王丽常	51	黎族	小学	熟练	一般	一般	说黎语
儿子	王小智	20	黎族	中专	熟练	一般	熟练	说黎语
户主	符秀香	50	黎族	小学	熟练	熟练	一般	说黎语
儿子	王德平	27	黎族	初中	熟练	一般	一般	说黎语
户主	王政海	53	黎族	初中	熟练	熟练	一般	说黎语
妻子	王爱香	51	黎族	初中	熟练	熟练	熟练	说黎语
儿子	王召磊	28	黎族	中专	熟练	熟练	熟练	说黎语
户主	王连学	81	黎族	小学	熟练	一般	不会	说黎语
妻子	王月花	75	黎族	小学	熟练	一般	一般	说黎语
儿子	王 灵	45	黎族	小学	熟练	一般	一般	说黎语
儿子	王 那	41	黎族	小学	熟练	一般	一般	说黎语
户主	王忠边	87	黎族	小学	熟练	一般	一般	说黎语
妻子	王妚单	78	黎族	小学	熟练	一般	一般	说黎语

续 表

家庭关系	姓名	年龄（岁）	民族	文化程度	黎语	海南闽语	普通话	家庭语言生活
儿子	王书仁	47	黎族	初中	熟练	熟练	熟练	说黎语
户主	王召亲	54	黎族	初中	熟练	熟练	熟练	说黎语
妻子	张美珍	53	黎族	初中	熟练	熟练	熟练	说黎语
儿子	王挺震	29	黎族	大学	熟练	熟练	熟练	说黎语
户主	王仁诗	56	黎族	初中	熟练	熟练	熟练	说黎语
妻子	王菊英	52	黎族	小学	熟练	熟练	熟练	说黎语
户主	王形进	38	黎族	初中	熟练	熟练	熟练	说黎语；偶尔跟子女说普通话
妻子	符丽珍	41	黎族	初中	熟练	熟练	熟练	说黎语；偶尔跟子女说普通话
儿子	王紫恒	13	黎族	初中	一般	基本不会	熟练	说普通话；偶尔说黎语
女儿	王紫涵	11	黎族	小学	一般	不会	熟练	说普通话；偶尔说黎语
户主	王形武	40	黎族	初中	熟练	熟练	熟练	说黎语；跟女儿说普通话
妻子	符体碧	37	黎族	初中	熟练	熟练	熟练	说黎语；跟女儿说普通话
女儿	王紫嫣	8	黎族	小学	基本不会	不会	熟练	说普通话

续　表

家庭关系	姓名	年龄（岁）	民族	文化程度	黎语	海南闽语	普通话	家庭语言生活
女儿	王紫依	6	黎族	学前	不会	不会	熟练	说普通话
户主	王形书	37	黎族	初中	熟练	熟练	熟练	说黎语；跟儿女说普通话
妻子	王丽琼	35	黎族	初中	一般	熟练	熟练	说普通话多；偶尔说黎语
儿子	王德贤	8	黎族	小学	一般	基本不会	熟练	说普通话
女儿	王紫思	6	黎族	学前	基本不会	不会	熟练	说普通话
户主	王其常	45	黎族	小学	熟练	熟练	熟练	说黎语；跟儿女说普通话
妻子	王　慧	37	黎族	初中	熟练	熟练	熟练	说黎语；跟儿女说普通话
女儿	王美倩	17	黎族	中专	熟练	一般	熟练	说黎语；跟弟妹说普通话
女儿	王美洁	13	黎族	初中	一般	基本不会	熟练	说普通话
儿子	王正浩	8	黎族	小学	一般	不会	熟练	说普通话
户主	王焕方	43	黎族	高中	熟练	熟练	熟练	说黎语；跟儿女说普通话
妻子	熊英兰	36	汉族	初中	基本不会	基本不会	熟练	说普通话
女儿	王瑞柔	11	黎族	小学	不会	不会	熟练	说普通话

续 表

家庭关系	姓名	年龄(岁)	民族	文化程度	黎语	海南闽语	普通话	家庭语言生活
儿子	王逸恩	8	黎族	小学	不会	不会	熟练	说普通话
户主	王焕劲	38	黎族	初中	熟练	熟练	熟练	说黎语;跟儿女说普通话
妻子	王少书	30	黎族	初中	熟练	熟练	熟练	说黎语;跟儿女说普通话
儿子	王逸和	13	黎族	初中	基本不会	基本不会	熟练	说普通话
女儿	王瑞娴	11	黎族	小学	基本不会	基本不会	熟练	说普通话
户主	王焕空	48	黎族	小学	熟练	一般	一般	说黎语
妻子	符爱花	45	黎族	小学	熟练	一般	一般	说黎语;偶尔跟儿子说普通话
儿子	王逸堂	16	黎族	初中	熟练	基本不会	熟练	说黎语;偶尔跟妈妈说普通话
户主	王　单	43	黎族	小学	熟练	熟练	一般	说黎语
妻子	符丽琴	39	黎族	初中	熟练	熟练	熟练	说黎语
儿子	王一帅	19	黎族	初中	熟练	一般	熟练	说黎语;跟妈妈说普通话

说明:立志村距离元门乡人民政府仅1公里,距离白沙黎族自治县人民政府10公里。我们共调查了16户家庭,54位黎族村民和1位汉族村民,其中2岁至9岁的6人,10岁至19岁的9人,20岁至29岁的6人,30岁至39岁的9人,40岁至49岁的12人,50岁至59岁的9人,60岁至69岁的0人,70岁至79岁的2人,80岁至89岁的2人。

表 5-1-4-1　立志村民语言熟悉情况家庭抽样调查统计

			2—9岁	10—19岁	20—29岁	30—39岁	40—49岁	50—59岁	60岁以上
黎语	熟练	人数	0	3	6	7	12	9	4
		占比	0	33.33%	100%	77.78%	100%	100%	100%
			合计41人；占总人数比重为74.55%						
	一般	人数	2	3	0	1	0	0	0
		占比	33.33%	33.33%	0	11.11%	0	0	0
			合计6人；占总人数比重为10.9%						
	基本不会	人数	2	2	0	1(汉族)	0	0	0
		占比	33.33%	22.22%	0	11.11%	0	0	0
			合计5人；占总人数比重为9.09%						
	不会	人数	2	1	0	0	0	0	0
		占比	33.33%	11.11%	0	0	0	0	0
			合计3人；占总人数比重为5.45%						
海南闽语	熟练	人数	0	0	3	8	8	7	0
		占比	0	0	50%	88.89%	66.66%	77.78%	0
			合计26人；占总人数比重为47.27%						
	一般	人数	0	2	3	0	4	2	4
		占比	0	22.22%	50%	0	33.33%	22.22%	100%
			合计15人；占总人数比重为27.27%						
	基本不会	人数	1	5	0	1(汉族)	0	0	0
		占比	16.67%	55.56%	0	11.11%	0	0	0
			合计7人；占总人数比重为12.73%						
	不会	人数	5	2	0	0	0	0	0
		占比	83.33%	22.22%	0	0	0	0	0
			合计7人；占总人数比重为12.73%						

续 表

			2—9岁	10—19岁	20—29岁	30—39岁	40—49岁	50—59岁	60岁以上
普通话	熟练	人数	6	9	5	9	6	5	0
		占比	100%	100%	83.33%	100%	50%	55.55%	0
			合计40人;占总人数比重为72.73%						
	一般	人数	0	0	1	0	6	4	3
		占比	0	0	16.67%	0	50%	44.45%	75%
			合计14人;占总人数比重为25.45%						
	基本不会	人数	0	0	0	0	0	0	0
		占比	0	0	0	0	0	0	0
			合计0人;占总人数比重为0						
	不会	人数	0	0	0	0	0	0	1
		占比	0	0	0	0	0	0	25%
			合计1人;占总人数比重为1.82%						

表5-1-5 乐东保定村家庭语言生活调查

家庭关系	姓名	年龄(岁)	民族	文化程度	黎语	海南闽语	普通话	家庭语言生活
户主	陈春琼	70	黎族	初小	熟练	基本不会	基本不会	说黎语;跟小孩说黎语,跟孙子说普通话
儿子	陈阳春	37	黎族	初中	熟练	一般	一般	说黎语,跟小孩说普通话
儿媳	王　霞	35	黎族	初中	熟练	一般	熟练	说黎语,跟小孩说普通话

续 表

家庭关系	姓名	年龄（岁）	民族	文化程度	黎语	海南闽语	普通话	家庭语言生活
孙女	陈子晴	7	黎族	小学	基本不会	不会	熟练	说普通话
孙子	陈天浩	5	黎族	—	熟练	不会	不会	说黎语
户主	陈鸿涛	31	黎族	初中	熟练	一般	熟练	说黎语；跟小孩说普通话
妻子	容丽飞	32	黎族	初中	熟练	熟练	熟练	说黎语；跟小孩说普通话
儿子	陈勤诚	5	黎族	—	基本不会	不会	熟练	说普通话
女儿	陈慧诚	4	黎族	—	基本不会	不会	熟练	说普通话
户主	陈　荣	59	黎族	初中	熟练	一般	基本不会	说黎语
妻子	王梅玲	59	黎族	高中	熟练	一般	一般	说黎语
长女	陈美静	35	黎族	初中	熟练	基本不会	熟练	说黎语
次女	陈蔚萍	28	黎族	大学	熟练	基本不会	熟练	说黎语
户主	陈伟雄	46	黎族	初中	熟练	一般	一般	说黎语；跟小孩说普通话
妻子	罗亚珍	47	黎族	初中	熟练	基本不会	一般	说黎语；跟小孩说普通话
长子	陈家豪	24	黎族	初中	熟练	一般	熟练	说普通话
次子	陈家凡	18	黎族	中专	熟练	基本不会	熟练	说普通话

续 表

家庭关系	姓名	年龄（岁）	民族	文化程度	黎语	海南闽语	普通话	家庭语言生活
户主	陈志雄	63	黎族	初中	熟练	熟练	一般	说黎语；跟小孩说普通话
妻子	王梅玲	61	黎族	初中	熟练	一般	一般	说黎语；跟小孩说普通话
长子	陈亚平	34	黎族	初中	熟练	一般	熟练	说黎语；跟小孩说普通话
长媳	吉小兰	35	黎族	初中	熟练	一般	熟练	说黎语；跟小孩说普通话
孙女	陈秋菊	10	黎族	小学	熟练	不会	熟练	说普通话
孙子	陈政企	3	黎族	—	一般	不会	一般	说普通话
户主	刘大华	52	黎族	初中	熟练	一般	一般	说黎语；跟小孩说普通话
妻子	刘颜良	53	黎族	初中	熟练	一般	一般	说黎语；跟小孩说普通话
长子	刘亚新	30	黎族	初中	熟练	一般	熟练	说黎语、普通话
次子	刘万金	7	黎族	小学	一般	不会	熟练	说普通话
户主	刘明雄	46	黎族	初小	熟练	一般	一般	说黎语；跟小孩说普通话
妻子	文明珠	50	黎族	初中	熟练	基本不会	一般	说黎语；跟小孩说普通话
女儿	刘玉妹	24	黎族	初中	熟练	基本不会	熟练	黎语和普通话
长子	刘童童	20	黎族	初中	熟练	基本不会	熟练	黎语和普通话

续　表

家庭关系	姓名	年龄(岁)	民族	文化程度	黎语	海南闽语	普通话	家庭语言生活
次子	刘天翔	16	黎族	高中	熟练	不会	熟练	说黎语和普通话
户主	刘其明	45	黎族	老师	熟练	熟练	熟练	说黎语；跟小孩说普通话，小孩长大了就说黎语
妻子	王丽花	42	黎族	初中	熟练	一般	一般	说黎语和普通话
长子	刘　勇	22	黎族	初中	熟练	基本不会	熟练	说黎语和普通话
次子	刘　华	13	黎族	初中	熟练	不会	熟练	说黎语和普通话
户主	刘永坚	38	黎族	初小	熟练	一般	一般	说黎语；跟小孩说普通话
妻子	邢桂花	37	黎族	初小	熟练	一般	一般	说黎语；跟小孩说普通话
长女	刘娜晶	14	黎族	初中	熟练	基本不会	熟练	说普通话
次女	刘娜琦	11	黎族	小学	熟练	不会	熟练	说普通话
三女儿	刘娜娜	10	黎族	小学	熟练	不会	熟练	说普通话
儿子	刘天佑	5	黎族	—	一般	不会	熟练	说普通话
户主	王　聪	36	黎族	初中	熟练	熟练	熟练	说黎语；跟小孩说普通话
妻子	陈宇萍	37	黎族	初中	熟练	一般	熟练	说黎语；跟小孩说普通话
长子	王子凡	4	黎族	—	一般	不会	熟练	说普通话

续 表

家庭关系	姓名	年龄（岁）	民族	文化程度	黎语	海南闽语	普通话	家庭语言生活
次子	王子扬	3	黎族	—	一般	不会	熟练	说普通话
户主	王国兴	50	黎族	高中	熟练	一般	熟练	说黎语和普通话
长女	王　晶	29	黎族	大学	熟练	基本不会	熟练	说黎语和普通话
次女	王　玥	17	黎族	大学	熟练	基本不会	熟练	说黎语和普通话
儿子	王　宏	25	黎族	大学	熟练	基本不会	熟练	说黎语和普通话
户主	王　民	46	黎族	高中	熟练	一般	熟练	说黎语；跟小孩说黎话（小孩小的时候跟小孩说普通话）
妻子	刘玉妹	40	黎族	初中	熟练	一般	一般	说黎语
女儿	王玉嫦	17	黎族	高中	熟练	基本不会	熟练	说黎语
儿子	王成浩	14	黎族	初中	熟练	不会	熟练	说黎语
户主	王　宁	46	黎族	初中	熟练	一般	一般	说黎语；跟小孩说普通话
妻子	陈雪江	44	黎族	初中	熟练	一般	一般	说黎语；跟小孩说普通话
长女	王嘉琪	13	黎族	初中	熟练	基本不会	熟练	说黎语和普通话
次女	王家瑜	11	黎族	小学	熟练	不会	熟练	说黎语和普通话

续　表

家庭关系	姓名	年龄（岁）	民族	文化程度	黎语	海南闽语	普通话	家庭语言生活
儿子	王嘉睦	10	黎族	小学	熟练	不会	熟练	说黎语和普通话
户主	王新明	64	黎族	高中	熟练	熟练	一般	说黎语；跟小孩说普通话
妻子	刘雪英	55	黎族	小学	熟练	一般	基本不会	说黎语；跟小孩说普通话
长子	王　聪	36	黎族	初中	熟练	一般	熟练	说黎语；跟小孩说普通话
长媳	陈宇萍	37	黎族	初中	熟练	一般	熟练	说黎语；跟小孩说普通话
孙子	王子凡	4	黎族	幼儿园	熟练	不会	熟练	说黎语和普通话
孙子	王子扬	3	黎族		熟练	不会	熟练	说黎语和普通话
户主	王志彪	56	黎族	初小	熟练	一般	基本不会	说黎语；跟小孩说黎话
妻子	刘桂蓉	54	黎族	初小	熟练	基本不会	基本不会	说黎语
长女	王　妹	23	黎族	初中	熟练	一般	熟练	说黎语
次女	王　珠	18	黎族	初中	熟练	基本不会	熟练	说黎语
长子	王振豪	14	黎族	初中	熟练	不会	熟练	说黎语

说明：保定村距离乐东黎族自治县人民政府所在地抱由镇 5.3 公里。共调查了 15 户家庭，70 位黎族村民，其中 2 岁至 9 岁的 11 人，10 岁至 19 岁的 15 人，20 岁至 29 岁的 8 人，30 岁至 39 岁的 14 人，40 岁至 49 岁的 9 人，50 岁至 59 岁的 9 人，60 岁至 69 岁的 3 人，70 岁至 79 岁的 1 人。

表 5-1-5-1　保定村村民语言熟练情况家庭抽样调查统计

<table>
<tr><th colspan="3"></th><th>2—
9岁</th><th>10—
19岁</th><th>20—
29岁</th><th>30—
39岁</th><th>40—
49岁</th><th>50—
59岁</th><th>60岁
以上</th></tr>
<tr><td rowspan="12">黎语</td><td rowspan="3">熟练</td><td>人数</td><td>3</td><td>15</td><td>8</td><td>14</td><td>9</td><td>9</td><td>4</td></tr>
<tr><td rowspan="2">占比</td><td>27.27%</td><td>100%</td><td>100%</td><td>100%</td><td>100%</td><td>100%</td><td>100%</td></tr>
<tr><td colspan="7">占总人数比重为 88.57%</td></tr>
<tr><td rowspan="3">一般</td><td>人数</td><td>5</td><td>0</td><td>0</td><td>0</td><td>0</td><td>0</td><td>0</td></tr>
<tr><td rowspan="2">占比</td><td>45.45%</td><td>0</td><td>0</td><td>0</td><td>0</td><td>0</td><td>0</td></tr>
<tr><td colspan="7">占总人数比重为 7.14%</td></tr>
<tr><td rowspan="3">基本不会</td><td>人数</td><td>3</td><td>0</td><td>0</td><td>0</td><td>0</td><td>0</td><td>0</td></tr>
<tr><td rowspan="2">占比</td><td>27.27%</td><td>0</td><td>0</td><td>0</td><td>0</td><td>0</td><td>0</td></tr>
<tr><td colspan="7">占总人数比重为 4.29%</td></tr>
<tr><td rowspan="3">不会</td><td>人数</td><td>0</td><td>0</td><td>0</td><td>0</td><td>0</td><td>0</td><td>0</td></tr>
<tr><td rowspan="2">占比</td><td>0</td><td>0</td><td>0</td><td>0</td><td>0</td><td>0</td><td>0</td></tr>
<tr><td colspan="7">占总人数比重为 0</td></tr>
<tr><td rowspan="12">海南闽语</td><td rowspan="3">熟练</td><td>人数</td><td>0</td><td>0</td><td>0</td><td>2</td><td>1</td><td>0</td><td>2</td></tr>
<tr><td rowspan="2">占比</td><td>0</td><td>0</td><td>0</td><td>14.29%</td><td>11.11%</td><td>0</td><td>50%</td></tr>
<tr><td colspan="7">占总人数比重为 7.14%</td></tr>
<tr><td rowspan="3">一般</td><td>人数</td><td>0</td><td>0</td><td>2</td><td>11</td><td>7</td><td>7</td><td>1</td></tr>
<tr><td rowspan="2">占比</td><td>0</td><td>0</td><td>25%</td><td>78.57%</td><td>77.78%</td><td>77.78%</td><td>25%</td></tr>
<tr><td colspan="7">占总人数比重为 40%</td></tr>
<tr><td rowspan="3">基本不会</td><td>人数</td><td>0</td><td>6</td><td>6</td><td>1</td><td>1</td><td>2</td><td>1</td></tr>
<tr><td rowspan="2">占比</td><td>0</td><td>40%</td><td>75%</td><td>7.14%</td><td>11.11%</td><td>22.22%</td><td>25%</td></tr>
<tr><td colspan="7">占总人数比重为 24.29%</td></tr>
<tr><td rowspan="3">不会</td><td>人数</td><td>11</td><td>9</td><td>0</td><td>0</td><td>0</td><td>0</td><td>0</td></tr>
<tr><td rowspan="2">占比</td><td>100%</td><td>60%</td><td>0</td><td>0</td><td>0</td><td>0</td><td>0</td></tr>
<tr><td colspan="7">占总人数比重为 28.57%</td></tr>
</table>

续　表

			2—9 岁	10—19 岁	20—29 岁	30—39 岁	40—49 岁	50—59 岁	60 岁以上
普通话	熟练	人数	9	15	8	11	2	1	0
		占比	81.82%	100%	100%	78.57%	22.22%	11.11%	0
			占总人数比重为 65.71%						
	一般	人数	1	0	0	3	7	4	3
		占比	9.09%	0	0	21.43%	77.78%	44.44%	75%
			占总人数比重为 25.71%						
	基本不会	人数	0	0	0	0	0	4	1
		占比	0	0	0	0	0	44.44%	25%
			占总人数比重为 7.14%						
	不会	人数	1	0	0	0	0	0	0
		占比	9.09%	0	0	0	0	0	0
			占总人数比重为 1.43%						

从上述五个村的统计数字来看，黎族村落家庭语言生活表现出一个共同的状态：黎族村民的年龄越大，黎语熟练的比例越高；黎族人普遍要 20 岁成人以后才能熟练使用黎语。20 岁至 29 岁的村民各村熟练使用黎语的比例分别是：白沙村 78.57%、西方村 100%、加茂村 93.75%、立志村 100%、保定村 100%。低年龄段熟练使用黎语比例最高的是西方村，其他三个村基本一致，比如 2 岁至 9 岁年龄段的，西方村 88.89%、白沙村 25%、加茂村 0%、立志村 0%、保定村 27.27%，10 岁至 19 岁年龄段的，西方村 100%、白沙村 25%、加茂村 27.27%、立志村 33.33%、保定村 100%。从熟练使用某种具体语言的总比例（不分年龄段）来看，白沙村、加茂村、立志村、保定村也基本一致。

普通话、黎语、海南闽语三种语言(或方言)熟练使用的比例,白沙村分别是83.51%、78.35%、34.02%,加茂村分别是88.30%、77.66% 、51.06%,立志村分别是72.73%、74.55%、47.27%,保定村分别是65.71%、88.57%、40%。但是,西方村分别是26.56%、98.44%、3.13%,情况明显不同于另外四个村。跟熟练使用普通话、黎语、海南闽语三种语言(或方言)的比例相对应,白沙村、加茂村、立志村、保定黎族家庭语言生活中也普遍使用双语,即黎语和普通话,具体使用哪一种语言进行交流则取决于交际对象的某种语言的熟练程度。西方村当然是个例外,家庭语言生活一律使用黎语。

海南闽语和普通话对不同年龄段的人影响程度不一样。

白沙村、加茂村、西方村3个村熟练使用海南闽语的比例最高的年龄段是60岁以上,比例100%。保定村熟练使用海南闽语的比例最高的也是60岁以上的,但是仅为50%。立志村熟练使用海南闽语的比例最高的是30岁至39岁这一年龄段,为88.89%,60岁以上的全都属于一般熟练程度。海南闽语基本上是越低龄越不会,"基本不会"和"不会"两项总比例超过50%的,白沙村和保定村始于20岁至29岁这一年龄段,比例分别为71.43%、75%;西方村始于40岁至49岁年龄段,比例为83.33%,20岁至29岁年龄段的比例下降到44.44%,但仅限于这一年龄段,20岁以下的则100%不会海南闽语;加茂村始于10岁至29岁年龄段,比例为100%;立志村也始于10岁至29岁年龄段,比例为77.78%。因此整体上看,海南闽语对黎族人的影响是逐渐走弱的,走弱的起点应该是在20世纪50年代中期,也就刚好是推普工作开始的时候。[①]

就普通话来说,白沙村没有不会的,60岁以上能熟练使用普

---

① 1954年颁布的第一部《中华人民共和国宪法》第19条:"国家推广全国通用的普通话。"1955年10月第一次全国文字改革会议上确定推广普通话的工作方针:"大力提倡,重点推行,逐步普及。"

通话的也高达66.67%；西方村的情况显得特殊，50岁至59岁的也有7.69%基本不会普通话，2岁至9岁的有22.22%不会普通话；加茂村没有不会的，60岁以上能熟练使用普通话的也高达50%；立志村除了一位80多岁的老人不会普通话之外，普通话水平都至少达到一般熟练程度。保定村也显得有些特殊，有1个5岁的小孩不会普通话；50岁至59岁的有4人基本不会普通话，占比44.44%；一位70岁的老人基本不会普通话，在60岁以上的人群中占比25%。4个村落中一位90岁的和一位81岁的不会普通话。因此，我们基本上可以作出这样的判断，新中国成立以后出生的黎族人已经普遍受到普通话的影响，而且这种影响是随着时间的推移逐渐加强的，这跟国家层面的推普工作和现代化进程是同步的。

五个村中西方村之所以不一样，主要是因为西方村所在东河镇是一个黎族聚居的大镇，而这个大镇距离县城又很远，有近80里的路程，因此黎语生态保持得很好。但是即使是像西方村这样相对比较封闭保守的村落，普通话水平达到“一般”或“熟练”程度的总比例也高达93.75%。相比较而言，海南闽语的比例要低得多，仅为35.94%。

第二节　黎族村民核心词掌握情况和自然口语语码转换问题

一、核心词掌握情况

在语言接触的广泛影响下，弱势语言必然会从强势语言中借入大量的词语，即使是基本词汇也会受到借词的影响。我们在前面讨论汉语对黎语词汇系统的影响时已经有所论述。但是到底影响到什么程度，必须从微观的层面去考察。从上一节村民语言熟练情况家庭抽样调查统计分析来看，乐东保定村是极具代表性的一个黎族村落(保定音也是黎语标准音)。考虑到保定村的代表性,我们抽样调查了乐东县保定村不同年龄段的黎族同胞所使用核心词表中的汉语借词情况,判断是否是借词或是哪一种语言(或方言)的借词,均以当地人的自身语感为依据。具体情况见表 5-2-1。

表 5-2-1 保定村不同年龄段村民使用斯瓦迪士《核心词表(207 个)》中汉语借词的情况

陈慧诚(女,4 岁,幼儿园,保定村 1 队): 海南闽语借词——0 个 普通话借词——100 个: 他、我们、你们、他们、这、那、这里、那里、谁、何时、如何、所有、一些、其他、宽、厚、重、薄、妻、夫、动物、虱、森、枝、叶、根、树皮、绳、肤、骨、油、蛋、角、羽毛、指甲、膝盖、翅、腹、肠、颈、背、乳、肝、吸、吐、呕、呼吸、住、杀、斗、猎、击、切、分、刺、挠、挖、游、转、挤、磨、擦、推、扔、捆、缝、计、浮、冻、日、月、星、湖、海、沙、尘、云、雾、雪、冰、烟、灰、烧、绿、黄、年、暖、腐、脏、圆、尖、钝、滑、湿、右、里、同、如果、因为、名
陈子晴(女,7 岁,小学二年级,保定村 14 队): 海南闽语借词——0 个 普通话借词——95 个: 他、我们、你们、他们、这、那、这里、那里、谁、何时、如何、所有、一些、其他、宽、厚、重、薄、妻、夫、动物、虱、森、枝、叶、根、树皮、绳、肤、骨、油、角、羽毛、指甲、膝盖、翅、腹、肠、颈、背、乳、肝、吸、呼吸、住、杀、斗、猎、击、切、分、刺、挠、游、转、挤、磨、擦、推、扔、捆、缝、计、浮、冻、日、月、星、湖、海、沙、尘、云、雾、雪、冰、烟、灰、烧、绿、黄、年、暖、腐、脏、圆、尖、钝、滑、湿、右、里、如果、因为、名
陈勤诚(男,5 岁,幼儿园,保定村 1 队): 海南闽语借词——0 个 普通话借词——98 个: 他、我们、你们、他们、这、那、这里、那里、谁、何时、如何、所有、一些、其他、宽、厚、重、薄、妻、夫、动物、虱、森、枝、叶、根、树皮、绳、肤、骨、油、蛋、角、羽毛、指甲、膝盖、翅、腹、肠、颈、背、乳、肝、吸、呼吸、住、杀、斗、猎、击、切、分、刺、挠、挖、游、转、挤、磨、擦、推、扔、捆、缝、计、浮、冻、日、月、星、湖、海、沙、尘、云、雾、雪、冰、烟、灰、烧、绿、黄、年、暖、腐、脏、圆、尖、钝、滑、湿、右、里、同、如果、因为、名

续　表

王子凡（男，4 岁，幼儿园，保定村 12 队）： 海南闽语借词——0 个 普通话借词——98 个： 他、我们、你们、他们、这、那、这里、那里、谁、何时、如何、所有、一些、其他、宽、厚、重、薄、妻、夫、动物、虱、森、枝、叶、根、树皮、绳、肤、骨、油、蛋、角、羽毛、指甲、膝盖、翅、腹、肠、颈、背、乳、肝、吸、呼吸、住、杀、斗、猎、击、切、分、刺、挠、挖、游、转、挤、磨、擦、推、扔、捆、缝、计、浮、冻、日、月、星、湖、海、沙、尘、云、雾、雪、冰、烟、灰、烧、绿、黄、年、暖、腐、脏、圆、尖、钝、滑、湿、右、里、同、如果、因为、名
王成浩（男，14 岁，初二，保定村 11 队）： 海南闽语借词——2 个： 动物 haːŋ^{53} vuːt^{53}、冻 ʔdoŋ^{53} 普通话借词——5 个：呼吸、捆、计、如果、因为
王嘉睦（男，10 岁，小四，保定村 12 队） 海南闽语借词——3 个： 其他 khi^{11} kha^{55}、冻 ʔdoŋ^{53}、冰 ʔbeŋ^{55} 普通话借词——7 个： 何时、如何、所有、动物、计、如果、因为
王嘉琪（女，13 岁，初一，保定村 12 队） 海南闽语借词——2 个： 动物 haːŋ^{53} vuːt^{53}、冻 ʔdoŋ^{53} 普通话借词——3 个： 计、如果、因为
王嘉瑜（女，11 岁，小六，保定村 12 队） 海南闽语借词——1 个： 冰 ʔbeŋ^{55} 普通话借词——9 个： 如何、动物、计、冻、云、沙、暖、如果、因为
刘玉嫦（女，17 岁，高三，保定村 11 队） 海南闽语借词——2 个： 动物 haːŋ^{53} vuːt^{53}、冻 ʔdoŋ^{53} 普通话借词——4 个： 呼吸、计、如果、因为

续 表

陈家豪(男,24 岁,初中,保定村 1 队) 海南闽语借词——5 个: 动物 haːŋ^{53} vuːt^{53}、计 ki^{55}、冰 ʔbeŋ^{55}、如果 siːn^{53} kuːi^{11}、因为 jiːn^{55} ui^{11} 普通话借词——0 个
陈蔚萍(女,28 岁,大学,保定村 1 队) 海南闽语借词——5 个: 动物 haːŋ^{53} vuːt^{53}、计 ki^{55}、冻 ʔdoŋ^{53}、如果 siːn^{53} kuːi^{11}、因为 jiːn^{55} ui^{11} 普通话借词——0 个
王宏(男,25 岁,大学,保定村 5 队) 海南闽语借词——8 个: 动物 haːŋ^{53} vuːt^{53}、乳(奶) ne^{55}、分 huːn^{55}、计 ki^{55}、冻 ʔdoŋ^{53}、冰 ʔbeŋ^{55}、若(如果)siːn^{53} kuːi^{11}、因为 jiːn^{55} ui^{11} 普通话借词——0 个
陈鸿涛(男,31 岁,初中,保定村 1 队) 海南闽语借词——2 个: 动物 haːŋ^{53} vuːt^{53}、因为 jiːn^{55} ui^{11} 普通话借词——0 个
陈美静(女,35 岁,初中,保定村 1 队) 海南闽语借词——5 个: 动物 haːŋ^{53} vuːt^{53}、计 ki^{55}、冰 ʔbeŋ^{55}、如果 siːn^{53} kuːi^{11}、因为 jiːn^{55} ui^{11} 普通话借词——0 个
陈清(男,33 岁,初中,保定村 1 队) 海南闽语借词——5 个: 动物 haːŋ^{53} vuːt^{53}、计 ki^{55}、冰 ʔbeŋ^{55}、如果 siːn^{53} kuːi^{11}、因为 jiːn^{55} ui^{11} 普通话借词——0 个
陈亚平(男,34 岁,初中,保定村 1 队) 海南闽语借词——3 个: 动物 haːŋ^{53} vuːt^{53}、如果 siːn^{53} kuːi^{11}、因为 jiːn^{55} ui^{11} 普通话借词——0 个
陈宇萍(女,37 岁,初中,保定村 12 队) 海南闽语借词——2 个: 动物 haːŋ^{53} vuːt^{53}、因为 jiːn^{55} ui^{11}

续 表

王聪（男，36 岁，初中，保定村 12 队） 海南闽语借词——2 个： 动物 haːŋ^{53} vuːt^{53}、因为 jiːn^{55} ui^{11} 普通话借词——0 个
陈伟雄（男，46，初中，保定村 1 队） 海南闽语借词——2 个： 动物 haːŋ^{53} vuːt^{53}、冰 ʔbeŋ^{55} 普通话借词——0 个
陈雪江（女，44 岁，初中，保定村 12 队） 海南闽语借词——3 个： 动物 haːŋ^{53} vuːt^{53}、如果 siːn^{53} kuːi^{11}、因为 jiːn^{55} ui^{11} 普通话借词——0 个
吉妮（女，47 岁，初中，保定村 14 队） 海南闽语借词——2 个： 动物 haːŋ^{53} vuːt^{53}、因为 jiːn^{55} ui^{11} 普通话借词——0 个
刘玉妹（女，40 岁，初中，保定村 11 队） 海南闽语借词——3 个： 动物 haːŋ^{53} vuːt^{53}、雪 ʔdoːi^{53}、因为 jiːn^{55} ui^{11} 普通话借词——0 个
王亚珍（女，47，女，初中，保定村 1 队） 海南闽语借词——4 个： 动物 haːŋ^{53} vuːt^{53}、冰 ʔbeŋ^{55}、如果 siːn^{53} kuːi^{11}、因为 jiːn^{55} ui^{11} 普通话借词——0 个
陈荣（男，59 岁，初中，保定村 1 队） 海南闽语借词——2 个： 动物 haːŋ^{53} vuːt^{53}、计 ki^{55} 普通话借词——0 个
刘桂蓉（女，54 岁，初中，保定村 11 队） 海南闽语借词——3 个： 动物 haːŋ^{53} vuːt^{53}、如果 siːn^{53} kuːi^{11}、因为 jiːn^{55} ui^{11} 普通话借词——0 个

续　表

刘雪英（女，55 岁，初中，保定村 12 队）
海南闽语借词——3 个：
动物 haːŋ^{53} vuːt^{53}、如果 siːn^{53} kuːi^{11}、因为 jiːn^{55} ui^{11}
普通话借词——0 个

刘颜良（男，53 岁，初中，保定村 1 队）
海南闽语借词——4 个：
动物 haːŋ^{53} vuːt^{53}、冻 ʔdoŋ^{53}、如果 siːn^{53} kuːi^{11}、因为 jiːn^{55} ui^{11}
普通话借词——0 个

陈志雄（男，63 岁，初中，保定村 1 队）
海南闽语借词——2 个：
动物 haːŋ^{53} vuːt^{53}、因为 jiːn^{55} ui^{11}
普通话借词——0 个

王梅玲（女，61 岁，初中，保定村 1 队）
海南闽语借词——2 个：
动物 haːŋ^{53} vuːt^{53}、因为 jiːn^{55} ui^{11}
普通话借词——0 个

王新明（男，64 岁，初中，保定村 12 队）
海南闽语借词——3 个：
动物 haːŋ^{53} vuːt^{53}、如果 siːn^{53} kuːi^{11}、因为 jiːn^{55} ui^{11}
普通话借词——0 个

陈春琼（女，74 岁，小学，保定村 14 队）
海南闽语借词——1 个：
动物 haːŋ^{53} vuːt^{53}
普通话借词——0 个

陈金梅（女，74 岁，小学，保定村 5 队）
海南闽语借词——3 个：
动物 haːŋ^{53} vuːt^{53}、如果 siːn^{53} kuːi^{11}、因为 jiːn^{55} ui^{11}
普通话借词——0 个

罗玉花（女，80 岁，小学，万冲镇三柏村委会 5 队）
海南闽语借词——1 个：
动物 haːŋ^{53} vuːt^{53}
普通话借词——0 个

通过调查，我们发现，海南闽语对黎语核心词的侵蚀是缓慢的，目前已经停止了对黎语核心词的侵蚀。20 岁到 80 岁的黎族村民，核心词借用海南闽语基本上是固定的。但是整体上看，年龄越大借用海南闽语核心词的个数越少，对核心概念而言，基本上是每隔 10 年左右吸纳一个海南闽语借词。比如，70 岁以上的，借用的主要是“动物 haːŋ^{53} vuːt^{53}”，60 岁到 69 岁的增加了海南闽语借词“因为 jiːn^{55} ui^{11}”，50 岁到 59 岁的再增加了海南闽语借词“如果 siːn^{53} kuːi^{11}”，40 岁到 49 岁的再增加了海南闽语借词“冰 ʔbeŋ^{55}”，30 岁到 39 岁的再增加了海南闽语借词“计 ki^{55}”，20 岁到 29 岁的再增加了海南闽语借词“冻 ʔdoŋ^{53}”。

在 10 岁到 19 岁的黎族村民中，黎语核心词开始受到普通话的侵蚀。首先是原来的海南闽语借词逐渐被普通话借词替换掉，比如表达“如果”“因为”“动物”“计(算)”这些概念的海南闽语借词就先后逐渐被普通话替换掉了。10 岁以下的小孩，他们表达核心概念的词语已经不再使用海南闽语借词，而是大量使用普通话借词。207 个核心词中，被调查对象的普通话借词都超过了 95 个，可以说核心概念超过 45％直接使用普通话来表达。

二、自然口语语码转换问题

如果要严格区分借用和语码转换，可能需要引入语音改造这个概念。一般而言，借用要尽量融入本族语言的语音系统中，语码转换是完全不同的语音系统之间的转换。比如我们说普通话时，穿插着一些英语单词或者句子，就是属于语码转换；但是如果是用普通话的语音系统去改造英语单词就应该属于借用。英语单词 bus、nylon，音译为普通话“巴士”“尼龙”，在口语里读音是有所改变的，因此属于借词。我们前面的章节使用的是“借词”这个概念，事实上是不准确的，科学地说，绝大多数应该属于语码转换现象，因为现在的黎族人在用黎语进行交流的时候是直接发生语码转换，很少通过借用途径去用本民族语音系统改造外民族语言的词语。课题组2020年11月委托黎族人刘天雷对乐东保定村村民的日常交流口语进行了几十分钟的录音，然后整理成文字。他在整理好的黎文中明确标注了哪些部分（包括词语、短语甚至句子）是借用海南闽语的，哪些部分是借用普通话的。笔者曾向他和发音人核实过："借用的海南闽语和海南闽语语音有没有不同？借用的普通话和普通话语音有没有不同？"得到的回答是"完全一样的"，也就是说没有进行过任何语音改造。因此，笔者认为，在现在的黎族人看来，村民认为日常语言交流中是借用海南闽语或普通话的语言单位，事实上是语码转换现象。但是为了照顾习惯性表述，我们仍称之为"借用"。

下面我们看一段黎族村民讨论孩子说黎语的日常对话。

（一）①

天雷：bau^{11} meɯ^{53} ta^{53} tsau^{55} laɯ^{55} ta^{53}？（你们村有小孩吧？）
村 你们 有 小孩 不

国兴：tsau^{55} riːn^{53} thun^{53} moi^{53} vai^{55} vai^{55}。（都是说普通话的。）
有 说 汉话 全部

天雷：riːn^{53} thun^{53} moi^{53} ru^{11} ɬen^{53}。（说普通话也没事。）
说 汉话 也 好

国兴：ma^{55} tsau^{55} ɬau^{11} laŋ^{53} ɬɯːk^{55} fau^{11}。（那边有两个孙女。）
那 有 两 个 孙女

天雷：gai^{11} pɯːn^{53}。（叫过来。）
叫 过来

国兴：riːn^{53} phu^{11} thoŋ^{55} uːi^{55} vi^{53}，poi^{53} ɬai^{53}。
说 普 通 话 的 不会 黎语
（说普通话，不会说黎话咯。）

天雷：ta^{53} da^{11}，tsɯ^{11} feːk^{55} ru^{11} poi^{53}？（没事，一句都不会？）
不 怕 一 句 都 不会

---

① 刘天雷（男）45岁；王国兴（男）50岁；洪霞（女）53岁；王桂花（女）53岁；刘慧燕（女）52岁；陈玲（女）50岁；王东（男）51岁；陈小燕（女）36岁。

国 兴：ɬɯːk^{55} khaɯ^{11} kɯ^{11} khuːŋ^{53} me^{11}，ɬɯːk^{55} guːŋ^{53} nau^{11}

姐姐 知道 什么 妹妹 才

khuːŋ^{53} soːm^{11}，thu^{11} da^{11} riːn^{53}。

懂 明白 但 不 说

（姐姐不会，妹妹会听，不过不敢说。）

国兴：ɬɯːk^{55} ɬai^{53} poi^{53} ɬai^{53}，nei^{55} kom^{11} kɯ^{11} fat^{55} vei^{55}。

小孩 黎族 不会 黎语 这 就 丢失 咯

（黎族小孩都不会说黎话，黎语要消亡咯。）

王桂花：tsɯ^{11} khun^{53} ɬɯːk^{55} zaɯ^{11} pheːk^{55} nei^{55} riːn^{53} thun^{53} moi^{53}

那些 孙子 高 这 说 汉话

vai^{55} vai^{55} vi^{55} re^{11}。

都 的 了

（那些这么高的孙子都说普通话了。）

国兴：ɬɯːk^{55} foi^{55} loŋ^{53} haɯ^{55} ti^{55} 江西师范大学。

侄女 大 那 是

（大侄女读江西师范大学。）

天雷：zo^{11}，haɯ^{55} baːi^{11} loŋ^{53} bi^{11} re^{53}。（哇，都那么大了。）

哟， 那 已经 大 啦

国兴：baːi^{11} beŋ^{55} ŋiːp^{53} pɯːn^{53} dɯ^{11} nei^{55}。（毕业了在村里。）

已经 毕业 回 在 这

天雷：poi^{53} riːn^{53} ɬai^{53}？（不会说黎话？）

不会 说 黎语

国兴：khuːŋ^{53} me^{11} ɬai^{53}，tsɯ^{11} feːk^{55} ru^{11} poi^{53}。

懂 什么 黎语 一 句 都 不会

（不会说黎话的，一句都不会。）

国兴：pha^{11} za^{53} leːŋ^{11} tun^{53} a^{11} ra^{11} khuːŋ^{53} gweɯ^{53} na^{53}。

老爸 也 教 谁 知道 她

[爸爸也教(黎话)谁知道?]

国兴：pha^{11} sut^{55} han^{11} nei^{55} o^{53} dɯ^{11} bau^{11} nei^{11}，nau^{11} khuːŋ^{53}

老幺 现在上 学 在 村 这 才 懂

soːm^{11} tsɯ^{11} feːk^{55} ɬau^{11}。

明白 一 句 两

feːk⁵⁵，thu⁵³ ŋan⁵⁵ riːn⁵³ phu¹¹ thoŋ⁵⁵ uːi⁵⁵ ve⁵⁵。
句，话 也 说 普通话 的
（老幺现在在村里上学，会说一句两句，平常交流也是说普通话。）

刘慧燕：na⁵³ ta⁵³ ŋwaːt⁵⁵ ɬai⁵³。（他不说黎话。）
他 不 讲 黎语

王桂花：meɯ⁵³ laːi¹¹ doŋ⁵³ pai¹¹ si¹¹，baːi¹¹ loŋ⁵³ doŋ⁵⁵ haɯ⁵⁵，
你 看 像 百 西 已经 大 那样
leŋ⁵⁵ riːn⁵³ thun⁵³ moi⁵³ ve⁵⁵。
也 说 汉话 的
（你看"百西"，都长那么大了，还在说普通话。）

天雷：haɯ⁵⁵ ta⁵³ kom¹¹ meɯ⁵³ ta⁵³ ru¹¹ riːn⁵³ thun⁵³ moi⁵³
那 不 就 你们 也 说 汉话
uːŋ⁵⁵？（那你们也用普通话跟他聊天吧？）
跟（他）

王桂花：ɯ¹¹！（嗯！）

天雷：bi¹¹ re¹¹！（"过来，过来，吃饭"啦！）

王桂花：ɯ¹¹，hi⁵³ haɯ⁵⁵。（嗯，是的。）
嗯，那样

王桂花：thom⁵³ si¹¹ ga⁵³，pleɯ⁵³ aːu⁵³ riːn⁵³ ɬai⁵³ ru¹¹
但 西 咱们 听 人家 说 黎语 也
khuːŋ⁵³ leŋ¹¹。
懂 也
（但是咱们的"百西"，听得懂黎话。）

天雷：na⁵³ kho¹¹ neŋ¹¹ khuːŋ⁵³ soːm¹¹。（她可能听得懂。）
她 可能 明白

王桂花：baːi¹¹ kom¹¹ sa¹¹ tsɯ¹¹ gwai⁵³ pai¹¹ ʦaɯ¹¹ haɯ⁵⁵ kom¹¹ 笨蛋 vai⁵⁵ vai⁵⁵。（经常骂奶奶笨蛋。）
罢了 就 骂 可怜 奶奶 那 就
完全

国兴：wa⁵⁵ feːk⁵⁵ kom¹¹ riːn⁵³ 笨蛋 vi⁵⁵ vo¹¹。
开口 就 说 的喔
（一开口就说"笨蛋"。）

刘慧燕：啰唆、滚蛋。

王桂花：sa^{11} tsɯ^{11} gwai^{53} pai^{11} ʦaɯ^{11} 。（骂可怜的奶奶。）

骂　　可怜　　奶奶

小燕：haɯ^{55} zuːi^{11} ga^{53} a^{11} za^{53} tun^{53} vi^{53}，ɬɯːk^{55} laɯ^{55} na^{53}

那　看　咱们　老人　教　呀　小孩　他

kɯ^{11} khuːŋ^{53} me^{11} 。

懂　什么

［看大人怎么教（小孩）呀，那么小什么都不懂。］

刘慧燕：a^{11} za^{53} ru^{11} ta^{53} tun^{53} na^{53}，na^{53} khwei^{11} riːn^{53} 。

老人　也　没　教　他　他　就　说

（大人也没有教，他自己说。）

小燕：na^{53} om^{11} zuːi^{11} diːn^{55} ti^{55} re^{53} 。（他从电视上面学的。）

他　还　看　电视　吧

天雷：koŋ^{55} laɯ^{55} a^{11} khuːŋ^{53} riːn^{53} thun^{53} ɬai^{53} ʦɯ^{11} kit^{55} 。

找　小孩　吧　懂　说　黎话　一　点

（找会说一点黎话的小孩。）

王桂花：tsau^{55} khun^{53} laɯ^{55} dɯ^{11} haɯ^{55}，khun^{53} laɯ^{55} haɯ^{55} da^{11}

有　们　小孩　在　那　们　小孩　那　不

riːn^{53} thun^{53} 。

说　话

（有小孩在那里，那些小孩不敢说的。）

天雷：pɯːn^{53} gai^{11} na^{53} la^{55} tha^{55} la^{55} he^{53} 。（叫他们过来吃饭。）

过来　叫　他　吃饭　吃　了

刘慧燕：pai^{11} khiːu^{53} kom^{11}……（“阿扣”又……）

阿扣　就

王桂花：pai^{11} khiːu^{53} da^{11} ，da^{11} aːu^{53} vi^{53}，man^{11} laːi^{11} ga^{53}

阿扣　害怕　怕　人　的　是　看见　咱们

nei^{11} ru^{11} ai^{11} pɯːn^{53} 。

这　就　不　过来

（“阿扣”不敢，很害羞的，咱们在这里她不敢过来了。）

刘慧燕：da^{11} ve^{53} 。（怕生。）

害怕　的

陈玲：de^{11} laːi^{11} meɯ^{53} ta^{53} hei^{53} ʦok^{55}，ta^{55} bua^{55} ɬɯːk^{55} ge^{55}

我　见　你们　去　往　三伯，　小孩

haɯ^{55} 。热情喔。
那

（我看到你们去三伯村，那些小孩很活跃。）

小燕：pai^{11} za^{53} aːu^{53} kaːu^{11} than^{55} in^{55} riːn^{53} thun^{53} ɬai^{53} uːŋ^{55} 。
父亲 前人 从 小 说 黎话 跟

（他们父母从小就用黎话跟小孩交流。）

王桂花：khu^{53} aːu^{53} aɯ^{55} aːu^{53} ma^{53}，khun^{53} laɯ^{55} nei^{55} om^{11} da^{11}
和 人 敢 人 那 些 小孩 这 又 怕
aːu^{53} 。［他们胆子大，（我们）小孩很内向。］
人

天雷：phuɯːn^{53} na^{53} kom^{11} aɯ^{55} vi^{55} ma^{53}，uːŋ^{55} daːŋ^{11} o^{53}
同辈 他 就 敢 的 嘛 跟 同学
kom^{11} aɯ^{55} 。
就 敢

［跟他们伙伴就大方（交流），跟同学也是。］

刘慧燕：da^{11} vi^{53}，khun^{53} laɯ^{55} ai^{11} riːn^{53} thun^{53} 。
怕 的 们 孩 不 说 话

（不敢的，这些小孩不敢讲话。）

王桂花：liːn^{11} kaːu^{55} ga^{53} nei^{55} gaːm^{53} “hei^{53} o^{53} bi^{11} ho^{11}？”
连 到 我们 这 问 “去 上学 呀”
hiːŋ^{53}…… ta^{53} then^{53} ta^{53} he^{11} ʦɯ^{11} baɯ^{55} 。
听着…… 不 应答 没 什么 干脆

（连到我们跟他们打招呼“去上学呀？”听着……干脆不应答你。）

陈玲：ta^{53} man^{11} poi^{53} ɬai^{53} ？（可能听不懂黎话吧？）
不 是 不会 黎语

刘慧燕：khuːŋ^{53} 。（懂。）

刘慧燕：na^{53} kaːu^{11} si^{55} in^{55} khuːŋ^{53} ɬai^{53}，thom^{53} ai^{11} riːn^{53} 。
她 早 时 小 懂 黎语 但 不 说

（她从小会说黎话，可是不喜欢说。）

天雷：ai^{11} na^{53} nau^{11} ɬiːm^{11} doŋ^{53} ra^{11} 。
不愿意 她 才 嫌弃 如何

［还说她们嫌弃（黎话）？］

天雷：laɯ^{55} han^{1} nei^{55} wen^{11} naːi^{11} 感恩，wen^{11} naːi^{11} 礼貌，ta^{53}
小孩　现在　不　没有　不
khoːt^{55} a^{11} za^{53}。
尊重　老人
（小孩现在不懂得感恩，没有礼貌，不尊重老人。）

陈玲：khun^{53} baːi^{11} kau^{55} hi^{55} ho^{11}？（她们睡觉了？）
她们　已经　睡　了

刘慧燕：pha^{11} aːŋ^{11} deɯ^{53} ʦɯ^{11} khun^{53} ɬɯːk^{55} zaɯ^{11} meɯ^{53} pɯːn^{53}
爬　昂　带　那些　孙子　你　过
nei^{11} ʦɯ^{11} feːŋ^{53} nau^{11} khuːŋ^{53} riːn^{53} thun^{53} ɬai^{53}。
这　一　边　才　懂　说　黎话
（“爬昂”带那些孙子过这边住才会说黎话。）

陈玲：khun^{53} baːi^{11} kau^{55} hi^{55} ho^{11}？（她们睡觉了？）
她们　已经　睡　了　吗

国兴：ta^{53}，faːt^{11} lun^{53} kɯ^{11} la^{55} tha^{55}，han^{11} sok^{55} ran^{53}。（没有，
没有　正在　吃饭　因为　饥饿
在吃饭，因为饿了。）

上面这段多人对话，涉及邀请孩子过去参与黎语对话的事情。参与对话的人除刘天雷和陈小燕之外都是50来岁的保定村黎族同胞。大家都能熟练使用黎语，但是也存在直接借用海南闽语和普通话词语的现象。借用海南闽语的词语包含实词和虚词，实词有“普通话”“电视”“毕业”“同学”“学”“到”，虚词有“连（连词）”。这些词语分几种不同的情形：第一种情况是经由海南闽语接触到的新事物名称，比如“普通话”“电视”；第二种情况是经由海南闽语接触到的已有现象的新说法，比如“毕业”“同学”；第三种情况是本族语常用词被替换掉了，比如“到”；第四种情况是引进本族语缺乏的语法词，比如“连（连词）”。第三种情况的出现如果不是修辞的需要，就意味着所接触的语言已经比较广泛和深入地侵蚀到本族语了。借用普通话的词语有实词“江西师范大学”“感恩”“礼貌”“热情”和语气助词“喔”（“笨蛋”“啰唆”“滚蛋”这三个词语在对话中属于转述，可以不认定作借词）。这几个词语纯粹是不进行语音

改造直接从普通话借入的。

从上面这段对话，我们可以了解到保定村孩子们语言生活的具体情况。王国兴的两位孙女都说普通话，不会说黎话，其中小孙女能听懂黎话，也能说一两句黎话，但是平时交流是用普通话的。王国兴的大侄女毕业于江西师范大学，是一句黎话也不会说。谈及的小孩几乎一律用普通话交流，小一点的在村里长大，可能听得懂黎话，极个别的从小可能会说黎话，可是不喜欢用黎话交流。大人跟小孩交流的时候也普遍使用普通话。这就是保定村小孩语言生活的状况。我们可以想象得到，参与者以小孩为主、大人为辅的日常交流，一定会是以普通话为主要交流工具的，大人可能偶尔穿插着些许黎语词语或海南闽语词语。黎族村落的日常语言生活就是黎语、普通话、海南闽语三种语言（或方言）交叠使用的状况，以50岁左右村民为主角的交流场以黎语为主要交流工具，以小孩为主角的交流场则以普通话为主要交流工具。

下面记录了两段刘天雷在大安镇只朝村（该村黎语跟保定村黎语完全相同，两村距离10公里左右）的对话录音，第（二）段的对话人是一位83岁的大爷刘亚亿，第（三）段的对话人是十二岁初中生刘思和十三岁的初中生刘欢详。

（二）

天雷：foi^{55}，meɯ^{53} pau^{53} nei^{55} ɬoi^{53} ra^{11} pau^{55}？
　　　叔　你　今年　多　少　岁
（叔，今年多少岁？）

刘亚亿：de^{11} boi^{55} tap^{53} ta^{55}。（我83〈岁〉。）
　　　　我　八　十　三

天雷：boi^{55} tap^{53} ta^{55} ho^{11}。（83〈岁〉呀！）
　　　八　十　三　呀

天雷：sui^{11} za^{53}，aːu^{53} ɬen^{53} sui^{11} za^{53}。（抽烟，可以抽烟的。）
　　　烧　烟　人　好　烧　烟

亚亿：de^{11} ai^{11}。（我不〈抽〉。）
　　　我　不

天雷：baːi11 ke55 hi11？（戒烟了？）
　　已经　戒烟

亚亿：ta53 ke55。（没有戒。）
　　没 戒

天雷：ga53 baːn55 thun53 kom11 baːi11，si55 ma55 phu11 hauɯ55
　　咱们　聊　话　就　算了　从前　铺　那
meuɯ53 o53 duɯ11 hauɯ55 ta53？
你　上学　在　那　不
（咱们聊聊，以前你在王铺学校上过学吗？）

天雷：meuɯ53 ta53 o53 duɯ11 hauɯ11 io11？
　　你　不 上学　在　那　吗
（你不在那里上过学吗？）

亚亿：ta53。（没有。）

亚亿：o53 man55 koŋ55 saːn53 puɯːn53 nau11 o53 ve53，moi53 zeːŋ53
　　学校　是　共产（党）　来　才　学　的　国民党
ta53 o53。
没 学
（共产党的学校我才去学，国民党学校没有去。）

天雷：moi53 zeːŋ53 ta53 o53？［国民党（学校）不去？］
　　国民党　不 学

天雷：ɬoi53 o53 te55 duɯ11 hauɯ55 ta53？（〈当时〉很多学生吧？）
　　多　学生　在　那　不

亚亿：ɬoi53 leŋ11，de11 om11 thau11 tui11 vi55 ma55，thau11 tui11
　　多　呢　我　又　放牧　牛　的　那　放牧　牛
kom11 hei53 toːŋ11 khaːn53 o53 hjaːu53。hauɯ11 leŋ11 si53 kok55 miːn11 daːŋ11。
就　去　玩　上　学校　那　时　国民党
［很多呢！我当时是放牛的，（在学校附近）放牛就进学校那里玩，当时是国民党的（学校）。］

天雷：bau11 ga53 tsau55 a11 ra11 o53？
　　村　咱们　有　谁　上学
（咱们村有谁在那里上学？）

亚亿：thuːn11 pha11 neŋ11 o53。（阿宁的父亲上学。）
　　先父　阿宁　上学

天雷：thuːn^{11} pha^{11} neŋ^{11} o^{53}？（阿宁的父亲呀？）
先父 阿宁 上学

亚亿：ma^{55} le^{55} 。（是的。）
是 啊

天雷：a^{55} ba^{53} de^{11} ta^{53} o^{53} pa^{55}？[我爸爸（不在那里）上学吧？]
阿爸 我 没 上学 吧

亚亿：ta^{53}，han^{11} dom^{53} law^{55} thau^{11} ɳiu^{53} ʦu^{55} 。
没有 因为 仍 小孩 放牧牛 呢
（没有，还小！还在放牛呢！）

天雷：o^{11} 。（嗯）
喔

亚亿：doŋ^{55} haw^{55} ʦu^{55}，ei^{53}…… de^{11} han^{55} nei^{55} me^{11} ru^{11} luːm^{55} baːi^{11} 。
那样 呀 唉…… 我 现在 什么 都 忘 已经
（就是呀，唉……我现在什么都忘了。）

天雷：hjaːu^{53} tsaŋ^{11} moi^{53} sw^{11} ɬai^{53}？（校长汉族还是黎族？）
校长 汉人 还是 黎人

亚亿：hjaːu^{53} tsaŋ^{11} moi^{53} 。（校长是汉族的。）
校长 汉人

天雷：moi^{53} vaːn^{55} neŋ^{11} si^{11} ra^{11} io^{11}？（万宁汉族吧？）
汉族 万宁 何时 哟

亚亿：ta^{53}，moi^{53} thaw^{11}，luːm^{53} hi^{55} pheːŋ^{53} pha^{11} sew^{11} 。
不 汉人西边 忘 了 名字 老兄
（不是，琼北那边的，我忘了他的名字了！）

天雷：si^{55} ma^{55} ga^{53} ti^{55} kap^{55} dui^{55} kap^{55} te^{53} io^{11} 。（以前咱们后来合亩制吧？）
从前 咱们 是 合 对 合 社 吧

亚亿：kop^{55} dui^{55} kaːi^{11} naːŋ^{55} tsu^{55} a^{55} 。（合队，先是个人的。）
合 对 个 人 的

天雷：kaːi^{11} naːŋ^{11} khuːn^{55} 。（先是个人。）
个 人 先

天雷：si^{55} ma^{55} kap^{55} mou^{11} haw^{55} riːn^{53} doŋ^{55} ra^{11}？
从前 合亩 那 说 怎么样

（以前的合亩是怎么样？）

亚亿：kap^{55} mou^{11}？ de^{11} ba:i^{11} lɯ:m^{55}。（合亩？我也忘了。）

　　　合亩　　我 已经 忘

亚亿：si^{55} ma^{55} thau^{11} tui^{11}。（以前放牛。）

　　　从前　放牧 牛

天雷：si^{55} ma^{55} thau^{11} tui^{11} sɯ^{11} pha^{11} ʦaɯ^{11}？

　　　从前　放牧 牛 还是　　自己

（放的牛是公家还是自己的？）

亚亿：pha^{11} ʦaɯ^{11}。（自己的。）

亚亿：tui^{11} kom^{11} kom^{11} dua^{11} la^{55} ta:i^{55}，fa^{53} kom^{11} hei^{53}

　　　牛　　吃草　　过　吃 小水沟 我们　就　去

tsok^{55} o^{53} hja:u^{53} zu:i^{11} a:u^{53} o^{53}。

往　　学校　看 人家 学

（牛在水沟旁边吃草，我们就进学校里看人家读书。）

天雷：o^{53} hja:u^{53} be:ŋ^{53} si^{11} bi:p^{55}？（学校大吗？）

　　　学校　宽 还是 窄

亚亿：be:ŋ^{53} le^{55}。（宽。）

　　　宽 啊

天雷：ploŋ^{11} hja^{53} vi^{55} mo^{11}？（茅草房吧？）

　　　屋 茅草 的 吗

亚亿：ploŋ^{11} hja^{53} vi^{55}。（茅草房。）

　　　屋 茅草 的

天雷：lau^{55} se^{55} kom^{11} moi^{53} vai^{55} vai^{55}？（老师都是汉族的？）

　　　老师　就 汉族　完全

亚亿：moi^{53} ve^{53}。（是的。）

　　　汉族 的

天雷：haɯ^{55} kom^{11} khia^{55} dɯ^{11} hau^{55} lo^{55}。（都是住校咯？）

　　　那　就　住　在　校　咯

亚亿：khia^{55} dɯ^{11} phu^{11} haɯ^{55} leŋ^{53}。（住在王铺学校。）

　　　住　在　铺　那　呢

天雷：lau^{55} se^{55} lo:p^{53} ɬoi^{53} ra^{11} laŋ^{53}？（大概多少位老师？）

　　　老师　大约　多少　个

亚亿：de^{11} ȵo:ŋ^{55} ŋop^{55} pha^{11} hja:u^{53} tsaŋ^{11}，phe:ŋ^{53} heŋ^{11} su:n^{55}。

　　　我　只　记　（词头）校长　名字　邢春

（我就记得那个校长，叫邢春。）

天雷：kom^{11} ru^{11} la^{55} tha^{55} dɯ^{11} haɯ^{55}？（都在那里吃饭吧？）
就 都 吃 饭 在 那

亚亿：roːŋ^{55} dɯ^{11} haɯ^{55} la^{55} dɯ^{11} haɯ^{55} om^{11} ʦiːu^{53} khua^{11} dɯ^{11}
煮饭 在 那 吃 在 那 并且 上 课 在
haɯ^{55}。（吃住上课都在那里。）
那

天雷：si^{55} ma^{55} fei^{53} io^{11}？[以前（去哪里）都是走路吧？]
以前 走路 吧

亚亿：fei^{53} vi^{53}，ʦau^{55} me^{11} sia^{53}。（走路的，哪里有车。）
走路 的 有 什么 车

天雷：si^{55} ma^{55} kuːn^{53} loŋ^{53} ta^{53}？（以前路大吗？）
以前 路 大 不

亚亿：na^{53} ru^{11} ʦoŋ^{11} ka^{11} le^{55}。[（校长）也骑马。]
他 也 骑 马 啊

天雷：tsoŋ^{11} ka^{11}？（骑马？）
骑 马

亚亿：ʦoŋ^{11} ka^{11} hei^{53} khaːn^{53} ʦi^{55} toŋ^{53} ma^{55} 。（骑车去志仲。）
骑 马 上去 志仲 那里

天雷：hau^{55} a^{11} ra^{11} kwan^{11} ʦɯ^{55} hom^{53} o^{53} hjaːu^{53} nei^{55}。
那 谁 管 一 个 学校 这
（谁管理这所学校？）

亚亿：ɬɯːm^{11} gwːɯ^{53} lo^{53}。（不晓得咯。）
不知道 咯

天雷：ka^{55} zok^{55} khok^{53} kwan^{11} pa^{11}？（教育局管吧？）
教育局 管 吧

天雷：o^{53} te^{55} thɯːn^{53} ra^{11} vai^{55} vai^{55}？（学生都是哪里的？）
学生 来自 哪里 都

亚亿：thɯːn^{53} ga^{53} nei^{55}，bau^{11} vai^{55}，bau^{11} maːn^{53}，khu^{55} bau^{11}
来自 咱们 这 保 派 保 曼 和 保
baːn^{11}，nam^{11} mok^{55}。
办 南 木
（都是咱们这里，保派村，保曼村，和保办村，南木村。）

天雷：biːk^{53} gei^{53} puɯːn^{53}　o^{53}？（背米过来一起读书吧？）
　　　背　米　过来　上学

亚亿：ʦau^{55} ɬau^{11} fu^{11} hom^{53} baːn^{55}。（有两三个班级。）
　　　有　两　三　个　班

天雷：tsau^{55} ni^{11} daːŋ^{11} o^{53} ta^{53}？（有女同学吧？）
　　　有　女　同学　不

亚亿：ʦau^{55}。（有。）

天雷：nam^{11} ni^{11} ru^{11} tsau^{55} baːi^{11}？（男女都有吧？）
　　　男　女　都　有　全

亚亿：ʦau^{55}。（有。）

天雷：ʦau^{55} he^{55} te^{53} pa^{55}？（有宿舍吧？）
　　　有　宿舍　吧

亚亿：ʦau^{55} he^{55} te^{53} lau^{55} se^{55}，o^{53} te^{55} wen^{11} naːi^{11} he^{55} te^{53}。
　　　有　宿舍　老师　学生　没有　宿舍

（老师有宿舍，学生没有。）

亚亿：ei^{55}，dua^{55} doi^{55} tiːu^{11} luɯːn^{53} he^{53}，n̥oːŋ^{55} ŋop^{55}
　　　哎　大　多　数　忘　了　只　记得

pha^{11} hjaːu^{53} ʦaŋ^{11}。
　校长

（唉！大多数都忘了，就记得那个校长。）

（三）

天雷：meɯ^{53} pheːŋ^{53} doŋ^{55} ra^{11}？（你叫什么名字？）
　　　你　名叫　怎么

刘思：pheŋ^{53} 刘思。（叫刘思。）
　　　名叫

天雷：o^{53} duɯ^{11} ra^{11}？（在哪里读书？）
　　　上学　在　哪

刘思：思源。（思源学校。）

天雷：meɯ^{53} la^{55} tha^{55} duɯ^{11} o^{53} hjaːu^{53}？（在学校吃饭？）
　　　你　吃饭　在　学校

刘思：ɯ^{11}。（嗯。）

天雷：seŋ^{55} khi^{11}　kom^{11}　peɯ^{53}　ho^{11}？　a^{55} ba^{53}　meɯ^{53}　peːŋ^{53}
　　　星期　就　回　吗　阿爸　你　名叫

doŋ55 ra11？
怎么
（星期就回来？你爸爸叫什么名？）

刘思：刘明光。

天雷：daːn11 bai11 nau11 hei53 o53？（几时去学校？）
几时 才 去 学校

刘思：fan55，e53 ŋoːu53 ta55 diːm11。（等一下，下午三点。）
等下， 下午 三点

天雷：ta55 diːm11 kom11 hei53 ho11？（三点就去学校了？）
三点 就 去 吗

刘思：ɯ11。（嗯。）

天雷：meɯ53 o53 me11 kiːp55？（你上几年级？）
你 学 什么 级

刘思：so55 jiːt55。（初一。）
初 一

天雷：khau11 si11 ia53 ɬoi53 ra11 huːn55？（考试多少分？）
考试 得 多少 分

天雷：nom53 thoːŋ11 ta53？（〈在学校〉不打架吧？）
殴打 互相 不

刘思：ta53。（不。）

天雷：meɯ53 re55？meɯ53 pheːŋ53 doŋ55 ra11？（你呢？叫什么名？）
你 呢 你 名叫 怎么

刘欢翔：pheːŋ53 刘欢翔，喜欢的欢。（刘欢翔，喜欢的欢。）
名叫

天雷：o53 hjaːu53 meɯ53 ta53 hjɯːi53 phui53 hwan53 nom53 thoːŋ11？
学校 你们 好像 整天 殴打互相
（你们学校好像经常打架？）

刘欢翔：de11 o53 dɯ11 民族。（我在民族学校读书。）
我 上学 在

天雷：miːn11 tok53 ho5311？miːn11 tok53 ke11 tua55 tsu55。
民 族 吗 民 族 更 烂 呢
[民族（中学）？民族中学更烂。]

天雷：aːu53 ta53 nom53 meɯ53 ta53 pa55？jou11 nom53 thoːŋ11 le55。
人家 没 殴打你们 吧 不要 殴打互相 啊

（人家没有打你们吧？不要打架喔。）

刘欢翔： aːu^{53} han^{11} nei^{55} ta^{53} nom^{53} thoːŋ^{11}，si^{53} khuːn^{55} nau^{11}
人家 现在 不 殴打互相 先时 才
nom^{53}。（现在不打架了，以前就会打架。）
打架

天雷：han^{11} nei^{55} ta^{53} io^{11}？（现在不打了？）
现在 不 啦

刘欢翔：ɯ^{11}。（嗯。）

天雷：民族 hauɯ^{55} ɬoi^{53} o^{53} te^{55} lo^{53}，de^{11} laːi^{11} o^{53} te^{55} om^{11} la^{55} za^{53}
那 多 学生 啊 我 见 学生 还 抽烟
jun^{53} jun^{53} dɯ^{55} ŋaːi^{55} hauɯ^{55}。
烟雾腾腾 在 旁边 那
（民族中学很多学生啊，我看到学生都在抽烟。）

刘欢翔：khun^{53} so^{55} ta^{55}。[那些初三（同学）的。]
他们 初三的

天雷：khun^{53} so^{55} ta^{55} ŋwaːn^{11}。（初三同学很调皮。）
他们 初三的 顽皮

刘思：khun^{53} tsau^{55} aːu^{53} foŋ^{11} kaŋ^{11}，ɬoi^{53} ɬoi^{53} thoːŋ^{11}。
他们 有 人 打 故意， 多多 同伴
（他们经常打群架。）

天雷： aːu^{53} ta^{53} foŋ^{11} meɯ^{53} ta^{53} pa^{55}？（人家没有打你们吧？）
人家 没 打 你们 吧

天雷：khun^{53} laɯ^{55} zoŋ^{11} meŋ^{55} pa^{53}？（都是永明人吧？）
们 孩子 永明的 吧

刘欢翔：bau^{11} zou^{53}。[抱由（人）。]
抱 由

刘思：si^{55} zuːn^{11} kom^{11} ɬoi^{53} zoŋ^{11} meŋ^{11}。
思 源 就 多 永 明的
[思源（学校）很多都是永明的。]

天雷：si^{55} zuːn^{11} ɬoi^{53} zoŋ^{11} meŋ^{11} io^{11}？
思源 多 永明的 吗
[思源（学校）很多都是永明的人吧？]

刘欢翔： fa^{53} kom^{11} ɬoi^{53} bau^{11} zou^{53}。
我们 就 多 抱由的

［我们(学校)都是抱由。］

天雷：ɬoi^{53} bau^{11}zou^{53}，bau^{11}zou^{53} ru^{11} ŋwaːn^{11}，ʦau^{55} a^{11} la^{55}za^{53}。

多 抱由的， 抱由的 都 调皮 有 人 吃烟

(很多抱由的，抱由人很厉害，都是抽烟。)

天雷：meɯ^{53}ta^{53}kom^{11}ɬoi^{53}zoŋ^{11}meŋ^{11}lo^{53}？

你们 就 多 永明的 吗

［你们(学校)都是永明咯?］

刘思：baːi^{11}baːi^{11} ru^{11} man^{53} zoŋ^{11}meŋ^{11}，han^{11} plaɯ^{11} haɯ^{55}，ki^{55}hu^{55}man^{53}baːi^{11}baːi^{11}。

全部 都 是 永明人 因为 靠近 那 几乎 是 全 部

(都是永明人，因为靠近那里，几乎都是。)

天雷：la^{55}za^{53}tsu^{55}？(还抽烟吧?)

吃烟 吗

刘思：ʦau^{55} a^{11} la^{55}。(有的抽。)

有 人 抽

天雷：meɯ^{53}ta^{53} jou^{11} o^{53} khun^{53}pa^{11} ŋwaːn^{11} le^{55}，rin^{53} khun^{53} kom^{11}baːi^{11}lo^{53}。

你们 不要 学 他们 顽皮 啊 跟 他们 就 完啦

(你们不要学他们喔，跟着他们就完了。)

天雷：meɯ^{53}ta^{53}ɬoi^{53}ra^{11}hom^{53}baːn^{55}？(你们有几个班?)

你们 多少 个 班

刘思：siːt^{55}hom^{53}。(七个。)

七 个

天雷：siːt^{55} hom^{53} baːn^{55} vi^{55}？tsɯ^{11} hom^{53} baːn^{55} ɬoi^{53} ra^{11} laŋ^{53}a^{11}waːu^{53}？

七 个 班 的 一 个 班 多 少 个 人

(才七个班? 一个班有多少个学生?)

刘思：laːk^{53}tap^{53}naːŋ^{11}。(六十个人。)

六 十 人

天雷：meɯ^{53} ta^{53} re^{55}？(你们呢？)

你们 呢

刘欢翔： fa^{53} tap^{53} laːk^{53} hom^{53} baːn^{55}。(我们十六个班。)

我们 十 六 个 班

天雷：miːn^{11} tok^{53} ɬoi^{53} thoːŋ^{11}。[民族(中学)人多。]

民族 多 人

天雷：kom^{11} seŋkhi^{11} kom^{11} peɯ^{53} uːŋ^{55} thoːŋ^{55} hu^{53} hu^{53}。

就 星期 就 回来和 同伴 呼呼

(周末就全部回来了？)

刘思：ɯ^{11}。(嗯。)

上述第(二)段对话中的刘亚亿老人，不会说普通话，借用海南闽语的词(或短语)有 20 个：boi^{55} tap^{53} ta^{55}(83)、ke^{55}(戒)、o^{53}(学)、o^{53} hjaːu^{53}(学校)、koŋ^{55} saːn^{53}(共产)、kok^{55} miːn^{11} daːŋ^{11}(国民党)、hjaːu^{53} tsaŋ^{11}(校长)、kop^{55} dui^{55}(合队)、kaːi^{11} naːŋ^{55}(个人)、kap^{55} mou^{11}(合亩)、heŋ^{11} suːn^{55}(人名"邢春")、tsiːu^{53} khua^{11}(教课)、sia^{53}(车)、tsi^{55} toŋ^{53}(村名"志仲")、nam^{11} mok^{55}(村名"南木")、baːn^{55}(班)、he^{55} te^{53}(宿舍)、lau^{55} se^{55}(老师)、o^{53} te^{55}(学生)、dua^{55} toi^{55} tiːu^{11}(大多数)。刘亚亿老人第一次提到"国民党"用的词语是 moi^{53} zeːŋ^{53}，该词旧指国民党军队。从构词语素来看，字面意思是"黄色汉人"，大概是因为国民党军队的服装是黄色的，黎族人在不明白国民党军队组织名称的情况下，给予了这个描述性称谓。后来这一称谓逐渐被正式借入的名词 kok^{55} miːn^{11} daːŋ^{11}(国民党)所取代。刘亚亿老人在"de^{11} boi^{55} tap^{53} ta^{55}[我八十三(岁)]"这句话里的数字"八十三"用的是海南闽语，在"ʦau^{55} ɬau^{11} fu^{11} hom^{53} baːn^{55}(有两三个班)"这句话里的数字"两"和"三"用的是黎语，表明海南闽语的数字表达逐渐替换掉了黎语的数字表达。

上述第(三)段对话中的中学生刘思、刘欢翔提到自己的姓名、他人的姓名和学校名称时使用的是普通话。刘思借用海南闽语(海南闽语)的词(或短语)有 7 个：e^{53} ŋoːu^{53} ta^{55} diːm^{11}(下午三点)、so^{55} jiːt^{55}(初一)、si^{55} zuːn^{11}(校名"思源")、zoŋ^{11} meŋ^{11}(镇名"永明”)、$ki^{55}hu^{55}$(几乎)、$si{:}t^{55}$(七)、$la{:}k^{53}tap^{53}na{:}ŋ^{11}$(六十人)。刘欢翔借用海南闽语的词(或短语)有 4 个:o^{53}(学)、$so^{55}ta^{55}$(初三)、$tap^{53}la{:}k^{53}$(十六)、$ba{:}n^{53}$(班)。我们发现一个有趣的语码转换现象,刘思首次提到“思源学校”时使用的是普通话,但在第二次提到“思源学校”时却用的是海南闽语 $si^{55}zu{:}n^{11}$;刘天雷四次提到“民族中学”,其中三次用的是海南闽语 $mi{:}n^{11}tok^{53}$,一次用的是普通话。

从上面记录的三段黎语对话来看,以黎语为主要交流工具的日常对话,在语码转换上表现出如下特点:

1. 语码转换仍以词语为主,尚未扩展到自由短语和句子这些比词更大的语言单位,即如果交流中遇到无法用纯粹的黎语表达的词语,就直接借用熟悉语言中的语码来表达。

2. 对交际者而言,双语或者三语的熟练程度存在差别,交流中语码激活体现出一定时差。某种语言的语码有逐步被交际参与者唤醒激活的现象。刘思首次提到“思源学校”时使用的是普通话,但在第二次提到“思源学校”时却用的是海南闽语 $si^{55}zu{:}n^{11}$,显然是受到交际者刘天雷的影响而唤醒激活的。

3. 对同样熟练的非本族语语言,优先选择哪一种语码,可能受到语境氛围和情感倾向的影响。比如第(一)段对话中的参与者都能熟练使用普通话和海南闽语,但是交流者优先使用的是海南闽语语码,除非是用到比较新鲜的词语,才会用到普通话语码。又比如第(三)段对话中,普通话和海南闽语都很熟练的刘天雷,四次提到“民族中学”,其中三次用的是海南闽语语码,仅第三次用的是普通话语码,显然在情感上,他更倾向于海南闽语。

4. 本族语言存在的词语,受双语环境影响,交际者也有可能发生语码转换,至于什么时候用本族语言词语(或语素),什么时候用外民族语言语码,则表现出随意性和偶然性的特点。比如第(二)段对话中,刘亚亿老人第一次提到“国民党”用的词语是使用黎语词根自造词 moi^{53} zeːŋ^{53}，该词旧指国民党军队，第二次则使用海南闽语借词 kok^{55} miːn^{11} daːŋ^{11}（国民党）；"三"这个数字，刘亚亿老人在说到年龄时用的是海南闽语 ta^{55}，但是在说到班级数量时却用的是黎语 fu^{11}。

结　语

就民族文化而言，通常是强大而先进的文化对相对弱小和落后的文化影响更显著、更剧烈。即使是偏于保守的少数民族，其文化在与强大而先进的文化长期接触过程中也会逐渐发生变化。海南岛是一个远离大陆的独立的地理单元，但是又与大陆文化长期接触，这就注定了岛上土著文化——黎族文化的保守性和渐变性。改革开放后，国家选择海南岛作为改革开放的特区，又注定了黎族文化在改革开放浪潮的冲击下会迅速发生变化。因此，黎族文化的发展变化在中国少数民族文化的发展演变语境中就具有极强的代表性和典型性，一定会反映出历史渐变性和当代剧变性的特点。

关注民族文化的发展变化，自然需要聚焦民族语言的发展变化，因为语言是文化的第一符号。我们关注黎语在黎汉语言接触视域下的发展变化，便是想揭示出语言接触类型和程度参数与语言发展变化之间的关系，为研究少数族群语言变异问题提供一定的借鉴意义。

海南岛黎族源自古百越民族，直至宋朝始被称为“黎”。海南岛黎族文化与大陆中原文化的接触融合，我们可以分为四个时期。

第一个时期为汉黎初步接触融合期。这个时期是从秦军留守岭南到东汉元帝初元三年（前 46 年）废置珠崖郡，共 171 年，其中包括赵佗称帝前与越杂处的 13 年，南越国 93 年，汉朝在海南岛有建置的 65 年。秦军留守岭南的数十万"中国人"和汉朝派驻的官员和士兵是中原文明的传播主力。这段时期,我们称为汉黎初步接触融合期。当然,黎族先民与大陆中原民族的接触可能在更早时候已经发生。

第二个阶段为汉黎接触融合滞缓期。这个时期是从东汉元帝初元三年到隋朝大业六年(610),长达 656 年(如果考虑到冼夫人及其子孙对海南岛的长期管辖,可延至唐武德四年,即公元 621 年冼夫人孙冯盎降唐)。在长达六个半世纪的岁月中,民间接触与交往一定是会发生的。但是,这个阶段的海南岛是越人自治,缺乏有组织的汉文明传播,中原文明对海南岛越人的影响是微弱的。

第三个阶段为汉黎接触融合平稳发展期。这个时期持续的时间很长,可以从隋朝算起直到民国,共计 1 300 多年。隋唐被贬海南岛的汉人官员多落籍海南,他们为海南带来了先进的汉族文明。宋朝在海南岛建军屯田,实行文官治理。元明清进一步加强对海南岛的治理和统治,客观上都加强了中原文化的输入。汉族大规模向海南移民是宋代以后,汉黎语言接触规模和程度进一步扩大。

第四个阶段为汉黎接触融合加速期。这个阶段从 20 世纪 50 年代算起,尚不足 70 年。

笔者在第三章说过,海南闽语最早形成的时间应该是在明朝中叶。事实上可能还要更早,因为我们依据的是《正德琼台志》卷七"风俗"里面的表述:"村落乡音有数种:一曰东语,又名客语,似闽音。"福建人大量迁入海南岛始于宋朝,辛世彪(2013:9—10)便明确指出:"从宋代开始,福建移民络绎不绝迁往雷州、海南。当今在海南岛上的汉族人的族谱大多指向宋代福建。"因此,极有可能,海南闽语在宋末就已经形成了。

明朝时期,海南岛主要有"客语"(变异了的闽南话)、"西江黎语"(临高话)、"正语"(官话)、"土军语"(土官话)、"地黎语"(黎语)。"客语"即海南闽语,明清时已经是海南使用人口最多的一种汉语方言，州郡通行。明《万历琼州府志》卷三“方言”载：“大率音语以琼山郡城为正。使乡落一切以此渐相染习，皆四通八达之正韵矣”。明代的官话只是官方工作语言，对民间语言尚无影响。又云：“有官语，即中州正音，缙绅士夫及居城所者类言之，乡落莫晓。”因此，我们可以作出基本判断，上古时期，汉语与黎语相互间是有接触影响的，中古以后直至近代，海南闽语是对黎语影响最大的汉语方言，“官话”即使对黎语有影响也是经由海南闽语语音改造之后再对黎语产生影响的。根据海南闽语“人殊地异互有不同”的特点，我们还可以推测，海南闽语也有受到黎语影响的可能。比如送气音，学界普遍认为是大陆闽语入岛后，先与临高语接触，因汉人占少数，闽语受到临高语影响，送气音都念成了同部位的擦音；后来闽语逐渐南迁，遇到有送气音的黎语后，擦音化的演变中断了。所以辛世彪博士（2013：224）说：“海南闽语送气音的消失主要与临高语有关，但各地差异与它们所受当地黎语、村话等少数民族语言也有关系。”

我们的假设是，最早的黎族先祖上古时期甚至更早就已经在岛上生活了，而后南越国时期开始直至隋朝，两广的古百越族人因为当兵、逃难等原因逐渐迁至岛上定居繁衍。新迁入的百越后裔多生活在琼北地区，自然是最早接触汉民族语言的一批人，成为中部地区黎族与州县地区汉人沟通的桥梁。因此，我们今天研究的黎语，如果有上古汉语的底层元素，应该是上古时期经由新迁入的通晓越汉双语的百越人传递进来的。宋代时，与汉区接壤的黎族地区的黎人多半能说汉语。宋代文献（周去非《岭外代答》）记载过熟黎经常出入州县墟市，用汉语与人交流，州县人无法分辨他们黎人身份的情形。熟黎的来源，据《万历琼州府志》记载，旧时相传是来自南、恩、藤、梧、高、化六州的征夫，他们的口音跟六州的乡音相同。但是《万历琼州府志》编者加按语：“为民害者，熟黎耳。初皆闽商，荡资亡命。及本省土人，贪其水田，占其居食。本夏也，而夷之间。"据编者的判断,明时的这部分熟黎,本是黎化的汉人。说他们祖先是亡命的"闽商",应该是根据他们的口音作出的判断。极有可能,这些熟黎已经能操一口熟练的岛上通语——"海南闽语了"。

海南岛的黎族先民最早入岛,黎族可以说是海南岛上的土著民。继黎族之后,后来临高人先民入岛,与岛上的黎族居民有密切交往,黎语与临高语之间有密切的语言接触关系。因此,在《侗台语族语言简志》的 485 个根词中有超过 20%的根词与黎语有同源关系。后来黎族人逐渐往中部地区迁徙,琼北则成为临高人的栖息地。再后来,闽人跨海入岛,首先与临高人接触。在语言接触过程中,开始的时候,闽语对黎语的影响,也有可能是经由临高语再传导给黎语的。

临高话,古代文献称"西江黎语"。刘剑三先生(2000：1)认为"西江黎语"可能是从该语言主要分布在南渡江以西而得名。我们认为,"西江"可能跟珠江干流"西江"有关。西江源远流长,干流各段在历史上有过不同的名称,梧州市至广东省佛山市三水区思贤滘始称西江。西江流经的区域正好与南、恩、藤、梧、高、化六州基本吻合。

临高话分布在琼北地区,因此后来经雷州半岛入岛的汉人首先得跟说临高话的人接触。可以推理,临高话跟海南闽语之间一定会有更多的共有成分。我们比较了 207 个核心词,发现临高话和海南闽语高度相似的词语(明显同源)有 61 个,另外 2 个是汉语训读字"冻(凝)""算(计)",见下表。

	那	哪	何时	都(全)	其他
临高话	$nə^4$	$nə^3$	$ki^3\ ti^2$(几时)	du^2;$suan^4$ 全	$xi^1\ xau^3$
海南闽语	na^4	na^3	$hho^2\ di^2$	$ddou^1$	hi^3

续 表

	一	二	三	四	五
临高话	ʔit^{7}	ŋi^{4}	tam^{1}	ti^{3}/tə^{3}	ŋo^{4}/ŋa^{3}
海南闽语	id^{7}	yi^{1}	da^{1}，(读)dam^{1}	di^{4}	ngou^{5}
	长	宽	女	男	人
临高话	lɔi^{1}	xuat^{7}	nə^{3}	nɔm^{1}	leŋ^{1}
海南闽语	ddo^{2}	huan^{1}	ni^{3}	nam^{2}	nang^{2}
	母	父	动物	花	绳索
临高话	mai^{4} lai^{3} 母亲	beʔ^{8} lai^{3} 父亲	duŋ^{2} vət^{8}	hua^{1}	dak^{8}
海南闽语	mai^{3}	be^{5}	hang^{5} vud^{3}	hhue^{1}	duag^{7}
	骨	脂肪	头	腹	乳
临高话	ʔuaʔ^{8}	tsi^{4} fəŋ	hau^{3}	boʔ^{8}	noʔ^{7}
海南闽语	gud^{7}	zi^{1}	hao^{2}	pog^{7}	nai^{1}，(话)ne^{1}
	心	咬	吸	想	居住
临高话	tim^{1}	ʔaʔ^{7}/kap^{8}	kip^{8}	tiaŋ^{3}	tsi^{4}
海南闽语	dim^{1}	ga^{5}	gib^{7}	dio^{5}	gi^{1}
	死	斗	击	切	分
临高话	dai^{1}	dɔu^{3}	kit^{7}	set^{7}/siat^{7}	fən^{1}
海南闽语	di^{3}	ddou^{4}/ddao^{4}	gid^{7}/geg^{7}	sid^{7}	bun^{1}
	挖	游泳	走	转	落
临高话	ʔuat^{7}	ju^{2} nam^{4}	dɔk^{7}	tsuan^{4}	dok^{7}
海南闽语	uad^{7}	yiu^{2}	dao^{3}	duan^{3}	lag^{7}/(读)log^{7}

续　表

	磨(刀)	擦	结(动)	计算	说/讲
临高话	vɔn^{1}	sat^{7}	kat^{8}	tuan^{3}	kaŋ^{3}
海南闽语	vua^{2}	sua^{6}/suah^{7}	gid^{7}	gi^{4}	suad^{7}
	唱	流	冻(凝)	星	河
临高话	siaŋ^{3}	ləi^{1}	nit^{7}	sai^{1}	hɔ^{2}
海南闽语	sang^{4}	liu^{3}/lao^{2}	ddong^{6}	se^{1}	hho^{2}
	海	天	冰	烧 (～火做饭)	红
临高话	hai^{3}	hen^{1}	bəŋ^{1}	do^{3}	hoŋ^{2}
海南闽语	hhai^{3}	hi^{1}/(读)hin^{1}	beng^{1}	dio^{1}	ang^{2}/ (读)hhong^{2}
	绿	暖	冷	老	尖
临高话	luk^{8}	lun^{3}	leŋ^{4}	lau^{4}	tsiam^{1}
海南闽语	liag^{8}	nun^{2}	le^{3}	lao^{5}	ziam^{1}
	和	如	因	洗	
临高话	hem^{4}	ji^{4} kua^{4}	ʔen^{1} vui^{4}	tuk^{7}/dak^{8}	
海南闽语	hhua^{2}	yi	in^{1}	doi^{3}	

上述临高话核心词中最典型的是“一”至“五”这几个数词，几乎完全跟海南闽语一致，但是黎语仍保留了自己原有的概数词。上述核心词中很有可能是早期“客话(海南闽语)”传入临高语，再传入黎语中的有如下几个。

	绳索	腹	咬	斗	落
临高话	dak^{8}	boʔ^{8}	ʔaʔ^{7} / kap^{8}	dɔu^{3}	dok^{7}
海南闽语	duag^{7}	pog^{7}	ga^{5}	ddou^{4} / ddao^{4}	lag^{7}/(读)log^{7}
黎语	thaːk^{53} / taːp^{11}	pok^{55}	khap^{55}	ɬau^{53}	thok^{55}
	洗	系(结)	绿	暖	因
临高话	tuk^{7} / dak^{8}	kat^{8}	luk^{8}	lun^{3}	ʔen^{1}
海南闽语	doi^{3}	gid^{7}	liag^{8}	nun^{2}	in^{1}
黎语	toːk^{55}	kaːp^{11}	liːk^{53}	ɬun^{55}	han^{11}

依据不同时期海南地方志的记载，可以判断海南闽语最迟在明代中叶（当然还有可能更早）已经在全岛大范围通行，海南闽语不再经由西江黎语，而是由各地海南闽语直接对当地黎语产生影响。

一般来说，物质文明与制度文明相比较更容易被所接触的语言吸纳。因此物质文明借用词语是考察语言接触历史最有价值的语料。我们考察传统农业涉及的一些词语，发现一些普通的词语都是海南闽语借词，比如，“犁 lai^{55}”“粪箕 bun^{11} ki^{53}”“肥料 bui^{11} liːu^{55}”“镰刀 liːm^{53}”。这些词语显然很早就从汉语方言借入了，因为这些普通的生产工具或生产资料，黎族同胞不可能近代才接触到。又比如“银子”这一词语，侗台语族语言都是很早就从汉语借入，壮语读 ŋan^{2}、布依语读 ŋan^{2}、临高语读 ŋɔn^{2}、黎语读 kan^{53} 或 gan^{53}，今天的广州话读 ŋan^{4}，今天的黎语已经借用海南闽语读作 ŋin^{53}，可见“银”这个词应该是在上古就已经被南方少数民族借用了。但是“金子”这个词语，黎语一直读作 kim^{11}（或 kin^{11}），与海南闽语读音完全相同，显然是较晚才从海南闽语借入的。这表明，黎族人民极有可能中古以后才经由汉人接触到“金”这一物质。笔者在第一章讨论过百越民族的“铜鼓文化”。“鼓”，今天的壮语读 kjoːŋ^{1}、傣语读 kaŋ^{1}、侗语读 kuŋ^{1}、临高语读 ləŋ^{1}、黎语读 laŋ^{53}，显然是壮侗语自源词。但是“铜”，侗台语族均借自汉语，黎语读 duːŋ^{53}。“铜”这种物质当然也是中古以后从汉族文明引入的。“铜鼓文化”自然是源于“鼓文化”，只是材质发生变化而已。制度文明，我们姑且以节日为例。“清明节”和“元宵节”，黎族传统上没有这两个节日，欧阳觉亚夫妇整理的 20 世纪 50 年代的黎语语料里没有这两个词语，直到文明英整理的 80 年代的黎语语料里才有这两个海南闽语借词，分别是“清明 tsheŋ^{55} meŋ^{11}”“元宵 zuːn^{11} tiːu^{55}”。

语言事实表明，就具体某个概念而言，语言接触导致的词语借用存在反复覆盖的可能。如果概念是本族语言自生的，表达该概念的词语有可能被所接触的外族语言替换掉，替换掉之后还有可能再次被后来接触到的强势语言（或方言）的词语替换掉。如果概念是从所接触的语言借入的，因为历史久远，可能会走上不同的演变路径，表现出一定的语音差异，但是有可能被接触到的强势语言表达该概念的词语再次替换掉。前者如“萝卜”，黎族老年人仍读 bəɯ^{53} taːi^{11} meːk^{55}，但是年轻人已经借用海南闽语了，读 lo^{11} bak^{55}。后者如上一段说到的“银 kan^{53}”，是早期借入的汉语词，“银 ŋin^{53}”是当代借入的海南闽语词。

长期的广泛的语言接触，弱势语言受到的影响是全方位的，词汇、语音、语法三大系统都会受到影响。当然，语言影响力的强弱在历史发展中是可以转换的。海南岛上的黎语曾经是“强势”语言，因此势必对新入岛的其他语言的语言诸要素产生接触性影响。

第一章，笔者比较了 20 世纪 50 年代、80 年代和 21 世纪 10 年代末三个时间点的黎语语音系统，发现声母和韵母系统都发生了一定程度的变化。今天，海南岛诸语言音系中普遍具有的相同的特殊声母和韵母——先喉塞音声母，x 和 h 两个对立辅音声母，唇音韵尾韵母 om、op 或其变体，都与语言接触有密切关系。

词汇系统受到的影响更是巨大，年轻的黎族人普遍只能说出少量常用的黎语词，大部分词语都只能借用普通话或海南闽语来表达，即使是最为稳定的核心词也不例外。我们在第五章利用斯瓦迪士《核心词表(207 个)》调查描写保定村民对核心词的掌握情况时，发现 10 岁以上的村民都有使用 1—5 个左右海南闽语借词的情况，20 岁以上的村民尚未使用普通话借词，但是 20 岁以下的村民则开始使用普通话借词，而且是年龄越小使用普通话借词越多，4—9 岁的幼儿基本上是只使用普通话，因此普通话借词普遍高达 45%以上。

黎语的语法系统相对稳定一些，但是也已经含有不少的汉语语法特点，词法和虚词方面主要有下面几点：

1. 产生了一定数量的黎语自源语素组合的偏正结构复合词。

2. 自源名词前缀不再是强制性的了，比如，以前缀形式存在的“性”语法范畴出现的概率较之前大大降低，不少词语的阴性或阳性前缀已经消失。

3. 从海南闽语中借入了一些词缀，比如后缀“者”“家”等。

4. 有时会出现汉语的短时少量动词重叠式 AA 式。黎语受汉语影响逐渐产生了单音节形容词后面带上重叠后缀的生动形式。

5. 现代黎语从海南闽语中借入了领属关系结构组词 $kaːi^{11}$。

6. 传统黎语“{(量词＋名词)＋指示代词}”的语法结构，在有些黎语方言里已经被汉语语序“{指示代词＋(量词＋名词)}”替换了。

7. 有些黎语方言原有系动词已经被借用的海南闽语系动词“是 ti^{53}”取代。

8. 在保留原有程度副词的情况下，借入了海南闽语程度副词“最 tui^{55}”“非常 $phui^{55}\ tiːŋ^{11}$”。

9. 黎语的介词多数是海南闽语早期借词，这些早期借词在有的黎语方言又逐渐被新借词替换了。

10. 黎语有着自己成熟的关联词系统，但是也会在话语表达时偶然借用海南闽语的关联词。

传统历史比较语言学家，比如萨丕尔、梅耶、雅各布逊、魏茵莱希等坚持语言的接触不会触动语言的内在结构的观点，因为他们发现因语言接触而产生的语言借用现象主要涉及的是文化方面的词语。事实上语言借用也有可能会触动母语的内在结构。如果仅限于讨论词语的借用的话，那么借用就会表现出“阶”的特征，文化词属于高阶借词，语法词属于低阶借词。不太深入的语言接触一般只处于高阶借用阶段。如果权威语言对弱势语言造成了巨大的影响，甚至操弱势语言的族群逐渐出现了母语转换的苗头时，弱势语言就有可能不断借入所接触的权威语言的语法词。

句法结构上也有下面几个方面受到汉语影响。

1. 汉语和黎语都是SVO语言，主要区别在于定语、状语、补语的位置，但是有时候黎语也会采用汉语语序。即使是黎语更为稳定的VOC(动宾补)，60岁以上的黎族人也会偶尔使用汉语的VCO(动补宾)语序。

2. 黎语被动句的被动标志词在方言里有来自不同时期的汉语借词，有“挨 ʔia^{53}”“被 meːʔ^{7}”“被 bi^{1}”，“被 bi^{1}”是海南闽语借词。

3. 黎语等比结构的传统语法已经逐渐被汉语的句法结构取代了。黎语的差比结构已经跟汉语一致，只是偶尔还会出现跟汉语不一样的差比句。

4. 传统黎语缺少关系化的形式标记，理解关系化只能依赖具体的语境。现代黎语已经借用了海南闽语的结构助词“的 kaːi^{11}”来作为关系化标记，因此关系化句子结构几乎与汉语无异了。

黎族人的语言生活现状，整体上是语言兼用，而且是三语兼用，即黎语、海南闽语、普通话三者兼用。到底以哪一种语言作为主要的交际工具,则与交际当事人和交际场合有关。整体上,黎族村民熟练使用三种语言的比例,从高到低依次是普通话、黎语和海南闽语。但是,极个别黎语生态保持良好的村落,熟练使用黎语的比例依然是最高的,其次是普通话,最低的是海南闽语,比如东方市东河镇西方村,熟练使用海南闽语的比例仅有3.13%。这种情况表明,海南闽语对极为封闭保守的黎族村落的深度接触影响应该是在很晚的时候(大概是新中国成立以后)才开始的,而且是刚开始不久就被普通话的影响力超越覆盖了。目前,黎族家庭语言生活普遍使用双语,即黎语和普通话,具体使用哪一种语言进行交流则取决于交际对象对某种语言的熟练程度。因为每个人对三种语言掌握的熟练程度不一样,所以黎族村民之间的日常语言生活,更多是处于语言混用状态,即不停地转换语码,黎族村民已经普遍无法仅运用纯正的黎族语言完成日常交际了。从目前的状况来看,如果不从语言生态建设上加强对黎语的保护,黎语很有可能会在21世纪消亡。

黎语的演变情况和黎族族群的语言生活现状,显示出语言接触对弱势语言的演变和弱势族群的语言生活的严重影响,这些影响体现出如下几个方面的特点。

1. 民族交往的现实需要与民族语言的演变趋势和演变缓急呈正相关关系。民族交往的现实需要主要包括:对汉族文明的倾慕和向往,到汉族文明中寻求工作机会,认可和接受以汉语为教学语言的各级各类教育,需求和接触以汉语为载体的各类信息。整体上,上述现实需要越强烈,少数民族语言受到所接触的汉语的冲击就越剧烈。

2. 封闭或半封闭的传统农业社会能有效维护一个少数民族的生活形态,使得该民族具备良好的母语生态。毗邻的汉族族群尽管规模不小,但其语言对少数民族语言的影响仍是有限的。即使经过上千年的语言接触,强势民族语言对弱势民族语言的影响也只是停留在词语借用的阶段，顶多在少数人群中形成双语社会。

3. 传统农业社会在改革开放后不久便开始土崩瓦解，在当代已经转型为现代市场经济社会。少数族群如何尽快融入多数族群主导的现代市场经济社会，获得有利的社会分工，成了以家庭为单位的族群谋求自身发展的迫切需要，客观上使得少数民族语言的交际工具性迅速弱化。

4. 在现代市场经济社会条件下，如果任由语言自然发展，少数族群语言生活必然整体走上双语社会，而且会迅速走入混合语社会，最终走向消亡，转用多数族群语言。消亡速度取决于三个因素：民族自我意识、民族人口聚居规模、民族经济对外开放交往程度。

5. 汉语对少数民族语言的影响，传统上是经由当地的汉语方言施加的。现代社会，在市场经济条件下人员流动的规模和广泛度增大，国家通用语言在日常工作和生活中的工具性大大强化，因此当地汉语方言对少数民族语言的影响迅速弱化，国家通用语言（普通话）对少数民族语言的影响则迅速强化，甚至覆盖了原来汉语方言对少数民族语言的影响。

6. 在自然发展情况下，少数族群最终会实现语言转用，即转用所接触的多数族群所使用的语言，转用后不会在所转用语言中保留任何本民族语言成分。我们在调查黎族转用汉语方言的情况时，也没有在已经专用汉语方言的黎族人所使用的汉语方言中发现任何纯粹的黎语底层现象。因此，笔者对黎族语言转用可能存在黎语底层的假设根本不成立，笔者也就没有对黎族语言转用问题单独进行分章讨论。

如果要对像黎语这样的濒危语言进行抢救，笔者认为，有两种抢救方法：一是消极性抢救，二是积极性抢救。消极性抢救，就是找到目前还能使用纯正黎语的黎族老人，对他们进行田野调查，对黎语进行系统的整理，最终做成黎语原声档案和文字档案。积极性抢救，就是努力营造和维护良好的目标语言的语言生态，让其始终承担着交际工具的角色。两种抢救方法可以各司其职，同时推进，消极性抢救为辅，积极性抢救为主。

积极抢救黎语这样的濒危少数民族语言的总原则就是："积极推广民族文字，稳步推进双语教学。"这一原则跟国家少数民族语言文字工作方针是一致的。

《国家民委关于做好少数民族语言文字管理工作的意见》（国家民委发布的[2010]53号文件）简明论述了少数民族语言文字管理工作的指导思想、基本原则和主要任务，并且制定了做好少数民族语言文字管理工作的政策措施。其中关于"双语"方面的措施是这样表述的："参与做好'双语'教学工作。协同有关部门，稳步推进'双语'教学工作。把学前'双语'教育纳入义务教育范围，扩大'双语'教学覆盖面；培养和培训'双语'教师；编写出版适合民族地区实际的'双语'乡土教材、课外读物；建立科学合理的'双语'教学衔接体系，根据实际情况选择有效的'双语'教学模式。"

2017年制定的《国家民委十三五少数民族语言文字工作规划》，规划了少数民族语言文字工作七大主要任务，其中有五大任务属于营造少数民族语言生态的积极策略，具体是：大力加强双语人才队伍建设；配合推进少数民族语言文字规范化标准化信息化建设；加强少数民族语言文字公共服务；科学保护少数民族语言文字与传承弘扬中华优秀文化；加强少数民族语言文字翻译出版广播影视工作。该《规划》针对"大力加强双语人才队伍建设"这一任务，还规划了配套重点项目："建设双语人才基地"和"推进双语人才培养培训"。

保护黎语传承黎语的根本出路就是落实国家少数民族语言政策，稳步推进少数民族地区的"双语"教学工作。黎族人民既能够熟练使用国家通用的语言文字，又能保留住本民族感情联系的最佳纽带——黎语，这是完全能够做到的事。但是要做到这一点，就需要各级政府，特别是省级民族工作职能部门行动起来，切实推进"黎汉双语"教学工作。推进"黎汉双语"教学工作是一项系统的工程，要有紧迫感。

笔者根据《国家民委关于做好少数民族语言文字管理工作的意见》粗略提出如下建议，以供相关部门参考。

1. 建立健全省县两级黎族语言文字工作机构。推动黎汉双语教学是政府或社会团体行为，要有专门的组织机构来贯彻执行和监督管理。组织架构可作如下安排：

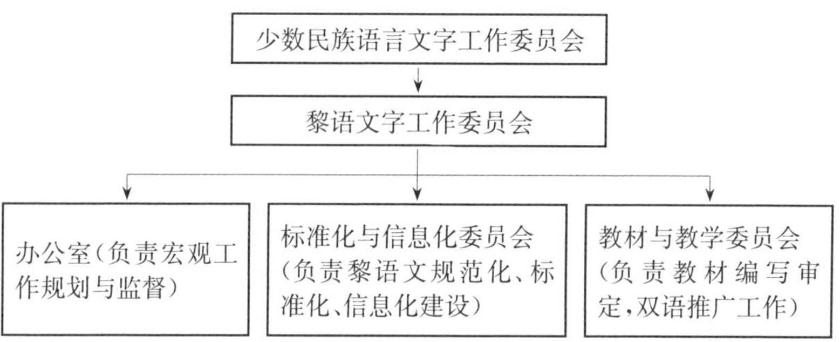

2. 省县两级要加大对黎族语言文字工作的经费支持力度，要有年度专项财政预算。

3. 建设双语人才基地、推进双语人才培养培训。

4. 建议在黎族自治地区学前阶段和小学阶段开设专门的黎语文课程，因为儿童期是语言习得的最佳阶段。

5. 建议研究制定高中、大学、研究生阶段的少数民族语言生源倾斜性招生政策。

主要参考书刊目录

著作

白保罗.1975.*Austro-Thai: Language and Culture, with e Glossary of Toots*. Harf Press.

陈保亚.1996.语言接触与语言联盟——汉越(侗台)语源关系的解释.北京：语文出版社.

陈波.2008.海南方言研究.海口：南方出版社.

陈鸿迈.1997.海口话音档.上海：上海教育出版社.

陈梦家.1954.殷墟卜辞综述.北京：中华书局.

陈铭枢.1933.海南岛志.上海：神州国光社.

陈有济.2019.海南儋州话研究.儋州：儋州市文化馆印.

戴庆厦.1998.二十世纪的中国少数民族语言研究.太原：书海出版社.

丁邦新.1986.儋州村话.台北："中央研究院"历史语言研究所.

管燮初.1953.殷墟甲骨刻辞的语法研究.北京：中国科学院.

方欣欣.2008.语言接触三段两合论.武汉：华中师范大学出版社.

符昌忠.1996.海南村话.广州：华南理工大学出版社.

广东省人民政府民族事务委员会.1951.广东海南黎苗回族情况调查.油印本.

郭沫若.1983.卜辞通纂.北京：科学出版社.

郭小东等.2013.失落的文明：史图博《海南岛民族志》研究.武汉：武汉大学出版社.

黄树先.2003.汉缅语比较研究.武汉：华中科技大学出版社.

金理新.2012.汉藏语核心词.北京：民族出版社.

蓝庆元.2005.壮汉同源词借词研究.北京：中央民族大学出版社.

梁敏，张均如.1997.临高语研究.上海：上海远东出版社.

梁敏，张均如.1995.侗台语族概论.北京：中国社会科学出版社.

李方桂.2011.比较台语手册.北京：清华大学出版社.

李荣.1996.海口方言词典.南京：江苏教育出版社.

梁明江.1994.海南方言说要.海口：海南出版社.

刘新中.2006.海南闽语的语音研究.北京：中国社会科学出版社.

欧阳灿等修，陈于宸等纂.1990.(万历)琼州府志.北京：书目文献出版社.

欧阳觉亚，郑贻青.1983.黎语调查研究.北京：中国社会科学出版社.

潘悟云.2000.汉语历史音韵学.上海：上海教育出版社.

潘悟云.2013.语言的演变与变异.上海：中西书局.

潘悟云，邵敬敏.2005.二十世纪中国社会科学.语言学卷.上海：上海人民出版社.

平山久雄.2012.汉语语音史探索.北京：北京大学出版社.

张嶲，邢定纶，赵以谦纂修，郭沫若点校.1963.崖州志.广州：广东人民出版社.

覃晓航.2012.侗台语族语言研究.北京：民族出版社.

丘学强.2005.军话研究.北京：中国社会科学出版社.

苏英博，韦经照等.1994.中国黎族大辞典.广州：中山大学出版社.

唐作藩.1991.音韵学教程，北京：北京大学出版社.

王力.2004.汉语史稿.第2版.北京：中华书局.

王士元主编，李葆嘉主译.2005.汉语的祖先.北京：中华书局.

王献军.2019.黎族现代史.海口：海南出版社.

王俞春.2003.海南移民史志.北京：中国文联出版社.

文明英.1986.黎语讲义.油印本.

文明英.2009.黎语长篇话语材料集.中央民族大学出版社.

吴安其.2012.南岛语分类研究.北京：商务印书馆.

吴安其.2002.汉藏语同源研究.北京：中央民族大学出版社.

吴宗济.1995.湖北方言调查报告·五九通城(十里市).

邢公畹.1997.汉台语比较手册.北京：商务印书馆.

辛世彪.2013.海南闽语比较研究.北京：商务印书馆.

徐通锵.2001.历史语言学.北京：商务印书馆.

余天炽，梁旭达等.1988.古南越国史.南宁：广西人民出版社.

袁焱.2001.语言接触与语言演变——阿昌语个案调查研究.北京：民族出版社.

苑中树.1994.黎语语法纲要.北京：中央民族大学出版社.

曾晓渝.2010.侗台苗瑶语言的汉借词研究.北京：商务印书馆.

张博.2012.词汇学论文集.北京：北京语言大学出版社.

张雷.2014.黎语替代语论析.昆明：云南民族出版社.

张永言.1997.语文学论集.北京：语文出版社.

赵元任等.1948.湖北方言调查报告.上海：商务印书馆：1299—1323.

郑张尚芳.2003.上古音系.上海：上海教育出版社.

中国科学院少数民族语言调查第一工作队海南分队.1957.黎语调查报告初稿.油印本.

中央民族学院少数民族语言研究所第五研究室.1985.壮侗语言词汇集.北京：中央民族学院出版社.

朱歧祥.1990.殷墟卜辞句法论稿——对贞卜辞句型变异研究.台北：台湾学生书局.

论文

曹志耘.2011.湖北通城方言的语音特点.语言研究.第1期：105—112.

陈永青.1982.关于黎语“奥雅”的解释及其他.民族语文.第2期：58.

戴庆厦，王远新.1987.论我国民族语言转用的问题.语文建设.第4期：13—17.

董为光.1986.湘鄂赣三界方言的“l”韵尾.语言研究.第1期：47—57.

陈孝玲.2007.侗台语核心词研究.华中科技大学.

高泽强.2001.黎语“纹茂”含意考析.琼州大学学报.第2期：74—75.

高泽强.2001.黎语地名初探.琼州大学学报.第3期：50—53.

冯法强.2017.海南儋州(中和)军话音系.海南广播电视大学学报，第1期：40—49.

冯法强.2016.海南东方八所军话音系.海南师范大学学报，第12期：99—106.

冯广艺，李庆福.2014.黎语生态研究的基本构想.湖北师范学院学报(哲学社会科学版).第4期：1—4.

冯广艺，宫笑炎.2015.海南黎语杞方言的语言生态环境.江汉学术.第5期：117—122.

冯青.2012.海南黎语与汉语量词的异同.常熟理工学院学报(哲学社会科学版).第1期：85—88.

符昌忠.2005.村语与黎语词汇差异成因初探.广西民族学院学报(哲学社会科学版).第3期：106—110.

符天志.2015.“三亚”地名源于黎语的考证.现代青年.第10期：41—44.

龚群虎.汉语泰语关系词的时间层次研究.华东师范大学.

龚波.2010.从假设句的否定形式看甲骨文中的“勿”“弜”与“不”“弗”之别.中国语文.第2期：162—166.

黄行.2005.语言接触与语言区域特征.民族语文.第3期：7—13.

贾晞儒.2012.语言接触与语言变异——以青海汉话和青海蒙古语的关系为个案.青海民族研究.第1期：39—44.

蓝庆元.2006.壮语方言颜色词考源.民族语文.第5期：34—43.

李清桓，冯青.2011.黎语量词研究述评、展望及价值.海南师范大学学报.第5期：39—43.

李如龙.2021.内陆闽语的语言接触和变异.厦门大学学报(哲学社会科学版).第1期：159—162.

李心释.2010.汉、壮接触诱发的语言变异的机制.广西民族研究.第2期：104—111.

黎燕.1996.黎族与汉族亲属称谓词语论析.中央民族大学学报.第1期：71—74.

李钊祥.1985.傣族和黎族的自称.民族研究.第5期：71.

刘剑三.1992.地名：海南民族活动史的“化石”.海南师院学报.第1期：102—107.

刘剑三.2001.临高语黎语关系词的文化内涵.民族语文.第3期：62—68.

刘新中.2004a.海南闽语的语音研究.暨南大学.

刘新中.2004b.粤西客家话与海南儋州南丰客家话的语音对

比.华南师范大学学报.第 4 期：135—137.

刘新中，詹伯慧.2006.海南诸语 oməmopəp 的相关分布.民族语文.第 4 期：28—35.

蒙斯牧.1990.印尼语和侗泰语的关系.民族语文.第 6 期：56—60.

倪大白.1994.南岛语与百越诸语言的关系.民族语文.第 4 期：21—35.

欧阳觉亚，郑贻青.2004.从词汇上看台湾原住民族语言与黎语的关系.寻根.第 2 期：10—13.

潘立慧.2010.黎语的反身代词和强调代词.民族语文.第 3 期：29—33.

潘梦丽，钟宇.2015.语言生态学视域下的海南黎语发展探究.湖北师范学院学报(哲学社会科学版).第 1 期：38—35.

王士立.2017.试论黎族太阳崇拜文化意涵——从黎族织锦、铜鼓的纹饰谈起.才智，2017：203.

王远新.1988.论我国民族语言的转换及语言变异问题.贵州民族研究.第 10 期：80—86.

王仲黎.2010.祁阳方言否定副词“[xəi453]”的民族底层[J].西南边疆民族研究.第 7 集：110—116.

文明英，马加林.1984.黎语方言数词表示法.中央民族学院学报.第 3 期：96—101.

吴安其.2004.语言接触对语言演变的影响.民族语文：第 1 期：1—9.

吴安其.2007.史前华南地区的语言接触.民族语文.第 3 期：21—35.

吴福祥.2007.关于语言接触引发的演变.民族语文.第二期：5—25.

吴清河.2000.汉藏语“狗”的读法.民族语文.第 4 期：61.

吴艳.2020.黎语加茂话的变调及其功能.民族语文.第 1 期：83—89.

辛世彪.2008.法国人萨维纳和他的《海南岛志》.新东方.第 12 期：54—57.

杨静.2007.安康方言形容词的重叠式.安康学院学报.第 3 期：21—23.

杨遗旗.2014.黎语核心人称代词研究.海南师范大学学报.第 7 期：118—123.

杨遗旗.2014.黎语指示代词比较研究.贵州民族研究.第 8 期：221—225.

杨遗旗.2015.黎语核心词“女人”、“男人”、“人”.海南师范大学学报.第 1 期：101—109.

杨遗旗.2016.黎语的“爪子”“脚”“手”.海南师范大学学报.第 2 期：118—125.

杨遗旗 2016.黎语“多”“大”“长”“小”比较研究.贵州民族研究.第 3 期：191—196.

杨遗旗.黎语否定语素研究.2020.贵州民族研究.第 9 期：166—173.

余志鸿.2000.语言接触与语言结构的变异.民族语文.第 4 期：23—27.

曾春蓉.2005.现代汉语方言中古精组字今读 t、th 现象考察.长沙铁道学院学报.第 4 期：112—113.

张惠英.2017.从海南岛黎语量词“老、爸、郎”说起.汉语学报.第 3 期：61—72.

张雷.2009.黎语志强话亲属称谓的变化.民族语文.第 4 期：41—47.

张雷.2010.黎语志强话参考语法.南开大学.

张勇生.2012.鄂东南通城方言入声韵尾演变研究.语言科学.

第 6 期：627—634.

张宗骞.1940.弜弗二字通用考.燕京学报.第 28 期.

郑张尚芳.1995.汉语与亲属语同源根词及附缀成分比较上的择对问题.中国语言学报.第 8 期：267—282.

周伟民.1999.海南地名趣谈.今日海南.第 12 期：54.

朱声琦.1997.从汉字的谐声系统看喉牙声转——兼评“上古音晓匣归见溪群”说.南京师大学报(社会科学版).第 2 期：136—142.

工具书

北京大学中国语言文学系语言学教研室.2003.汉语方言字汇.第二版重排本(王福堂修订).北京：语文出版社.

黄权.2011.汉黎字典.昆明：云南民族出版社.

梁猷刚.1987.海南音字典.广州：广东人民出版社.

刘剑三.2000.临高汉词典.四川民族出版社.2000.

欧亨元.2004.侗汉词典.北京：民族出版社.

王福堂.2003.汉语方音字汇.北京：语文出版社.

王力.1982.同源字典.北京：商务印书馆.

王献军.2020.黎学文献选读.海口：南方出版社.

杨文平.2016.汉黎字典・哈方言.海口：南海出版社.

张雷.2019.黎汉简明词典.海口：南方出版社.

郑贻青，欧阳觉亚.1993.黎汉词典.成都：四川民族出版社.

中央民族学院苗瑶语研究室.1985.苗瑶语方言词汇集.北京：中央民族学院出版社.

中央民族学院少数民族语言研究所第五研究室.1985.侗台语族语言词汇集.北京：中央民族学院出版社.

数据库

东方语言学网.上古音查询.网址：http://www.eastling.org/

OC/oldage.aspx.

东方语言学网.方言字音查询.网址：http://www.eastling.org.

汉语方言发音字典.网址：http://cn.voicedic.com/.

潘悟云.广韵查询系统.单机版.上海：上海师范大学语言研究所.

海南澳雅风文化传播有限公司.黎语在线词典.网址：https://tunhlai.com/dictionary/lauxhuet.

外文文献

Sankoff. 2001. *Linguistic Outcomes of Language Contact*. In Peter Trudgill, Chambers & N. Schilling-Estes（eds）, Handbook of Sociolinguistics. Oxford：Basil Blackwell.

Thomason Sarah. 2001. *Language Contact: An Introduction*. Edinburgh：Edinburgh University Press.

Johanson, Lars. 2002. *Structural Factors in Turkic Language Cintacts*. London：Curzon.

Field, Fredric W. 2002. *Linguistic Borrowing in Bilingual Contexts*. Amsterdam：Benjamins.

Thomason Sarah. 2003. *Contact as a Source of Language Change*. In Joseph, Brian The D. Janda,（eds.）, Handbook of Historial Linguistics. Blackwell Publishing.

Winford, Donald. 2006. *Contact-induced Changes-Classification and Processes*, *Ms.*, Department of Linguistics, Ohio State University.